논문
명리학의 중화용신 개념에 근거한 인간심성 연구

지은이 · 이건희
펴낸이 · 이건희
펴낸곳 · 도선재 道宣齋
2021년 11월 11일 초판 1쇄 발행
인쇄/제본 · 케이비팩토리
표지디자인 · 문효정
등록 · 2021년 9월 10일 (제 2021-000018호)
주소 · 대구광역시 북구 중앙대로 118길 14
(경북 영천시 신녕면 치산리 1400 국립공원 팔공산 치산계곡)
전화 · 053-254-4984
메일 · bssaju@korea.com
ISBN 979-11-976038-1-5-03180

ⓒ 2021, 이건희. Printed in Deagu, Korea.

●이 책의 내용은 학술적 연구논문 외에는
저작권자의 서면동의 없이 무단으로 사용할 수 없습니다.
All rights reserved. This book is copyright material and must be used for academic research only. Any unauthorized use of this content without any consent of author may be a direct infringement of author's rights, and those responsible may be liable in law accordingly.

본 논서는 원로 명리연구가 이인숙 선생이 지원하는 섭동명리학 연구기금으로 초판 발행되었음.

사주명리학 이론의 새로운 역사가 시작된다
명리학의 중화용신 개념에 근거한 인간심성 연구

도선재

서 문

　오래전 갑자기 어려움에 처한 상황에서 우연한 기회에 선생을 처음 만났다. 지금 돌이켜 세어보니 어느 새 15여년의 시간이 흘렀다. 어느 날 뜻밖의 사건에 휘말릴 것 같은 예감은 걷잡을 수 없는 불안감에 잠기게 하였다. 누군가의 조언에 매달리고 싶은 심경으로 '백산명리'라는 간판의 글씨에 이끌려 첫 인연을 얻었던 것이다. 선생은 그 당시 40대 중반의 불혹을 넘긴 나이로 언행에 조금도 흐트러짐이 없는 마치 성직자와도 같았던 자태로 회상된다.

　지금도 그렇듯 단정하고 준수한 모습의 선생은 허둥대는 내게 차분하게 방법을 일러주시며, 타인을 미워하거나 원망하지 말고, 현재 자신의 모습을 잘 관조하도록 말씀해 주셨던 것이다. 본연의 나를 찾아 침착한 자세로 대응하게 해 주셨던 기억이 어제 일처럼 뇌리에 생생하게 남아 있다.

　인간은 본래 마음이 허약하여 뭔가에 의지하려고 하고, 새로운 희망을 찾아서 지금보다 좀 더 나은 삶을 추구하고자 하는 이기적 본능이 있지만, 어쩌면 그마저도 지나친 집착과 욕심이 아닐까라는 생각도 든다.

　나는 제자들에게 강단에서 가르치는 전공과 달리, 개인적으로 지화(紙花: 종이꽃)연구를 위해 전국을 종횡무진하였다. 그러한 이유로 무당이라고 불리는 무속인들을 수 없이 만났고, 연구라는 명분으로 현장조사를 해야 하니, 굿판이란 굿판은 풍어제를 비롯하여 일반주택의 조상굿이나 사후 결혼굿까지도 조사하러 다녔다. 그러나, 당시에는 점쟁이나 무당에게 내 사주나 신수를 물어본 적이 거의 없었다. 지금 생각해 보면 젊은 패기에 창피하기도 하고, 부끄럽기도 하였기 때문이었을 것이다. 오랜 세월 동안, 전문 꽃꽂이를 하거나, 지화에 관한 논문을 쓰거나 지화를 만들 때도 그러하지만 특히, 궁중상화(궁중의례에 차려지는 음식상을 장식하는 꽃)를 연구하여 재현 할 때에도 항상 꽃들의 조화나 색채 선택에는 그 어떤 오묘한 음양오행에 의한 보이지 않는 세계의 원리가 존재하고 있음을 직감할 수 있었다. 가장 궁금했던 것은 인간의 삶과 색채와의 상관관계였다.

　그것은 결국 대학재직 중에 선생의 문하에서 섭동명리학이라는 학문의 세계로 입문할 수 밖에 없는 계기가 되었던 것이었다.

섭동명리학의 매력은 자연과 우주의 질서에 의해 지배되는 인간의 살아가는 이치를 술수가 아닌 학문적으로 분석되는 인간 심리의 변화를 통해 설명이 가능하다는데 있다. 마음 작용에 의해서 운명을 만들어 진다는 의미이다.

　일흔을 훌쩍 넘긴 지금, 지난날을 돌이켜 생각해 보아도 선생의 가르침이 어렵고 힘든 삶 속에서도 나 자신의 삶의 방향과 지표를 깨달아가는 지혜를 얻을 수 있었다는 사실에 한 치의 의심이 없다. 거짓됨이 없고 치우치지 않는 참된 마음 즉, 중화된 마음만이 인생의 진정한 가치로 남아 있을 수 있기 때문이다.

　선생의 일생일대 과업인 논서 출판을 진심으로 축하드린다. 섭동명리학의 진가는 음양오행과 사주명리학의 종주국인 중국 사주술수학의 한계를 극복하고, 독창적인 섭동이론에 의해 재정립되어 명리학 발전의 든든한 기초가 될 것이다. 진부하고 비과학적인 고전 격국론의 모순을 타파하고 '학문'으로서 명리학의 진가를 추구하고자 하는 혜안을 가진 후학들에게 큰 길잡이가 될 것을 확신한다.

2021년 11월 늦은 가을날에
시현 김태연 쓰다

시현始現 김태연 선생 (전.대구대학교 가정대학장/현.한국민속극박물관 부관장)

대구대학교 명예교수/ 이학박사/ 대한민국 궁중상화 명인 (제07-141호) / 대한민국지화명인 (제KPGML-001호)/ 김태연 궁중상화연구소장/ 한국전통꽃일연구소장/ (재단법인) 한국종이문화재단 자문위원/ (사단법인) 현대화예협회 자문위원/ (사단법인) 한국전통지화보존회 자문위원

추천의 글

20여 년 전 명리학에 입문한 후 5년이 지날 때 쯤 섭동명리학의 인연을 얻어 오늘에 이르기까지 스승에 대한 변치 않는 두 가지의 가치가 있었다. 그 하나는 철학자로서 인간과 세계에 대한 깊은 통찰력이다. 또 다른 하나는 감히 범접할 수 없는 명리학자로서의 학문적 자존감이었다. 제자들은 선생을 일러 水火가 서로 다투지 않는 분이라고 한다. 학문에 관해서는 한없이 엄하면서도 인간적으로는 더 없이 다정다감한, 이성적이면서도 감성적이고 감성적이면서도 이성적인 그런 분이었던 것이다. 한 학자의 학문적 자산인 학위논문을 세상에 내어 놓으면서 제자에게 서문을 의뢰하는 스승이 있을까? 사례를 찾아보았지만 쉽게 확인할 수가 없었다.

그러나 몇날 며칠을 고민한 결과 선생의 뜻을 겨우 헤아릴 수 있었다. ……

스승님의 박사 학위논문「명리학의 중화용신 개념에 근거한 인간심성 연구」와「음양오행론의 명리학적 적용에 관한 연구」는 기존 고전 사주명리학 이론의 모순을 철두철미하게 과학적으로 비판하고 논증한 결과, 명리학계의 숙원을 해결하였다는 평을 받고 있다. 명리학의 학문적 종주국인 중국에서도 상상할 수 없는 역사적 쾌거인 것이다. 용신개념과 용신 도출의 문제, 생극과 상생상극의 문제를 체용론에 의해 이론적으로 정립하였을 뿐만 아니라 어떤 사주가 중화된 사주인지를 판단하는 관인상생격, 재관상생격 그리고 식신생재격의 개념과 성립조건을 규정하였다. 어떻게 하여 용신과 희신의 조합이 화목(목화), 수금(금수), 화토, 토금 네 가지에 국한 되는지에 대한 논증도 분명히 하였다. 길흉의 개념을 이성과 감성적 마음작용에 대비한 것도 그러하다. 아마도 스승님은 이러한 섭동이론을 직접 수학한 제자에게 서문을 쓰게 하여 후학들에 대한 학문적 책임감과 사명감을 잃지 않도록 하기 위했을 것이리라 생각한다.

"학문은 서투른 자가 이기고, 깨우침은 우둔한 자가 이룬다"(文以拙進 道以拙成)고 하였다. 새로운 지식을 얻기 위해서는 마음의 눈을 열어야 한다.

2021 신축년 孟冬
華榮 이인숙 삼가 씀

이인숙(李仁淑)선생/ 원로명리연구가, 차명상수행가, 팔공산약천사 대표, 초대섭동명리학회장

책머리에

　돌이켜 보면 까마득한 옛날처럼 느껴지기도 하고, 그런가 하면 바로 엊그저께 같은 생각도 든다. 서른이 조금 너머 얻은 명리학과의 인연이 어느 사이 회갑을 눈앞에 두고 있다. 청장년기를 명리학과 함께 하는 동안, 한때는 종일토록 제자들과 토론을 해도 힘이 남아돌았는데 이제는 힘에 겨운 것을 보면 세월은 피해갈 수 없는 모양이다. 요즘 같은 세상에 나이가 무슨 의미가 있을까만 그래도 한갑자를 살아오는 가운데 머리색이 희어져 버렸고 체력은 예전만 못하다. 뿐만 아니라, 생각도 행동도 점차 무디어져 간다. 우주의 신은 우리 인간을 그렇게 설계해 놓은 모양이다.

　입문 후 20년이 조금 지나자 무언가 의미 있는 일을 해야겠다는 생각이 들었다. 수많은 책과 많은 명리가들을 만나 토론하고 생각을 나누어 보았지만, 고전 격국론류의 사주명리학이 과연 제도권의 학문이 될 수 있을까에 대한 회의가 들 때도 있었기 때문이다. 왜 같은 학문을 두고 서로 다른 주장을 하게 되는가?

　개개인의 성향 탓도 있겠지만, 아마도 사주를 분석하는 이론체계에 무엇인가 중대한 문제가 있다고 생각했었던 것이다. 사실 저자는 대학원에 진학하여 석사, 박사과정을 시작하기 전에 이러한 문제에 관한 나름대로의 경험적 논리를 가지고 있었다. 그러나 그러한 논지를 증명하기 위해서는 동양철학과 명리학 고전 전반에 대한 보다 깊고 폭넓은 제도권 연구를 통해 논문화하는 것이 불가결의 조건이자 시대적 요구이기도 하였다. 그 결과 입문 후 약 25년이 되는 시점에 학문적 결실을 거둘 수 있었다. 마침내 중화용신을 통해 용신의 도출과 개념을 표준화하였고 생극제화체용론을 통해 장구한 세월 명리이론의 치명적 오류로 남아 있던 도식화된 생극작용의 모순을 논증하고 바로 잡아 세상에 내어놓는다.

　운명은 마음을 통해 발현된다. 본 논서는 명리학을 통해 마음을 분석하는 이론체계라 해도 과언이 아니다. 마음을 안다는 것은 운명을 다스리는 시작인 것이다.

명리학의 진가는 통렬한 자기 성찰에 있음을 주지하고자 하며,
우리나라 명리학의 미래를 책임질 눈 밝은 후학들에게 본서를 헌정한다.
2021 신축년 만추
팔공산국립공원 치산계곡 도선재에서 저자 이건희 拜上

철학 박사학위 논문

명리학의 중화용신 개념에 근거한 인간심성 연구

동양철학과 동양철학전공

이 건 희

지도교수 김 용 섭

2020 년 2 월

대구한의대학교 대학원

목 차

Ⅰ. 서론
1. 문제제기 및 연구의 목적 ·· 1
2. 연구의 범위와 방법 ·· 5
3. 논문의 구성 ·· 7

Ⅱ. 심성의 명리학적 개념
1. 이성적 심성의 일반적 함의 ·· 10
2. 감성적 심성의 일반적 함의 ·· 16
3. 이성적 심성과 감성적 심성의 명리학적 함의 ····························· 20

Ⅲ. 심성의 명리학적 작용
1. 체용론에 의한 심성의 변용 ·· 28
    1) 체용론의 연원과 명리학적 체용론 ·· 29
    2) 체에서 용으로 변용된 오행의 생·극·제·화 ······················ 36
    3) 체에서 용으로 변용된 심성 ·· 53

2. 십간과 십성의 이분화된 심성작용 ·· 64
    1) 십간과 십성의 이성적 심성작용 ·· 80
    2) 십간과 십성의 감성적 심성작용 ·· 94
    3) 한신인 십간과 십성의 심성작용 ·· 104

3. 십간과 십성의 복합적 심성작용 ·· 112
    1) 희·용신인 십간과 십성의 복합적 심성작용 ······················ 112

    2) 기·구신인 십간과 십성의 복합적 심성작용 ·················· 117
    3) 한신인 십간과 십성의 복합적 심성작용 ······················ 123

Ⅳ. 심성의 명리학적 적용
  1. 명리학의 중화개념과 수화상생 ···································· 127
    1) 명리학의 중화개념 ·· 127
    2) 수화상생과 중화 ··· 139
    3) 음양이기 및 십간·12지지의 음양 ······························ 150

  2. 용신과 한신에 대한 비판과 중화용신의 논증 ···················· 161
    1) 용신과 한신에 대한 비판 ····································· 161
    2) 계절별 30유형의 중화용신 ···································· 180
    3) 계절별 30유형의 중화용신에 대한 논증 ······················ 192

Ⅴ. 심성의 명리학적 적용사례와 비판
  1. 관인상생격사주의 중화된 심성 ···································· 220
    1) 관인상생격의 성립요건 ······································· 220
    2) 관인상생격사주의 사례와 비판 ······························· 224
    3) 관인상생격사주의 중화된 심성 ······························· 232

  2. 재관상생격사주의 중화된 심성 ···································· 235
    1) 재관상생격의 성립요건 ······································· 235
    2) 재관상생격사주의 사례와 비판 ······························· 238
    3) 재관상생격사주의 중화된 심성 ······························· 248

3. 식신생재격사주의 중화된 심성 ·· 251
   1) 식신생재격의 성립요건 ··· 251
   2) 식신생재격사주의 사례와 비판 ··································· 254
   3) 식신생재격사주의 중화된 심성 ··································· 262

Ⅵ. 결론 ··· 266

참고문헌 ··· 270
국문초록 ··· 282
Abstract ··· 284

표 목차

<표 Ⅳ-1> 고전별 조후·억부용신·중화 등에 관한 일람표 ·························· 168
<표 Ⅳ-2> 계절별 30유형의 중화용신표 ·· 181
<표 Ⅴ-1> 상생3격 일람표 (관인상생격·재관상생격·식신생재격) ············ 216
<표 Ⅴ-2> 천간과 지지오행의 상생관계와 4 중화용신표 ······························ 219

Ⅰ.서론

1. 문제제기 및 연구의 목적

　　Karl Jaspers(칼 야스퍼스, 1883~ 1969년)는, 기원전 500년을 중심으로 기원전 800~ 서기 200년까지를 차축시대 (Achsenzeit, axle age)라고 불렀다. 차축시대에는 동양에서든 서양에서든, 고대국가가 성립되고 문자가 발명되면서 Buddha(붓다, 기원전 624~ 기원전 544년)·孔子(공자, 기원전 551~ 기원전 479년)·Socrates(소크라테스, 기원전 470 ~ 기원전 399년) 등 인류의 스승들이 인간의 사색능력을 최고조로 상승시키고 그로 인해 인류의 지혜가 거의 동시에 꽃을 피웠다. 자연과학이 발달한 오늘날에도 인간과 세계에 대한 철학적 성찰은 그 시대를 극복하지 못하고 있다고 여겨진다.

　　고법사주학의 시원인 춘추전국 시대 珞碌子(낙록자)와 鬼谷子(귀곡자) 또한 기원전 4세기를 전후한 인물로서, 이들은 음양오행론과 관련하여 사물을 통찰하는 비범한 능력을 지니고 있었다. 오덕종시설을 제창한 전국시대 (기원전 403?~ 기원전 221년)의 鄒衍(추연)이나 그 후, 재이설과 음양오행설을 논술한 전한시대(기원전 206~ 기원후 8년)의 董仲舒(동중서) 등도 낙록자와 귀곡자에 버금가는 혜안을 가졌을 것이다. 그러나 사주학의 창시자로 알려진 郭璞(곽박, 276~ 324년)을 기준으로 약 1700년을 거치면서 고대 명리학의 종사인 당대 李虛中(이허중)을 비롯하여, 송·명·청대의 徐子平(서자평, 五代~ 宋)·徐大升(서대승, 南宋)·劉伯溫(유백온, 元末明初)·萬民英(만민영, 明代) · 余春台(여춘태, 明代)·陳素庵(진소암, 淸代) · 沈孝瞻(심효첨, 淸代)·任鐵樵(임철초, 淸代)·徐樂吾(서락오, 中華民國) 등 유학자들과 사주술수가들이 등장하여 사주명리학을 발전시켰지만, 오늘날까지도 사주명리학의 학문화라는 난제를 속시원하게 풀어내지 못하고 있다.

　　논자는 이러한 난제의 원인이 무엇인지를 궁구하였으며, 그 결과 음양오행론의 이론체계 중 가장 기초가 되는 생극(상생상극) 작용의 명리학적 적용에 중대한 오류가 있었음을 '임상' 상담을 통한 경험적 논리에 의해 발견할 수 있었다. 이것은 이른바 도식화된 생의 논리인 木生火 → 火生土 → 土生金 → 金生水 → 水生木이나, 극의 논리인 木剋土 → 土剋水 → 水剋火 → 火剋金 → 金剋木에 과학적 합리성을 부여할 수 있는가라고 하는 문제에 해당한다. 만약 생·극의 해석에 문제가 발생하면 자기성찰을 위한 심성분석은 물론 모든 명리학의 이론체계는 동시에 문제가 발생할 수도 있을 것이다. 논자는 이러한 문제를 해결하기 위해 '체용전환'이라는 이론체계를 고안하고 논증하였다. 즉, 기존의 허망한 생·극 이론을 명쾌하게 정립하기 위해서는 체용의 전환이 전제되어야 한다는 것이다. 논자는 이로써 오랫동안 사주명리학의 학문화를 방해해 왔던 난제가 극복 될 수 있을 것이라 확신한다. 전술한 바와 같이, 사주명리학이 학문화되기 위한 선행 조건이 바로 여기에 있다고 본다. 왜냐하면 생·극의 문제가 해결되지 않으면 용신의 표준화가 어렵고, 용신의 개념과 도출법이 통일되지 않으면 명리학의 학문화 또한 어려워질 것이기 때문이다. 작금의 사주명리학이 상이한 고전이론에 근거하여 같은 사주를 서로 다르게 통변하거나 서로 다른 용신개념을 주장함으로써 학문적 대화에 혼란을 겪어온 결과, 많은 식자층으로부터 외면을 받을 수밖에 없었던 것은 어쩌면 당연한 일일지도 모른다.

　사주명리학을 통해 인간의 미래에 대한 길·흉·화·복을 예측하는 것은 어떻든 유익한 일이라고 말할 수 있다. 왜냐하면 그것에 바탕하여 삶의 미래 환경을 예측한다면 피흉추길이라는 본능적인 욕구를 충족시킬 수 있기 때문이다. 그러나 술수중심의 사주명리학에 근거하여 미래를 예측하는 일을 어느 선까지 수용할 수 있는지는 별개의 문제이다. 엄정하게 말하면 인간의 삶에 있어서 분명하게 단정 지을 수 있는 어떠한 미래도 없다. 왜냐하면 운은 어디 까지나 '마음 작용'과 함께 해석되는 '삶의 환경'에 불과하기 때문이다. 따라서 결정되어지지 않은 미래의 길·흉·화·복에 집착하는 술수중심의 사주명리학은 결코 '학문'이 될 수가 없을 것이다. 술수의 의미가 점복을 지칭할 경우는 더욱 그러하다. 그렇다면 사주명리학이 학문이 되기 위해서는 어떤 조건이 선행되어야하는가? 논자는 이러한 문제를 극복하기 위해서는 지나치게 형이상학화된 사주명리학의 이론 체계를 형이하학적 시각으로 전환하고 양자를 함께 봄으로써 가능하다고 본다. 사실 고법사주학인 삼명학은 당대까지 발전해 왔지만, 사주명리학이 신법명리학으로서 이론화되던 중요한 시기인 송대 후기(남송, 1127~1279년)에 들어온 이후, 우주와 인간의 존재 구조와 그 생성근원을 유기적으로 해명하고자 한 성리학의 영향을 받음으로써 현학적인 모습으로 비춰 질 만한 요소를 갖게 되었다. 이것은 사주명리학이 성리학의 형이상학화된 이론에 영향을 받았음을 시사한다. 이러한 사실은 신법명리학의 시발점인 송대에, 자평법을 계승한 서대승은 『연해』와 『연원』등을 저술하였는데, 유학자인 唐錦池(당금지, 明代)가 당대 유학자들의 뜻을 모아 『연해자평』을 편찬한 것과도 무관하지 않다. 당시의 사대부 유학자들은 봉건사회의 집권세력으로, 유학적 지식체계에 근거하여 사주명리학을 이론화했던 것으로 추정된다. 이 때문에 사주명리학은 신유학의 형이상학적 이기론에 영향을 받지 않을 수 없었을 것이다. 후대의 명리학자들이 생·극 작용의 변화에 대한 의구심을 갖고 다양한 관찰을 시도한 흔적은 보이지만 그러한 노력이 이렇다 할 결실을 맺지 못하였다.

   논자는 사주명리학의 진가가 길·흉·화·복의 단정함에 앞서 마음의 변화를 읽어 내어 자신을 성찰한 후, 현재와 미래를 준비하는 데 있다고 확신한다. 길·흉·화·복과 같은 주관적 미래예측은 예단의 위험성이 있다. 생년·월·일·시가 같은 인물의 사주라 해도 결코 '동일한 삶' 즉, 질병, 결혼시기, 부, 직업, 죽음 시기를 결정지을 수는 없다. 그러나 마음의 분석에 의한 미래예측은 객관화 할 수 있다. 왜냐하면 마음 작용은 말과 행동을 결정하며 그러한 말과 행동은 길흉이라는 결과로 드러나기 때문이다. 이 말은 사주명리학에 의한 객관적 심성분석이야 말로 스스로의 마음을 성찰하여, 다가오는 미래를 능동적으로 대처하는 방법이 될 수 있음을 의미한다. 이를 통해 우리는 사주명리학이 인간의 길·흉·화·복을 점치는 술수에 국한 된 것이 아니라 서양의 심리학등과도 견줄 수 있는 높은 차원의 자기성찰 도구로써 가치를 지니고 있음을 알 수 있다. 그럼에도 불구하고 자기성찰을 위한 심리학으로서 사주명리학이 제대로 평가 받지 못하는 이유는 무엇인가? 그것은 사주명리학이 동아시아 공통의 철학적 자산이자, 인류의 문화유산으로 간주될 만큼 학문으로서 가치를 지녔음에도 불구하고 단순한 술수학으로 평가절하 하는 기존의 한·중·일 철학계의 무관심을 들 수 있다. 그러나 그 보다 더 근본적인 책임은 사주명리학이 가지고 있는 자기성찰을 위한 일종의 심리학적 진가를 외면하고 길·흉·화·복이라는 단편적 해석에 치중해 온 동아시아 3국의 사주명리학자들에게 있다고 하겠다. 따라서 동아시아 3국의 사주명리학자들의 통렬한 자기반성과 함께 사주명리학의 학문화를 위한 공동의 책임과 노력이 요구된다고 하겠다.

영국의 철학자 Whitehead(화이트 헤드, 1861~ 1947년)가 『이성의 기능』(The Function of Reason)에서 지적한 바와 같이, 한대 이후 동양학은 음양오행의 도식이라는 프레임에 갇혀 막연하고 추상적인 해석으로 일관해 왔으며 결과적으로 그 악순환이 오늘날까지 이어져 동아시아문명의 정체성이 침체되는 원인의 하나가 되었다. 이와 같은 문제의 원인은 사주술수학·풍수 등의 유사학문이 합리적이고 객관적인 추론에 의하지 않고 원시적·종교적·독단적 통찰에 의존한 채 맹목적으로 학문화하였기 때문이라고 본다. 따라서 논자는 전술한 바와 같이 기존의 술수 위주의 사주명리학이 학문화될 수 없었던 가장 큰 이유가, 학문으로서 객관성을 담보하기 어려운 산만하고 비논리적인 이론 체계에 있었다고 생각한다. 뿐만 아니라, 송대 이후 성리학의 발달과 함께 명리학이 이론화되는 과정에서 성리학의 형이상학적이고 도식화된 음양오행론을 가감 없이 적용해 인간의 삶을 무리하게 해석하려고 한 일부 유학자들에게도 그 책임이 없지 않았다. 명리학은 실증학문이다. 음양의 이치처럼 형이상·형이하학적인 요소를 동시에 관찰하여 학문으로써 가치를 드높여야 하는 것은 시대적인 사명이라 할 것이다. 이를 위해 동아시아 철학의 인간과 자연·천인합일·동기감응론 등의 문제와 운명을 지배하는 마음의 생성이, 어떤 이치에 의해 발생하는지를 가능한 한 과학적 사고에 의해 궁구해야 할 필요가 있다고 본다.

본고에서 명리학의 기초가 되는 오행의 생·극 이론을 형이상학적 프레임에서 벗어나 원점에서 다시 검증해 보고자 하였다. 생·극 이론의 보다 합리적인 해석이 전제되지 않는 명리학적 심성분석은 객관성이 결여된 것이다. 따라서 논문의 주제인 명리학적 심성연구 역시 객관화된 심성분석을 전제로 가능한 것이다. 이렇듯 사주명리학이라는 학문의 궁극적 목적은 고인들이 밝힌 바와 같이 심성에 대한 심층적 분석을 통해 냉철하게 자기를 성찰하는데 있다고 논자는 확신한다.

2. 연구의 범위와 방법

　본 연구는 명리학의 기초 이론인 생·극·제·화의 적확한 개념을 새롭게 정립하고 오직 이들 기초 이론에 의해 도출되는 심성작용을 체계적으로 해석하여 자기성찰의 이론적 도구로 삼는데 그 목적이 있다. 따라서 고법 명리학에서 부터『연해자평』이후의 신법 명리학, 그리고 근래의 현대 명리학에 이르기까지 기존의 술수 중심의 명리학 고전의 이론 중, 생·극·제·화에 관련해서 간과하거나 잘못 적용된 사례가 있었는지를 살펴보았다. 따라서 연구를 위한 제 문헌 연구의 핵심은 생·극·제·화와 관련된 이론체계의 공통점과 모순점을 찾아내는데 있다고 할 수 있다.

　이러한 연구는 이론적으로 정체되어 있는 명리학의 발전에 매우 중요한 계기기 될 수 있는 것이다. 그것은 생·극 이론과 관련된 기존의 틀을 해체하거나 재정립해야할 필요성까지 요구하기 때문이다. 따라서 논자는 기존의 음양오행론과 명리학적 이론체계의 기본 틀을 유지하면서 이를 재해석하거나 응용하는 가운데 새로운 명리학의 생극 이론을 논증하고 제안하고자 한다. 생·극·제·화의 이론 즉, 생하고 극(상생하고 상극하는)하는 문제와 제하고 화하는 문제는 기존의 木生火 → 火生土…나, 木剋土 → 土剋水… 등의 도식화된 생·극의 논리는 점차로 고도화되어 가는 현대 명리학의 심성분석에 대한 이론적 욕구를 충족시켜 줄 수가 없다고 보기 때문이다.

　연구방법은 기존 생극 이론의 모순을 찾아내어 그 대안을 제시하고 Ⅳ장에서, 논자가 주장하는 중화용신과 병합하여 논증하거나 그 자체가 가지고 있는 모순을 비판하고자 한다. 이러한 논증과정은 논제인「명리학의 중화개념에 근거한 인간심성 연구」와 직결되는 것인데, 명리학적 자기성찰 역시 이들 이론에 근거한 심성분석을 통해 가능한 것으로 본다.

　연구 범위는 다음 두 가지로 요약된다.

　첫째는 생·극·제·화 등 사주명리학의 기초이론에 대한 검증이다. 다른 하나는 검증된 생·극 등의 이론을 토대로 인간의 심성분석을 객관화하고, 나아가 길·흉·화·복의 암시를 심성에서부터 제어하도록 하여 자신이 주체가 되어 命을 다스리게 하는 자기성찰의 방법을 제안하는 것이다.

격국론 등의 기존 사주학을 접한 사람들 중, 논자를 포함한 상당수는 과학적이거나 합리적이지 못한 이현령비현령식의 이론을 대하고 공허한 느낌을 받은 적이 있었음을 경험하고 있다. 그러나 장구한 세월을 거쳐 성립된 음양오행의 제 이론을 과학적 추론을 거치지 않은 채, 명확한 대안 없이 일괄적으로 부정하는 데는 분명한 한계가 있으므로, 한편으로는 오행의 생·극 작용에 관한 이론 등을 입증하기 위해 귀납하여 각각의 고전이 가지고 있는 일관된 장점을 취용하였고, 또 한편으로 격국론을 비롯, 억부론과 조후론에 있어서 일부 이론적 모순이 확인되는 내용에 대해 논리적으로 비판하고자 한다. 논자는 기존의 체에 의한 생·극 이론 자체를 부정하고자 하지 않으며 도리어 기존의 생극 이론을 토대로 새롭게 응용해 보고자 한다. 따라서 체용전환의 논리에 의해 '체'에서 '용'으로 전환된 생극 작용의 타당성을 검증하고자 한다. 그러나 논자의 주장이 명리학 외에 음양오행론의 생극을 기초이론으로 수용하고 있는 풍수지리학이나 한의학 등에도 유효한지를 함께 검증하지는 않았다. 따라서 첫 번째 연구범위인 생극에 관한 주제는 명리학에 국한될 것이다.

둘째는 심성에 관한 연구의 범위이다. 본 연구에서 심성 개념은, 오행과 십간이 십성이라는 명리학적 심성 분석의 도구와 접목되어 해석되는 심성에 한정된다. 그러므로 자기성찰의 명리학적 심성분석에 한정 된다고 할 수 있다. 이는 동아시아철학의 제 심론이 개인의 심성 문제를 논하는데 있지 않고 도덕적·윤리적 측면을 강조한 나머지, 이상적 인간상인 군자나 성인을 지향한 것과 대비된다. 그러나 명리학적으로 인간의 복잡·다단한 심성을 판단할 수 있는 이론적 도구는 본 연구에서 논한 내용 외에도 얼마든지 가능할 것이다. 이를테면 간합에 의해 변형된 심성, 용신이 극 받을 때의 심성, 지지의 심성, 行運의 변화로 인한 입체적 심성판단 등이 그것이다. 그렇지만 정확한 희·용·기·구·한신의 정립이 전제된다면 그 해석의 원리는 같다고 보아 본 연구에서는 생략하였다.

3. 논문의 구성

Ⅱ장 "심성의 명리학적 개념"에서는, 본 연구의 핵심 키워드 중의 하나인 '이성적 심성'과 '감성적 심성'을 규명하기 위해, 이성과 감성적 심성의 일반론적인 함의에 대해서 논의하고 그 다음으로 명리학적 함의를 이분화해서 규정짓고자 한다.

Ⅲ장 "심성의 명리학적 작용"에서는 체용론의 변용에 의한 생·극·제·화 이론을 적용해서 이성적 심성과 감성적 심성을 판단할 수 있는 이론적 근거를 구축하고자 한다. 나아가 도식적인 체에 의한 생·극·제·화의 이론이 용으로 변용되었을 때 비로소 객관적 심성을 판단할 수 있는 이론적 단서가 됨을 제 고전 문헌들과 비교하여 논증하고자 한다. 그러나 이에 대한 논증은 Ⅳ장과 연계되어 있음을 밝히고자 한다. 이에 근거하여 2질과 3질에서는 십간과 십성에 의해 발생되는 심성을 희·용신, 기·구신, 한신으로 구분해서 세술하고자 한다.

Ⅳ장 "심성의 명리학적 적용"에서는 명리학에 있어서 중화개념을 수화상생, 음양이기 및 십간·12지지의 음양론과 결부시켜 논자가 제안한 중화용신에 대한 이론적 토대로 삼았으며, 그 결과, 2절에서는 기존의 용신과 한신을 비판하거나 일부 수용하고, 生·助·抑·洩인 억부중화와 寒·暖·燥·濕인 조후중화를 포괄하는 "계절별 30유형의 중화용신"을 제안하여, 고전 문헌과 함께 비교 논증하고자 한다.

Ⅴ장 "심성의 명리학적 적용사례와 비판"의 제 주장은 Ⅲ장과 Ⅳ장에서 논증한 '체용전환에 의해 변용된 생·극·제·화론' 그리고 '중화용신'에 이론적 기반이 있다. 본 연구에서, 중화된 사주를 판단할 수 있는 3가지 유형의 사주는 관인상생격·재관상생격·식신생재격의 사주이다. 중화된 사주는 중화된 심성의 다른 표현이라 할 수 있으며, 이를 통해 모든 사주를 해석함에 있어서 심성의 중화된 정도를 가늠하는 심도를 알 수 있다는 점에서, 명리학의 중화용신 개념에 근거한 인간심성의 연구라는 본고의 논지와 부합된다고 하겠다.

Ⅱ. 심성의 명리학적 개념

주지하듯이 맹자의 도덕철학은 이성적 사유에 앞서 자연적 도덕감정에 기초하고 있다. 그렇기 때문에 맹자의 도덕철학에 있어서 감성은 이성을 지배한다고 할 수 있다. 아마도 맹자는 도덕을 마음의 작용에 의한, 인간 자체가 가지고 있는 주관적 감성의 문제로 접근했을 것이다. 그렇기 때문에 맹자에게 있어서 감성과 이성의 범주에 관한 한 이성의 역할은 제한적일 수밖에 없다. 이것은 그가 이성에 앞서 감성에 근거한 경험주의자 또는 이성이나 지성보다 감정과 정서를 앞세운 주정주의자였음을 의미한다. 그래서 맹자의 도덕 감정은 유가의 도덕이 매우 인간적이라는 보편성에 있어서는 공감 할 수 있지만 가족주의나 연고주의라는 비판으로부터 자유로울 수 없다. 따라서 맹자의 도덕감정은 주관·직관·상대적이기에 객관적인 도덕규범으로서는 문제가 있다고 할 수 있다.[1]

일반적으로 感性(감성, sensibility)은 理性(이성, logos)과 대비되는 철학적 개념으로 이해된다. 즉, 자기 몸 밖의 범위인 외계를 시각·청각·후각·미각·촉각인 오관으로 사물에 대한 인상이나 느낌을 감각하고, 사물의 이치나 도리를 분별하여 지각한 후, 인간의 의식에 나타나는 외계 대상인 표상을 만들어 내는 인식능력 즉, 이성 또는 오성과 함께 인간의 인식능력인 것이다. 그런데 感情(감정, emotion, feeling)은 심리학적으로 보면 인간의 마음이 슬프거나, 기쁘거나, 좋거나 싫어하는 심리의 상태를 설명·증명하는 절차 없이 사물의 형편을 곧바로 느끼고 알아차리는 감각능력인 직감을 말하는데 주로 심리학적인 용어로 통용된다.[2] 따라서 감성이 어떤 느낌을 안으로 받아들이는 능력이라면, 감정은 어떤 느낌에 대해서 마음에 품은 생각과 감정인 '심정'이나 그러한 '심리 상태'로 볼 수 있을 것 같다. 본고에서 명리학적으로 관찰되는 인간의 심성을 이성

---
1) 류근성, 「맹자 도덕철학에서 이성과 감성의 문제」, 『동양철학연구』 제 52집, 동양철학 연구회, 2007, 278, 298~299쪽.
2) 감각과 감정: J.워드와 독일의 심리학자인 W.분트(Wundt, Wilhelm Max, 1832~1920년)는 감각은 객관적이며, 감정은 주관인 것이라 구별하였다.

과 감성에 대비시켜 설명하는데 있어서, 이성과 감성이라는 이분법을 차용하고 있지만 실제로는 인간의 본성인 감성을 감정으로 이해하는 편이 보다 효율적인 어휘선택 일 것이라고 본다. 왜냐하면 서양철학에서 말하는 이성은 동아시아철학에서 말하는 '道'나 '性' 또는 '中'으로 볼 수 있는 여지가 있기 때문이다. 즉, 이성과 감성을 아우르는 두 개념을 포함한 것이 바로 '이성' 또는 '中'이 될 수 있다. 따라서 논자는 여기서의 이성 즉, '中'을 명리학의 '중화지심'으로 의역하는데 큰 무리가 없다고 본다.3) 그렇다면 명리학에 있어서의 이성이란 곧 '치우치지 않는 마음'(中和之心)일 수 있으며, 이를 거스르는 인간의 '치우친 마음'인 감정과 대비시키는 것이 논자의 의도에 부합된다고 보고 있다. 그러므로 논자가 사용하는 감정이라는 용어는 '기쁨과 좋음'보다 '슬픔이나 나쁨'이라는 개념이 앞서는 것이라 할 것이다. 즉, 치우친 마음으로 인해 발생하는 이성적이지 못한 마음 상태라 할 것이다.

한편 서양철학에서, "이성은 정념의 노예이다"라고 말한 영국의 경험론 철학자 David Hume(데이비드 흄, 1711~1776년)의 말 속에는 인간의 행동이 마음에서 일어나는 온갖 감정과 욕망에 의해 좌지우지 된다는 함의가 있다. 다시 말해 정념의 노예이기도 한 이성은 정념에 의해 왜곡될 수도 있다는 것이다. 프랑스의 낭만주의 철학자인 Rousseau, Jean-Jacques(장 쟈크 루소, 1712~1778년) 역시 "우리의 판단이 이성보다는 감각의 요구에 의존한다"거나 "인간을 만드는 것이 이성이라면, 인간을 이끄는 것이 감정이다"4)고 주장한 바 있다.

본장에서는 사주의 중화를 돕는 용신과 희신에 해당하는 오행의 심성과, 사주의 중화를 방해하는 기·구신에 해당하는 오행의 심성이 이분되어 설명되어 질

---

3) 成以心의 『人易』「文字膾」(조선 後期의 학자 成以心이 『周易』을 擬議하여 지은 책으로, 『周易』을 '마음의 현상'에 견주어 설명한 일종의 경전 해설서.)에도 중화를 이루어 자연스러운 덕성이 있으면 '중화를 이룬다'고 하면서 보통 사람은 지나치게 온순하면 엄격하지 못하고, 지나치게 위엄을 가지면 사나워지기 쉽고, 공손하려고 애써 노력하면 마음이 편안하지 못하다고 한다. 결국 중화는 '마음의 중화'라는 것을 『人易』에서도 확인 할 수가 있다. (「文字膾」: "有中和自然之德性. 所以有中和自然之德容. 常人偏於溫則不厲. 偏於威則易猛. 勉於恭則不安.") 참고.
4) 브라이언 매기(Magee, Bryan) 著, 박은미 譯, 『철학의 역사』(The Story of Philosophy), 시공사, 2002, 126쪽., 장 자크 루소(Rousseau, Jean Jacques), 『줄리 또는 신(新) 엘로이즈』, Ⅲ, Ⅶ, 1761: (모리스 말루(Maloux Maurice) 著, 연숙진 共著, 『라루스 세계 명언 사전』(Dictionnaire Des Proverbes, Sentences Et Maximes), 보누스, 2016, 201쪽 재인용) "인간을 만드는 것이 이성이라면, 인간을 이끄는 것이 감정이다." 참고.

수 있다는 전제하에, 전자인 이성적 심성과 후자인 감성적 심성을 명리학적으로 접목할 수 있는 가능성을 확인하고 이에 대해 각각 정의하고자 한다. 명리학에서 오행과 오행에서 분화된 십간은 음양에서 비롯된다. 즉, 사주의 중화를 돕기 위한 순기능으로서 이성적 심성이, 그리고 사주의 중화를 방해하는 역기능으로서 감성적 심성이 표출된 것으로 볼 수 있다. 따라서 본 장은 논제인「명리학적 중화용신 개념에 근거한 인간심성 연구」에서 명리학적인 심성의 함의를 규정하고자 한다.

1. 이성적 심성의 일반적 함의

이성이라는 표현은 "인간은 이성적 동물이다"라는 표현에서 보듯이 서양철학에서, 사물을 올바르게 판단하거나 선과 악을 구분하거나, 참과 거짓을 식별하는 능력을 가리킨다. 이 개념 가운데는 그리스어의 로고스(logos: 理性)나 라틴어의 라티오(ratio)에서 비롯된 비례·균형의 의미도 내포되어 있다. 기쁨·슬픔·분노·욕망·불안 등의 정념 등 감성과 대립하는 의미의 이성은 근대 절대적 관념론자인 Hegel, Georg Wilhelm Friedrich(헤겔, 1770 ~ 1831년)에 와서 우주를 지배하는 근본원리라는 의미로도 쓰여 졌다.[5] 헤겔의 '우주를 지배하는

---

5) 두산동아 백과사전 연구소 著,『두산세계 백과사전』, 서울:(주)두산동아,1996, 21권 189~190쪽: "사물을 옳게 판단하는 법, 또는 眞僞·善惡를 식별하는 능력. 때로는 美醜를 식별하는 기능까지 이성에 귀속시키는 경우도 있다. 이성은 인간을 인간답게 하고 동물과 구분되게 하는 것이며, 여기에서 "인간은 이성적 동물이다"라는 정의가 성립된다. R.데카르트는, 만인에게 태어날 때부터 평등하게 갖추어진 이성능력을 '良識' 혹은 '자연의 빛'이라는 말로 표현하였다. 그뿐 아니라, 예로부터 이성은 어둠을 비춰주는 밝은 빛으로서 표상되어왔다. … 본래 그리스어의 로고스(logos: 理性), 혹은 그 라틴어역으로서의 라티오(ratio)에는 비례·균형이라는 의미가 포함되어 있었다. 밝은 빛으로서의 이성에 대비한다면, 감성적 욕망이나 情念은 어둡고 맹목적인 힘이다. 이런 의미에서 이성과 가장 날카롭게 대립하는 것은 광기일지도 모른다. 기쁨·슬픔·분노·욕망·불안 등의 정념은 어둡고 비합리적안 힘으로서 내부로부터 폭발한다. 이것을 이성적 의지에 의하여 통어(統御)하지 못하면 정신의 자립성을 유지할 수 없다. … 인간에겐 자율적으로 자기의 의지를 결정하는 이성적 능력이 있어서, 그것에 의하여 도덕적 행위가 가능하다. 이것이 이론이성과 구별되는 실천이성이다. 감성과 대립하는 의미의 이성은 자발성의 능력으로서 파악할 수 있지만, 그 경우

근본 원리'는 동아시아 철학의 道나 中 또는 性과 크게 다르지 않은 개념으로 볼 수 있다.

논자는 '이성'의 일반적이고 사전적인 개념인 '사물을 올바르게 판단하거나 선과 악을 구분하는, 또는 참과 거짓을 식별하는 능력'에 주목하고 이를 명리학에 있어서 심성을 판단하는 최적의 이론인 십간과 십성의 희기작용을 통해 접목하고자 한다. 그것이 가능한 것은 이성이 즉, 道를 깨우치는 능력이며, 도란 명리학에서의 중화된 마음과 상통한다고 보기 때문이다. 그러면 이제 동아시아 철학과 관련된 문헌을 통해 감성과 대비되는 이성과 관련된 내용을 살펴보기로 하자.

전한대인 기원전 179~기원전 122년 경에 편찬된 『회남자』 「본경」에서는 인·의·예·악의 발생과 관련하여 다음과 같이 설명하고 있다.

> 옛 사람들은 천지와 기운이 합일하였기에 일생을 여유롭고 한가하게 지냈다. 당시에는 크게 축하할 이익이나 형벌의 위협도 없었고, 禮·義·廉·恥와 같은 덕목도 설정되어 있지 않았으며, '비난과 칭찬', '어짊과 어리석음'의 구분도 나타나지 않았다. 그럼에도 불구하고 백성 중 아무도 서로 속이거나 포악하게 굴지 않았고, 오히려 모두들 지극한 道의 경지에 들어 있었다.6) 그러나 道가 쇠퇴한 세상에 이르자 사람들은 많아지고 재물은 부족해졌고 힘써 노력

거의 悟性과 같은 뜻으로 쓰이고 있음을 알 수 있가. 그러나 이성은 가끔 오성과 대립하는 의미로도 쓰인다. 예로부터 개념적·논증적인 인식능력으로서의 이성에 대하여, 眞實在를 직관적으로 인식하는 보다 고차적인 인식능력으로서 오성 혹은 지성(知性: intellectus)이라는 말이 쓰였다. 그러나 계몽기 이후 우위관계는 역전되었다. 칸트는 오성이 감각의 다양성을 개념적 통일로 가져다주는 被制約的인 인식능력인 데 대해, 이성은 판단의 일반적 제약을 어디까지나 추구하는 無制約의 인식능력이라고 하였다. 또한 G.W.F.헤겔에서는 오성이 추상적인 개념의 능력인 데 대해, 이성은 구체적 개념의 능력이며, 오성적 개념에 의한 대립의 입장을 초월하여 이것을 살아 있는 통일로 가져다주는 작용이었다. 이성은 또 우주를 지배하는 근본원리라는 의미로도 쓰인다. ... 가장 전형적인 것은 헤겔의 세계정신에 대한 견해로, 역사는 세계정신의 자기실현 과정이며, 거기에는 어떤 이성적인 원리가 일관되어 있다고 한다." 참고.

6) 許浚 著, 『東醫寶鑑』, 「內景篇」: "是以志閑而少慾. 心安而不懼. 形勞而不倦. 氣從以順. 各從其欲. 皆得所願. 故美其食. 任其服. 樂其俗. 高下不相慕. 其民故曰朴. 是以嗜慾不能勞其目. 淫邪不能惑其心. 愚智賢不肖. 不懼於物. 故合於道. 所以能年. 皆度百歲. 而動作不衰者. 以其德全不危也. (內經)" (허준은 『東醫寶鑑』, 「內景篇」 '論上古天眞'에서 상고시대 사람들이 소박함을 즐기는 가운데 장수를 누리는 이유에 대해서 잡념이 없으며, 욕심이 적고, 마음과 정신이 안정되어 모든 것을 순리를 따라 만족하게 되며, 음식도 의복도 편한 대로 먹고 입으며 지위고하의 구별 없이 풍속을 즐기면, 가히 기욕(嗜慾: 특히 색욕)이나 음사(淫邪: 특히 주색, 잡기)로부터 자유로울 수 있다는 『黃帝內經』을 인용하고 있다.) 참고.

해도 먹고 살기에 충분하지 않았다. 이에 사람들 사이에 분쟁이 발생하게 되었으니, 이 때문에 仁을 중시하게 되었다. 이후 어진 사람과 어리석은 사람들이 소박한 본성을 잃게 되었으니, 이 때문에 義를 중시하게 되었다. 음양의 감정이 모두들 혈기의 영향을 받게 되자, 남녀가 한데 뒤엉켜 머무르면서 남녀 간의 구별이 없어지게 되었다. 이 때문에 禮를 중시하게 되었다. 사람들의 감정이 지나치다 보면 서로 부딪히게 되고, 그것이 적당한 선에서 멈추지 않으면 서로 불화하게 된다. 이 때문에 樂을 중시하게 되었다.[7]

『회남자』에서는 인·의·예·악을 문란해지는 인간사회를 단속하는 수단일 뿐, 최선의 방법은 아니라고 본다. 왜냐하면 仁은 분쟁을 막는 수단이고, 義는 인간의 본성 상실을 막는 수단이며, 禮는 감정의 지나침을 막는 수단이고, 樂은 불화로부터 생겨나는 근심을 막는 수단이기 때문이다.[8] 그러므로 "德이 쇠퇴한 이후에 仁이 생겨나고, 행위에 문제가 생긴 이후에 義가 세워지며, 마음의 조화가 상실된 이후에 음악이 필요해 지고, 禮가 음란하게 된 이후에 용모를 꾸미게 되었다"[9]고 하였다. 위 「본경」의 내용만으로 본다면 『회남자』에서는 인간의 본성 자체를 지극히 선한 존재로 보고 있음을 알 수 있다. 그러나 생물학적인 인간의 진화과정을 유추해 보면, 그럴 가능성은 높아 보이지 않는다는 것이 논자의 생각이다. 원시 인간은 자신의 생존을 우선시 해야만 했던 동물에 가까운 존재였고 서로의 필요성에 의해 집단생활이 시작되던 사회화 과정에서 자연발생적으로 도덕관념이 성립되었다고 보는 것은, 「본경」의 내용과는 반대가 될 수도 있을 것이다.

인간이라는 존재와 인간적 삶의 의미를 구체적으로 이해하려고 했던 독일의

---

[7] 『淮南子』「本經」: "古之人. 同氣于天地. 與一世而優游. 當此之時. 無慶賀之利. 刑罰之威. 禮義廉恥不設. 毀譽仁鄙不立. 而萬民莫相侵欺暴虐. 猶在于混冥之中. 逮至衰世. 人衆財寡. 事力勞 而養不足. 於是忿爭生. 是以貴仁. 仁鄙不齊. 比周朋黨. 設詐諝. 懷機械巧故之心. 而性失矣. 是以貴義. 陰陽之情. 莫不有血氣之感. 男女羣居雜處而無別. 是以貴禮. 性命之情. 淫而相脅. 以不得已則不和. 是以貴樂."
[8] 『淮南子』「本經訓」: "是故仁義禮樂者. 可以救敗. 而非通治之至也. 夫仁者所以救爭也. 義者所以救失也. 禮者所以救淫也. 樂者所以救憂也."
[9] 『淮南子』「本經訓」: "是故德衰然後仁生. 行沮然後義立. 和失然後聲調. 禮淫然後容飾.", 『老子』 38章: "故失道而後德. 失德而後仁. 失仁而後義. 失義而後禮."(道를 잃은 이후에 '德'이 생기고, 德을 잃은 이후에 '仁'이 생기며, 仁을 잃은 이후에 '義'가 생기고, 義를 잃은 이후에 '禮'가 생긴다.)

실존주의 철학자 Karl Jaspers(칼 야스퍼스, 1883~ 1969년)는 "인간은 이성의 소유자일 뿐 아니라, 그의 영혼 속에는 더 깊은 층, 즉 꿈틀거리는 감성계, 무의식의 세계, 본능의 세계가 자리 잡고 있다"[10]라고 하였다. 야스퍼스의 말 속에는 원시인간 또는 인간의 조상으로부터 육체가 유전되어 오는 가운데 무의식적이거나 본능이라고 할 수 있는 내재된 '마음'도 이성의 저변에서 작용하는 것으로 보는 것이다. 그러므로 『회남자』에서 "옛 사람들은 천지와 기운이 합일하였으므로 일생을 여유롭고 한가하게 지냈다"고 말한 것은 천인합일의 동양적 사유에 의해 하늘과 인간을 동격화한 결과 이상적 인간상을 설정한 것이라고 볼 수 있다.

도덕은 인간 사회를 유지하기 위한 일종의 규칙이다. 도덕은 문명의 발생 초기부터 시작되어 인간의 행위를 일정부분 구속함으로써 공동의 가치를 구현하는데 도움을 주었다. 그리고 도덕은 해도 될 것과 해서는 안 되는 것에 대한 지식, 공동체 유지에 필요한 보편적 가치, 양심, 합리적 자기반성 등의 가치를 축적해 왔다. 오랜 동안 이성성·논리성·보편성·객관성·필연성을 중시하는 태도인 합리주의에 근거해 있는 도덕은, 인간의 이성적인 판단을 통해서 선악 또는 옳고 그름을 판단한다. 그렇다면 도덕은 어디에서 온 것인가? 인간을 진화에 의한 생명체로 보는 입장에 동의 한다면 도덕은 자연의 범주[11] 안에서 찾아야 할 것이다. 미국의 사회생물학자인 Edward Wilson(에드워드 윌슨)에 의하면 우리의 도덕적 판단은 뇌의 視床下部(시상하부, hypothalamus)[12]와 大腦邊緣系(대뇌변연계, limbic system)[13]의 물리적 작용으로 인해 발생한 것이고, 도덕은 생물학적인 기반 위에서 생겨난 것으로 본다. 그의 주장을 종합하면 "유전

---

[10] 프리드리히 데싸우어(Friedrich Dessauer) 著, 『인간이란 무엇인가- 칸트의 네 가지 물음』(Was ist Der Mensch-Die vier Fragen des Immanuel Kant), 황원영 譯, 분도출판사, 2005, 116쪽.
[11] 홍일립, 『인간 본성의 역사』, 한언, 2017, 890쪽 재인용. 도덕은 "결코 신비로운 원천에서 나온 것이 아니라 명백히 자연 속에 근원을 두고 있기" 때문이다. '도덕의 생물학'(Biology of Morality)은, "인류는 문화적 환경이나 사회적 맥락과는 무관하게 어느 정도 보편적인 도덕적 원리를 타고 났다." (Hauser, Marc(2006), Moral Minds: The Nature of Right and Wrong, Harper Collins pp420-421.)
[12] 시상하부(視床下部, hypothalamus), 『두산백과』 참조: "시상의 아래쪽에서 뇌하수체로 이어지는 부분이다. 사람 뇌의 아랫면에 보이는 시신경교차에서 유두체에 이르는 사이가 시상하부이다."
[13] 대뇌 변연계(大腦邊緣系, limbic system), 『두산백과』 참조: "대뇌반구의 안쪽과 밑면에 해당하는 부위를 말한다. 종족유지에 필요한 본능적 욕구와 직접적 관계를 가지고 있다."

자는 후성규칙14)을 낳고, 후성규칙에 의해 도덕 감정은 도덕의식과 도덕규범으로 발전 하며, 그것은 다시 다음 세대 유전자로 전달하는 과정을 밟는다"15)는 것이다.16) 그렇다면 도덕은 결국 '유전'이라는 토대 위에서 설명이 가능한 것이다. 독일의 과학철학자인 Wuketits, F. M(프란츠 부케티츠) 또한 "윤리는 인간 진화의 역사에서 매우 늦은 발명품으로, 인간이 사회적 생물이 아니었다면 도덕규범은 발전하지 않았을 것이다"17)라고 주장하였다.18)

일본의 의학자인 生田哲(이쿠타 사토시)는 마음을 감정과 이성으로 구분하고 어떤 대상을 취하고자하는 강한 탐심을 '욕망'으로, 화가 나거나 즐거운 마음인 슬픔·기쁨이나 좋고 싫음을 '감정'이라 하고, 이와는 달리 사물이나 사건의 실체를 입체적 또는 거시적인 안목으로 분석하는 능력을 일러 '이성'이라고 정의하였다. 만약 이성적 사고가 유지되면 그것으로 인해 판단력이나 사물의 결과를 추정하는 예측력과 함께 인생관·우주관·이상 등의 가치관으로 발전 된다고 여겼다. 그는 뇌와 마음을 3층 구조로 설명하고, 뇌에서 차지하는 위치가 하단부인 뇌간은 '욕망', 중간층인 대뇌변연계에서는 '감정', 그리고 표면인 대뇌피질은 '이성'작용을 일으키는 부위로 설명하고 있다.19) 그리고 이와 같은 마음을 일으키는 뇌의 세 곳은 짧은 시간에도 작용을 달리하기 때문에 이성→감정→욕망의 순서로 나타나기도 하고, 욕망→감정→이성의 순서 등으로도 나타난다고도 하였다. 마음은 눈에 보이는 형상이 없는 것이지 인간의 몸 어딘가에는 존재한다고 믿었으며, 인간을 해부학적으로 보았을 때 뇌를 제외한 모든 부위의 작용을 의학적으로 밝혀냈으며, 마지막 남은 뇌야 말로 마음이 존재하는 유일한 신체기관이라 보았다. 따라서 뇌가 활동한다는 것이 바로 마음이 드러나는 것으로 보고서 "마음이란 뇌라는 신체기관이 내놓는 하나의 결과물이다"20)라고 단언하였

---

14) 후성규칙(後成規則): 생물학에서 인지·행동 등이 발생하면서 대물림되는 규칙성을 말한다.
15) 홍일립, 『인간 본성의 역사』, 한언, 2017, 891쪽.
16) 홍일립, 『인간 본성의 역사』, 한언, 2017, 888~ 897쪽.
17) 프란츠 부케티츠(Wuketits, F. M) 著, 염정용 譯, 『왜 우리는 악에 끌리는가』, 21세기북스, 2009, 39쪽.
18) 홍일립, 『인간 본성의 역사』, 한언, 2017, 888~ 897쪽.
19) 이쿠타 사토시(生田哲, Satoshi Ikuta) 저, 김세원 역, 『뇌와 마음을 지배하는 물질』(腦と心を支配する物質), 하서출판사, 2012, 16쪽.
20) 이쿠타 사토시(生田哲, Satoshi Ikuta) 저, 김세원 역, 『뇌와 마음을 지배하는 물질』(腦と心を支

다.

　이성과 감성의 논변에서 간과해서는 안 될 사실은 Luc de Clapiers de Vauvenargues(보브라르그, 1715~ 1747년)가 말한 "이성은 본성보다 더욱 자주 우리를 속인다"[21]라거나 "나의 손가락의 상처보다 전 세계의 파멸을 선호하는 것은 이성에 위배되지 않는다"고 풀이한 영국의 철학자 D. Hume(흄, 1711~ 1776년)의 말이다. 흄은 인간의 이성을 감정의 노예[22]라고 보았다. 그는 이성을 보다 협소하게, 그리고 감정을 보다 넓게 보았다. 흄의 주장은 명리학에서 인용하기에 매우 유용한 면이 있는 것으로 보인다. "이성을 보다 협소하게, 그리고 감정을 보다 넓게" 보았던 것은, 명리학에서 전자를 중화용신에 의한 이성적 심성으로, 후자를 기·구신에 의한 감성적 심성으로 대비할 수 있기 때문이다.

　노자도 "믿을 수 있는 선비를 시켜 재물을 나누는 것은 제비뽑기를 하여 몫을 나누는 것보다 못하다. 어째서 그런가? 유심한 것은 무심한 것만 못하기 때문이다"[23]라고 하였다. 노자가 한 이 말에는 사람이 아무리 공정하게 일을 처리하더라도 결국 자신의 주관대로 흘러가는 이성적 이기심조차도 경계하라는 뜻이 숨어 있다.

　이상으로, 이성적 심성을 중심으로 감성적 심성을 대비시켜 명리학에 있어서 중화용신에 해당하는 오행작용으로 인해 발생하는 이성적 심성과 연계해서 설명할 수 있는지에 대해 논하였다.

　결론적으로, 사회생물학자인 에드워드 윌슨이 말한 "생물학에서 인지·행동 등이 발생하면서 대물림되는 규칙성"인 후성규칙의 전제하에, 마음을 감정·이성

配する物質), 하서출판사, 2012, 19쪽.
21) 보브라르그(Luc de Clapiers de Vauvenargues), 『성찰(省察)과 잠언(箴言)』(Réflexions et Maximes), 234, 1746: (모리스 말루(Maloux Maurice) 著, 연숙진 共著, 『라루스 세계 명언 사전』(Dictionnaire Des Proverbes, Sentences Et Maximes), 보누스, 2016, 550쪽 재인용)
22) '감정의 노예': 흄은 이성을 통해 우리가 사물들의 관계를 인식할 수 있는 반면, 행동의 원동력은 욕구라고 생각했다. 이성은 우리에게 목적을 정해줄 수 없고, 다만 우리가 이미 욕구하는 것을 달성하는 방법을 가르쳐줄 수 있기 때문에, 그는 이성은 '감정의 노예'(the slave of the passion)라고 주장했다. L. A. Selby- Bigge 편, 『인간본성론』(A Treatise of Human Nature: P. H. Nidditch 개정판, Oxford, 1978)p. 183, 45쪽. (로저 트리그(Roger Trigg) 著, 최용철 譯, 『인간본성에 대한 철학적 논쟁』(Ideas of human nature : an historical introduction), 간디서원, 1996, 157, 159쪽 재인용.)
23) 『文子』「符言」: "老子曰: 使信士分財. 不如定分而探籌. 何則? 有心者之平. 不如無心者也."

으로 구분하고 강한 탐심으로 인한 '욕망'이나, 슬픔·기쁨이나 좋고 싫음을 '감정'이라 하고 사물을 판단하는데 있어서 실체를 입체적, 거시적인 안목으로 분석하는 능력을 '이성'이라고 정의한 이쿠타 사토시의 주장을 종합하면 논자가 주장하는 명리학적인 이성적 심성 작용에 가깝다고 할 수 있다.

2. 감성적 심성의 일반적 함의

이성과 대비되는 감성(sensibility) 개념은 인간 본능을 지배하는 이성보다 앞서는 인식능력으로 볼 수 있다. 감성은 결코 긍정과 상대되는 부정을 의미하거나 밝음과 상대되는 어두움을 암시하지 않는다. 왜냐하면, 감정을 통해 발산되는 기쁨과 슬픔, 나아가, 희·노·애·락이라는 의미를 모두 내포하고 있는 심성24)이라고 볼 수 있기 때문이다.25) 한편으로 논자는 이성과 감성을 아우르는 양자가 진정한 의미의 이성일 수 있다고 본다. 적어도 명리학적으로 이성과 감성을 치환해서 해석하면 충분한 설득력이 있을 것이다. 비록 이성이 사물을 올바르게 인식하는 능력이라 하더라도, 감성에도 그러한 능력이 없지 않을뿐더러, 이성적 능력과는 전혀 다른 사물을 판단하는 능력이 내재되어 있기 때문에 이

---

24) 이숙인,「조선 유학에서 감성의 문제」,『국학연구』제14집, 한국국학연구원, 2009, 393쪽: "감성의 범주에서 논의될 수 있는 유학의 대표적인 개념은 情이다. 고대 중국에서 정이 사용된 맥락, 즉 情의 초기적 용례를 보면 정의가 그리 간단하지가 않음을 알 수 있다. 여기서 情은 사실 혹은, 특질의 측면과 감정의 측면을 아우르는 개념으로 사용되기도 하였고, 사람의 마음 속 깊은 곳에 자리하고 있는 진실, 다양한 대상에 대한 정서적 반응 등의 뜻으로 사용되기도 했다. 이 情 개념이 윤리적 맥락으로 들어올 때 '성격'의 의미를 가지며, 성격의 일부로서 욕망과 혐오 등의 감정을 가리킨다고 할 수 있다."

25) 두산동아 백과사전 연구소 著,『두산세계 백과사전』, 서울:(주)두산동아,1996, 1권 326쪽: "이성 또는 悟性과 함께 인간의 인식능력, 감성은 수동성을 내포한다는 점에서 인간의 한 유한성을 나타내는 반면, 인간과 세계를 잇는 원초적 유대로서 인간 생활의 기본적 영역을 열어 주는 역할을 한다. 즉, 이론적 인식에서는 이성적 사고를 위한 감각적 소재를 제공하고, 실천적·도덕적 생활에서는 이성의 지배와 통솔을 받을 감정적 소지를 마련하며, 미적인식에서는 자신의 순수한 모습을 나타냄으로써 인간적 생의 상징적 징표가 된다. 그러나 오늘날 제반 학문의 발전단계에서는 감성을 감성 아닌 것으로부터 분리한다는 것은 불가능한 일이며, 오히려 감성을 인간의 생의 포괄적인 營爲에 있어 가장 기본적인 한 국면으로 고찰하는 것이 일반적인 경향이다."

양자가 구비된 상태를 道 또는 중화의 개념으로 수용할 수가 있다. 그렇다면 이제 동아시아 철학과 관련된 문헌을 통해 이성과 대비되는 감성과 관련된 내용을 살펴보기로 하자.

『회남자』「무칭훈」에서는 "인간의 이치를 알고자 하면 사람들이 지닌 욕망의 성향을 파악하라"26)고 하였다. 「제속훈」에서도 "세상 사람들은 각각 자신이 옳다고 여기는 바를 옳다고 하고 자신이 그르다고 여기는 바를 그르다고 한다. 그런데 '옳다'와 '그르다'에 대한 판단이 사람마다 각각 달라, 모두 자신은 옳다고 여기고 남은 그르다고 여긴다"27)고 하였다. 뿐만 아니라 「설림훈」에서는 "관을 파는 사람은 사람들이 병들기를 바라고, 곡식을 쌓아둔 사람은 기근이 들기를 바란다"28)라고도 하였다. 특히 "인간의 이치를 알고자 하면 사람들이 지닌 욕망의 성향을 파악하라"는 말 속에는 인간이 지니고 있는 감정을 제대로 알아야만 인간의 본질을 파악할 수 있다는 뜻이 담겨 있다. 『회남자』에서는 이를 이기심과 연관 짓고 있다.

맹자는 『서경』에서 "하늘이 내리는 재앙은 그래도 피할 수 있지만 인간이 자초한 재앙에는 피해서 살아날 길이 없다"29)라는 문구에 근거해서 인간 스스로가 자초한 재앙(自作孼)의 문제를 경고하고 있다. 인간 스스로가 자초하는 재앙은 그릇된 감정이나 욕망에 기인하는 것이다. 순자는 인간의 형체가 만들어짐과 동시에 좋고 싫음, 기쁨과 노여움, 슬픔과 즐거움 등의 감정이 정신이 깃드는데 이를 천정이라고 하였다.30) 순자가 말하는 천정이란 말에는 '좋고 나쁜' 감정이 포괄되어 있다. 그러나 순자는 인간의 삶과 하늘은 어떤 인과 관계도 없음31)을 말하려 하였다. 오직 길·흉·화·복의 원인과 결과가 인간 스스로의 행위에 의해 결정되어 진다고 보았다. 추측하건데 순자는 난세의 백성들이 지나치게 하늘에 의존하는 모습을 보고 이로부터 인간의 주체성을 회복시키고자 하였을 것이

---

26) 『淮南子』「繆稱訓」: "欲之人道. 從其欲."
27) 『淮南子』「齊俗訓」: "世各是其所是. 而非其所非. 所謂是與非各異. 皆自是而非人."
28) 『淮南子』「說林訓」: "鬻棺者欲民之疾病也. 畜粟者欲歲之荒饑也."
29) 『孟子』「公孫丑章句上」: "天作孼猶可違. 自作孼不可活.", 『書經』「太甲」: "天作孼猶可違. 自作孼不可逭." '逭': 벗어나다.
30) 『荀子』「天論」: "天職旣立. 天功旣成. 形具而神生. 好惡喜怒哀樂藏焉. 夫是之謂天情."
31) 『荀子』「天論」: "不可以怨天. 其道然也. 故明於天人之分. 則可謂至人矣."

다. 왜냐하면 이 시기만 하더라도 『시경』이나 『서경』에서 보여진 관념적인 하늘에 대한 허황된 의존성이 잔존하고 있었기 때문이다. 순자가 말한 천정이라는 말의 이면에는 '좋고 나쁜' 감정 중 특히, '나쁜' 감정으로 인해 화를 자초하는 것은 하늘과 아무런 관련도 없이 인간 스스로의 행위에 의한 인과로만 나타난다는 것으로 이해된다.

한편, 명대 중기의 주관적 관념론자였던 왕양명은 육구연의 "사람의 감정과 일의 변화를 관찰하기 위해 노력해야 한다"(象山在人情事變上做工夫之說)는 학설에 대해 다음과 같이 답하고 있다.

> 인간 세상에는 사람의 감정과 일의 변화를 제외하고 더 이상 다른 일은 없다. 희·로·애·락은 사람의 감정이 아니고 무엇이겠는가? 보고 듣고 말하고 행동하는 것부터 부귀·빈천·환란·생사에 이르기 까지 모두 일의 변화이다. 일의 변화도 모두 사람의 감정 속에 포함되어 있으니, 관건은 '중화에 이르는 데'(致中和)에 있다. '중화에 이르는 것'은 '홀로 있을 때 삼가야 한다'는 것이다.[32]

중용의 道는 치중화와 중립불의에 있다. 전자는 중화에 이르는 것이고, 후자는 중립을 지켜 어느 한편으로 치우치지 않는 것이다. 위 인용문에서 왕양명은 '좋고 나쁜' 감정을 나누어 설명하지 않고 희·로·애·락을 공히 감정으로 보고 이들 '좋고 나쁜' 감정의 어느 쪽으로도 치우침이 없어야 한다고 강조한다. 감정의 치우침은 곧바로 길·흉·화·복의 원인이 될 수 있음을 지적한 것이다.

그러나 논자는 '좋고 나쁜' 감정을 다시 이분하여 이성적 심성과 감성적 심성으로 나누게 되면 마음을 객관적으로 관찰 할 수 있다고 본다. '좋은 감정'에 비해 '나쁜 감정'은 상대적으로 다스리기가 어렵고 그 결과 마음의 치우침으로 이어 질 가능성이 높을 것이다. 독일 철학자 Friedrich Dessauer(프리드리히 데싸우어, 1881~1963년)는 인간의 욕망은 인간 스스로가 지닌 "적"이라고 하였다.[33] 욕망은 이성 보다는 감성의 지배를 받을 가능성이 높다. 그런 의미에서

---

32) 王陽明, 『傳習錄』 卷上 39條目: "除了人情事變. 則無事矣. 喜怒哀樂. 非人情乎? 自視聽言動以至富貴. 貧賤. 患難. 死生. 皆事變也. 事變亦只在人情裏. 其要只在. 致中和. 致中和只在. 謹獨."
33) 프리드리히 데싸우어(Friedrich Dessauer) 著, 『인간이란 무엇인가- 칸트의 네 가지 물음』(Was ist Der Mensch-Die vier Fragen des Immanuel Kant), 황원영 譯, 분도출판사, 2005, 7쪽:

데싸우어가 말한 인간 스스로가 가지고 있는 "적"인 욕망은 감성일 수 있으며, 고대 로마의 Publilius Syrus(푸블릴리우스 시루스, 기원전 85~ 기원전 43년)가 말한 "우리마음 안에 숨은 적"34)도 감성적 심성일 수가 있다.

프랑스 인문학자 François Rabelais´(라블레, 1483~ 1553년)도 "자기애가 자기를 기만한다"35)고 하였는데 이 역시 자기에게 집착함으로서 발생하는 감정적 이기심이 이성적 자기를 속인다는 의미로 보아 같은 의미로 보아도 될 것이다.

감정의 발생은 생명체가 생명을 유지해 나가는 과정에서 나타나는 생리현상이나 육체가 원인이 되는데 어떤 감정은 육체가 원인이 되기도 한다. 예를 들면, 어떤 상황에 따라 육체가 의지할 곳이 없어지는 어떤 상황에서 순간적으로 일어나는 공포심이나, 육체가 강제된 수단에 의해 자유를 구속당할 때 치미는 분노는 육체가 그 원인이 되어 감정이 발생한다는 사실을 뒷받침한다. W.제임스와 C.랑게는 신체의 변화로 인한 느낌을 감정이라 보고, 유명한 '제임스·랑게 이론(James-Lange theory)'36)을 주장하였다.37) 마음이 슬퍼서 우는 것이 아니라 우니까 슬픈 마음이 든다는 것이다. 이것은 주자의 "형체가 이미 생기면 외물이 형체를 감촉하여 마음을 동하게 하니, 마음이 동하여 칠정이 나오는 바, 이것을 희·노·애·락·애·악·욕이라고 한다"38)라고 말한 것과 유사한 내용이

"인간은 누구나 가공할 만한 하나의 적을 갖고 있다. 이 적은 순간적 충동력과는 다르게 끈질기게 우리를 쫓아다니는, 그칠 줄 모르는 욕망에서 비롯된 것이다."

34) 푸블릴리우스 시루스(Publilius Syrus),『격언집』, BC 1세기: (모리스 말루(Maloux Maurice) 著, 연숙진 共著,『라루스 세계 명언 사전』(Dictionnaire Des Proverbes, Sentences Et Maximes), 보누스, 2016, 199쪽 재인용): "우리에게 가장 나쁜 적은 우리 마음 안에 숨어 있다."
35) 라블레(François Rabelais´),『Pantagruel』, ⅩⅩⅠⅩ, 1546: 모리스 말루(Maloux Maurice) 著, 연숙진 共著,『라루스 세계 명언 사전』(Dictionnaire Des Proverbes, Sentences Et Maximes), 보누스, 2016, 545쪽 재인용: "自己愛가 우리를 기만한다."
36) 인간의 정서적 경험은 바깥으로 부터의 자극에 대한 신체 반응을 지각한 결과로 생긴다는 이론으로 미국의 철학자 제임스와 덴마크의 랑게(Lange, C.)가 거의 동시에 제창한 이론이다. : 한국교육심리학회,『교육심리학용어사전』, 학지사, 2000.
37) 프랑스의 철학자 파스칼(Pascal Blaise, 1623~ 1662년)은 파스칼,『팡세』, Ⅱ, 83, 1670 (모리스 말루(Maloux Maurice) 著, 연숙진 共著,『라루스 세계 명언 사전』(Dictionnaire Des Proverbes, Sentences Et Maximes), 보누스, 2016, 30쪽 재인용) "감각은 이성을 기만한다."라고 하였다. 이 역시 생리현상의 지배를 받는 감정이 이성에 우선함을 말하고 있음을 알 수가 있다.
38) 朱子·呂祖謙, 編著,『近思錄』券一「爲學」: "其本也. 眞而靜. 其未發也. 五性具焉. 曰: 仁義禮智信. 形旣生矣. 外物. 觸其形而動其中矣. 其中動而七情出焉. 曰: 喜怒哀樂愛惡欲.": (그 근본이 참되고 고요하며 未發했을 때에 五性이 갖추어져 있으니, 이것을 仁·義·禮·智·信이라 하고,

라 할 수 있다. 이처럼 인간의 자기 의지는 사실상 자기의지로 보기 어려운 측면을 갖고 있다. 육체나 감각에 의해 무의식적으로 성립하고 본능적으로 발생하는 감정 작용은 이성적으로 다스리기가 쉽지 않다.

한편, 인체 내의 미생물이 매개가 되어 면역계와 상호작용을 하는 가운데 미생물이 인간의 감정에 간섭작용을 한다는 주장은 인간의 자기 의지에 대한 회의적 논거일 수 있다. 왜냐하면 인간의 감정 표출은 자기 의지이기 이전에 저변에서 작용하는 미생물이 그 원인이 될 수 있기 때문이다.[39] 따라서 우리는 여기서 인간의 감성적 심성이 인간의 이성적 심성을 훼손하거나 무력화할 수도 있다는 과학적 논거를 확인할 수 있다.

3. 이성적 심성과 감성적 심성의 명리학적 함의

앞서 본장 1, 2절에서 이성적 심성과 감성적 심성의 일반적 함의에 대해서 살펴보았다. 이에 의하면 인간의 타고난 심성은 부모, 조상과 관련된 생물학적 기질이나 그 밖의 종교, 학력, 직업, 연령, 남녀차이, 거주하는 지역 혹은 국가의

형체가 이미 생기면 外物이 형체를 감촉하여 마음을 동하게 하니, 마음이 동하여 七情이 나오는 바, 이것을 喜·怒·哀·樂·愛·惡·欲이라 한다.)

[39] 롭 나이트 · 브렌던 불러(Rob Knight · Buhler Brendan) 著, 강병철 譯, 『내 몸속의 우주 -질병부터 성격까지 좌우하는 미생물의 힘-』(Follow Your Gut : The Enormous impact of Tiny Microbes), 문학동네, 2016, 89~90쪽 참고 및 재인용 (P. Bercik, "The Microbiota-Gut-Brain Axis: Learning from Intestinal Bacteria?" Gut 60, no. 3 (March 2011): 288-89., J. F. Cryan and S. M. O' Mahony, "The Microbiome-Gut-Brain Axis: From Bowel to Behavior" Neurogastroenterology and Motility: The Official Journal of the Euuropean Gastrointestinal Motility Society 23, no. 3 (March 2011): 187-92.): (인간의 감정과 행위는 인간의 자기의지에 의한 결과일까? 혹시 인간을 구성하고 있는 몸속의 미생물이 인간의 감정을 비롯한 정체성에 영향을 끼치지는 않을까? 미국의 의학자인 롭 나이트(Rob Knight)등이 전문가의 연구를 인용해 주장한 바에 의하면, 놀랍게도 인체 내의 미생물은 음식을 소화하고 호르몬을 만들어 배출할 뿐만 아니라 면역계와 상호작용을 하고 나아가 뇌에 영향을 미친다는 사실을 통해 미생물이 인간의 감정 등에 간섭작용을 할 수 있음을 증명할 수가 있었다.) 참고., 이와 같은 주장을 통해 인간의 감정표출 저변에는 미생물이 있다는 과학적인 추론을 할 수가 있다. 이것은 인간이 자기 의지로 생각하고 말하고 행동한다는 것에 대한 회의적 논거이기도 하다.

문화적 특성 또는 이와는 무관하게 자기성찰과 수양을 통한 변수와 맞물려 있다고 유추할 수 있다. 그런데 이들의 변수 중에 부모, 조상과 관련된 생물학적 타고난 기질에 의한 심성은 과학적으로 증명할 수 있다.

독일의 생물학자인 Henning Engeln(헤닝 엥겔론)40)은 "감정은 오래 전에 발달한 기본적인 뇌 부위에서 무의식적으로 발생하며, 나중에 발달한 대뇌 겉질에 의해 다소간의 규제를 받고 합리적으로 보이는 결정을 내릴 때 개입하는 충동"41)이라고 하였다. 감정이 진화의 과정에서 어떻게 해서 만들어 진 것인가? 또한, 주관에 의해 느끼는 감정은 꼭 필요한 것인가? 아니면 감정은 단지 인간의 이성적인 활동을 방해하는 충동 또는 동물적 잠재의식의 표출일 뿐인가?

독일의 빌란트 Wielant Machleidt(마흐라이트)42)는 이와 관련하여 감정(또는 흥분·기분·느낌)을 의도·불안·공격성·슬픔·기쁨이라는 다섯 가지로 분류했다. 여기에서 '의도'란 욕구·충동·배고픔 등을 의미하고, '공격성'은 분노와 고통의 의미를 포함한다. 그리고 이러한 감정은 여러 가지가 복합적으로 작용하여 생겨난다고 보았다.

그런가 하면, 미국의 뇌 과학자인 Antonio Damasio(안토니오 다마시오)43)는 기쁨·슬픔·두려움·분노·놀람 그리고 혐오감을 일차적인 감정으로 규정하고 있다. 또 미국의 심리학자인 Paul Ekman(폴 에크만)은 감정의 내용을 행복·분노·경멸·만족·혐오감·당황함·흥분·두려움·죄책감·성취감·안도감·슬픔·충족·정욕·수치심으로 구분하였다. 이들이 언급한 감정의 공통점은 불안·두려움·분노인데, 두려움이 구체적인 위험요소에 따른 신체 반응이라면, 불안은 혼란과 위험에 직면한 장기적인 감정이며, 분노는 진화 과정에서 생성된 것으로 공격성의 원인이 되는 것이다. 불안과 분노에 이어 슬픔과 기쁨이란 감정은 인간의 조상인 호모 사피엔스의 생존을 위한 강한 결속력에서 생겨난 것으로, 좋고 나쁜 일에 대한 공감대에서 비롯된 것이다. 그러나 인간은 진화 과

---

40) 헤닝 엥겔른(Henning Engeln): 독일의 생물학자로 진화심리학의 연구자.
41) 헤닝엥겔른(Henning Engeln) 저, 이정모 역, 『인간, 우리는 누구인가?』(WIR, MENSCHEN by Henning Engeln), 을유문화사, 2010, 296~297쪽.
42) 빌란트 마흐라이트(Wielant Machleidt): 독일의 사회 심리 치료사.
43) 안토니오 다마시오(Antonio Damasio): 미국의 뇌 신경학자로 '이성적인 사고는 감각과 감정으로부터 분리될 수 없다'는 주장을 하였다.

정에서 이러한 감정의 능력을 키우기도 하고 스스로 통제하고 변화시키기도 한다. 위에서 살펴본 바와 같이 긍정적 감정보다 부정적 감정이 발달하게 된 까닭은, 부정적 감정이 생존을 위해 유리했기 때문이다. 물론 긍정적인 감정도 인간의 창의성과 융통성을 도와 사고의 영역을 확장시키는 중요한 기능이 있으나 긍정적 감정은 인간의 문제 해결에 직접적인 도움이 되지 않았을 것이다.

그런데 여기서 감정을 이성적인 사고를 방해하는 정도의 것으로 볼 수 있는가에 대해 검토해 볼 필요가 있다. 감정 또한 인간으로 하여금 위험에서 보호받게 하거나 극복하게도 하고, 경우에 따라 이성보다 한층 빠른 반응으로 인간을 위험으로부터 구해 줄 수 있는 능력이기도 하다. "생명체는 모든 것이 다 건강한 상태인지에 대해 끊임없이 메시지를 전달하는 대단히 많은 수의 수용체로 구성"44)되어 있어서 무엇인가 정상에서 벗어나면 감정을 통해서 그것을 알게 된다. 따라서 감정은 신체와, 신체는 감정과 서로 정보를 주고 받는다고 할 수 있다. 그래서 안토니오 다마시오는 "인간을 인간이게 하는 근원적인 것으로 그 무엇보다도 감정을 꼽는다"라든가 "논리적 이성이 아니라 감정이 인간 의식의 뿌리를 형성한다"45)고도 하였다. 결국 인간의 감정과 이성은 인간의 행동과 의식에 각인되어 인격의 본질을 이루며 과거 수백만 년 전부터 형성되어 오늘에 이르고 있다.46)

이러한 사실들을 종합해 볼 때, 인간의 심성을 이성과 감성적 심성으로 이분해 관찰하는데 있어서 결코 감성적 심성에 대해 편견을 가져서는 안 될 것이다. 뿐만 아니라 이성적 심성에 대해서도 편견을 갖지 않도록 주의해야 할 것이다. 사실 심성 즉, 오행의 氣인 마음의 변화는 사주가 태과인지 또는 불급인지, 중화가 잘 되어 있는지의 여부, 그리고 행운에 따른 다양한 변수로 인해 한 순간도 같은 심성을 유지할 수는 없다고 할 것이다.

인간의 심성을 이분하는 명리학적인 근거는 음양론에 있다. 그렇다면 명리학

---

44) 헤닝엥겔른(Henning Engeln) 저, 이정모 역, 『인간, 우리는 누구인가?』(WIR, MENSCHEN by Henning Engeln), 을유문화사, 2010, 317쪽.
45) 헤닝엥겔른(Henning Engeln) 저, 이정모 역, 『인간, 우리는 누구인가?』(WIR, MENSCHEN by Henning Engeln), 을유문화사, 2010, 320~321쪽.
46) 헤닝엥겔른(Henning Engeln) 저, 이정모 역, 『인간, 우리는 누구인가?』(WIR, MENSCHEN by Henning Engeln), 을유문화사, 2010, 291~293, 296~298, 309~317, 320~321쪽.

에 있어서 사주의 중화를 돕는 용신과 희신 오행이 이성적 심성을, 사주의 중화를 방해하는 기·구신 오행이 감성적 심성을 담당하는 근거는 무엇인가? 이러한 질문에 대한 객관화된 답을 구하기는 쉽지 않다. 그것은 이 문제가 본고에서 꾸준히 문제를 제기하고 있는 용신의 개념과 적용에 관한 문제, 오행 생극에 관한 문제와 맞물려 있기 때문이다.

논자는 이에 대한 이론적 논거를 마련하기 위해서는 다음과 같은 학문적 노력이 선행되어야 한다고 본다.

첫째는 경험적 논리이다. 많은 사주 명조를 중화용신에 근거해 그 심성을 관찰해 본 결과 용신과 희신 오행은 이성적 심성이, 기·구신 오행은 감성적 심성이 드러남을 확신하였다. 그러나 이것은 개인의 주관적인 경험일 뿐, 논자의 이론을 합리화 또는 객관화 할 수 있는 근거로서는 부족할지 모른다. 그렇기 때문에 논자가 이성과 감성적 심성이라는 이분법에 의해 경험적 논리를 얻을 수 있는 희·용·기·구·한신에 대한 개념의 정립과 도출법을 논증하고 그것을 바탕으로 이론화함으로서 주장의 당위성을 구하고자 한다. 둘째, Ⅴ장에서 논증할 중화된 사주의 표준 모델인 '상생 3격' 즉, 관인상생격·재관상생격·식신생재격을 통해 인간의 심성은 크게 火·木 상생과 水·金 상생으로 대변되는 두 가지의 마음이 '상생 3격'의 사주를 통해 이성 또는 감성적으로 관찰될 수 있다는 점에 대해 구체적으로 논증하고자 한다. 이러한 논증이 가능할 수 있는 것은 희·용·기·구·한에 대한 개념의 정립과 도출에 대한 기초 이론의 검증이 가능하기 때문이다.

둘째는 체의 이론에 의해 도식화 된 생극의 문제를 체용론에 의해 극복할 수 있다는 점이다. 현대 명리학이 길·흉·화·복이라는 허구에 갇히지 말고 심성의 연구를 지향해야 한다는 것에는 공감하지만 실제 그 심성을 객관적으로 관찰할 수 있는 이론적 도구가 미미하다. 그러므로 이러한 노력에는 적지 않은 의미가 있다 할 것이다. 만약 심성을 객관화해서 관찰할 수 있는 이론체계가 없다면 사주를 통한 심성관찰은 이현령비현령식이 되어 버릴 위험성이 있다. 왜냐 하면, 관찰자의 주관이 개입될 수 있고, 또 심성을 분석하는 기초 이론인 생극의 문제를 비롯해서 희·용신과 기·구신의 판단에 대한 혼란 등으로 인해 부분적 오류내지 전혀 다른 오판을 야기할 수도 있기 때문이다.

만약 기·구신이 원인이 되어 발생하는 감성적 심성과, 희·용신이 원인이 되어 발생하는 이성적 심성의 관점에서 볼 때, 두 심성은 음양의 이치처럼 상호 불가분의 관계를 가지고 있다고 할 수 있다. 이와 관련해 『이허중명서』에서도 이성적 심성도 자칫 감성적 심성을 유발할 수 있고, 감성적 심성도 잘 다스리면 곧 이성적 심성으로 되돌려 피동적인 운명을 능동적인 운명으로 개선시켜 나갈 수 있음을[47] 지적하고 있다. 즉, "만약 길함이 흉함을 이기면 흉함이 길함 속에 있고, 만약 흉함이 길함을 이기면 길함은 흉함 속에 있게"[48]될 것이다. 이는 역경의 무구와 회린[49]과도 유사한 개념으로 볼 수 있다. 『연해자평』에서는

喜는 吉神이다. 忌는 惡神이다.[50]

라고 하였다. 이때, 희신을 '좋은 작용을 하는 오행'으로 보고, 기·구신을 '나쁜 작용을 하는 오행'으로 의역한다면, 논자가 주장하는 바와 일치 할 것인가? '좋은 작용을 하는 오행'과 '나쁜 작용을 하는 오행'이라는 말에서 전자는 사주의 중화를 돕는 '좋은 작용'으로, 후자는 사주의 중화를 방해하는 '나쁜 작용'으로 이해하는 데는 무리가 없어 보인다. 그렇다면 사주의 중화작용을 돕기 때문에 이성적 심성이, 사주의 중화 작용을 방해하기 때문에 감성적 심성이 드러난

---

47) 鬼谷子 撰, 李虛中 註編, 『李虛中命書』, 中華民國, 新文豊出版公司印行, 1978, 21쪽: "以慶爲吉慶弗吉. 知凶遠凶凶敗無. ... 作福作威. 返福爲禍. 知命畏天. 轉禍爲福."
48) 鬼谷子 撰, 李虛中 註編, 『李虛中命書』, 中華民國, 新文豊出版公司印行, 1978, 27쪽: "吉若勝凶. 凶藏吉内. 凶若勝吉. 吉隱凶中."
49) 쩡스찬(曾任强) 著, 박찬철 譯, 『운이 스스로 돕게 하라』, 경기 고양:(주) 위즈덤 하우스, 2016, 379쪽: "吉凶이란 인간만이 만들 수 있는 감각입니다.(중략) 인생에 吉凶이란 없고 매일 大吉大利만 추구하지 말고 무구(無咎)를 추구해야 한다고 이야기 했습니다. 『易經』에서 말하는 무구란, 사람은 잘못을 저지를 수 있지만 잘못한 후에 시정하고 보완할 수 있으면 무구하다는 것입니다.(중략) 『易經』속에 열거된 많은 잘못은 결국에는 무구로 변화, 발전하는데, 이는 고치기만 해서 되는 것이 아닙니다. 잘못을 알고 이후에 보완하고 만회한다는 것입니다. 『易經』에는 회(悔)와 린(吝) 두 글자가 자주 나옵니다. '회'는 마음에서 우러나오는 것으로, 잘못하고 난 후에 진심으로 고칠 생각이 들어서 실제 행동을 교정 하는 것입니다. '린'은 이유를 찾아 말하는 것입니다.", 『周易』 「繫辭下傳」: "吉凶者, 貞勝者也. ,貞. 正也. 常也. 物. 以其所正爲常者也. 天下之事. 非吉則凶. 非凶則吉. 常相勝而不已也."(吉·凶은 항상 이기는 것이니, 貞은 바름이요, 항상함[떳떳함]이니, 물건은 바름을 항상함으로 삼는다. 천하의 일이 吉이 아니면 凶이요 凶이 아니면 吉이어서 항상 서로 이기고 그치지 않는다.)
50) 『淵海子平』, 台北: 進源文化事業有限公私, 2011, 66쪽: "善者吉神也. 忌者惡神也."

다는 주장에는 각각 어떤 연관성을 갖는가 하는 의문을 가질 수 있다.

서락오가 주석한 『자평진전평주』 「희기」편에는 희신을 일간에게 도움이 되는 것으로, 기·구신을 사주에서 꺼리기 때문에 일간인 '나'에게 도움이 되기 보다 손해를 끼친다고 정의하고 있다.51) 한편 임철초가 주석한 『적천수천미』에서는 이를 은혜와 원한으로 표현하고 있다.52) 이와 같이 문헌에서 확인되는 희·용신과 기·구신을 이성적 심성과 감성적 심성으로 연관지을 수 있는 충분한 근거가 된다.

이성적 심성과 감성적 심성을 암시하는 인간의 마음작용을 두고 애덤 스미스는 『도덕감정론』에서 인간의 감정이 운에 미치는 영향에 대한 언급을 한 바 있다.53) 그의 주장을 간략하게 요약하면 다음과 같다. 어떤 기쁨을 주는 행위가 '감사'로, 또는 고통을 주는 행위가 '분노'의 원인이 된다고 하더라도 행위의 결과가 선행인 '감사'나, 악행인 '분노'로 발생하지 않았다면 그것은 감정이 운에 영향을 미치지 못한다. 그러나 '감사'나 '분노'가 발생해서 선과 악으로 드러났다면, 이 같은 사실로 말미암아 운명의 여신(Fortune)은 행위의 공과에 따른 평가하지 않을 수 없다. 즉, 인간의 선하고 악한 감정의 표출은 반드시 운에 영향을 미치게 된다.54)

르네상스 시기의 회의론(懷疑論, Scepticism)자인 Montaigne, Michel De(몽테뉴, 1533~1592년)는 '세상에서 가장 가치 있고 용기 있는 일은 자기를 찾아서 그 자신으로 있는 것'이라 하였다. 인간은 본질적으로 의식하든 아니든, 자기 자신을 위해 '이기적'인 삶을 사는 존재이다. 그래서 인간의 삶에는 '자기'가 중심에 놓여 있다. 그런데도 진작 '자기'가 무엇인지는 뚜렷하게 답하지 못한다.

---

51) 沈孝瞻 著, 徐樂吾評註, 『子平眞詮評註』, 台北: 進源書局, 2006, 207~208쪽 : "何謂喜. 命中所喜之神. 我得而助之者是也..... 何謂忌. 命中所忌. 我逆而施之者."
52) 袁樹珊 撰輯, 任鐵樵增注, 『滴天髓闡微』, 台北: 進源文化事業有限公司, 2011, 304쪽 : "恩怨者. 喜忌也"
53) 애덤 스미스(Adam Smith) 저, 박세일 역, 『도덕감정론(The Theory Moral Sentiments)』, 비봉출판, 2009, 174~206쪽. (제1장: 행운 또는 불운이 감정에 영향을 미치는 원인, 제2장: 행운의 여신이 인간의 功過 감정에 미치는 영향의 범위, 제3장: 감정에 이와 같은 불규칙성이 일어나는 최종 원인에 대해 상세하고 있다.)
54) 애덤 스미스(Adam Smith) 저, 박세일 역, 『도덕감정론(The Theory Moral Sentiments)』, 비봉출판, 2009, 183쪽.

말하자면, 지식과 지혜로 '무장'한 이성을 가진 인간은 자신에 대해 확실하게 모르면서 자기의 삶을 살고 있는 셈이다.

사실 자기 인식과 자기 성찰은 철학의 최고 목표라고 말 할 수 있다. 인간의 '자기인식'은 자기반성을 통해 자기를 성찰하는 것으로 볼 수 있지만 감정을 가진 인간은 타의에 의해 자신이 해석되고 분석되는 것을 본능적으로 거부한다. 왜냐하면 '자기'는 '자기'가 가장 잘 안다고 생각하기 때문이다. 독일의 철학자 Max Scheler(막스 셸러, 1874~ 1928년)는 이렇게 말한 바 있다.

> 우리는 과학적 인간학, 철학적 인간학 및 신학적 인간학을 가지고 있으나, 이것들은 상호간에 아무것도 알지 못하고 있다. 그러므로 우리는 이제 인간에 관한 그 어떤 명료하고 통일적인 관념도 가지고 있지 않다. 인간 연구에 종사하는 특수 과학이 자꾸 늘어감으로써 우리의 인간관은 밝혀지기보다 오히려 더욱 혼란스럽고 모호하게 되었다. ... 인간 역사의 어느 다른 시대에서도 현대만큼 우리들 자신을 문제시한 적은 없었다.[55]

위의 말처럼, 나는 누구인가? 라는 인간학적 질문에 대한 답은 철학과 종교와 과학에 따라 다를 것이다. 논자는 본고를 통해 인간의 심성을 객관적으로 분석하여 '명리학적 자기이해와 성찰'에 대한 방법론을 제시해 보고자 한다. 여기서 '객관적'이라는 단서를 붙인 것은 인간의 본능적 이기심과 자기애 때문에 스스로를 객관화 한다는 것이 어려울 것으로 보기 때문이다.

영국의 철학자이자 경제학자인 John Stuart Mill(존 스튜어트 밀, 1806~ 1873년)은 "자신의 몸과 마음을 극복하는 개이이 자신의 주인이다."라고 하였다. 그런가하면, 20세기 독일 철학자 Martin Heidegger(하이데거, 1889~ 1976년)는 "우리는 스스로를 이해하는 존재이다"[56]라고 하였다. 밀과 하이데거의 말처럼 우리가 우리의 몸과 마음을 극복하기 위해서는 우리 자신에 대해 바로 알아야 할 것이다.

본 3절에서 살펴본 바와 같이 이성적 심성과 감성적 심성의 명리학적인 정의

---

55) M. Scheler, Die Stellung des Menschen im Kosmos, 1928, 13f.
56) 브라이언 매기(Magee, Bryan) 著, 박은미 譯, 『철학의 역사』(The Story of Philosophy), 시공사, 2002, 184, 212쪽.

를 요약하면 다음과 같다.

1. 이성적 심성의 명리학적 함의:

　사주의 중화를 돕는 용신과 희신에 해당하는 오행의 작용에서 상대적으로 오행의 작용력이 강한 기·구신을 견제하여 사주의 중화를 꾀하기 위해서는 희·용신에 해당하는 오행이 '이성적 작용'을 할 수 밖에 없다. 이때, 희·용신에 해당하는 오행의 '이성적 작용'은 그대로 십간, 십성에 의한 심성작용으로 치환되어 나타난다. 명리학적 관점에서 이성적 심성은 곧 중화지심이며 치우치지 않은 마음상태이다. 이를 심성해석의 기초 도구인 십간과 십성을 통해 통변해 내는 것을 이성적 심성의 명리학적 정의라 할 수 있다.

2. 감성적 심성의 명리학적 함의:

사주의 중화를 돕는 기신과 구신에 해당하는 오행의 작용에 있어서 희·용신에 비해 상대적으로 오행의 작용력이 강한 기구신은 강한 오행작용으로 말미암아 그 심성이 감정적으로 나타난다. 이때, 기·구신에 해당하는 오행의 '감성적 작용'은 그대로 십간, 십성에 의한 심성작용으로 치환되어 나타난다. 명리학적 관점에서 감성적 심성은 곧 치우친 마음상태인 태과 불급이다. 이를 심성해석의 기초 도구인 십간과 십성을 통해 통변해 내는 것을 감성적 심성의 명리학적 정의라 할 수 있다.

Ⅲ.심성의 명리학적 작용

1. 체용론에 의한 심성의 변용

1) 체용론의 연원과 명리학적 체용론

논자는 석사논문에서 명리학의 기본 4이론인[57] 중화·체용·기·용신이 상호 관계를 맺고 있다는 사실을 논증한 바 있다. 오행의 기와 용신 그리고 중화의 개념은 적어도 명리학에 있어 불가결한 요소라 할 수 있다. 그러나 이런 개념만으로는 명리학적인 생과 극의 모순을 설명하기가 어렵기 때문에 논자는 체용이라는 개념을 도입하였다. 물론 체용에 관한 기존의 명리학적 개념이 있지만 이를 중화, 용신의 개념과 접목해서 전일된 하나의 개념으로 이해하고자 하였다. 이것은 바로 체용의 명리학적 개념에 대한 새로운 정립이 필요하다는 입장에 근거해 있다.

중국적 사유방식에는 독특한 '체용' 논리가 있다. "'대립(分, 二)되면서도 통일(合, 一)의 관계를 가지고 있다'는 말은 체(體:본체)와 용(用:현상)이라는 이중 구조의 논리이다. 이것은 '용'의 구조 속에서는 서로 다른 존재(分의 논리)지만 '체'의 구조 속에서는 동일한 존재(合의 논리)라는 논리를 빌리지 않고는 설명할 방도가 없다"[58]는 것이다. 체용의 사전적 정의[59]도 이와 다르지 않다. 그러나

---
57) 이건희, 「음양오행론의 명리학적 적용에 관한 연구」, 대구한의대학교 대학원 석사학위논문, 2017, 38쪽.

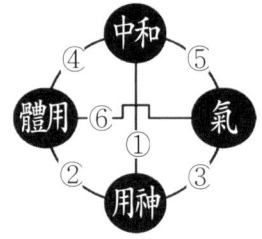

58) 김득만·장윤수, 『중국 철학의 이해』, 예문서원, 2000, 18쪽.

체용이라는 개념이 발전하는 데는 오랜 시간이 걸렸다. 그렇게 된 이유를 살펴보면 다음과 같다. 체와 용이 결합되기 이전 시기에, 체는 사지를 가리키거나, 사람과 동물의 몸60)을 의미하였다. 즉, 사람의 몸을 지칭하는 '체'는 구상적61) 의미인 '형체'로 쓰여 졌다. 그런 이후에 『주역』「계사전」에는 "신은 모서리가 없고 역은 체가 없다"62)고 했는데, 이는 구상적 의미에서 '관념적이면서도 고정된 형상'(易無體)의 의미로 발전하게 되었음을 뜻한다. 부호화되거나 추상화되는 과정을 거쳤던 것이다. 나아가 체는 명사적63)인 용도로 쓰이거나 동사64)로도 쓰인다.

이렇듯 체의 개념은 선진시기부터 '인간과 사물', '인간과 인간', '인간과 하늘'과의 관계를 설명하는 방법으로 확장되어 독자적으로도 쓰여 졌다. 그러나 몸을 지칭하는 체는 추상화된 언어로 상징화되고, 동사적 의미로 사용된 것이기에 체가 '체용'의 시원으로 보기에는 논리성이 취약하다. 다만 체가 인간의 몸을 지칭하는 데서 시작되고 용 또한 도구를 사용하는 단조로운 의미에서 시작되었음을 확인할 수 있다.65) 이에 비해 용66)은 도구의 의미67)외에도 쓰임을 뜻하기도,68) 또는 인재를 등용하는 의미69)로도 쓰였다. 그런데 주목할 만한 것은 『노

---

59) 두산동아 백과사전 연구소 著, 『두산세계 백과사전』, 두산동아, 1996, 24권 510쪽: "사물의 본체와 작용·현상으로 중국의 宋·明學에서 사용된 철학용어이다. 體는 본체적 존재로 形而上學的 세계에 속하고, 用은 그것의 자기 한정적인 작용 및 현상으로 形而下學的 세계에 속한다. 그러나 양자는 表裏一體의 불가분의 관계에 있어 體를 떠나 用이 있을 수 없고 또 用이 없다면 體는 생각할 수 없다. 程頤가 주장하는 우주의 근본으로서의 理와 그 발로로서의 事象, 張載의 太極과 氣, 朱子가 말하는 인간에게 보편적으로 갖추어진 性과 그것이 외면에 나타난 情과의 관계 등은 모두 體用의 개념이다."
60) 『墨子』「節葬下」: "棺三寸. 足以朽體.", 『大學』: "心廣體胖.", 『莊子』「天地」: "形體保神. 各有儀則謂之性.", 『周禮』: "牲體貴右. 吉禮用右胖. 凶禮用左胖.", 『論語』「微子」: "四體不勤. 五穀不分."
61) 具象的: 사물 등을 직접 경험하거나 지각할 수 있는 형태를 갖추고 있는 것을 의미한다.
62) 『周易』「繫辭上」: "神無方. 易無體."
63) 『孟子』「告子上」: "體有貴賤有大小. 從其大體爲大人. 從其小體爲小人.", 『孟子』「公孫丑下」: "子夏. 子游. 子張. 皆有聖人之一體. 冉牛. 閔子. 顔淵則具體而微."
64) 『周易』「繫辭下」: "陰陽合德. 而剛柔有體. 以體天地之撰. 以通神明之德.", 『周易』「乾卦·文言」: "君子體仁. 足以長人."
65) 강진석, 「중국 체용론의 유형 연구」, 『중국철학』제9집, 중국철학회, 2002, 104~107쪽.
66) 하영삼, 『한자야 미안해(부수편)』, 랜덤하우스 코리아, 2007, 248쪽: "점(卜)은 고대 사회에서 중대사를 결정할 때 반드시 거쳐야 하는 절차였고, 특히 점을 칠 때 쓰던 뼈로써 시행의 의미를 그렸고, 여기에서 使用, 應用, 作用 등의 뜻이 생겼다."
67) 『詩經』「大雅·公劉」: "乃造其曹. 執豕于牢. 酌之用匏. 食之飮之."
68) 『論語』「學而」: "有子曰: '禮之用. 和爲貴.'"

자』에 이르러 "돌아감은 道의 운행이고, 유약함은 道의 작용이다"[70]라는 구절에서 보듯이 용은 어떤 '속성'과 '작용'의 의미로 확장되었다. 이처럼 두 개념은 별도로 발전해 오다가『순자』에 이르러 처음으로 결합하게 된다. 순자의 "만물은 같은 집 아래 있으나 각기 다른 형태를 띠고, 고정된 합당성이 없이 사람들에 의해 이용되는데, 이것이 道의 자연스런 모습이다"[71]라는 표현에서 볼 수 있듯이, 체와 용이 동시에 문장을 완성하고 있지만 체용의 주체가 같지 않으므로 이것으로 체용이 결부되었다고 보기에는 무리가 있다. 그러나 "道의 체는 영원히 불변하지만 모든 변화와 통한다. 따라서 한 가닥을 들어서는 道를 밝히기에 부족하다"[72]라는 구절에서 볼 수 있듯이 체는 추상성이 있으므로 최소한의 체용 관념을 내포하고 있다고 볼 여지가 있다. 이렇듯 체용론은 특정시기에 특정인에 의해 생성된 것이 아니라 장구한 역사 속에서 자연발생적으로 생겨난 사유관념이다.

그런데 체용의 개념은『중용』에서 비은[73]이라는 표현으로 쓰이기도 한다. 松島隆裕(마쯔시마 다까히로)는 체용을 물과 파도에 비유했는데, 여기서 물 즉, 체는 실체로서 근본적인 것을 상징하고, 파도 즉, 용은 작용을 상징한다.[74] 원래 체용은 중국에서 인도 불교를 중국화하는 과정에서 이론의 체계화를 위해 사용되었으나, 송학 즉, 주자학의 유가들에 의해 이론적으로 조직되었다. 그리하여 본체적 존재인 체(體: 형이상학적)와, 세계에 속하며 오관으로 인식할 수 있는 현상인 용(用: 형이하학적)을 지칭하는 유교 철학의 개념이 된 것이다.

명말·청초의 대유학자 王夫之(왕부지, 1619 ~ 1692년)는『독사서대전설』에서 체용을 다음과 같이 정의한 바 있다.

> 무릇 체용을 말함에 있어서, 처음부터 두 가지로 나누어지는 경우는 결코 없었다. 이 체가 있으면 반드시 이 용이 있고, 이 용이 있으면 반드시 이 체가 원

---

69)『孟子』「梁惠王下」: "國人皆曰賢. 然後察之. 見賢焉. 然後用之.",『周易』「乾卦」: "初九. 潛龍勿用."
70)『老子』「40章」: "反者道之動. 弱者道之用."
71)『荀子』「富國」: "萬物同宇而異體. 無宜而有用爲人. 數也."
72)『荀子』「解蔽」: "夫道者. 體常而盡變. 一隅不足以舉之."
73) 中庸』第12章: "君子之道. 費而隱." 이때 비(費)는 '널리 쓰이다.', 은(隱)은 '숨기다.'의 뜻이다. 性理學에서는 전자를 道의 用으로, 후자를 道의 體로 해석하였다.
74) 松島隆裕 (마쯔시마 다까히로) 共著, 조성을 역,『중국 사상의 성립과 전개』, 한울, 1991, 68쪽.

래 있는 것이다. 이것은 체를 말함에 용이 원래 있고, 용을 말함에 체가 원래 있다는 것이다.[75]

여기서 "체가 있으면 반드시 용이 있고, 용이 있으면 반드시 체가 원래 있는 것"이라는 표현과 "체를 말함에 용이 있고, 용을 말함에 체가 있다는 것"이라는 표현은 마치 명리학에 있어 음양론을 체용으로 재해석하는 느낌이 든다. 그것은 '체'를 사주자체의 '고정'〔靜〕[76]된 의미로, '용'은 사주가 '변화'〔動〕하는 개념으로 차용하여 해석할 여지가 있기 때문이다.[77] 대운이나 년운 등의 행운의 '간섭'이 없으면 사주원국은 큰 변화가 없기 때문에 체〔靜〕로, 그러나 이들 행운의 작용이 일어남과 동시에 활발한 용〔動〕의 개념이 성립 된다. 그리고 체와 용은 불가분의 음양의 이치처럼 각각의 독립된 개념이면서도 체용이라는 하나의 개념이 된다.

논자는 이러한 체용의 개념을 명리학에 접목하고자 하는데, 그것은 정확한 사주분석의 도구인 희·용·기·구·한신이라는 '용'의 개념으로 전환된 시각이 있어야만 시시각각으로 변화하는 인간의 심리를 오행의 생·극·제·화를 통해 읽어 낼 수 있다고 보기 때문이다. 이에 비해 체는 사주 원국에 대비될 수 있는데 용의 개념에 비해서는 상대적으로 정적인 것으로 이해 할 수 있다. 따라서 체용은 용신의 결정과 직결되고 중화와도 밀접한 관계가 있다. 왕부지의 『사서훈의』에서는 "용이란 그 체를 쓴다는 것이다. 체가 세워지면 용이 여기에서 행해진다[78]는 표현은 명리학적인 체용의 개념을 뒷받침 할 수 있다. 이렇듯 "체용은 중국 철학자들에게 있어 자신의 논리를 효과적으로 설명하기 위한 하나의 방법이며, 세계관의 부분과 전체를 반영한다는 의미에서 존재 구조이기도 하다. 체용은 사물의 특징을 설명하는 방법이자, 체와 용의 관계를 설명하는 논리체계이다. 체와 용의 양자를 논리성 있게 설명해 냄으로써 서술자의 논리방법과 사

---

75) 『讀四書大全說』「論語·陽貨」: "凡言體用. 初非二致. 有是體. 則必有是用. 有是用. 必固有是體. 是言體而用固在. 言用而體固存矣.",『讀四書大全說』「論語·子罕」: "體可見. 用不可見. 川流可見. 道不可見. 則川流爲道之體. 而道以善川流之用也. 此一義也. 必有體而後有用. 唯有道而後有川流. 非有川流而後有道. 則道爲川流之體. 而川流以現道之用. 此亦一義也."
76) 靜은 動에 비해 정적이거나 고정된 의미일 수 있다. 사주원국을 '고정된' 이라는 의미에 비유하고 있지만 실제로는 사주원국도 '정지'된 개념은 아니라고 할 수 있다. 그러므로 靜이라는 표현이 적합하다고 볼 수 있는 것이다.
77) 體用의 사전적 의미를 따르면, 體는 사물의 본체이며 用은 그 작용이다.
78) 『四書訓義』「論語」: "用者用其體也. 體立而用者行焉."

유방식을 반영한다"79)고 볼 수 있다.

한편, 명리학과 관련된 문헌80)인 『낙록자삼명소식부주』의 다음 문장에서도 '체'가 발견 된다. 그것은 바로 "길흉은 서로 체가 된다"81)는 표현이다. 그러나 "오행의 통하는 도리를 아는 것"(知五行通道)이라는 말에 비추어 볼 때 '음이 있으므로 양이 있고, 양이 있으므로 음이 있다는 음과 양의 상호공존'을 의미하거나 '길도 흉이 있으므로, 흉도 길이 있으므로 상존한다'는 의미일 뿐 체용의 의미를 더 이상 확대해서 해석하기는 어렵다. 그런데 『적천수』에서는 유일하다시피82) 체와 용에 대한 언급하고 있다. 따라서 『적천수천미』를 중심으로 살펴보도록 하겠다.

『적천수천미』에서 체용에 대해 오직 "道에는 체와 용이 있는데 한쪽으로만 논해서는 안 된다. 중요한 것은 도와주고 억제하는 것을 얻어야 마땅하다"83)라는

---

79) 강진석, 「중국 체용론의 유형 연구」, 『중국철학』제9집, 중국철학회, 2002, 126~127쪽.
80) 본 연구에서는, 우선 고법 명리학과 관련하여 3대 저술인 기원전 4세기 경의 『귀곡자유문』(鬼谷子遺文)·『낙록자삼명소식부』(珞碌子三命消息賦)·『옥조신응진경』(玉照神應眞經)을 살펴보고 전국시대 추연(鄒衍)의 음양오행설과 전한시대 동중서(董仲書)의 『춘추번로』(春秋繁露)와 유안(劉安)의 『회남자』(淮南子), 후한 반고(班固)의 『백호통의』(白虎通義), 수(隋)대 소길(蕭吉)의 『오행대의』(五行大義)를 통해 생·극·제·화와 관련된 음양오행설의 발전 과정을 재고한 다음, 고법과 신법 명리학의 전환기인 송대 서자평의 『명통부』(明通賦)를 통해 현대명리학의 모태인 자평이론이 지향하는 바를 또한 탐구하였다. 그런 후, 서자평의 '자평법'을 계승해 신법 명리학의 토대를 구축한 서대승(徐大升)의 『연해자평』(淵海子平)과 원말명초 유백온(劉伯溫)의 『적천수』(滴天髓), 만민영(萬民英)의 『삼명통회』(三命通會), 장남(張楠)의 『명리정종』(命理正宗), 청대 진소암(陳素庵)의 『명리약언』(命理約言), 여춘태(余春台)의 『궁통보감』(窮通寶鑑), 심효첨(沈孝瞻)의 『자평진전』(子平眞詮), 원수산(袁樹珊)의 『적천수천미』(滴天髓闡微)·『명리탐원』(命理探原) 그리고 근대 중화민국 위천리(韋千里)의 『정선명리약언』(精選命理約言), 서락오(徐樂吾)의 『적천수징의』(滴天髓徵義)·『자평진전평주』(子平眞詮評註)·『자평수언』(子平粹言)·『적천수보주』(滴天髓補註), 위천리(韋千里)의 『팔자제요』(八字提要)·『명학강의』(命學講義)를 비롯, 최근 명리학자들의 저술인 하건충(何建忠)의 『팔자 심리 추명학』(八字心理推命學), 이철필(李鐵筆)의 『팔자 심리학』(八字心理學), 진춘익(陳椿益)의 『팔자명리신해』(八字命埋新解), 수요화세관주(水繞花堤館主)의 『명학신의』(命學新義), 단건업(段建業)의 『맹파명리』(盲派命理)·『명리진보』(命理珍寶) 그리고 일본 아부태산(阿部泰山)의 『사주명학 조후용신 대법』(四柱命學 調侯用神大法)등을 연구를 위한 텍스트로 하였다.
81) 『珞珠子三命消息賦註』: "凡論五行. 離道者非也. 離人物者亦非也. 惑約文而切理. 惑指事以陳謨. 於中神煞交糅. 吉凶互體. 是知五行通道. 志物難窮. 流布其間. 豈云小補."
82) 體用과 관련하여, 『滴天髓闡微』는 『滴天髓』 通神論의 "道有體用. 不可一端論也. 要在扶之抑之得其宜." (道에는 體와 用이 있는데 한쪽으로만 논해서는 안 된다. 중요한 것은 도와주고 억제하는 것을 얻어야 마땅하다.)를 주석하고 있다. 明代의 『滴天髓』를 淸代의 『滴天髓闡微』에서 주석한 體用의 개념은 타 문헌에서는 없거나 강조되지 않았던 개념이다. 추측하건대, 『滴天髓』를 저술한 성의백(誠意伯)과 『滴天髓闡微』를 撰輯하고 增註한 袁樹珊와 임철초(任鐵樵)가 유학적인 體用의 개념을 명리학에 도입한 것으로 보인다. 왜냐하면 宋代 성리학의 體用의 개념에 이어 거의 동시대에 발견되고 있기 때문이다.

문장으로 간결하게 표현하고 있다. 袁樹珊(원수산)은 원주에서 일주를 체라 하고 월령을 용으로 하는 것과, 월령을 체라 하고 희신을 용이라고 하는 등 크게 두 가지로 정의 하고 있다.84) 이에 대해 임철초는 다음과 같이 주석하였다.

> 체라고 하는 것은 형상기국을 말하는 것이다. 형상기국에서 일주를 체로 한 이상, 용이라고 하는 것은 바로 용신이 되는 것이지 체용을 제외한 외에 또 별다른 용신이 있는 것이 아니다. 원주에서 체용과 용신이 구별된다고 하였지만 그것에 관하여 상세하게 기록하지 않고 미미하게 해 놓고 말았다. 따라서 체용 이외에 달리 용신을 찾을 수가 없다. 본문의 마지막 단락에 중요한 것은 도와주고 억제하는 것을 얻어야 마땅하다고 하였는데 여기에서 명백히 알 수 있듯이 체용의 용이라고 하는 것은 즉 용신이 틀림없다.85)

논자는 앞서 '체'를 사주자체의 '고정'〔靜〕된 개념로, '용'을 사주가 '변화'〔動〕하는 개념으로 주장했는데,『적천수천미』에서는 "체용의 용이라고 하는 것은 즉 용신이 틀림없다"86)라고 말하고 있다. 이는 사물의 본체와 작용·현상을 일컬이 체용이라고 힌다는 체용의 사전적 정의와노 부합된다. 즉, "형상기국87)을 체로 말한다고 하는 것은 격국을 뜻하며 용을 용신으로 보아 체용을 곧 용신으로 본다는 것이다. 이는 격국이 체이고 용신이 용이 된다는 의미이다. "체용 이외에 다른 용신이 있는 것은 아니다"("非體用之外別有用神也")라는 문구를 통해『적천수천미』에서 주장하는 체용의 정의를 읽을 수 있다.『적천수천미』

---

83) 袁樹珊 撰輯, 任鐵樵增注,『滴天髓闡微』, 台北: 進源文化事業有限公司, 2011, 114쪽 : "道有體用. 不可一端論也. 要在扶之抑之得其宜."
84) 袁樹珊 撰輯, 任鐵樵增注,『滴天髓闡微』, 台北: 進源文化事業有限公司, 2011, 116쪽 : "有以日主爲體. 提綱爲用. 日主旺. 則提綱之食神財官皆爲我用. 日主弱. 則提綱有物幇身以制其强神者亦皆爲我用. 提綱爲體. 喜神爲用者. 日主不能用乎提綱矣. 提綱食傷財官太旺. 則取年月時上印比爲喜神. 提綱印比太旺. 則取年月時上食傷財官爲喜神而用之. 此二者. 乃體用之正法也."
85) 袁樹珊 撰輯, 任鐵樵增注,『滴天髓闡微』, 台北: 進源文化事業有限公司, 2011, 116쪽 : "任氏曰: 體者形象氣局之謂也. 如無形象氣局. 卽以日主爲體. 用者用神也. 非體用之外別有用神也. 原注體用與用神有分別. 又不詳細載明. 仍屬模糊了局. 可知除體用之外. 不能別求用神. 玩本文末句云. 要在扶之抑之得其宜. 顯見體用之用. 卽用神無疑矣."
86) 袁樹珊 撰輯, 任鐵樵增注,『滴天髓闡微』, 台北: 進源文化事業有限公司, 2011, 116쪽 : "顯見體用之用. 卽用神無疑矣."
87) 形象氣局: 사주 8글자의 구조 및 모양새를 뜻하며, 形象格局으로 표현되기도 한다. 사주의 전반적인 形勢를 말할 때 주로 格局이라는 표현을 쓰는데, 주로 月支와 관련해서는 格이 된다. 格局論은 이러한 사주의 形象을 관찰한 다음 그 구조의 특징을 살펴 분류한 이론체계이다. 따라서 有用之神 보다는 用事之神에 치중되어 있다.

에서 임철초는 『적천수』의 첫 구절인 "欲識三元萬法宗. 先觀帝載與神功."88)을 주해하면서 제와 재라는 글자는 신공이라는 말과 그 뜻이 같으며 金·木·水·火·土, 즉 오행을 가리킨다고 풀이하였다.89) 다시 말하면 제재는 오행의 본체고 신공은 오행의 응용이라는 것이다. 이것은 '본체'의 체 그리고 '응용'의 용으로 본다면, 체를 형상기국인 격국으로, 용을 용신으로 볼 수가 있다는 의미이다."90)

이와 관련하여, "『명학신의』에서는 『적천수』「체용」편의 "道에는 체와 용이 있는데 한쪽으로만 논해서는 안 된다. 중요한 것은 도와주고 억제하는 것을 얻어야 마땅하다"91)라는 문구를 주해하면서 체용에 대한 원주의 설명이 번잡해서 '체는 일주를 가리키고 용은 용신을 가리킨다'고 단정 지었다.

여기서 주목할 만한 사실은 道에는 체와 용이 있지만 어느 한쪽을 논해서는 안된다고 하면서도 중요한 것은 '도와 주고 억제하는 것을 얻어야함'("要在扶之抑之得其宜")을 중시한다는 점이다. 이것은 중화를 강조하고 있다는 반증으로 볼 수 있다. 도와주고 억제하는 것을 얻는 중화의 방법은 억부만을 생각하기 쉬우나 사실 조후의 개념도 이에 포함되며 이를 동시에 관찰할 필요가 있다. 사주의 중화작용을 돕는 최선의 오행을 용신으로 본다면 用事之神은 사주 내 오행의 힘의 강약을 알기 위한 수단으로, 有用之神은 중화작용을 돕는 오행이므로 중화용신이라는 의미로 해석할 수가 있다."92) 그렇다면, 체용에 관한 송대 유학자인 邵康節(소강절, 1011~1077년)의 주장은 논자가 주장하는 명리학적 체용의 개념에 근사하다고 하겠다. 소강절 역시 "체에는 정해진 작용이 없고 오직 변이 작용이다. 작용에는 정해진 체가 없고 오직 화가 체이다. 체와 용이 교류하여 사람과

---

88) 袁樹珊 撰輯, 任鐵樵增注, 『滴天髓闡微』, 台北: 進源文化事業有限公司, 2011, 12쪽 : "欲識三元萬法宗. 先觀帝載與神功."
89) 袁樹珊 撰輯, 任鐵樵增注, 『滴天髓闡微』, 台北: 進源文化事業有限公司, 2011, 12쪽 : "任氏曰: 干爲天元. 支爲地元. 支中所藏爲人元. 人之稟命. 萬有不齊. 總不越此三元之理. 所謂萬法宗也. 陰陽本乎太極. 是謂帝載. 五行播于四時. 是謂神功. 乃三才之統系. 萬物之本原. 滴天髓明天道如此."
90) 이건희, 「음양오행론의 명리학적 적용에 관한 연구」, 대구한의대학교 대학원 석사학위논문, 2017, 78쪽.
91) 袁樹珊 撰輯, 任鐵樵增注, 『滴天髓闡微』, 台北: 進源文化事業有限公司, 2011, 114쪽: "道有體用. 不可一端論也. 要在扶之抑之得其宜."
92) 이건희, 「음양오행론의 명리학적 적용에 관한 연구」, 대구한의대학교 대학원 석사학위논문, 2017, 78~79쪽. (水繞花提館主 著, 『命學新義』, 台北: 育林出版社, 2011, 109~110쪽 참고.)

사물의 道가 빠짐없이 갖추어지게 되는 것이다"93)라고 하였기 때문이다. 따라서 논자가 주장하는 명리학적 체용의 개념은 다음과 같다.

　　명리학적 체용의 개념:
　사주의 원국은 체인데 이는 용에 비해서 고정된 정의 의미를 가지고 있다. 용은 체에 비해서 움직이는 동의 의미이다. 전자는 사주가 아직 생·극·제·화의 작용이 일어나지 않는 상태이며, 후자는 희·용·기·구·한신이 정해지고 난 이후, 사주의 중화작용이 일어나는 상태에서의 생·극·제·화를 일컫는다. 사주의 중화작용이란 희·용신과 기·구신의 대립에 의한 음양이기의 오행작용이며 한신의 변수도 포함된다. 따라서 木生火 → 火生土 → 土生金 → 金生水 → 水生木 또는 木剋土 → 土剋水 → 水剋火 → 火剋金 → 金剋木이라는 도식화된 생극의 개념은 체의 논리에 국한된 것이다. 용에 의한 생극의 논리는 명리학적 특성이 반영된 이론체계로 생극에 관한 한, 체의 논리와는 무관하게 일어난다. '명리학적인 특성'이라 함은 한신으로 인한 생극 개념의 변수와 사주의 중화를 돕는 희·용신은 기·구신을 극할 수 없으며, 기·구신은 희·용신의 중화작용을 방해함을 의미한다. 이를 단순하게 체에 의한 생극 논리에 의해 관찰하는 것은 체용을 잘못 적용한 오류이다. 예를 들어 卯月의 丙·丁火 일간의 사주에서 水·金을 사주의 중화를 돕는 용신오행이라고 할 때, 土·火는 기·구신이며 木은 한신이다. 이때, 체로 보면 목왕지절의 木은 당연히 강하다. 그러나 용으로 보면 한신이 되어 그 작용력이 기·구신에 미치지 못한다. 목왕지절의 土 역시 체로 보면 木剋土가 될 수 있지만, 용으로 보면 한신인 木보다 더 강한 오행작용을 하는 기신이 된다. 명리학에 있어서 이 같은 체용의 개념이 중요한 것은 체의 논리로 관찰 할 수 없는 바를 용의 논리로 변용하면 뚜렷하게 구분이 될 수 있다는 점이다.

---

93) 邵康節, 『皇極經世書』「觀物內篇」: "體無定用. 惟變是用. 用無定體. 惟化是體. 體用交而人物之道于是乎備矣."

2) 체에서 용으로 변용된 오행의 생·극·제·화

논자는 1) 항에서 명리학에 있어서 음양오행의 생극 작용은 일반적으로 도식화된 생극의 논리와는 다르다고 주장하고, 명리학적 체용의 개념을 정의하고 제안하였다. 본 2) 항에서는 음양과 오행의 생극에 관한 명리학관련 문헌 중에 이와 관련되어 증명이 가능한 이론체계가 있는지에 대해 살펴보고자 한다.

음양의 개념이 발달되기 이전, 음양은 단지 자연을 설명하거나 인간사를 묘사하는데 그 목적이 있었다.94) 『춘추번로』, 「음양위」에서는 이와 관련하여 다음과 같이 언급하고 있다.

> 양이 활동 공간에 이르면 날씨가 찌는 듯이 덥고, 음이 활동 공간에 이르면 날씨가 얼어붙을 정도로 춥다. 양이 휴지 공간에 이르면 땅속으로 들어가 탈바꿈한다. 음이 잠복 공간에 이르면 땅속에서 생성의 힘을 피한다. 따라서 여름에 지상으로 나와서 자라고, 겨울에 지하에 들어가 탈바꿈하는 것은 양이다. 여름에 지하로 들어가 빈자리를 지키고 겨울에 지상으로 나와서 공위를 지키는 것은 음이다. 양은 권위의 자리에 나왔다가 그런 자리로 들어가지만, 음은 공위의 자리로 나왔다가 그런 자리로 들어간다.95)

음양은 자신의 역할에 충실함으로써 균형을 유지하려고 한다. 달리 말하면 음과 양의 관계에 있어서 상생상극의 '관념'이 생겨나기 시작했다고 볼 수 있다. 춘추시대 연간에 발생하여 전국시대 중·후기에 무르익었던 음양과 오행의 상생상극설은 인간사의 생산과 관련된 활동이나 사물에 대한 객관적 관찰에서 유래된 것이었다. 그 결과 오행 상생 즉, 水生木 → 木生火 → 火生土 → 土生金 → 金生水와, 오행 상극 즉 水剋火 → 火剋金 → 金剋木 → 木剋土 → 土剋水라는 자연의 순환체계 또는 원리가 되었던 것이다. 이처럼 생활경험에서 비롯된 오행 상생상극의 학설은 정치성이 가미된 추연의 오덕종시설로 발전되면서 장

---

94) 김 기, 『음양오행설의 이해』, 문사철, 2016, 85쪽: "음양은 『老子』 이후 『周易』과 『管子』 속에서 자연과 인간사를 보다 구체적으로 설명하는 도구로 사용되었다. 음양은 기본적으로 상징성 위에 그 의미를 찾을 수 있으므로 상관적 사유양식과 분리될 수 없다. 상관적 사유는 이성적 사유보다는 원초적이며 직관적 사유의 틀을 통하여 전개된다."

95) 『春秋繁露』「陰陽位」: "陽至其位而大暑熱. 陰至其位而大寒凍. 陽至其休而入化於地. 陰至其伏而避德於下. 是故夏出長於上. 冬入化於下者. 陽也. 夏入守虛地於下. 冬出守虛位於上者. 陰也. 陽出實入實. 陰出空入空."

구한 역사를 거쳐 하나의 통념으로 완성되었다.96)

『회남자』의 생극에 관한 주장97)도 이와 다르지 않다. 음양오행의 생과 극의 이론은 합충관계를 비롯해서 십이운성법에 의한 오행성쇠 그리고 왕·상·휴·수·사의 이론이 정립되었던 것이다.98) 그러나 이에 그치지 않고 음양론은, 음양의 운동성에 대비되는 생과 극 즉, 극이 음이면 생이 양이고, 극이 양이면 생은 음이 된다는 생생지위역99) 또는 물극필반100)의 원리처럼 우주와 세계를 이해하고 설명하는 이론적 도구로 발전하였다. 상생의 개념에 있어서도 마찬가지이다. 다음은 『노자』의 상생에 관한 언급이다.

> 세상 사람은 모두 어떤 것이 아름다운 것을 아름답다고 알지만 이는 추할 따름이요, 선한 것을 선하다고 알지만 이는 선하지 않을 따름이다. 그러므로 있음(有)과 없음(無)이 서로 생겨나며(相生), 어렵고 쉬운 것이 서로 이루며, 길고 짧은 것이 서로 견주며, 높고 낮은 것이 서로 기울어지고, 음과 소리가 서로 조화되며, 앞과 뒤가 서로 따른다.101)

위 『노자』의 유무상생에서 '생'자는 출생 또는 출산의 뜻으로 사물의 본질적인 일원성을 지적한 것이다. 이 같은 상생의 개념은 그대로 『장자』에서도 확인 된다.

> 저 환히 빛남은 아득히 어두운 곳에서 생겨나고, '형체 있음'은 '형체 없음'에서 생겨나며, 정신은 道에서 생겨나고, 형질은 정기에서 생겨난다. 그러나

---

96) 劉筱紅 著, 송인창, 안유경 공역, 『오행 그 신비를 벗긴다』, 국학자료원, 2008, 74~78쪽.
97) 劉文典, 『淮南洪烈集解』, 北京: 中華書局出版, 1989, 「天文訓」: "水生木. 木生火. 火生土. 土生金. 金生水.", 「墜形訓」: "木勝土. 土勝水. 水勝火. 火勝金. 金勝木."
98) 『淮南子』와 시기적으로 중첩되는 후한(後漢, 25년~220년)의 『白虎通義』에서도 확인이 된다. 『白虎通義』「五行」: "五行所以更生何. 以其轉相生. 故有終始也. 木生火. 火生土. 土生金. 金生水. 水生木. 是以木王. 火相. 土死. 金囚. 水休. 王所勝者死. 囚所王者休."
99) 생생지위역(生生之謂易): 『周易』「繫辭上傳」1장에 나오는 말로 '生하고 生하는 것을 易. 즉, 變化라고 한다'의 의미.
100) 물극필반(物極必反): 『周易』에 출전되는 '변화의 법칙'을 뜻하는 말로 사물은 궁극에 다다르면 도로 그전 상태로 돌아간다는 의미이며 유사한 표현으로 끝과 동시에 시작이 있다는 의미의 終則有始, 영원히 멈추지 않는다는 의미의 恒久不已 등이 있다.
101) 『老子』, 제2장 : "天下皆知美之爲美. 斯惡已. 皆知善之爲善. 斯不善已. 故有無相生. 難易相成. 長短相較. 高下相傾. 音聲相和. 前後相隨."

만물은 형체로써 서로 생겨난다(相生).102)

四時가 순환하면서 서로 생겨났다가 서로 소멸되고 … 편안함과 위급함이 서로 바뀌며, 화복이 서로 생겨난다.103)

생의 개념과 극의 개념은 따로 발전되어 왔으며 그런 후 상극과104) 상생의 개념으로 발전되었다. 그런데 강성인은 "생은 正으로 볼 수 있고 극은 反으로 볼 수 있으므로 생은 좋고 극은 나쁜 것으로 해석할 수 있으나 생과 극의 관계는 서로 보완·견제하면서 조화시키는 역할을 한다. 상생상극 관계도 木은 火를 생하지만 火가 木을 생할 때도 있고, 水는 火를 극하지만 火가 水를 극할 때도 있으므로 모든 오행의 생극 관계는 상대적이라 할 수 있다.『회남자』의 오행의 생극 관계는 현대 명리학에서도 그대로 사용하고 있다."105)고 하였는데 이는 타당한 주장이라고 볼 수 있지만, 오행 생극의 개념의 경우에는 발생과 동시에 '문제'의 소지를 지니고 있는 것으로 보인다.

이를테면,『회남자』106)를 비롯,『문자』107)나『손자』또는『묵경』108)에서 도식화되어 질서정연한 생극의 논리를 역설적으로 설명하려 하거나, 오행무상승설을 통해 이에 대한 해결책을 찾으려고 한 흔적이 보인다. 따라서 동중서의 "오행은 각각 관장하는 다섯 가지 관직이니, 가까이 있으면 서로를 낳고, 떨어져 있으면 서로 이기는 것이다"109)라고 하는 식의 주장에 의한 도식적 이론체계는 처음부터 오류일 것으로 짐작된다. 따라서 水剋火가 火剋水가 되기도, 木生火가

---

102)『莊子』「外篇」: "夫昭昭生於冥冥. 有倫生於无形. 精神生於道. 形本生於精. 而萬物以形相生."
103)『莊子』「雜篇」: "四時相代相生相殺. … 安危相易, 禍福相生…"
104)『周書』「周祝」: "陳彼五行. 必有勝.",『左傳』「소공 3년」: "火勝金.",『左傳』「애공 9년」: "水勝火."에서 보듯이 春秋時代에 이미 五行相勝 즉, 五行相剋의 관념이 정착되어 있었다는 것을 알 수 있다.
105) 강성인,「『회남자』의 음양오행 사상과 명리학의 연관성 고찰」,『도교 문화연구』제40집, 한국도교문화학회, 2014, 63쪽.
106)『淮南子』「說林訓」: "金勝木者. 非以一刃殘林也. 土勝水者. 非以一墣塞江也."
107)『文子』「上禮」: "若水火金木之相伐也. 何往而不勝.",「上德」: "金之勢勝木. 一刃不能殘一林. 土之勢勝水. 一掬不能塞江河. 水之勢勝火. 一酌不能救一車之薪. 冬有雷. 夏有雹. 寒暑不變其節."
108)『孫子』「虛實」: "故五行無常勝.",『墨經』: "五行毋常勝. 說在宜."
109)『春秋繁露義證』「五行相生」第 58 : "五行者. 五官也. 比相生而間相勝也."

火生木이 되기도 하는 생극의 문제를 도식화된 이른바 체의 논리인 木生火 → 火生土 → 土生金… 또는 木剋土 → 土剋水 → 水剋火…로는 설명이 불가능한 것이다. 이러한 생극의 개념은 특히 명리학의 한신 개념이 등장하면서 더욱 설득력을 잃게 되었다.

상생설과 상승설에 관해 일본의 철학자 重澤俊郎(시게자와 도시로, 1906~1990년)가 "경험적으로 알려진 물질에서 법칙을 인식하고 그것을 확대해 가는 방법을 취했다는 점에서 역사적인 의의가 인정된다. 출발점은 물질에 두었으면서도 완성은 사상이 본질적으로 관념론적 성격으로 되어 버린 이유는, 이론을 구성하는 과정에서 비합리적인 사고가 개입될 수밖에 없기 때문이다"110)라고 한 주장은 의미가 있다고 할 것이다. 왜냐하면, 경험에 의존한 물질법칙을 유물론적 이론으로 승화시키는 것이 당시의 안목으로는 역부족이었을 것이기 때문이다.

따라서 체에서 용으로 전환된 개념에 의하면, "木이 火를 생하고 火가 木을 생하거나, 金이 水를 생하고 水가 金을 생하는 이치는 당연하다. 또 水가 火를 극하지만 '힘'이 火에 있다면 당연히 火가 水를 극할 것이다. 그러나 생하고 극하는 관계에서 발생 하는 길흉의 결과는 별개의 문제일 것이다. 왜냐하면 생과 극, 또는 상생과 상극은 체용으로 전환된 이후 작용하는 오행의 생·극·제·화 현상으로 인해 복잡한 양태를 띠기 때문에 단순한 생극이나 상생상극의 원리만으로 설명하는데 한계가 있기 때문이다."111)

다음은 생극과 상생상극에 관한 문헌을 통해 논자가 주장하는 명리학적 체용 전환의 당위성에 대해서 논술하도록 하겠다.

서자평은 『낙록자삼명소식부주』에서 생극에 대해서 다음과 같이 기술하고 있다.

> 仁이라함은 甲·乙木이며 五常의 仁을 말한다. 반대로 不仁이라 함은 土를 강제로 극하는 것을 말한다. 甲木이 己土를 보거나 乙木이 戊土를 보면 仁인

---

110) 시게자와 도시로(重澤俊郎) 저, 이혜경 역, 『역사 속에 살아 있는 중국 사상』(中國歷史に生きる思想), 예문서원, 2003, 83쪽.
111) 이건희, 「음양오행론의 명리학적 적용에 관한 연구」, 대구한의대학교 대학원 석사학위논문, 2017, 148쪽.

데 이는 음양의 조화로 인해 오행이 서로 생하는 것이다. 만약 甲木이 戊土를 보거나 乙木이 己土를 보면 음양이 치우쳐 있으므로 만물이 위험하고 오행이 不仁하게 된다.『낙록자삼명소식부』에서는 甲·乙木 과 戊·己土의 예를 들었으나 나머지 오행의 사례도 이와 같다.112)

전자는 극하고자 하는 오행의 음양이 다르기 때문에 이를 합화 또는 반극의 개념으로 보는 것이다. 그러나 음양의 조화로 인해 오행이 서로 생하는 것(以其 陰陽造化)이라고 말한 뜻은 음음 또는 양양처럼 치우친 것(偏陰偏陽)에 비교해서 말한 것으로 보이지만 합리성이 부족하다. 왜냐하면 甲木이 己土와 합을 함으로 해서 반극이 해소되고 오히려 생이 된다는 뜻이며, 乙木이 戊土를 반극하는 것도 음양이 달라 조화를 이루기 때문이다. 이에 반해 극하는 오행이 각각 음과 음, 양과 양이면 치우친 음양으로 인해 좋지 않게 보았던 것이다. 아직 한신의 개념이 발전하지 않은 시기임을 감안하더라도 반드시 甲木이 戊土를 극하거나 乙木이 己土를 극할 수는 없기 때문에 이와 같은 주장은 체에 의한 극의 개념으로 보아야 할 것이다.113)

---

112) 徐子平 著, 王廷光·李同·釋曇瑩 註, 趙子澤 解,『珞琭子三命消息賦諸家註』, 香港 聚賢館文化有限公司, 2007, 240쪽: "仁者. 是甲乙木也. 在五常爲仁. 今反言不仁者. 以其尅伐乎土也.如甲見己則爲仁. 乙見戊則爲仁. 以其陰陽造化. 五物代之以爲生也. 若甲見戊. 乙見己. 偏陰偏陽. 萬物危脆. 則五行爲不仁也. 賦中引甲乙戊己爲例求焉."

113) 서자평은『낙록자삼명소식부주』에서 "취용다문"(取用多門)이라 하여 취하여 쓰는 방법에는 많은 다른 형태의 방법이 있음을 설하고 있다. 吉凶의 판단 역시 한 가지 방법으로 법칙을 삼는지 않는다는 의미이다.(徐子平 著, 王廷光·李同·釋曇瑩 註, 趙子澤 解,『珞琭子三命消息賦諸家註』, 香港 聚賢館文化有限公司, 2007, 93쪽: "取用多門. 謂人命生處各自不同. 基本亦異. 吉凶向背. 行運用法. 所主者異兆. 故曰: '取用多門. 即非一途而取軌也.'" 참조) 그는 또 "오묘함은 모름지기 신묘하게 깨달아야 한다."(徐子平 著, 王廷光·李同·釋曇瑩 註, 趙子澤 解,『珞琭子三命消息賦諸家註』, 香港 聚賢館文化有限公司, 2007, 97쪽: "妙須神悟")라고도 하였는데, 그러나 이러한 추상적 정의는 대단히 문제가 있다고 본다. 뿐만 아니라 "겨울에 더위를 만나기도 하고 여름에 풀이 찬 서리를 만나기도 한다."(徐子平 著, 王廷光·李同·釋曇瑩 註, 趙子澤 解,『珞琭子三命消息賦諸家註』, 香港 聚賢館文化有限公司, 2007, 108쪽: "時有冬逢炎熱. 夏草遭霜.")고도 하였는데 이 역시 재고의 여지가 있다고 본다. 원칙적으로 '겨울의 더위'(冬逢炎熱)와 '여름의 찬 서리'(夏草遭霜)는 작은 잣대로 큰 잣대에 무리하게 적용시키는 것과도 같기 때문에 일반적으로 통용될 수 없는 이론적 주장이라고 하겠다. 겨울의 火가 왕(旺)하다고 해서 金을 剋하거나, 여름의 초목이 서리로 인해 金剋木 당한다고 보기는 사실상 어렵기 때문이다. 서자평도 "庚·辛金이 동지가 지난 후에 丙·丁 火를 만나 官印(官)이 되는 것은 일양(一陽)의 生을 받았기 때문이다."라고 하고 있지만 그 이유를 말하기를 "金이 火로 부터 生하는 기(氣)를 만나게 되니, 겨울의 뜨거운 열기(炎熱)를 만나는 것."(徐子平 著, 王廷光·李同·釋曇瑩 註, 趙子澤 解,『珞琭子三命消息賦諸家註』, 香港 聚賢館文化有限公司, 2007, 108쪽: "假令庚辛人. 冬至後達丙丁者. 則爲官印. 謂一陽生也. ... 金達火之生氣

한편, 張顒(장옹)이 주해한 『옥조정진경』이 천간과 납음114)등의 고법으로 사주를 분석한 것에 비해 서자평이 주해한 『옥조신응진경주』는 고법 이론을 버리고 천간과 지지를 중요시하고 있음을 확인 할 수 있다. 이때 "물러감과 나아감"115)은 생극의 다른 표현으로 보인다. 서자평은 곽박의 『옥조신응진경』을 주해하면서 "극은 甲乙이 戊己를, 戊己는 壬癸를, 壬癸는 丙丁을, 丙丁은 庚辛을, 庚辛은 甲乙을 극한다"116)라고 하였다. 즉, 木剋土, 土剋水, 水剋火, 火剋金, 金剋木을 말하고 있는 것이다.

나아가 송대 『연해자평』에서는 "庚·辛金이 일간인 甲·乙木을 극할 경우, 丙·丁火를 보면 위태롭지 않다"117)고 하였다. 그러나 이것은 庚·辛金이 기·구신으로 강한 오행이고, 일간인 木오행이 희·용신으로써 약한 오행일 경우에 한해서 적용될 수 있는 주장일 뿐이다. 즉, 강한 金氣에 대응해 중화를 지향하기 위해서, 木氣는 火氣와 함께 木·火 상생해서 (天干에서118)) 金氣를 생해 줌으로써119) 金氣를 다스릴 수 있기 때문이다. 따라서 강한 甲·乙木 일간의 사주라

是冬逢炎熱也.")이라고 한데서 보듯이 생각하기에 따라서는 모순이 될 여지가 있다. 전자는 火生金을, 후자는 火剋金을 연상시키기에 충분하기 때문이다. 겨울의 庚·辛金이 火氣를 얻는다 함은 火가 '뜨겁기' 때문이 아니라 火生金으로 인해 官이 아름다운 것으로 보아야 할 것이다. 단지 '겨울의 더위(冬逢炎熱)'와 여름의 찬 서리'(夏草遭霜)라는 모호함이나 "음양은 가늠하기가 애매모호하고 본질은 궁구하기 어렵다."(徐子平 著, 王廷光·李同 釋曇瑩 註, 趙子澤 解, 『珞琭子三命消息賦諸家註』, 香港 聚賢館文化有限公司, 2007, 112쪽: "是以陰陽罕測. 志物難窮.")라는 모호함으로 음양을 설명할 수만은 없는 것이다.

114) 納音五行: 五音 또는 五聲은 중국 전통 음악에서 五音 音階인 궁·상·각·치·우(宮·商·角·徵·羽)를 이르는 말로, 納音五行은 각각의 다섯 가지의 數와 오행을 배속해서 붙이고 여기에 六十甲子의 오행을 매긴 것이다. 古法 명리학에서 적용되며 新法 명리학에서는 다루지 않는다.
115) 郭璞 撰, 張顒 註, 김정혜 譯, 『玉照定眞經』, 한국학술정보, 2016, 65쪽: "進退干音識辨. 要明得失.", 郭璞 撰, 徐子平 註, 『玉照神應真經註』: "進退干支. 識辨兮. 要明得失."
116) 郭璞 撰, 徐子平 註, 『玉照神應真經註』: "剋者. 谓甲乙剋戊己. 戊己剋壬癸. 壬癸剋丙丁. 丙丁剋庚辛. 庚辛剋甲乙.", 郭璞 撰, 張顒 註, 김정혜 譯, 『玉照定眞經』, 한국학술정보, 2016, 120쪽: "有氣逢金. 定爲顯赫. 木多或甲乙多. 在有氣之地. 逢庚辛或金. 有貴氣之兆也."
117) 徐升 編, 唐錦池 著, 『淵海子平』, 中華民國 進源文化事業有限公私, 2011, 88쪽: "庚辛來傷甲乙.丙丁先見無危."
118) 註에서는 "柱中若有丙丁巳午火. 則有救也."(사주에 丙·丁火, 巳·午火가 있으면 도움을 받을 수 있다.)라고 하지만, 地支의 巳·午火 등은 天干의 丙·丁火를 지원 할 수는 있을지언정, 地支에서 天干에 있는 庚·辛金을 직접 '生'은 어렵다고 보아야 할 것이다. 여기서 '巳·午火 등'으로 표현한 이유는, 天干의 丙·丁火를 도울 수 있는 地支오행은 巳·午火 이외에도 寅木·卯木, 그리고 燥土인 未土·戌土가 있기 때문이다.
119) 실제로는 火剋金이지만, 강한 金을 도와 中和를 꾀할 수 있다는 점에서 火生金으로 보는 것이 옳다. 金의 입장에서 火는 剋이 아니라 生인 것이다.

면 위 사례에 해당하지 않는다. 그런데 보다 큰 문제는 다음의 인용문에서 확인된다.

(가)

庚 甲 丙 壬
○ ○ 午 ○

甲·乙木 일간에서 丙·丁火가 庚·辛金을 극할 경우 壬·癸水를 만나면 庚·辛金은 水가 火를 극해 주기 때문에 두려워하지 않는다. 戊·己土는 甲·乙木을 만나는 것을 우려하므로 天干에 반드시 庚·辛金이 있어서 金剋木해 주기를 요한다. 壬·癸水가 戊·己土에게 드러날 때, 甲·乙木이 근접해 있으면 구제받을 수 있다. 壬水가 丙火를 극하면 반드시 戊土가 天干 가까이에 있어야 한다. 癸水가 丁火를 상하게 하면 오히려 己土가 와서 서로 견제해 주는 것을 좋아 한다.[120]

인용문에서 "甲·乙木 일간에서 丙·丁火가 庚·辛金을 극할 경우 壬·癸水를 만나면 庚·辛金은 水가 火를 극해 주기 때문에 두려워하지 않는다"는 주장에는 문제가 있다. 유용지신에 의하면 午月의 甲·乙木 일간 사주에서 水·金이 사주의 중화를 돕는 용신이며, 이에 반하는 土·火는 기·구신 그리고 木은 한신이다. 이러한 사주 구성이라면 水·金에 비해 기·구신인 土·火의 오행 작용이 강하다. 어떠한 경우라 하더라도 水가 火를 물리적으로 극해 비교우위를 유지할수는 없기 때문에, 庚·辛金이 火를 두려워하지 않는다는 주장은 오류라고 할 수 있다. 따라서 "戊·己土는 甲·乙木을 만나는 것을 우려한다."거나 "庚·辛金이 있어서 金剋木해 주기를 바란다"는 주장은 기·구신인 戊·己土가 한신인 甲·乙木을 극하는 것을 우려한다는 표현 또는 희신인 庚·辛金이 한신인 甲·乙木을 극해주기를 바란다는 표현은 가능하지 않은 주장인 것이다. 심지어 "壬水가 丙火를 극하면 반드시 戊土가 천간 가까이에 있어야 한다"는 주장은, 용신인 壬水가 구신인 丙火를 극할 수 없을 뿐만 아니라 戊土가 壬水를 극해야 한다

---

[120] 徐升 編, 唐錦池 著, 『淵海子平』, 中華民國 進源文化事業有限公私, 2011, 88쪽: "丙丁反剋庚辛. 壬癸逢之不畏. 戊己愁逢甲乙. 干頭須用庚辛. 壬癸透露戊己. 甲乙臨之有救. 壬來剋丙. 須要戊字當頭. 癸去傷丁. 却喜己來相制." 예시명조는 인용문을 참고해서 임의로 구성하였다.

고 함은 二重 모순이다. 따라서 『연해자평』의 인용문에서 水剋火, 金剋木, 木剋土 등은 틀린 주장이라고 할 수 있다.

다음은 명대 『삼명통회』[121]의 생극에 관한 주장을 살펴보도록 하자.

『삼명통회』「옥정오결」편에는 천간오행의 생·극·제·화에 대해서 "생은 곧 상생을 말하는데, 생이지만 생 할 뜻이 없는 생도 있으므로 생하기도 생하지 않기도 한다. 극은 곧 상극을 말하는데, 극이지만 극할 뜻이 없는 극도 있으므로 극하기도 극하지 않기도 한다. 制는 곧 水가 火를 극할 경우, 火의 생을 받은 土가 水를 극해서 火를 보호하는 것이다. 化는 水가 火를 극할 경우, 木이 水의 힘을 빼내고 火를 생해 주는 것을 말한다"[122] 라고 하였다. 생을 곧 상생의 개념으로 보고 생이 무조건 좋다든지, 극이 무조건 나쁘지는 않을 수 있음을 효과적으로 표현하였다. 비록 「논오행」에서 "상생이란 서로 생각함(相維)이다. 그 상극이란 서로 바로잡음(相制)이다"[123] 라고 하지만 제나 화에 대한 정의는 도식적인 생극의 한계를 벗어나지 못한 원시적인 논리라 할 수 있다.[124]

『삼명통회』에서 서대승의 『연해자평』을 인용한 "강한 金은 물(水)을 얻어야 하고, 강한 水는 木을 얻어야 하고, 강한 木은 火를 얻어야 하며, 강한 火는 土를 얻어야 하고, 강한 土는 金을 얻어야한다. 강하면 그 힘을 빼야(洩)하니 빼야함이 마땅함을 말한 것이다"[125]는 주장 역시 그러한 맥락에서 이해되어야 할

---

121) 『三命通會』는 古法 三命學과 新法 子平學의 모든 이론을 망라한 명리학의 백과사전이며 귀중한 국가지식으로 인정되어 淸代에 발간된 총서인 『四庫全書』에 수록되었다. 明代 이전의 모든 명리학설은 『삼명통회』로 흘러들어가 융합되었고, 明代 이후의 모든 명리학은 『三命通會』로부터 파생되어 나온 것이다. 萬民英의 『三命通會』 제7권 「子平說辯」은 子平의 이론을 연구한 부분이다.
122) 萬民英 著, 『三命通會』 「玉井奧訣」, 中華民國 武陵出版有限公司, 1996, 790쪽: "天干專論生剋制化. 生則相生. 有生不欲生之理. 剋則相剋. 有剋不欲剋之情. 制則如水剋火. 而有土制其煞. 火能複生之情. 化則水本剋火. 見木能竊其氣. 火轉得生之理."
123) 萬民英 著, 『三命通會』 「論五行」, 中華民國 武陵出版有限公司, 2011, 81쪽: "其相剋也. 所以相制. 此之謂有倫."
124) 萬民英 著, 『三命通會』 「論五行生剋」, 中華民國 武陵出版有限公司, 2011, 25쪽: "五行相剋. 子皆能爲母復讎(仇)者也. 木剋土. 土之子金反剋木. 金剋木. 木之子火反剋金. 火剋金. 金之子水反剋火. 水剋火. 火之子土反剋水. 土剋水. 水之子木反剋土." 이러한 剋의 논리는 사주의 희·용·기·구·한신의 특성을 고려하지 않은 단식 판단으로 보는 것이 논자의 견해이다. 이와 관련한 논증은 Ⅳ장 1절 "명리학의 중화개념과 수화상생"에서 논하도록 하겠다.
125) 萬民英 著, 『三命通會』 「論五行」, 中華民國 武陵出版有限公司, 2011, 86쪽: "徐大升曰. ... 強金得水. 方剉其鋒. 強水得木. 方泄其勢. 強木得火. 方化其頑. 強火得土. 方止其焰. 強土得金. 方制其害."

것이다. 억부나 조후의 통합적인 사고가 없이 강하다고 무조건 설기하는 것은 조후중화의 원리에도 부합되지 않기 때문이다.

그런데 이러한 생극의 논리는 명대의 『명리정종』126)에서도 예외가 아니다. 왜냐하면, "金이 왕성한데 火를 만나면 그릇을 만들고, 火가 왕성한데 水를 만나면 서로 구제함이 있고, 水가 왕성한데 土를 만나면 연못이나 늪을 이루고, 土가 왕성한데 木을 만나면 막힘이 없이 통하며, 木이 왕성한데 金을 만나면 크게 쓰임이 있다"127) 라고 말한 데에서는 몇 가지 문제점을 발견할 수가 있다.

첫째, 火가 왕성한데 水를 만나면 서로 구제함이 있다는 것이다. 火가 강하면 水만의 도움 보다는 水가 金과 상생하여 火의 일방적인 극으로부터 자유로울 수 있기 때문에 火가 왕한데 水를 만났다는 이유만으로 상제가 된다는 것은 오류라 할 수 있다.

둘째, 水가 왕성한데 土를 만나면 연못이나 늪을 이룬다는 것이다. 水가 강하면 약한 土는 물리적으로 水를 막아낼 힘이 없다. 만약 土가 한신이라면 더욱 그러할 것이다. 따라서 타당하지 않은 주장이다.

셋째, 土가 왕성한데 木을 만나면 막힘이 없이 통한다는 것이다. 왕성한 土를 木이 막아 낸다는 것은 불가하다. 예를 들어 여름의 丙·丁火 일간 사주에서 강한 土가 기신이면 한신인 木이 土를 극할 수 없는 것이다. 오행작용의 희기 구분이 없는 극의 논리는 역시 체의 논리에 불과할 수 있다.

넷째, 木이 왕성한데 金을 만나면 크게 쓰임이 있다는 것이다. 이 역시 무리한 주장일 수 있다. 왜냐하면 寅月의 甲·乙木 일간 사주에서 한신인 庚·辛金으로 인해 木이 다스려 질 수 없기 때문이다. 다만 "金이 왕성한데 火를 만나면 그릇을 만든다."는 주장은 만약 火가 木의 생을 받아 木·火 상생 할 수 있다면 그것은 타당한 주장일 수 있다.

이렇듯 명리정종의 극의 이론은 체의 이론이다. 이러한 주장은 같은 『명리정

---

126) 張楠 著,『命理正宗-神峰通考』「十二支咏」, 中華民國 進源文化事業有限公司, 2012, 232~233쪽: "金生水. 水生木. 木生火. 火生土. 土生金.", "金剋木. 木剋土. 土剋水. 水剋火. 火剋金."
127) 張楠 著,『命理正宗-神峰通考』「論五行生剋制化」, 中華民國 進源文化事業有限公司, 2012, 235쪽: "金旺得火. 方成器皿. 火旺得水. 方成相濟. 水旺得土. 方成池沼. 土旺得木. 方成疏通. 木旺得金. 方成棟梁."

종』의 주장인 "金은 능히 木을 극할 수 있으나 木이 견고하면 金이 부러지며, 木이 능히 土를 극할 수 있으나 土가 많으면 木은 꺾이며, 土는 水를 능히 극할 수 있으나 水가 많으면 土는 휩쓸려 내려가며, 水는 능히 火를 극할 수 있으나 火가 타오르면 水는 말라버리며, 火가 능히 金을 극할 수 있으나 金이 많으면 火는 꺼져 버린다"[128)는 주장과 상충한다. 이와 같은 모순은 생과 극의 관계를 인위적으로 이론화한 것에 그 원인이 있는 것으로 보인다. 『명리정종』은 상생의 조건에 있어서도 세술하고 있지만,[129] "金·木·水·火·土의 오행은 원래 정해진 형태가 없으며, 따라서 생·극·제·화의 원리는 일정하지 않다"[130] 라고 한데서 보듯이 스스로 그 한계를 시인하고 있다. 張楠(장남)이 오행의 형태가 원래 정해진 것이 없다고 한 말은 생·극·제·화의 일정한 원리를 발견하지 못했다는 말과 다름이 없다. 이와 같은 논조는 『명리정종』에 훨씬 앞선 시기에 蕭吉(소길, 隋代 初)의 『오행대의』에서도 예외가 아니어서 "대게 상생하는 것도 반드시 상생이 되는 것은 아니고, 서로 해가 되는 것도 반드시 서로 해가 되지는 않는나"[131]라고 하였다.

한편, 『연해자평』 생극론[132]에 이어 『자평진전평주』의 생에 대해서 살펴보도록 하자.

> 사시의 움직임은 서로 생하면서 이루어진다. 그러므로 木은 火를 생하고 火는 土를 생하고 土는 金을 생하고 金은 水를 생하며 水는 다시 木을 생하니 이것이 곧 상생하는 순서이다. 오행이 순환하고 갈마들며 움직이니 시간이 멈추지 않고 흐르는 것이다. 그러나 생함이 있으면 반드시 극함이 있다. 생하기만 하고 극하지 않으면 곧 사시 또한 이루어지지 않는다. (중략) 이로써 본다면 사

---

128) 張楠 著, 『命理正宗-神峰通考』「論五行生剋制化」, 中華民國 進源文化事業有限公司, 2012, 236쪽: "金能剋木. 木堅金缺. 木能剋土. 土重木折. 土能剋水. 水多土蕩. 水能剋火. 火炎水乾. 火能剋金. 金多火熄."
129) 張楠 著, 『命理正宗-神峰通考』, 中華民國 進源文化事業有限公司, 2012, 235쪽: "金賴土生. 土多金埋. 土賴火生. 火多土焦. 火賴木生. 木多火熾. 木賴水生. 水多木漂. 水賴金生. 金多水濁."
130) 張楠 著, 『命理正宗-神峰通考』「論五行生剋制化」, 中華民國 進源文化事業有限公司, 2012, 402쪽: "金·木·水·火·土原無主形. 生剋制化. 理取不一."
131) 『五行大義』: "夫相生不必相生. 相害不必相害."
132) 徐升 編, 唐錦池 著, 『淵海子平』, 中華民國 進源文化事業有限公私, 2011, 46쪽: "論五行相生 : 金生水. 水生木. 木生火. 火生土. 土生金. 論五行相剋 : 金剋木. 木剋土. 土剋水. 水剋火. 火剋金."

시가 움직임에 있어 생과 극의 효용이 같고 극과 생의 공이 같은 것이다.133)

이와 관련하여 「논용신순잡」편에는 "癸水 일간이 未月에 생했는데 식신 乙木과 칠살 己土가 둘 다 천간에 투출하면 칠살과 식신이 상극하는데 칠살을 식신이 제살하는 것이 마땅하므로 이것 역시 서로 득이 된다. 이런 모든 경우를 가리켜 용신이 순하다고 한다"134)라고 하였다.

```
        (나)              (다)
      己 癸 乙 ０      丙 甲 庚 ０
      ０ ０ 未 ０      ０ ０ 丑 ０
```

심효첨의 주장을 명조로 구성하면 '명조 (나)'과 같다. 유용지신에 의하면, 未月의 약한 癸水 일간 사주에서, 사주의 중화를 돕기 위해서는 인성인 金과 비겁인 水가 필요하다. 따라서 土·火는 기·구신이며 木은 한신이 된다.

이를 두고 심효첨은 식신 乙木이 편관 己土를 극하는 것이 당연하므로 이를 상득이라고 하였다. 추측컨대, 심효첨의 주장은 未月의 己土 편관을 乙木 식신으로 하여금 제살하여 사주의 중화를 꾀하고자함에 있을 것이다. 그러나 이 논리는 명조 (다)에서 가능하다. 丙火 식신이 庚金 편관을 火剋金(실제 작용은 火生金이라 할 수 있음)하면서 일간 甲木이 편함을 얻을 수 있기 때문이다. 그러나 심효첨이 제시한 명조 (나)의 경우, 오행작용에 있어서 큰 힘이 없는 한신 乙木이 未月의 강한 기신 己土를 극한다고 하는 것으로, 이는 물리적으로 불가하다고 할 수 있다. 한신 乙木의 오행 작용력의 한계 때문이다. 따라서 이 같은 『자평진전』식 오행의 생극에 대한 설명은 오행이 각각 가지고 있는 희·용·기·구·

---

133) 沈孝瞻 著, 徐樂吾評註, 『子平眞詮評註』, 台北: 進源書局, 2006, 32쪽: "四時之運. 相生而成. 故木生火. 火生土. 土生金. 金生水. 水復生木. 卽相生之序. 循環迭運. 而時行不休. 然而有生. 又必有剋. 生而不剋. 卽四時亦不成矣. (中略) 是以四時之運. 生與剋幷用. 剋與生同功."
134) 沈孝瞻 著, 徐樂吾評註, 『子平眞詮評註』, 台北: 進源書局, 2006, 129쪽: "癸生未月. 乙己竝透. 煞與食相剋. 相剋而得其當. 亦兩相得也. 如此之類. 皆用神之純者."

한신의 작용력을 고려하지 않았기 때문이라 볼 수 있다. 강한 오행이 약한 오행을 극하는 것이 분명하듯이 약한 오행은 강한 오행을 극할 수가 없다. 그렇다면 한신오행의 작용력에 대해서도 분명한 설명이 있어야 하기 때문이다. 비록 심효첨이 "생극을 논함에 있어서도 희기를 자세히 살피지도 않고 무턱대고 왕한 것을 억제하고 약한 것을 돕는 것만을 고집하며, 운을 논함에 있어서 같은 오행 가운데서도 희기가 다름이 있음을 모르고 천간과 지지가 오행만 같으면 다 같은 작용을 하는 줄 알고 한가지로 논한다"135)라고 했지만, 체에서 용으로 전환된 생·극·제·화의 인식은 없었던 것으로 볼 수 있다.

다음은 비교적 최근의 명리학 문헌인 중화민국 徐樂吾(서락오, 民國 初)의 『자평수언』136)을 통해 생극과 체용에 관한 문제를 살펴보도록 하겠다.

서락오는 「자평학리」 오행편에서 "오행의 생·극·제·화 즉, 상생하고 상극하거나 또는 생하면서 극하거나, 극하면서 생하는 것은 자유자재하기 때문에 한 대인 『회남자』 이후에 『역』은 오행이라는 명칭으로 불렸다."137)고 하였다. 여기서 오행은 역과 같이 "자유자재하기 때문에"(自如)라는 단서는, 일정한 작용상 규칙을 알 수 없다는 말과 다르지 않다. 그는 오행의 상생과 상극만을 논거로 자평의 이론138)을 쫓았는데 그럼에도 불구하고 "명리의 담론에서 생과 극을 벗어 날 수 없음에도 생과 극만으로는 기후 변화의 다양함을 모두 설명하기 어렵다"139)고 실토하기도 하였다.

또, 오행에 앞서 음양의 중요성을 강조했는데, 생극에 관해서는 다음과 같이

---

135) 沈孝瞻 著, 徐樂吾評註,『子平眞詮評註』, 台北: 進源書局, 2006, 235쪽 : "論生剋則不察喜忌. 而以傷旺扶弱爲定法. 論行運則不問同中有異. 而以干支相類者爲一例."
136) 『子平粹言』은 『子平眞詮』『滴天髓』『欄江網』 등의 명리고전을 요약하고 재해석한 서락오가 만년인 52세(1938년)에 출간한 역작이다. (徐樂吾 著,『子平粹言』, 中華民國 武陵出版社, 1998, 6쪽: "民國念七年歲次戊寅仲春. 東海徐樂吾序於海上寓次.", 재판본에서는 『조화원약』(造化元鑰)을 참고한 '10천간의 選用法'(「十干選用法」 한 권의 내용이 추가되어 출간되었다.)
137) 徐樂吾 著,『子平粹言』, 中華民國 武陵出版社, 1998, 14쪽: "其於生剋制化. 運用自如. 淮南以後. 易以五行之名稱."
138) 徐樂吾 著,『子平粹言』, 中華民國 武陵出版社, 1998, 5쪽. (『子平粹言』 自序 中): "星命者. 摘取奇門中星象之關於人事者. 演繹而成. 故非精於推步者. 不能言命. 迨唐李虛中. 以年月日時五行盛衰生死論祿命. 始與推步分而爲二. ... 自五代徐子平. 乃盡革之. 專從氣化立論. 以日爲主. 屛棄神煞納音. 而以五行生剋爲論理根據. 乃命理之一大轉變."
139) 徐樂吾 著,『子平粹言』, 中華民國 武陵出版社, 1998, 97쪽: "蓋談命理. 不能離生剋. 而生剋之說. 實不足以盡氣候之變化也."

주장했다.

> 오행의 생과 극의 이치에 있어서 음 오행과 양 오행의 작용은 서로 다르다. 예를 들어 甲·丙·戊·庚·壬의 양 오행은 왕성한 기운을 지향하고, 乙·丁·己·辛·癸의 음 오행은 쇠한 기운을 지향하기 때문에 甲木이 戊土를 보고, 乙木이 己土를 보듯이 양이 양을 보거나 음이 음을 보면 극한다. 극함에 있어 음양이 다르면 극을 하지 않고 합을 하는데, 甲木이 己土를 만나면 극을 하지 않고 합을 하는 것과 같이 양 오행이 음 오행인 재성을 만나는 경우이다. 이와는 달리 乙木이 戊土를 만나면 음 오행이 양 오행인 재성을 극하는 경우로 음양이 서로 달라 극하고 싶지만 실제 극할 힘이 없는 극이다. 그렇다면 생의 경우도 같은 이치로 보아야 하는데, 양 오행인 甲木은 壬水로 부터의 생작용이, 癸水에 비해서 온전하다고 보아야 할 것이다. 癸水가 甲木을 생하거나 壬水가 乙木을 생하는 것을 극의 작용과 대비하면 '음양이 서로 달라 생하고 싶지만 실제 생할 힘이 없는 생'이 되는 것으로 볼 수가 있다.(無生之力. 爲無力之生.)140)

이를 종합하면 양 오행이 양 오행을 극하거나 음 오행이 음 오행을 극할 때 극다운 극이 일어나며, 만약 양 오행이 재성인 음 오행을 극하면 합을 하게 되고, 음 오행이 재성인 양 오행을 보면 전자에 비해 극할 힘이 없다는 것으로 요약된다. 생의 경우도 양 오행이 양 오행을, 음 오행이 음 오행을 생할 때 그 생의 작용이 온전하고 만약, 음 오행이 양 오행을 생하거나, 양 오행이 음 오행을 생하게 되면 전자에 비해 상대적으로 생할 수 있는 힘이 반감된다는 것이다. 이 같은 주장은 제한적이기는 하지만 매우 의미 있다. 서락오의 말141)처럼 오행의 생과 극을 관찰함에 있어서 음양이라는 잣대를 중요시하고 있기 때문이다.

이와 관련하여, 서대승의「원리부」를 인용한 서락오는 "거꾸로 생하고 거꾸로 극하는 것은 명리에 있어서 매우 중요한 근거이다"142)라는 반생, 반극의 논리를

---

140) 徐樂吾 著,『子平粹言』, 中華民國 武陵出版社, 1998, 97쪽: "五行生尅之理. 有陰陽之不同. 陽干者. 向旺之氣也. 陰干者. 向衰之氣也. 陽見陽陰見陰則尅. 如甲見戊. 丙見庚. 戊見壬. 庚見甲. 壬見丙. 爲陽見陽之尅. 乙見己. 丁見辛. 己見癸. 辛見乙. 癸見丁. 爲陰見陰之尅. 是也. 陽見陰陰則合. 如甲見己. 丙見辛. 戊見癸. 庚見乙. 壬見丁. 雖合而不失其爲尅. 雖尅而不盡尅之用. 爲有情之尅. 乙見戊. 丁見庚. 己見壬. 辛見甲. 癸見丙. 雖有尅之意. 而無尅之力. 爲無力之尅."
141) 徐樂吾 著,『子平粹言』, 中華民國 武陵出版社, 1998, 14쪽: "命理之學. 不外陰陽五行. 陰陽不明五行無從說起."

주장하였다. 여기서 '거꾸로'(反)라는 의미는 지나친 생으로 인해 생을 받는 오행이 부담을 느끼면 이는 곧 극이 된다는 것과, 또 나를 극하는 것을 극함으로써 나에게 도움이 되어 결국 생이 된다는 의미로 해석된다. 예를 들면, 金이 土의 생에 의지하지만 土가 많으면 金이 매몰되는 경우가 반생이 되며(反生爲剋也), '나를 극하는 것을 극하는 것이 곧 생하는 것'은 金이 木을 극할 수 있다. 만약, 土가 많아서 金이 매몰되는 상황이라면, 木이 土를 극함으로써 金이 이로 인해 자신을 드러낼 수 있다는 것으로 곧 반극이 된다.(反剋爲生也)[143]는 논리이다.

서락오의 "내가 생하는 것이 오히려 나를 생하는 것이다."(有我生反爲生我者)는 주장은 매우 설득력이 있다. 金을 중심으로 예를 들면, 金이 水를 생할 수 있는 것은 강한 火氣로 인해 金이 무력할 때, 金이 水를 얻으면 金水가 상생해서 火氣를 누를 수 있기 때문에, 金이 水를 생함으로 인해서 水가 金을 생할 수 있는 이른바 내가 생하는 것이 오히려 나를 생하게 되므로 곧 金生水·水生金이 된다. 또, 木을 중심으로 예를 들면, 木이 火를 생할 수 있는 것은 겨울의 한기로 인해 木은 火氣를 얻어 스스로를 보존할 수 있으니, 이는 곧 木이 火의 생함에 의지하는 것으로 木生火·火生木 즉 木·火 상생이 된다. 그럼에도 불구하고, 水가 木을 생할 수 있는 것을 두고 土가 왕성한데 水가 위기에 처할 때, 木이 土를 극함으로써 水가 편안해 지는 것이 木의 도움이라고 한 것은 위에서 논한 金·水 상생과 木·火 상생의 이치와 비교될 수 없다고 본다. 왜냐하면, 土를 극하는 木오행이 한신이면 그 작용력을 기대할 수가 없기 때문이다. 오히려 木이 水氣를 흡수해 버리므로 水生木·木生水의 이치는 불가하다고 보아야 할 것이다. 火가 土를 생해 土剋水에 의해 水의 극으로부터 火가 도움을 받는다는 이른바 火生土·土生火가 되어 火·土 상생한다든지, 또는 土가 金을 생할 수 있는데 木이 왕성하여 土가 곤란을 겪을 때 金을 얻어 木을 극하면 이로 인해 土가 자유

---

142) 徐樂吾 著,『子平粹言』, 中華民國 武陵出版社, 1998, 92쪽: "更有反生反尅. 爲命理中極重要之根據."

143) 徐樂吾 著,『子平粹言』, 中華民國 武陵出版社, 1998, 92~93쪽: "徐大升元理賦云. 金賴土生. 土多金埋土賴火生. 火多土焦. 火賴木生. 木多火塞. 木賴水生. 水多木漂. 水賴金生. 金多水濁. 此反生爲尅也. 救之之法. 反我尅以爲生. 金能尅木. 然在土多金埋之局. 得木疏土. 金賴以顯. 土能尅水. 在火多土焦之時. 得水制火. 土賴以潤. 火能尅金. 在木多火塞之時. 得金制木. 火賴以融. 木能尅土. 在水多木漂之時. 得土制水. 木賴以生. 水能制火. 在金多水濁之時. 得火制金. 水賴以淸. 此反尅爲生."

로울 수 있다는 이른바 土生金·金生土가 되어 土金 상생을 한다는 것도 위와 같은 이유로 이치에 맞지 않는 주장이라 할 수 있다.144)

뿐만 아니라, 서락오의 '생함과 극함을 바르게 하여 구원하는 법'(正生剋也. 求應之法)이라고 하는 다음 두 가지의 경우도 문제가 있다. 예를 들어, 金이 쇠약한데 火를 만날 경우 土를 보면, 火는 金을 극하지 않고 土를 생해 오히려 土가 金을 생한다거나, 또 火가 약한데 水를 만날 경우 木을 보면, 水는 火를 극하지 않고 木을 생해 오히려 木이 火를 생한다거나, 또 水가 약한데 土를 만날 경우 金을 보면, 土는 水를 극하지 않고 金을 생해 오히려 金이 水를 생한다거나, 또 土가 약한데 木을 만난 경우 火를 보면, 木은 土를 극하지 않고 火를 생해 오히려 火가 土를 생한다거나, 또 木이 약한데 金을 만난 경우 水를 보면, 金은 그 기운이 水로 누설되면서 木을 생해 木이 꽃을 피운다는 것이 그 첫 번째 사례로 이것을 일러 '구원을 얻으면 오히려 극함이 생함이 된다'(如得救應. 可以反剋爲生也)는 주장은 모두 모순된다.145) 강한 金은 火를 얻음으로써 '바른 극'〔正剋〕을 삼지만 극하는 것이 설하는 것 보다 못하기 때문에 설함으로써 극함을 삼는다고 하는 주장 역시 모순이다.146) 왜냐하면 申·酉·戌月의 경우만 예를 들

---

144) 徐樂吾 著,『子平粹言』, 中華民國 武陵出版社, 1998, 94쪽: "上文我生反爲剋我. 更有我生反爲生我者. 如金能生水. 在火旺金鎔之時. 得水制火. 乃能存金. 是金賴水生也. 水能生木. 在土旺水涸之際. 得木疏土方能存水. 是水賴木生也. 木能生火. 在天寒地凍之時. 得火融和. 方能生木. 是木賴火生也. 火能生土. 在水勢滔天之際. 得土制水. 方能存火. 是火賴土生也. 土能生金. 在木旺土虛之時. 得金制木. 方能存土. 是土賴金生也. 金能剋木. 木堅金缺. 木能剋土. 土重木折. 土能剋水. 水多土湯. 水能剋火. 火旺水乾. 火能剋金. 金多火熄."

145) 그 이유는 다음과 같다: 午月의 庚金 日干이 약한데 이를 剋하는 丙火가 있고, 戊土가 있다고 해서 뜨거운 火가 火生土한다는 것은 이치에 맞지 않으며 만약. 土生金한다 하더라도 조열한 土가 온전히 庚을 생하는 것 또한 기대할 수가 없다. 子月의 丙火 日干이 약한데 이를 剋하는 壬水가 있고, 甲木이 있다고 해서 차가운 水가 水生木한다는 것은 이치에 맞지 않으며 만약. 木生火한다 하더라도 물을 머금은 木이 火를 생해 온전히 木生火한다는 것 또한 기대할 수가 없다. 午月의 壬水 日干이 약한데 이를 剋하는 戊土가 있고, 庚金이 있다고 해서 午月의 조열한 土가 土生金한다는 것은 이치에 맞지 않으며 만약. 金生水한다 하더라도 조열한 土의 생을 받은 庚金이 온전히 壬水를 생하는 것 또한 기대 할 수가 없다. 子月의 戊土 日干이 약한데 이를 剋하는 甲木이 있고, 丙火가 있을 경우 月子의 戊土 日干의 사주는 喜神인 甲木이 日干을 剋하지도 않을 뿐만 아니라 木·火가 相生하여 日干을 돕는 官印相生의 격을 갖추게 된다. 午月의 甲木 日干이 약한데 이를 剋하는 庚金이 있고, 壬水가 있을 경우, 月午의 甲木 日干의 사주는 喜神인 庚金이 日干을 剋하지 않을 뿐만 아니라 水·金이 相生하여 日干을 돕는 官印相生의 격을 갖추게 된다. 이와 같은 논리로 서락오의 주장은 완전하지 못한 면이 있다.

146) 徐樂吾 著,『子平粹言』, 中華民國 武陵出版社, 1998, 95쪽: "强金以得火爲正剋. 然剋之. 不如洩之. 乃以洩爲剋也."

어 보더라도 가을의 강한 金이 火에 의한 정극보다 水에 의한 설기를 우선하여 설로써 극을 삼는다는 것은 조후나 억부의 원칙에도 어긋나기 때문이다.

서락오가 비록 "명리의 쓰임은 생과 극에 의해 구원하는 것에서 벗어나지 않는다"(命理之用. 不外乎生尅救應)고 하였지만 이는 오행의 생과 극에 있어서 틀에 갇힌 체의 개념에 기인한 것이며, 또 서락오가 앞서 말한 "명리의 담론에서 생과 극을 벗어 날 수 없음에도 생과 극만으로는 기후 변화의 다양함을 모두 설명하기 어렵다"(蓋談命理. 不能離生尅. 而生尅之說. 實不足以盡氣候之變化也.)라는 언급을 극복하지 못한 한계를 보여준다. 논자는 이러한 생극의 문제가 명쾌하게 정립되지 못한 이유가, 체에서 용으로 전환한다는 전제에서, 오행작용의 규칙을 규명하지 못했기 때문이라 생각된다. 오행의 생극과 관련되는 강약의 문제에 대한 『연해자평』의 설명은 다음과 같다.

> 일간을 주체로 삼기 때문에, 중요한 것은 일간을 돕는지 또는 일간을 극하는지를 살펴서 신왕·신약을, 지지에 어떤 격국이 있는지와 金·木·水·火·土의 숫자를 살펴야 한다. 그런 후, 월령의 金·木·水·火·土 중에 어느 오행이 강한지를 살펴야 한다. 또, 歲運에서 만난 어떤 오행이 왕한지를 살펴야 한다. 그런 후, 일간 아래 지지오행의 형편을 살펴야 한다.[147]

강약의 판단을 마치 오행의 숫자의 많고 적음을 통해 판단한다는 등의 주장은 오행 생극의 적부와 직결된다는 점에서 심각한 오류가 될 수 있다. 만약 강약의 판단이 어긋나면 극의 논리도 모순으로 이어질 수 있기 때문이다. 그러나 인용문에서, "일간을 주체로 한다"거나 "일간을 돕는지 일간을 극하는지를 살펴서" 신왕신약을 판단해야 하고 "일간 아래지지 오행의 형편을 살펴야 한다"는 등의 주장은 중요한 지적이라고 본다.

이상에서 살펴보았듯이 현대에 이르기까지 명리학에서의 생극 문제는 매듭이 지어지지 않았다. 논자는 생극의 문제가 규명되지 못한 근본적인 원인이 도식화

---

[147] 徐升 編, 唐錦池 著, 『淵海子平』, 中華民國 進源文化事業有限公私, 2011, 52쪽: "以日爲主. 大要看日加臨於甚度. 或身旺. 或身弱. 又看地支有何格局. 金木水火土之數. 後看月令中金木水火土. 何者旺. 又看歲運有何旺. 卻次日下消詳."

된 생극 논리의 프레임에 갇혀서 명리학이 가지고 있는 희·용·기·구·한신의 오행작용의 특성을 간과한데 있다고 확신한다. 따라서 이를 극복하고 새로운 이론적 대안을 찾기 위해서는 체에서 용으로 변용된 발상의 전환이 필요하다.

方立天(팡리티엔, 1933~2014년)148)은 오행론이 자연과학과 철학 발전의 원동력이 되는 순기능도 있지만 지나치게 관념론적인 요소로 인하여 모든 것을 오행론에 억지로 끼워 맞추고자 한 결과, 혹세무민하는 미신의 원인제공을 하기도 하는 역기능도 있었음을 지적하고 있다.149) "음양오행설은 일련의 유사한 현상들을 계열화하여 그것들의 연관성을 보여 주기 위한 설명의 상징체계이지 현상 사이의 연관성을 추상화해 낸 법칙체계가 아니기 때문이다"150)라는 김홍경의 견해도 팡리티엔의 견해와 다르지 않다.

그러나 도식화된 체의 논리를 부정할 수만 없다. 왜냐하면 용의 논리는 체의 논리에 전제되기 때문이다. 비록 체의 개념에 의한 생극논리가 부분적인 모순으로 볼 여지가 있으나, 이는 체와 용의 개념이 합해진 용의 개념으로 극복할 수 있다. 그렇기 때문에 논자가 제안하고 논증한 아래의 두 명제는 체에서 용으로 전환된 생극을 관찰하는 중요한 기준이 되는 것이다.

① 명제1:
모든 희·용신은 타 오행을 극·충하거나 합거하지 않으며, 모든 기·구신은 모든 희·용신을 극·충하거나 합거한다.

② 명제2:
모든 한신오행의 생극작용은 일정하지 않다.
한신은 기·구신을 극·충하지 못하며, 희·용신의 작용을 방해할 수 있다.151)

---

148) 팡리티엔(方立天, 1933~2014년): 불교사상 철학자. 1956년 펑유란(馮友蘭)에게 사사.
149) 方立天(팡리티엔) 著, 이기훈·황지원 역, 『문제로 보는 중국철학-우주·본체의 문제』(『中國古代哲學問題發展史』), 예문서원, 1997, 31쪽.
150) 梁啓超, 馮友蘭외 共著, 김홍경 역, 『음양오행설의 연구』, 신지서원, 1993, 21쪽.(역자 김홍경의 역자서문 中의 내용임).
151) 이건희, 「음양오행론의 명리학적 적용에 관한 연구」, 대구한의대학교 대학원 석사학위논문,

3) 체에서 용으로 변용된 심성

장자는 "제멋대로 내달려서(僨驕) 붙들어 둘 수 없는 것이 오직 인간의 마음이다"[152)]라고 하였다. 주지하는 바, 오행의 기는 곧 마음이다. 적어도 명리학에서 인간의 마음은 피동적이다. 극단적으로 내가 '생각하는 것'이 아니라 '생각되어지는 것'일 수 있다. 만약 명리학에서 오행의 해석 즉, 오행의 생극관계를 해석하는데 오류가 있다면 길·흉·화·복의 판단은 물론 행운의 간섭에 의해 시시각각 변화하는 인간 심성의 객관적 해석에도 오류로 이어질 수 밖에 없다. 이는 길·흉·화·복을 극복하는 일 조차도 객관적인 심성의 판단에 기인할 수 있음을 의미한다.

앞서 1, 2절에서는 명리학적 체용론을 정의하고, 체에서 용으로 변용된 오행 생·극·제·화의 개념이 도식적인 생극의 문제를 극복할 수 있다는 당위성에 대해서 논하였다. 본 3절에서는 명리학 문헌에서 발췌된 사례 명조를 통해 체에 의한 심성과 용으로 전환된 심성의 차이점에 대해 논증하도록 하겠다.

『적천수』에서 논하고 있는 사주의 체용에는 다양한 양태가 있지만 다음 두 가지로 함축될 수 있다.

첫째는 일주를 체로 하고 월지를 용으로 하는 경우이고, 둘째는 월지를 체로 하고 희신을 용으로 하는 경우이다. 전자의 경우, 일주가 왕하면 월지의 식신·재성·관성이 용신이 되고, 일주가 약하면 월지에서 일주를 도와주는 것이 왕한 것을 억제하는 오행은 모두 일주의 용신이 된다. 후자의 경우, 월지가 일주의 용신이 되지 못한다. 월지의 식신·상관·재성·관성이 지나치게 왕하면 년·월·시에서의 인성·비견을 희신으로 한다.

만약 월지의 인성·비견이 지나치게 왕하면 년·월·시에서의 식신·상관·재성·관성을 희신으로 한다.[153)] 그런데 임철초는 형상기국을 체로 보되, 이렇

2017, 183쪽.
152) 『莊子』「在宥」: "人心排下而進上. 上下囚殺. 淖約柔乎剛彊. 廉劌彫琢. 其熱焦火. 其寒凝冰. 其疾. 俛仰之間. 而再撫四海之外. 其居也淵而靜. 其動也懸而天. 僨驕而不可係者. 其唯人心乎."
153) 劉伯溫 著, 任鐵樵 增注, 袁樹珊 撰輯, 『滴天髓闡微』, 中華民國 進源文化事業有限公司, 2011, 114쪽: "有以日主爲體. 提綱爲用. 日主旺. 則提綱之食神財官皆爲我用. 日主弱. 則提綱有物幇身以制其强神者亦皆爲我用. 提綱爲體. 喜神爲用者. 日主不能用乎提綱矣. 提綱食傷財官太旺. 則取年月時上印比爲喜神. 提綱印比太旺. 則取年月時上食傷財官爲喜神而用之. 此二者. 乃體用之

다 할 형국이 없을 때는 일주를 체로 간주하며 용은 곧 용신을 지칭하는 것으로 설명하고 있다. 그의 주장에 의하면 체용 외에는 별도의 용신이 존재하는 것이 아닌 셈이다. 이는 원주에서 체와 용을 구분한 것과는 다른데, 그는 이러한 주장의 근거로 『적천수』원문의 "중요한 것은 부·억하여 그 마땅함을 구하는데 있다."(要在扶之抑之得其宜)를 제시하였다. 즉 '체용지용이 용신'이라고 단언한 것이다.154)

임철초의 주장은 일면 일리가 있다. 그는 용신을 "일주가 기뻐하고 처음부터 끝까지 믿고 따르는 오행이며, 용신을 제외하면 희신과 기신 그리고 한신과 객신이 있다"155)고 하였는데 여기에는 '체용지용이 용신'이라는 의미가 내포되어 있다고 볼 수 있다. 그러나 이 주장은 논자의 중화용신156)에 의한 희·용·기·구·한신의 의미와 배치되기 때문에 단순 비교는 사실 어렵다. 다음의 명조를 보면 그 차이를 쉽게 이해할 수 있다.

(라)

癸 丙 甲 丙
巳 午 午 寅

(라) 이 명조는 丙火 일간이 여름에 태어나 … 년·월간에 甲丙이 투출하여 뜨거운 火氣가 木을 태우고 있고 午火의 왕함이 지극하다. 일점 癸水는 타서 말라버렸으니, 그 강한 기세를 따라야 한다. 그러므로 木·火·土의 운을 만나 재물이 자주 늘어나는 기쁨이 있었다. … 소위 '旺極者를 극하면 오히려 격노하여 해로움이 있다'라고 하는 것이다.157)

正法也."
154) 劉伯溫 著, 任鐵樵 增注, 袁樹珊 撰輯, 『滴天髓闡微』, 中華民國 進源文化事業有限公司, 2011, 116쪽: "體者形象氣局之謂也. 如無形象氣局. 卽以日主爲體. 用者用神也. 非體用之外別有用神也. 原注體用與用神有分別. 又不詳細載明. 仍屬模糊之局. 可知除體用之外. 不能別求用神. 玩本文末句云. 要在扶之抑之得其宜. 顯見體用之用. 卽用神無疑矣."
155) 劉伯溫 著, 任鐵樵 增注, 袁樹珊 撰輯, 『滴天髓闡微』, 中華民國 進源文化事業有限公司, 2011, 118쪽: "用神者. 日主所喜. 始終依賴之神也. 除用神喜神忌神之外. 皆閑神客神也."
156) 中和用神에 대해서는 본고 Ⅳ장 2절에서 논하였다.
157) 劉伯溫 著, 任鐵樵 增注, 袁樹珊 撰輯, 『滴天髓闡微』, 中華民國 進源文化事業有限公司, 2011, 119쪽: "此火長夏令. … 年月兩干. 又透甲丙. 烈火焚木. 旺之極矣. 一點癸水熬乾. 只得從其強勢.

중화용신에 의하면, 午月에 태어난 丙火 일간 사주에서 년·월·일지와 寅午 슴을 하고, 시지의 巳火 까지 가세하니 그 火氣가 년간 丙火로 투출되어 태왕한데 한신 甲木마저 火氣를 부추기고 있다. 水·金이 중화용신인데 시간의 癸水 정관이 유일하다. 巳火 중의 일점 庚金은 스스로를 지키기에도 힘겹다. 행운에서 水·金이 오기를 바라지만 庚·辛金은 물론 壬·癸水 조차도 태강한 丙火를 식히기가 어렵고, 지지의 중화용신 오행인 亥·子·丑·辰·申·酉를 만나도 큰 도움이 되지 않는다. 지지에서 이들 오행과 호응해 줄 오행이 없기 때문이다. 원국의 일점 癸水에 의지하지만, 이것이 곧 본 명조의 한계이자 특징이다. 있는 그대로를 볼 수밖에 없다. 癸水를 극하는 己土·戊土를 만나면 土剋水로, 丙·丁火의 火氣가 중첩해서 다가오면 火剋水로 인해 사주는 위기에 처한다. 한신인 甲木도 용신인 癸水의 水氣를 누설시켜 전혀 일간을 도울 형편이 되지 못한다. 따라서 한신인 木을 만나도 괴로운 것은 마찬가지이다.158)

(마)

丙 丙 庚 戊
申 申 申 寅

(마) 丙火가 초가을에 태어났는데 가을의 金이 세력을 잡았다. 지지에는 세 개의 申金이 하나의 寅木을 충함으로해서 丙火 일간의 뿌리가 뽑혔다. 따라서 비견도 힘을 쓸 수 없다. 년·월간에 庚金과 戊土가 투출하였으니 丙火 일간은 강한 세력을 쫓아야 하므로 庚金 편재의 속성을 따라야 하는데 이를 극하는 丙火 비견이 병이다. ... 소위 약극자를 도우면 허사가 될 뿐 그 공이 없고 오히려 해가 된다.159)

運達木火土. 財喜頻增. ... 所謂旺極者. 抑之反激而有害也."
158) (라) 명조에 대한 논자의 분석이다. 有用之神에 근거하였다.
159) 劉伯溫 著, 任鐵樵 增注, 袁樹珊 撰輯,『滴天髓闡微』, 中華民國 進源文化事業有限公司, 2011, 119쪽: "丙火生於初秋. 秋金乘令. 三申沖去一寅. 丙火之根已拔. 比肩亦不能爲力. 年月兩干. 又透土金. 只得從其弱勢. 順財之性. 以比肩爲病. ... 所謂弱極者扶之. 徒勞無功. 反有害也."

중화용신에 의하면, 申月에 태어난 丙火가 시간의 丙火 比肩이 있고, 년지의 寅木 인성이 그 뿌리가 되지만, 寅木은 일·시지의 두 申金과 월지 申金의 극을 받아 丙火 일간은 의지할 곳이 없다. 천간에서 甲·乙·丙·丁의 중화용신을 만나기를 바라고, 지지에서 중화용신 오행인 寅·卯·巳·午·未·戌을 중첩해서 만나기를 바랄 뿐이다. 원국에서 이미 寅木이 손상되었으므로 그 아쉬움이 크다. 가을 土인 한신은 시간의 丙火가 있지만 지지의 寅木 중의 丙火가, 申金과 충함으로 인해 그 火氣를 잃어 무력하다.160)

위 인용문의 두 명조 (라)·(마)는 임철초의 풀이이다. 임철초는 '태강한 오행〔旺極者〕을 극하는 것과 태약한 오행〔弱極者〕를 돕는 것'은 아무런 소용이 없으므로 (라) 명조는 印·比·食인 木·火·土가 희신이고, 財·官인 金·水를 기신으로, (마) 명조는 食·財·官인 土·金·水가 희신이고, 印·比인 木·火를 기신으로 보고 있음을 알 수가 있다. 임철초는 (라) 명조를 가리켜 반드시 金·水가 용신이고 (마) 명조를 가리켜 반드시 木·火가 용신이라고 하는 당시의 일반적인 풀이를 길흉이 전도되므로 믿을 것이 못된다고 단호히 부정하였다. 심지어는 이 두 명조를 후세에 잘못을 바로 잡는 증거로 삼기도 했다.161)

그러나 임철초의 주장은 두 가지 측면에서 재고해 볼 여지가 있다. 첫째는 용신의 개념에 관한 문제이고 다른 하나는 생극의 이치에 관한 문제이다. 전자는 (라) 명조에 있어서 木·火·土의 기세162)를 쫓아야 한다는 합리적이지 못한 주장을 말한다. 후자는 (라) 명조에서 "왕극자인 木·火·土를 극하면 오히려 격노하여 해로움이 있다"에서 "약한 癸水가 왕극자인 木·火·土를 극한다"는 표현 자체의 모순이 있다. 극은 강한 자가 약한 자를 극할 때, 비로소 극다운 극이 성

---

160) (마) 명조에 대한 논자의 분석이다. 有用之神에 근거하였다.
161) 劉伯溫 著, 任鐵樵 增注, 袁樹珊 撰輯,『滴天髓闡微』, 中華民國 進源文化事業有限公司, 2011, 119쪽: "此等格局頗多. 以俗論之. 前造必以金水爲用. 此造必以木火爲用. 以致吉凶顚倒. 反歸咎于命理之無憑. 故特書兩造爲後證云."
162) 午月의 火·土가 강하다는 점은 그렇다 하더라도 午月의 木을 강하다고 보아 그 기세를 쫓아야 한다는 氣勢論을 앞세운 주장은 객관성이 결여된 것으로 보인다. 사주의 中和를 돕는 오행이 원국에 있고 없음을 떠나 水·金을 用神으로 보는 것이 옳다고 본다. 따라서 "木·火·土의 기세를 쫓는다."는 주장 자체가 오류인 것이다. 病인 허약한 丙火를 버리고 土·金을 쫓아야 한다고 주장한 (마) 명조도 마찬가지이다.

립될 수 있기 때문이다. (마) 명조에서 일간 丙火가 약하여 병이기 때문에 土·金을 쫓아야 한다는 것으로, 이는 한신인 戊土가 火氣를 지닌 寅木이 申金에게 충을 당해 온전히 金을 생 할 수 없다는 점을 간과하고 있는 것이다.

이러한 문제는 임철초의 편향된 시각으로 볼 수 있지만, 현대 명리학에 있어서도 여전히 개선되고 있지 않다. 또 한 가지 지적할 문제는 운의 길흉에 치중한 나머지 심성의 판단을 소홀히 하고 있다는 점이다. 오행의 생극 판단의 오류가 심성 판단의 오류로 이어질 수 있는 바를 아래 사례 명조를 통해 재차 살펴보도록 하자.

(바)
己 辛 壬 壬
丑 酉 子 辰

辛金이 겨울인 子月에 태어나 金水 상관인네 사주에 火氣가 선혀 없으니 金은 차갑고 水는 冷하며 土는 濕하면서 얼어 있다. (중략) 甲寅 運과 乙卯 運에서는 水의 기운을 설기하니 가업이 크게 늘어났으나 丙辰 운에 들어서자 水火가 서로 극하니 병을 얻었는데 丙寅年에 처하여 火土가 왕성해지고 水가 더욱 격해져 마침내 몸이 허약해 죽고 말았다. 163)

위 (바) 명조에서 "丙辰 운에 들어서자 水·火가 서로 극해서"는 잘못된 표현이다. 극과 상극의 개념의 차이를 감안하더라도 이 때는 "서로 극해서"라는 표현보다 "水가 火를 극해서"라는 표현이 합당하다. 또, "丙寅年에 처하여 火·土가 왕성"해진 결과 水가 더욱 격해졌다는 표현 역시 마찬 가지이다. 子月의 辛金 일간 사주에서 아무리 행운에서 강한 火氣를 만났다 하더라도 火·土가 왕성해졌다(丙寅年火土旺)는 표현은 적합하지 않다고 보아야 할 것이다.

---

163) 袁樹珊 撰輯, 任鐵樵增注, 『滴天髓闡微』, 台北: 進源文化事業有限公司, 2011, 409쪽 : "辛金生於仲冬. 金水傷官. 局中全無火氣. 金寒水冷. 土溼而凍. (中略) 甲寅乙卯. 洩水之氣. 家業大增. 至丙辰運. 水火相剋而得病. 丙寅年火土旺. 水愈激. 竟成弱症而亡."

위 (바) 명조는 子月의 辛金 일간 사주가 사주의 중화를 위해서 火·木의 기운이 필요하지만 원국에 전혀 없다. 甲寅·乙卯 뿐만아니라 丙午·丁未 등 火·木 오행이 행운에서 중첩적으로 만나더라도 원국에 용신 오행이 없고, 행운에서 용신 오행을 만났을 때 이들과 함께 사주의 중화를 꾀할 오행이 원국에 없다는 한계가 있다. 오히려 년·월간의 기신 壬水가 행운에서 만나는 용신오행인 火氣를 극하는 구조인 것이다. 즉, (바) 명조에서는 극이라는 표현이 상극이라는 표현과 함께 쓰여 지면서 객관적인 희기의 판단을 방해한 것으로 판단된다. 이러한 생극의 개념은 "연이어 상생하는 것을 말하고, 다투어 싸운다고 하는 것은 뒤돌아 극하여 해가 되는 것을 말한다. 그러므로 길흉이 뚜렷하게 달라지게 된다"[164]는 표현에서도 여실히 드러난다. "연이어 상생한다"(順者接續相生)는 말은 위 (라) 명조에서처럼 木이 火를 火가 土를 생한다는 의미이다. 이것은 마치 위 (마) 사례 명조에서 土가 金을 金이 水를 생한다는 말과도 같다.

그러나 이러한 논리는 이치에 맞지 않다. 그것은 한신의 존재도 고려되어야 하고 기·구신이 용신을 생할 수 없다거나 용신이 기·구신을 극할 수 없다는 등의 변수도 고려되어야 하기 때문이다. 결국 이러한 생과 극의 논리는 체의 논리일 수밖에 없다.

한편 『적천수천미』에서는 反局의 논리를 설명하고 있는데 다음과 같다.

『적천수』에는 "임금이 신하로 부터 생을 받는 데에는 매우 미묘한 원리가 있다. 자식이 어머니를 구할 수 있다고 하는 것은 천기를 누설하는 것이다. 어머니의 지나친 인자함으로 인해 자식을 멸하는 것은 기이한 것이다. 남편이 강하면 무엇으로 인해 처를 두려워하겠는가?"[165]라면서 군신·모자·부부의 예를 들어 반국의 논리를 설명하고 있다.

이를 테면, 제강(提綱: 月支)이 임금인 木이면, 신하는 土가 된다. 만약 水가 많아 木이 떠내려가게 되면 신하인 土가 水를 극함으로 인해 임금인 木은 무사

---

164) 袁樹珊 撰輯, 任鐵樵增注,『滴天髓闡微』, 台北: 進源文化事業有限公司, 2011, 13쪽: "順者接續相生. 悖者反剋爲害. 故吉凶判然."
165) 劉伯溫 著, 任鐵樵 增注, 袁樹珊 撰輯,『滴天髓闡微』, 中華民國 進源文化事業有限公司, 2011, 339쪽: "君賴臣生理最微. 兒能救母洩天機. 母慈滅子關頭異. 夫健何爲又怕妻."

할 수가 있는데, 이는 土生木을 일컫는 말이다. 만약 임금인 木이 旺하여 火의 기세가 드세면 金이 木을 베어 냄으로써 강한 火를 다스릴 수 있는데, 이는 金生火를 일컫는 말이다. 만약 火가 왕하여 土가 메마르면 水가 火를 극함으로써 土를 살려낼 수 있는데, 이는 水生土를 일컫는 말이다. 만약 土가 거듭되어 金이 땅에 묻히면 木이 土를 극함으로써 金을 살려 낼 수 있는데, 이는 木生金을 일컫는 말이다. 만약 金이 왕하여 水가 혼탁해지면 火가 金을 극함으로써 水를 살려 낼 수 있는데, 이는 火生水를 일컫는 말이다. 166)는 내용의 원주를 주해하면서 임철초는 다음의 예를 들어 논증하고 있다.

(사)　　　(아)
戊甲壬壬　戊甲壬壬
辰寅子辰　辰子子戌

(사) 명조는 지지의 강한 水氣가 천간에 투출되었지만 戊土가 드러나 있어서 두 壬水를 극할 수 있기 때문에 기쁘고(喜其戊土透露), 또한 일지에 寅木이 있어서 실하며, (아) 명조는 일지에 子水를 두어 허하지만 火氣가 있는 년지 戌土로 인해 戊土의 뿌리가 될 수 있다고 한다.167) 즉, 土가 水를 극함으로 해서 木이 살아났다는 것으로 土生木인 것이다. 이는 일주를 중심으로 논할 때만 국한되는 것이 아니라, 사주 내의 특정 오행을 중심으로 하더라도 같은 원리라는 것이다.168)

그러나 논자는 이러한 임철초의 주장에는 문제가 있다고 본다. 그 이유는 오

---

166) 劉伯溫 著, 任鐵樵 增注, 袁樹珊 撰輯,『滴天髓闡微』, 中華民國 進源文化事業有限公司, 2011, 339쪽: "木君也. 土臣也. 水泛木浮. 土止水則生木. 木旺火熾. 金伐木則生火. 火旺土焦. 水克火則生土. 土重金埋. 木克土則生金. 金旺水濁. 火克金則生水. 皆君賴臣生也. 其理最妙."

167) 劉伯溫 著, 任鐵樵 增注, 袁樹珊 撰輯,『滴天髓闡微』, 中華民國 進源文化事業有限公司, 2011, 340쪽: "甲木生於仲冬. 雖日坐祿支. 不致浮泛. 而水勢太旺. 辰土雖能蓄水. 喜其戊土透露. 辰乃木餘氣. 足以止水託根. 謂君賴臣生也. ... 更妙南方一路火土之運. 祿位未可限量也. ... 甲木生於仲冬. 前造坐寅而實. 此則坐子而虛. 所喜年支帶火之戊土. 較辰土力量大過矣. 蓋戊土之根固. 足以補日主之虛. 行運亦同. 功名亦同. 仕至尚書."

168) 劉伯溫 著, 任鐵樵 增注, 袁樹珊 撰輯,『滴天髓闡微』, 中華民國 進源文化事業有限公司, 2011, 342~343쪽: "雖就日主而論. 四柱之神. 皆同此論."

행의 생극작용의 체용을 무시한 '체의 프레임'에 갇힌 것으로, 희신인 土[169)는 비록 火氣인 寅木과 戌土가 각각 있어서 도움을 받을 수 있지만 그 작용력에 있어서 희신의 한계를 벗어 날 수 없기 때문이다. 따라서 단순하게 土剋水라는 이유로 水를 극할 수 있다는 것은 '물리적'으로도 불가능하다. 따라서 土剋水로 인해서 水로 부터의 원하지 않는 생을 받는 木을 구할 수 있다는 것은 사실상 어렵다고 보아야 할 것이다.[170)

이어서 원주에는 木이 어머니이면 火는 자식인데, 木이 金으로 인해 손상을 받는 처지가 되면 火剋金으로 인해 木이 살아나고, 火가 水로부터 극을 받을 처지가 되면 土剋水로 인해 火가 살아나고, 土가 木을 만나 이지러지면 金剋木하여 土가 살아나고, 金이 火를 만나 극을 받는 처지가 되면 水剋火로 인해 金이 살아나고, 水가 土로 인해 막히게 되면 木剋土로 인해 水가 살아난다는 주장과,[171) 木인 남편을 기준으로 보면 土는 아내인데, 木이 왕하다 하더라도 土가 金을 생하여 金剋木하면 이를 두고 "남편이 강건하니 아내가 두려워한다."(夫健而怕妻)라는 주장[172)역시, 오행의 생극작용의 체용을 무시한 '체의 프레임'에 갇힌 것으로 볼 수 있다.

따라서 논자는 임철초의 주장에 있어서 위와 같은 이유를 들어 주장을 달리한다. 만약 극을 하는 오행이 한신에 해당한다면 극다운 극을 할 수가 없거나 생다운 생을 할 수가 없다. 따라서 논자는 원주에서 비록 '거꾸로 생하고 거꾸로 극

---

169) 有用之神에 의하면 사주의 중화를 돕는 오행은 火·土이다. 따라서 기·구신은 水·木, 그리고 閑神은 金이 된다.
170) 이건희, 「음양오행론의 명리학적 적용에 관한 연구」, 대구한의대학교 대학원 석사학위논문, 2017,183쪽: "① 명제1. 모든 喜·用神은 他 오행을 剋·沖하거나 合去하지 않으며, 모든 忌·仇神은 모든 喜·用神을 剋·沖하거나 合去한다. ② 명제2. 모든 閑神오행의 生·剋작용은 일정하지 않다. 閑神은 忌·仇神을 剋·沖하지 못하며, 喜·用神의 작용을 방해할 수 있다."참조 /喜·用神에 해당하는 火土오행이 相生해서 水를 막아낸다는 것은 타당하다. 그러나 위 명조에서는 水氣가 太强하므로 不可하거나 쉽지 않다고 보는 것이 논자의 견해이다. 喜·用神은 忌·仇神을 일방적으로 剋할 힘이 없으며, 다만 사주의 中和를 위해 '견제'할 따름이며, 閑神은 더욱 不可하다.
171) 劉伯溫 著, 任鐵樵 增注, 袁樹珊 撰輯,『滴天髓闡微』, 中華民國 進源文化事業有限公司, 2011, 342쪽: "木爲母. 火爲子. 木被金傷. 火克金則生木. 火遭水克. 土克水則生火. 土遇木傷. 金克木則生土. 金逢火煉. 水克火則生金. 水因土塞. 木克土則生水. 皆兒能生母之意. 此能奪天機." 참조.
172) 劉伯溫 著, 任鐵樵 增注, 袁樹珊 撰輯,『滴天髓闡微』, 中華民國 進源文化事業有限公司, 2011, 347쪽: "木是夫也. 土是妻也. 木雖旺. 土能生金而克木. 是謂夫健而怕妻."

하는' 반국을 두고, "그 이치가 가장 오묘하다"(其理最妙)라고 표현하고 하지만, 이것은 크게 잘못된 생극의 논리라고 주장하고자 한다.

다음은 傷官見官의 사례 명조를 통해 생극의 오류로 인한 심성판단의 시비를 가려 보도록 하겠다.

『적천수』에서는 "상관견관은 참으로 분간하기가 어려운데, 관성을 만나도 괜찮은 경우도 있고 그렇지 않은 경우도 있다"[173]라고 하였다. 이렇듯 상관견관[174]에 대한 애매한 정의로 인해 원주에서는 지극히 복잡한 설명을 하고 있어서 단적으로 논하기는 어렵지만, 일례를 들면 "일주가 신약한데 상관이 왕한 경우에, 인성이 있으면 상관이 관성을 보아도 상관견관이 아니다. 일주가 신왕한데 상관도 왕한 경우에는, 재성이 있으면 상관이 관성을 보아도 상관견관이 아니다"[175] 등 인데, 이러한 정의는 일면 옳다고 볼 수 있다. 그러나 다음의 사례를 보면 상관견관에 대한 좀 더 체계적인 정의가 필요 할 것이다.

(자)	(차)	(카)	(타)
庚甲丙壬	甲己庚丙	癸丙庚己	丙辛甲壬
午辰午申	子未寅戌	未申午未	申卯辰子

(파)	(하)	(갸)	(냐)
戊癸庚甲	甲丙癸戊	戊甲庚丙	丙壬戊乙
午亥午午	午申亥戌	申辰寅戌	午申子未

---

173) 劉伯溫 著, 任鐵樵 增注, 袁樹珊 撰輯, 『滴天髓闡微』, 中華民國 進源文化事業有限公司, 2011, 174쪽: "傷官見官果難辨. 可見不可見."
174) '傷官見官'이라고 하지만, 忌·仇神인 食神이 중화용신인 偏官을 보는 것도 '傷官見官'이라 할 수 있다. 또, 甲木 日干사주에 있어서, 忌·仇神에 해당하는 丙火 食神이 중화용신인 辛金 正官을 合去하는 경우도 '傷官見官'의 범주에 해당하다고 보아야 옳다고 본다. 이러한 경우에 만약 중화용신인 辛金 正官의 근이 지지에 있거나 많다면 '일방적'인 剋은 면할 수 있다고 볼 수가 있다. 그런데, 忌·仇神에 해당하는 丁火 傷官이 중화용신인 庚金 偏官을 半剋(丁剋庚)하고 있는 경우는 '傷官見官'으로 단정 짓기는 어렵지만, 만약 傷官의 劫財오행인 丙火를 行運에서 만나, 丙火와 丁火가 합세해서 庚金 偏官을 剋한다면 그 파괴력은 倍加될 것이다.
175) 劉伯溫 著, 任鐵樵 增注, 袁樹珊 撰輯, 『滴天髓闡微』, 中華民國 進源文化事業有限公司, 2011, 174쪽: "身弱而傷官旺者. 見印而可見官. 身旺而傷官旺者. 見財而可見官."

위 (자)·(차) 명조는 '일주가 신약한데 상관이 왕한 경우'로 전자에 부합하는 명조이다. (카)·(타) 명조는 '일주가 신왕한데 상관도 왕한 경우'로 후자에 부합하는 명조이다.[176]

전자인 (자) 명조는 인성인 壬水 편인이, (차) 명조 역시 인성인 丙火 정인이 있음으로 인해서, (자) 명조의 경우 희신인 庚金 편관과 용신인 壬水 편인이 水·金 상생해서 사주의 중화를 돕고, (차) 명조의 경우 희신인 甲木 정관과 용신인 丙火 정인이 火·木 상생해서 사주의 중화를 돕기 때문에 강한 상관을 다스릴 수 있기 때문이다.

후자인 (카) 명조의 경우 희신인 庚金 편재와 용신인 癸水 정관이 水·金 상생해서 사주의 중화를 돕고, (타) 명조의 경우 희신인 甲木 정재와 용신인 丙火 정관이 火·木 상생해서 사주의 중화를 돕기 때문에 강한 상관을 다스릴 수 있기 때문이다. 그렇다면 (자)·(차)·(카)·(타) 명조에서 공히 사주의 중화를 돕는 중화용신의 뿌리[177]가 필요함은 당연한 이치이다.

그런데 위 (파) 명조는 午月의 癸水 일주가 허약하고 한신인 甲木 상관 역시 약하다. 월간에 庚金 인성있지만 庚金은 한신인 甲木을 극하지 않을뿐더러 한신인 甲木은 午月의 강한 戊土 정관을 극하지 못한다.

(하) 명조 역시 亥月의 丙火 일주가 약하다. 한신인 戊土 식신이 癸水 정관을 합거해 갈 것으로 보이지만 亥月의 강한 癸水를 한신인 戊土가 합거할 힘이 없다.[178] 용신인 甲木 편인이 戊土 식신을 극함으로 인해서, 癸水 정관이 戊土 식

---

[176] 日主와 傷官의 강약 여부를 규정함에 있어서, 해당 글자가 忌·仇神에 해당하면 강한 것으로 판단하였다. 따라서 (자) 명조에서 '午月의 丙火 食神'이, (차) 명조에서 '寅月의 庚金 食神'이 이에 해당하므로 '강한 오행'에 해당한다. (자) 명조는 水·金이, (차) 명조는 火·木이 중화용신이다. 또 (카) 명조는 午月의 丙火 日干이 강한데, 己土 傷官 역시 강하다. (타) 명조는 辰月의 辛金 日干이 강한데, 壬水 傷官 역시 강하다. (카) 명조는 水·金이, (타) 명조는 火·木이 중화용신이다.

[177] (자) 명조에서 중화용신인 水·金오행의 根은 濕土인 辰土와 申金이고, (차) 명조에서 중화용신인 火·木오행의 根은 燥土인 未土·戌土와 寅木이고, (카) 명조에서 중화용신인 水·金오행의 根은 申金이고, (타) 명조에서 중화용신인 火·木오행의 根은 卯木이 된다. 이에 관한 논증은 Ⅳ장 1절 3) 항에서 밝혔다.

[178] 비록, 閑神인 戊土가 年支의 燥土인 戌土와 時支 午火에 根을 두고 있지만 閑神의 범주를 벗어날 수는 없다.

신의 합거에 의한 상관견관으로 부터 보호 받는다는 것 자체가 생극의 논리에 부합되지 않는다. 중화용신인 甲木은 타 오행을 극하지 못하기 때문이다.179) 또한 한신인 식신 또는 상관오행은 기·구신에 해당하는 강한 관성오행을 극할 힘이 없다는 점을 간과해서는 안 될 것이다.

(갸)·(냐) 명조는 관성이 한신인 경우이다. (갸) 명조는 寅月의 甲木으로, 火土가 상생〔有情〕180)하여 식신생재하는 중화용신이기 때문에 용신인 丙火 식신은 한신인 庚金 편관을 극하고 싶지만 극이 되지 않는다. 상관견관과는 거리가 먼 셈이다.

(냐) 명조는 子月의 壬水가, 火·木이 상생하여 식신생재하는 중화용신이기 때문에 희신인 乙木 상관은 한신인 戊土 편관을 극하고 싶지만 극이 되지 않는다.181) 상관견관과는 역시 거리가 멀다고 하겠다.

이와 같은 사례 분석을 통해서 오행의 구성이 '상관이 관성을 보고 있다'고 해서 반드시 '상관견관'이 되지 않음을 확인 할 수 있다. 위에서 언급한 "상관견관은 참으로 분간하기가 어려운데, 官을 만나도 괜찮은 경우도 있고 그렇지 않은 경우도 있다."라고 한 『적천수』의 내용은 이를 두고 한 말이다. 이상의 사례 명조를 통해서 생극 판단의 오류는 곧바로 심리분석의 오류로 이어질 수 있음을 확인 할 수 있다. 달리 말하면 희·용·기·구·한신의 정확한 정립이 없으면 이현령비현령식의 생극 판단이 될 수 있는 것이다.

따라서 희·용신에 해당하는 오행은 기·구신에 해당하는 오행을 극 합거할 수 없으며, 기·구신은 희·용신을 극, 합거할 수 있다거나 한신오행이 개입된 생과 극은 일반적인 생극의 원칙에서 벗어난다는 취지의 논자의 주장은 체에서 용으로 변용된 생극 개념이라고 할 수 있다.

---

179) 忌·仇神에 해당하는 오행은 중화용신 즉, 喜·用神에 해당하는 오행에 비해 힘의 우위에 있기 때문에, 喜·用神 오행은 忌·仇神 오행을 剋할 수 없다.
180) 陰氣인 水金이 상생하고, 陽氣인 火木이 相生(雙全)하는 바를 구분하기 위해 火土는 '有情'하다고 표현하는 것이 옳다고 본다.
181) 乙木이 閑神인 戊土를 보고 있고 음양이 달라 半剋이 되어 온전한 剋이 되지 않는 측면도 있지만, 乙木이 閑神인 己土를 보더라도 剋이 되지는 않는다.

2. 십간과 십성의 이분화된 심성작용

인간을 중심으로 자연을 인간과 연결시키려 했던[182] 자연의 의인화[183]는 후한대 유물론자 王充(왕충, 27~ 104년)의 음양오행론에 관한 유물론적 시각으로 한층 발전된 모습을 보였다. "인간을 세계의 중심에 놓고 이성적 사유를 통해 선과 악을 이분법으로 분류할 수 있다고 하는 이성중심주의적 사고"[184]가 그것이다.

---

182) John B. Henderson 著, 문중양 譯, 『중국의 우주론과 청대의 과학혁명』(The Development and Decline of Chinese Casmology), 소명, 2004, 42쪽. "인간의 행위가 기상학적 또는 천문학적 현상들에 영향을 줄 수 있다는 관념은 중국 고대의 사상가만이 유일하게 가졌던 생각은 아니며 전근대 사회에서는 전 세계적으로 널리 퍼져 있었던 보편적인 개념이었던 듯하다."

183) 김원열, 『중국 철학의 인간 개념 연구』, 한국학술정보, 2008, 58~ 61, 198쪽 참조: 『시경』에는 "크나 큰 하늘은 그 덕을 살피지 않고 죽음과 굶주림을 내리시니, 온 천지의 사람들이 죽는구나." (浩浩昊天. 不駿其德. 降喪饑饉. 斬伐四國)라거나 "하늘이 고르지 않아 어지러이 재앙을 내리는구나. 하늘은 은혜롭지 않아 크나 큰 흉포함을 내리는구나."(昊天不傭. 降此鞠訩. 昊天不惠. 降此大戾)라고 하여 거대한 자연 앞에 선 인간의 무력감과 원망을 숨김없이 드러내고 있다. 이렇게 두렵고 낯선 자연을 중국의 고대인들은 인간이 주체가 되어 자연을 대상으로 한 의인화(擬人化)를 통해 인간과 자연을 동일시하거나 혈연적 관계로 승화해서 극복하고자 했던 것이다.(『易經』「說卦傳」: "乾天也. 故稱乎父. 坤地也. 故稱乎母."(건은 하늘이다. 그러므로 아버지라 칭한다. 곤은 땅이다. 그러므로 어머니라 부른다.) 그러나 중국 고대문명의 전승자이면서 교육자였던 공자는 이 같은 자연의 의인성에 의심을 품었지만(『論語』「陽貨」: "天何言哉. 四時行焉. 百物生焉. 天何言哉.") 그럼에도 "하늘에게 죄를 지으면 빌 곳이 없다."(『論語』「陽貨」: "天何言哉. 四時行焉. 百物生焉. 天何言哉.")라는 말을 한 것으로 보아, 맞서 싸워 이길 수 없는 거대한 자연의 질서(自然的 秩序, natural order)에 대적하거나 자연과의 의인화로부터 위안 받으려고 하는 것보다 '인간' 자체에 관심을 집중했을 것으로 본다., 의인법(擬人法) personification: 두산 동아 백과사전 연구소 著, 『두산세계 백과사전』, 서울:(주)두산동아, 1996, 21권 44쪽. "사물이나 추상개념을 인간인 것처럼 표현하는 수사적 방법. 미개인은 초자연적인 존재나 현상을 인간이나 인간의 행위와 동일시하였다. 그들에게 있어서 이것은 자연적인 작용이었으나 문명인이 예술창작에 의식적으로 이용할 때는 의인법이 된다. 즉, 인간이 아닌 생물이나 무생물, 그리고 추상적인 관념까지도 인간 또는 인간의 행위로 표현하는 것이다.", 의인관(擬人觀) anthropomorphism: 두산 동아 백과사전 연구소 著, 『두산세계 백과사전』, 서울:(주)두산동아, 1996, 21권 44쪽. "인간이외의 존재에 인간적 특색, 특히 인간의 정신적 특색을 부여하여 인간과 견주어 해석하려는 경향. 이 말은 종교학 또는 신학에서는 신 또는 신들에게 인간의 형상과 성질을 부여하는 것을 의미한다. 동물의 행동연구에 이 용어를 사용하는 경우에는 하등동물의 행동을 해명하는 데에 쓰인다. 원시민족의 천체나 기타 자연현상에 관한 많은 설화(說話) 중에서도 이런 경향을 볼 수 있는데, 이 경우에는 '인격화'와 유사한 의미를 가진다."

184) 이건희, 「음양오행론의 명리학적 적용에 관한 연구」, 대구한의대학교 대학원 석사학위논문, 2017, 14쪽.

그러나 논자는 중국 현대철학자 馮友蘭(풍우란, 1895~1990년)의 비판적 지적대로,[185] 이른바 "천인동류"나 "의인화"를 논함에 있어서 지나치게 인간과 자연을 동일시하는 입장에는 회의적인 시각을 가지고 있다. 오히려 Joseph Needham(조셉 니덤, 1990~1995년)의 인간과 우주를 하나의 유기체로 이해한 상관적 우주론 또는 상관론적 사유(correlative thinking)[186]와, 方仁(방인, 1955년~)이 말한 자연과 인간의 공명의 관계[187]에 주목하고 이를 명리학적으로 응용하는 것이 보다 효과적인 십간 해석을 통한 심성해석의 이론적 정립에 기여할 수 있을 것이라고 본다. 이는 『주역』의 감응[188]하는 관계를 오행의 체계에 의해 논리화시킬 수 있다고 보기 때문이다.

한편, 군주의 정치와 일상사·관명 등을 오행의 이치로 서술하고 있는 『관자』「유관」편[189]에는 입춘·입하·입추·입동을 각각 "어진 마음을 지니며 몸과 마

---

185) 馮友蘭 著, 박성규 역, 『中國哲學史 下』, 까치글방, 1999, 29쪽; 『中國哲學史 新編』 Ⅲ, 66~67쪽 재인용. ("…… 앞의 인용문은 사람이 신체구조에서 '천인동류'를 논하고, 뒤의 인용문은 사람의 정감과 의식 측면에서 '천인동류'를 논했다. 이러한 견해들은 모두 전혀 근거가 없는 견강부회(比附)이다. 그러나 이러한 견강부회는 그의 체계 속에서는 모두 중요한 의미가 있다. 동중서가 보기에 사람은 우주의 축소판이고 하나의 작은 우주이다. 뒤집어 말하면 우주는 사람의 확대판으로서 하나의 '큰 사람(大人)'이다. 그는 실제로 자연을 의인화(擬人化)하여 사람의 각종 속성 특히 정신적 측면의 속성을 자연계에 강요했고 다시 방향을 바꾸어 사람을 자연의 모사본이라고 간주했다. 이것은 일종의 전형적인 관념론적 의인관(擬人觀)이론이다. 이러한 관념론적 기초 위에서 그는 천인감응론의 미신을 선전했다.")
186) John B. Henderson 著, 문중양 譯, 『중국의 우주론과 청대의 과학혁명』(The Development and Decline of Chinese Cosmology), 소명, 2004, 38~44쪽 참조 :중국의 경우, 국가와 우주·인간과 우주간의 상관적 사유에 대한 언급이 『여씨춘추』와 『회남자』 등에서 출전하지만 상관적 연관 관계를 논리적으로 설명할 만큼 그 도식이 체계적이지는 않았다. 그럼에도 불구하고 동중서 등은 우주 공간에 널리 퍼져 있는 기(氣)와 상관적 연관을 짓거나 음양과 오행을 수단으로 우주와의 감응을 합리화하고 체계화하고자 노력했음에는 분명하다고 하겠다. 이러한 일련의 과정에서 중국의 상관적 사유는 국가와 우주·인간과 우주에서 한걸음 더 나아가 사회적 관계에까지 확장되어 적용되었다.
187) 송영배 공저, 『인간과 자연』, 철학과 현실사, 1998, 226쪽 재인용: ("조셉 니 담은 이를 '상관론적 사유(correlative thinking)' 혹은 '상관론적 우주론'이라 부르면서 그를 유기체론의 일종으로 설명하였다. 벤자민 슈월츠는 니담의 그런 설명을 대체적으로 받아들이지만 또한 구별되는 논점을 제시하였다."), 方仁: 「古代中國의 宇宙論의 한 형태로서의 陰陽五行說—Needham과 Schwartz에서의 상관적 우주론의 논의를 중심으로」 『종교연구』 제4집 1988.("감응이란 문자 그대로는 '자극과 반응'을 의미하는 것이고, 인간을 포함한 자연계 모든 존재들의 관계 방식은 원인과 결과적인 방식이 아니라 자극에 대한 반응의 관계, 혹은 共鳴의 관계로 설명된다는 것이다."이와 같은 주장은 자연계의 모든 생명체는 무질서가 아닌 일정한 패턴에 따라 자극과 반응이 이루어진다는 것을 인간에 의해 관찰되고 또한 이해될 수 있다는 것을 의미한다.)
188) 『周易』 「咸卦·象傳」: "柔上而剛下. 二氣感應以相與"

음을 기른다", "순박한 마음을 지키고 돈독하게 실천한다", "공경하는 마음을 지키고 너그럽고 즐거운 태도로 행동한다.", "자애롭고 두터운 마음을 지니고 순박한 태도로 행동한다"라는 식으로 계절의 덕목에 맞는 행동강령을 주문하고 있다. 그리고 설명의 말미에는 "너그러운 기운이 닦이고 통하면 만물이 한가로이 안정되며 몸이 생장하고 다스려진다"(坦氣修通. 凡物開靜. 形生理.)라는 표현이 동일하게 반복되고 있다.190) 또 군주가 입을 의복을 청색인 木·붉은색인 火·흰색인 金·검은색인 水에 배당한 것으로 보아191) 분명히 오행과 연관을 지으려고 한 것임에는 틀림이 없다. 또한 "어진 마음"을 木·"순박한 마음"을 火·"공경하는 마음"을 金·"자애롭고 두터운 마음"을 水에 대입한 것에서192) 보듯이, 木·火·土·金·水를 각각의 성정과 연관 짓고 있음을 알 수 있다. 동중서 역시 '자연의 의인화'라는 주관적 유비법을 취했지만,193) 논자는 위『관자』의 봄인 木을 "어진 마음", 여름인 火를 "순박한 마음", 가을을 "공경하는 마음", 겨울을 "자애롭고 두터운 마음" 등으로 연결짓고 있다는 사실에 주목하고자 한다.

    물론 이 같은 유비추리는 매우 원시적이라 할 수 있다. 그러나 이것은 견강부

---

189) 「幼官」:『春秋左傳』「昭公」17年의 註解나,『管子』「君臣」·「侈靡」에는 「五官」으로 표기되어 있다.
190) 『管子』「幼官」: "藏不忍. 行歐養.", "藏薄純. 行篤厚.", "藏恭敬. 行搏銳.", "藏慈厚. 行薄純."
191) 『管子』「幼官」: "君服靑色... 君服赤色... 君服白色... 君服黑色."
192) 김필수 공역,『관자』, 소나무, 2015. 16쪽. "중국철학의 핵심 사상 가운데 하나인 음양오행 사상이 상호 결합되어 이루어진 음양오행 사상이 최초로 나타나는 곳이 바로『관자』이다.『관자』에서 음양오행은 사시와 오방(五方)을 설명하는 체계로 확립된다. 음양오행 사상은 지학(地學)·생물학·농학·의학 등 자연과학과 결합하여 토양·기후·식물·인체 등 자연 현상을 설명하는데 광범위하게 적용되었다.『관자』에서 대두된 음양오행 사상은『呂氏春秋』·『黃帝內經』·『春秋繁露』등의 저작을 통해 지속적으로 발전하게 된다."
193) 이건희, 「음양오행론의 명리학적 적용에 관한 연구」, 대구한의대학교 대학원 석사학위논문, 2017, 133쪽 505번 각주: "동중서(董仲舒)는 '자연의 의인화.'라는 주관적 유비법(類比法)을 취했는데, 이때 '유비'란 사물과 사물 간에 대응하면서 존재하는 동등한 성질 또는 두 개의 사물이 서로 유사함을 근거로 다른 것도 유사할 것임을 추론하는 방식(=유추)를 말한다. 12운성에 있어서의 '자연의 의인화'는 자연의 현상을 인간의 탄생, 성장, 늙음, 사망에 빗대어 비유한다. 十干 오행을 12支에 대비한 다음 旺하고 弱함을 측정할 때 쓰이는 12운성법은 天干이 地支와 만나 陰과 陽을 이루고 살다가 힘이 다하면 죽게 되는 이치로 인간사의 생노병사와 관련된다. 이러한 12운성식(장생·목욕·관대·건록·제왕·쇠·병·사·묘·절·태·양) '자연의 의인화'는 지나치게 작위적인 측면이 있다."

회라고 비난받고 있는 동중서가 말한 12운성의 탄생, 성장, 늙음, 사망에 빗대어 작위적으로 비유한 것에 비하면 사물을 관조하는 관찰자의 과학성을 드러낸 것이라고 하겠다.

한편, 춘추시대 管仲(관중, ?~ 기원전 645년)의『관자』와 동중서의 기원전 150년을 전후한『춘추번로』에서 싹튼 오행과 오덕인 인·의·예·지·신의 명리학적인 접목은『낙록자소식부』의 "木의 기가 성하면 仁의 기운이 왕성하고, 庚·辛金이 줄어(虧)들면 義가 부족하다"194)고 한데서도 확인된다.『낙록자삼명소식부주』에도 오행과 오상의 관계를 "仁이란 甲·乙木인데 오상에 있는 仁이다. 만약 불인이라 함은 土를 극하고 벌하는 것이다"195) 라고 서술하고 있다. 이 시기는『관자』와『춘추번로』의 중간인 기원전 4세기 경에 해당된다.

또한 서자평은 기원후 276~ 324년 경인 삼국시대의 저작인 곽박의『옥조신응진경』을 주해하면서 "木이 金으로부터 극 받으면 인자함이 손상된다"196)라고 하였다. 여기서 중요한 것은 木·火·土·金·水라는 오행 자체의 암시만으로도 명리학적 심성해석의 단초가 될 수 있음을 시사한다. "水는 지혜를 대표하기 때문에 水가 많으면 지혜와 기교가 있다"197)라고 한 것도 이를 뒷받침하고 있다.

이렇듯 오행과 오덕을 연관 짓는 것은 당나라(618~ 907년) 이허중의『이허중명서』에서 "지·인·예·신·의는 水·木·火·土·金이니 12가지 수를 논한 것으로 이것은 支와 干의 지극함이다. ... 水는 智를 말하고, 木은 仁에 가까우며, 火는 禮를, 土는 信을, 金은 義를 주관하니, 지와 간을 오행에 서로 짝지으면 각각 12위가 된다"198)라는 표현에서 보듯이 매우 구체적으로 서술되어 있다.

---

194) 徐子平 著, 王廷光·李同·釋曇瑩 註, 趙子澤 解,『珞珠子三命消息賦諸家註』, 香港 聚賢館文化有限公司, 2007, 260쪽: "木氣盛而仁昌. 庚辛虧而義寡."
195) 徐子平 著, 王廷光·李同·釋曇瑩 註, 趙子澤 解,『珞珠子三命消息賦諸家註』, 香港 聚賢館文化有限公司, 2007, 240쪽: "如甲見己則爲仁. 乙見戊則爲仁. 以其陰陽造化. 五物代之以爲生也. 若甲見戊. 乙見己. 偏陰偏陽. 萬物危脆. 則五行爲不仁也.『賦』中引甲乙戊己爲例. 其餘五行則可以例求焉."
196) 郭璞 撰, 徐子平 註,『玉照神應眞經註』: "木受金傷則損于仁."
197) 郭璞 撰, 徐子平 註,『玉照神應眞經註』: "癸壬亥子. 工巧之人. 凡見癸亥壬子水也. 主为人性巧. 水主智. 命多有者. 主人有智慧机巧."
198) 鬼谷子 撰, 李虛中 註編,『李虛中命書』, 中華民國, 新文豊出版公司印行, 1978, 21쪽: "智仁禮信義. 水木火土金. 論十二數者. 支干極也. ... 水即言智. 木則近仁. 火則主禮. 土則主信. 金則主

이것은 모든 십간 해석이 木·火·土·金·水라는 오행의 기초적 해석의 바탕 위에서 이루어져야 함을 의미한다.199)

기원전 369~289년경의 장자는 지극한 인·의·예·지·신의 덕목 조차 뛰어 넘을 때 진가를 얻을 수 있다고 말한 것은 인간의 행위가 오덕이라는 상에 갇히지 않아야 함을 강조한 것이다.200) 이것은 단순한 오행과 오덕의 해석을 넘어서 오행과 오덕을 통해 인간 심성의 가치를 설명하고자 한 장자의 마음으로 이해할 수 있다.

이렇듯 명리학의 십간을 이해하기 위해서는 유가나 도가적 관점에서 성찰해야 할 필요가 있다. 후일 오행해석은 송대의 주자에201) 이르러 정점에 도달하였다. 그러면 십간에 대해 알아보기 전에, 보다 심도 있는 심성판단을 위해 음양과 오행에 관한 『연해자평』의 성정을 살펴보도록 하자.

> 木의 성정:
> 가령 木은 곡직이라 말하고 맛은 시며 仁을 주관하고 측은지심이 있다. 자상하고 화락하며 공경한다. … 편안하고 청고하며 인물이 청수하다. … 그러므로 木이 왕성하면 매우 인자하다. 태과하면 꺽이게 되어 성품이 고집이 있고 편벽

義. 以支干相配五行. 各有十二位也."
199) 이와 같은 주장은 『滴天髓闡微』 「性情」 편에서 임철초의 구체적인 언급이 있다. 劉伯溫 著. 袁樹珊 撰輯, 『滴天髓闡微』, 任鐵樵增注, 台北: 進源文化事業有限公司, 2011, 26쪽: "東方屬木. 于時爲春. 于人爲仁. 南方屬火. 于時爲夏. 于人爲禮. 西方屬金. 于時爲秋. 于人爲義. 北方屬水. 于時爲冬. 于人爲智."(동방은 木에 속하는데 계절로는 봄이 되며 사람에게는 仁이 되고, 남방은 火에 속하는데 계절로는 여름이고 사람에게는 禮가 되며, 서방은 金에 속하는데 계절로는 가을이며 사람에게는 義기 되고, 북방은 水에 속하는데 계절로는 겨울이며 사람에게는 智가 된다.) 적천수 原文: "五氣不戾. 性情中和. 濁亂偏枯. 性情乖逆."(다섯 가지 기운이 서로 剋하지 않으면 성품이 중화되고, 탁하고 난잡하며 너무 왕하거나 너무 쇠약하면 성품이 괴팍하다.. 原注: "五氣在天. 則爲元亨利貞. 賦在人. 則仁義禮智信之性. 惻隱羞惡辭讓是非成實之情. 五氣不戾者. 則其存之而爲性. 發之而爲情. 莫不中和矣. 反此者乖戾."(다섯 가지 기운이 하늘에 있는 것은 원형이정이고, 사람에게 부여되면 인·의·예·지·신의 성품은 측은·수치와 혐오·사양·시비·성실의 마음이 된다.)
200) 『莊子』, 「庚桑楚」: "至禮有不人. 至義不物. 至知不謀. 至仁無親. 至信辟金."(지극한 예절은 남으로 여기지 않음이 있고 지극한 의리는 상대로 여기지 않으며, 지극한 지혜는 계획하지 않고 지극한 어짊은 친함이 없으며, 지극한 믿음은 금옥의 증표를 물리친다.)
201) 『朱子語類』, 「理氣上」篇 63 條目: "天有春夏秋冬. 地有金木水火. 人有仁義禮智. 皆以四者相爲用也."(하늘에는 봄·여름·가을·겨울이 있고 땅에는 쇠의 氣運·나무의 氣運·물의 氣運·불의 氣運이 있으며, 사람에게는 인자함·의로움·예의바름·지혜로움이 있으니, 모두 네 가지씩 가지고 서로 작용한다.)

스럽다. 불급하면 인자함이 적고 마음에 질투심이 있다.

火의 성정:

火는 염상이라 하고 맛은 쓰고 禮를 주관하며 사양지심이 있다. 공경하고 위의가 있으며 성질은 후중하고 순박하다. ... 태과하면 지나치게 공손하고 총명하며 성품이 조급하고 얼굴이 붉다. 불급하면 누렇게 마르며 약삭빠르고 교묘하며 질투하고 악독하다. 시작은 있으나 끝마무리가 없다.

土의 성정:

土는 가색이고 구진이라고 말한다. 맛은 달고 信을 주관한다. 성실한 마음이 있고 돈후하며 지성이 있다. 언행을 서로 돌이켜 보고 신불을 매우 공경한다. ... 일을 처리함에 가볍게 하지 않고 도량이 넓고 크다. 태과하면 우둔하고 순박하여 고집스럽기가 바보 같다. 불급하면 얼굴빛이 근심하는 것 같고 코는 낮으며 얼굴은 삐뚤어지고 목소리는 중탁하다.

金의 성정:

金은 종혁이라 하고 맛은 맵고 義를 주관하며 수오지심이 있다. 의리에 의지하고 재물을 소홀히 한다. 용감하고 호걸스러우며 염치를 안다. ... 태과하면 스스로 어진 마음이 없이 싸움을 좋아하고 탐욕스럽다. 불급하면 생각이 많아 과감하게 결단하지 못하고 인색하며 일을 하는데 뜻이 좌절된다.

水의 성정:

水는 윤하라 하고 맛은 짜며 智를 주관하고 시비지심이 있다. 뜻이 넉넉하고 지모가 많으며 계책이 깊고도 멀다. 문장과 학식이 있어 총명하다. 태과하면 속임수와 거짓으로 유랑 방탕한다. 또한 무기력하게 파산하고 뒤집어지며 음흉하게 좋고 나쁜 짓을 꾸민다. 불급하면 담력이 작아서 도모할 수 없고 도리어 인물이 마르고 왜소하다.[202]

---

202) 徐升, 『淵海子平』, 台北: 進源文化事業有限公私, 2011, 163쪽 : "且如木曰曲直. 味酸主仁. 惻隱之心. ...恬靜淸高. 人物淸秀. ... 故云木盛多仁. 太過則折. 執物性偏. 不及少仁 心生妬意.", "火曰炎上. 味苦主禮. 辭讓之心. 恭敬威儀. 質重淳朴. 太過則足恭聰明. 性躁面赤. 不及則黃瘦.

『연해자평』은 이와 같이 성정에 대하여 "희·노·애·락·애·오·욕이 발하는 바이고 인·의·예·지·신이 베푸는 바이다. 아버지의 정기와 어머니의 혈기로서 형체를 이루는 것은 모두 金·木·水·火·土 오행의 관계이다"203)라고 요약하고 있다. 여기서 분명한 것은 음양과 오행의 성정은 십간에 내재되어 있는 속성을 먼저 알고 난 후 선행되어야 한다는 것이다.204) 그렇다면 명리학적 관점에서 천간, 즉 십간 오행이 천간에서 지지와의 상호관계를 명시한 십간의 자의에 대하여 살펴보도록 하자.

『연해자평』「논간지자의」에서 다음과 같이 십간에 대해 정의하고 있다.

> 甲木은 씨앗에서 싹이 트는 것을 말하는데, 만물이 씨를 감싸고 있는 껍질을 깨고 나온다는 말이다. … 乙木은 만물이 처음으로 생겨나는 것을 말하는데, 휘어진 새싹이 아직 곧게 펴지지 않는 것을 말한다. … 丙火는 만물이 밝게 빛을 비추듯 분명하게 드러나는 것을 말한다. … 丁火는 만물이 강건하고 충실한 형상을 말한다. … 戊土는 만물이 무성함을 말한다. … 己土는 밑바탕이므로, 만물의 바탕이 되는 형상을 알 수 있음을 말한다. 庚金은 굳세고 힘이 강한 모양을 말한다. 만물을 거두어 들여 결실을 맺게 한다. … 辛金은 만물이 바야흐로 기세를 떨친 후 절제됨을 보인다. 절제를 당하면 몹시 고통스럽다. 壬水는 잉태를 말하며, 음양이 교합하는 것이다. 만물이 잉태하면 그 속에서 종자가 있어 싹이 되는 것이다. 癸水는 겨울의 土가 이미 다져져서 만물을 가늠하고 짐작할 수 있게 된다.205)

尖巧妒毒. 有始無終.", "土曰稼穡勾陳. 味甘主信. 誠實之心. 敦厚至誠. 言行相顧. 好敬神佛. … 處事不輕. 度量寬厚. 太過則愚朴. 固執如癡. 不及則顔色似憂. 鼻低面偏聲重濁.", "金曰從革. 味辛辣也. 主義. 羞惡之心. 仗義疎財. 敢勇豪傑. 知廉恥. …太過則自無仁心. 好鬪貪欲. 不及則 多三思. 少果決慳吝. 作事挫志.", "水曰潤下. 味鹹主智. 是非之心. 志足多謀. 機關深邃. 文學聰明. 太過則謠詐飄蕩. 無力傾覆. 陰謀好惡. 不及則膽小無謀. 反主人物瘦小."

203) 徐升, 『淵海子平』, 台北: 進源文化事業有限公私, 2011, 162쪽: "性情者. 乃喜怒哀樂愛惡欲之所發. 仁義禮智信之所布. 父精母血而成形. 皆金木水火土之關係也."

204) 劉伯溫 著, 袁樹珊 撰輯, 『滴天髓闡微』, 任鐵樵增注, 台北: 進源文化事業有限公司, 2011, 26쪽: "五陽氣闢. 光亨之象易觀. 五陰氣翕. 包含之蘊難測.", 沈孝瞻 著, 『子平眞詮評註』徐樂吾評註, 台北: 進源書局, 2006, 18쪽: "天地之間. 一氣而已. … 水者. 太陰也. 火者. 太陽也. 木者. 少陽也. 金者. 少陰也. 土者. 陰陽老少. 木火金水沖氣所結也."

『연해자평』에 의하면, 십간인 甲·乙·丙·丁·戊·己·庚·辛·壬·癸는 모두 자연계의 사물에 빗대어 설명되고 있다. 따라서 앞서 살펴본 오행의 속성이 오덕으로 승화되어 해석되어지는 바와, 위『연해자평』과『삼명통회』206)등의 십간에 대한 해석에 기초해서 논자는 그 심성의 이분법적 분류를 이성과 감성으로 이분한 다음 현대적 표현으로 재해석하여 제안하고자 한다. 여기서 金오행을 주체로 보아207) 논자가 정립한 명리학적 오행의 속성을 접목해 이를 음과 양, 오행 또는 오덕, 그리고 오행에서 분화된 십간의 성정으로 입체화해서 보다 심층적인 십간해석을 추구하고자 한다.

명리학적 심성해석에 있어서 이성적 심성과 감성적 심성을 이분208)하는 근거

---

205) 徐升 編, 唐錦池 著,『淵海子平』, 中華民國 進源文化事業有限公私, 2011, 18쪽: "甲者折也. 言萬物剖符甲而出也. ... 乙言萬物初生. 曲蘗而未伸也. ... 丙言萬物炳然著見. ... 丁言萬物壯實之形. ... 戊茂也. 言物之茂盛. ... 己紀也. 言物有形可紀識也. ... 庚堅強貌. 言物收斂而有實也. ... 辛言萬物方盛而見制. 故辛痛也. ... 壬妊也. 陰陽之交, 言萬物懷妊至子而萌也. ... 癸者, 冬時土既平. 萬物可揆度也."

206) 萬民英 著,『三命通會』, 台北: 武陵出版有限公司, 2011, 89~96쪽: "甲木乃十干之首. 主宰四時. 生育萬物.", "乙木繼甲之後. 發育萬物.", "丙火麗乎中天. 普照六合.", "在天爲列星. 在地爲燈火. 謂之陰火.", "戊土洪.", "己土繼戊之後. 乃天之元氣. 地之真土. 清氣上升. 沖和天地.", "庚金掌天地肅殺之權", "辛繼庚之後. 爲五金之首. 八石之元. 在天爲日月. 乃太陰之精. 在地爲金", "壬水. ...在天爲雲. 在地爲澤. 謂之陽水.", "癸水. ...滋生萬物之德. 在天爲雨露. 在地爲泉脈. 謂之陰水."

207) 하영삼,『한자야 미안해(부수편)』, 랜덤하우스 코리아, 2007, 424~425쪽. 인체의 근간이 되는 "骨은『설문자』의 해석처럼 '살이 붙은 뼈'를 지칭했으나 이후 '뼈'의 통칭으로 변했다. 뼈는 사람의 몸을 구성하는 근간이며, 기풍을 나타내는 상징이기도 하다. ... 이후 몸은 사람(人)의 근간(本)이 된다는 뜻에서 体를 새로 만들기도 했다.", 周敦頤 著,『通書』, 第十三「禮樂」: "禮. 理也. 樂. 和也."(예의는 바른 것이며, 음악은 어울리는 것이다.) 이때 리(理)는 바름을 의미한다. 따라서 예(禮)는 곧 정(正)을 의미한다고 볼 수 있으므로 명리학에서 예(禮)는 '바름'을 의미하는 관(官)으로 차용할 수가 있다. 즉, 火는 명리학 십성의 官星의 속성을 가진 오행으로 볼 수가 있는 것이다. 金을 주체로 본다면 水는 食·傷, 木은 財星, 火는 官星, 土는 印星이 되므로 이에 부합된다고 볼 수 있다. 논자가 주장하는 명리학적 오행의 속성은 이에 근거한다.

208) 자연과 인간의 관계에 대해 김기윤은 "인간 역시 자연의 일부일 뿐이라거나, 또는 자연이란 결국 인간이 만들어내는 것이라는 생각이 점차로 힘을 얻어가고 있는 것이다."(과학사상연구회(김기윤) 저,『과학과 철학』(제 11집), 통나무, 2000, 110쪽.)라고 하였는데, 이 말만으로는 인간과 자연을 이분법적인 사고로 접근하는 것은 재고의 여지가 있다고 본다. 인간중심이든 자연중심이든 결국은 이분법적인 사고로 인간과 자연을 이해하는 것은 한계가 있을 지도 모르기 때문이다. 그런데 동양의 '이분법'은 서양의 이분법과는 같지 않은 면이 있다. 그것이 바로 음양론이다. 음양론은 자칫 음과 양이라는 이분법을 연상할 수 있으나, 이는 결코 서양의 이분법과 같을 수가 없다. 왜냐하면 동양의 '이분법'인 음양론은 이분법의 한계를 이미 뛰어 넘고 있기 때문이다. 만약 동양의 '이분법'인 음양으로 자연과 인간을 이해하고자 한다면 확연히 다른 정의가 내려 질 수 있다. '인간과

는 사주의 중화를 위해 작용하는 용신과 희신 오행에 의한 이성적 심성작용과, 이에 비해 강한 오행 작용으로 말미암아 기·구신에 해당하는 오행으로서 감성적 심성작용을 하는 바를 양분해서 이분법적으로 심성을 관찰하는 데에 있다.

오행의 희기를 분별해서 이성과 감성을 아우르는 심성의 정확한 판단을 강조하는 것은 현대 명리학의 핵심요소 중 하나로, 이는 이미 袁樹珊(원수산, 淸代)에209) 의해 강조된 것이자, 본고의 주 논지이다.

십성의 이성적·감성적 심성작용을 논하기에 앞서 우선 고전 문헌을 통해 나타나는 그 적용상 오류에 대해 살펴보도록 하자. 먼저, 비견 또는 겁재와 관련하여 『연해자평』「논오행상생상극」편에서는 "나와 비화하는 자는 형제다"210)라고 하였다. 비견을 서로 '뜻이 맞아 사이가 좋은 관계'(比和)로 표현하고 있다. 겁재에 비해 긍정적인 표현을 쓰고 있는데 실제 명조를 통한 해설을 살펴보면 다음과 같다.

甲 戊 戊 戊
寅 午 午 午

이 명조는 비견과 편관이 온전히 갖추어져 있고 午火는 인성이다. 그런고로 귀하다.211)

자연을 하나로 보는 이분법'이 그것이다. 음과 양이 '둘이면서 하나'이고 '하나이면서 둘'이듯이 인간과 사연도 그러한 개념으로 접근한다면 인간과 자연을 이해하는 새로운 시가을 얻을 수 있을 것이다. 논자가 주장하는 이성과 감성이라는 심성의 이분법적 분류도 이러한 원리에 착안하였다.

209) 袁樹珊 著, 『命理探原』, 中華民國 武陵出版有限公司, 1996, 222쪽: "又曰. 舊分五行. 論人性情. 此不可拘. 如木主仁壽慈. 然有成局入格之木. 而不仁者矣. 金主肅殺. 然又有得時乘勢之金. 而不殺者矣. 須先看柱中神情氣勢. 或正大. 或尤顯. 或純厚. 或英發. 皆賢人也. 或偏駁. 或晦昧. 或剛戾. 或卑瑣. 皆不賢人也. 又看取格取用. 或中正顯白. 無所貪戀包藏. 或奇巧隱曲. 多所牽合攙取. 則性情大端可觀矣. 然後以五行推之. 深則見其肺腑. 淺則得其梗概. 其有始正而終邪. 始駁而終粹者. 則行運使然耳. 至於二德多善. 貴人多賢. 空亡多虛. 劫煞多暴. 理之所有. 然執一端取斷. 亦不驗也."
210) 徐升 編, 唐錦池 著, 『淵海子平』, 中華民國 進源文化事業有限公私, 2011, 46~ 47쪽: "比和者爲兄弟"(註: 比和者爲比肩)
211) 徐升 編, 唐錦池 著, 『淵海子平』, 中華民國 進源文化事業有限公私, 2011, 111쪽: "此命刃殺全. 而又以午火爲印. 所以爲貴."

午月의 戊土 일간 사주가 지극히 조열한 지지의 인성으로 인해 메말라 있고 천간의 戊土 비견은 물론 시간의 甲木 편관조차도 일점 水氣가 없음에도 『연해자평』은 비견과 편관이 온전히 갖추어져 있다는 이유로 귀한 명조라고 평하고 있는 것이다. 이는 사주의 희기 즉, 용신과 희신 그리고 기신과 구신을 구분하지 않은 채 단편적인 글자의 표상만을 보고 해석한 오류라고 하지 않을 수 없다. 한편 「양인시결」편에서는 "겁재는 관성을 보는 것을 두려워한다"212)라고 하였는데 이 또한 오류라고 할 수가 있다. 일간이 약할 경우 즉, 관성이 기·구신일 경우에 이에 해당할 뿐이기 때문이다. 또, 관성이 희·용신이라면 비견이나 겁재는 이를 두려워 할 필요가 없는데, 희·용신이나 한신 오행은 타 오행을 극하지 못하기 때문이다.

위 사례 명조에서는 한신인 甲木 편관은 비견인 戊土를 극할 수 없다. 한신 오행이 기·구신에 해당하는 오행을 물리적으로 극할 힘이 없기 때문이다.213) 이와 같이 『연해자평』의 사례 명조를 통해 희기의 구분이 없는 시주 해석은 심성 판단의 혼란을 불러오고 나아가 길흉판단의 오류로 이어 질 수 있음을 확인할 수 있었다.

다음은 식신 또는 상관의 경우를 살펴보도록 하자.

「식신시결」편에서는 "식신이 힘이 있으면(有氣) 재성과 관성이 보다 뛰어남(勝)이 있지만 일간이 강해야 한다"214) 라고 하는데, 이때 '식신이 힘이 있다'는 표현은 기·구신 오행을 표현한 것으로 유추할 수 있다. 강한 식신이 있는데 재성이나 관성으로 이어지면 적어도 『연해자평』식의 이론 체계라면 좋을 수 있다.

그러나 여기에서도 "식신이 힘이 있으면 재성과 관성이 보다 뛰어남이 있지만

---

212) 徐升 編. 唐錦池 著,『淵海子平』, 中華民國 進源文化事業有限公私, 2011, 271쪽: "羊刃之辰怕見官."
213) 이건희,「음양오행론의 명리학적 적용에 관한 연구」, 대구한의대학교 대학원 석사학위논문, 2017, 209쪽. " ① 명제1. 모든 喜·用神은 他 오행을 剋·沖하거나 合去하지 않으며, 모든 忌·仇神은 모든 喜·用神을 剋·沖하거나 合去한다. ② 명제2. 모든 閑神오행의 生·剋작용은 일정하지 않다. 閑神은 忌·仇神을 剋·沖하지 못하며, 喜·用神의 작용을 방해할 수 있다."
214) 徐升 編. 唐錦池 著,『淵海子平』, 中華民國 進源文化事業有限公私, 2011, 267쪽: "食神有氣勝財官. 先要他强旺本干."

일간이 강해야 한다"는 설명은 경우에 따라 희기의 구분이 다양한 모습으로 나타날 수 있기 때문에 논자는 허망한 해석일 수밖에 없다고 본다. 그런가하면 식신은 "마음 씀씀이 넓고 관대하며 살이 찌고 몸집이 크다"[215]고 한 대목에서는 사주해석의 단편적이고 편향적 시각을 그대로 노출하고 있는 사례라고 할 수 있다. 상관에 대해서도 "상관은 사람이 재능과 기예가 많지만 타인을 가볍게 여기고 자만심이 강하고 기세가 등등해 안하무인이다. 군자들은 이를 미워하고 범인들은 두려워한다"[216]라고 하였다. 적어도 희·용신으로서 상관은 "타인을 가볍게 여기고 자만심이 강하고 기세가 등등해 안하무인이다"는 심성은 나타나지 않는다는 것은 주지의 사실이므로, 이 역시 상관 오행의 희기를 구분하지 않은 오류에 속한다. 그런데 「상관시결」편에는 "상관은 흉하다고만 말 할 수 없으며"[217]라는 말이 반복되어 쓰여 지고 있다.

이 같은 점으로 미루어 볼 때, 고인들도 상관의 희기 작용을 모르지는 않았을 것이다. 그러나 희기를 제대로 구분 할 수 없기에 분명하게 규정을 지을 수가 없었다. 따라서 본고 IV장 2절에서 논자가 주장하고 논증한 중화용신의 정확한 도출 즉, 정확한 희·용·기·구·한신의 판단이 전제되어야 심성과 길흉판단이 가능하다는 논자의 논지가 설득력이 있다고 본다.

다음은 정재 또는 편재의 경우를 살펴보도록 하자. 재성은 사람이 집착하고 소유하고자 하는 것이다.[218] 『연해자평』에서는 "편재는 사람이 의롭지 못한 것을 보면 정의감이 복받쳐 슬퍼하고 한탄하는가 하면 재물에 인색하지 않다"[219]라고 편재의 십성을 표현하고 있는 대목이 확인된다. 또, 「편재시결」편에서 "편

---

215) 徐升 編, 唐錦池 著, 『淵海子平』, 中華民國 進源文化事業有限公私, 2011, 105쪽: "腹量寬洪. 肌體肥大."
216) 徐升 編, 唐錦池 著, 『淵海子平』, 中華民國 進源文化事業有限公私, 2011, 108쪽: "傷官主人多才藝. 傲物氣高. 常以天下之人不如己. 而貴人亦憚之. 衆人亦惡之."
217) 徐升 編, 唐錦池 著, 『淵海子平』, 中華民國 進源文化事業有限公私, 2011, 269쪽: "傷官不可例言凶. ... 傷官不可例言凶."
218) 徐升 編, 唐錦池 著, 『淵海子平』, 中華民國 進源文化事業有限公私, 2011, 110쪽: "財者. 人之所欲."
219) 徐升 編, 唐錦池 著, 『淵海子平』, 中華民國 進源文化事業有限公私, 2011, 105쪽: "偏財主人慷慨. 不甚吝財."

재가 있고 일간이 왕하면 영웅호걸이다. 겁재가 방해하지 않으면 복록이 높다. 사람을 사귐에 있어 정이 있고 후하지만, 만약 일간이 허약하면 헛되이 수고하지 말아야 할 것"220)이라고 하였다. 이를 기초로 논증을 위해『연해자평』의 다음 명조를 예로 들어 보겠다.

丙 丙 乙 庚
申 申 酉 申

이 명조는 丙火 일간이 세 개의 申金을 보아 재성이 되므로 어찌 아름답지 않겠는가?221)

酉月의 丙火 일간 사주가 木·火가 중화용신, 水·金이 기·구신이다. 월간 乙木은 년간의 庚金의 합으로 인해 자유롭지가 못하다. 뿌리가 없는 시간 丙火는 庚金을 제어할 힘이 없다. 이와 같이 재성으로 인해 사주의 중화에서 벗어난 태약한 명조에서 申金 세 개의 재성이 있어서 아름답다는 근거가 무엇인가? 위 사례 명조도, 비견의 예로 든 위 戊午 일주의 사례 명조에서 기·구신인 비견과 인성으로 말미암아 중화에서 벗어난 사주를 두고 한신인 甲木 편관과 戊土 비견을 갖추고 있어서 아름답다고 평가한 바와 크게 다르지 않는 모순이 발견된다. 또, 위에서 편재가 있으면 정의감이 있다거나 재물에 인색하지 않다고 하는 해석은 희기를 구분하지 않은 문제도 생겨난다.

뿐만 아니라 일간이 허약하면 헛되이 수고하지 말아야 한다는 것은 무슨 의미인가? 위 사례 명조는 약하지 않고 강해서 아름답다는 것인가? 이는『연해자평』의 주장이 스스로 모순임을 확인할 수 있는 대목이라 할 것이다.

다음은 정관 또는 편관의 경우를 살펴보도록 하자.『연해자평』「계선편」222)

---

220) 徐升 編, 唐錦池 著,『淵海子平』, 中華民國 進源文化事業有限公私, 2011, 267쪽: "偏財身旺是英豪. 羊刃無侵福祿高. 結識有情宜慷慨. 若還身弱慢徒勞."
221) 徐升 編, 唐錦池 著,『淵海子平』, 中華民國 進源文化事業有限公私, 2011, 104쪽: "此命丙日見三申爲財. 豈不美哉."
222)『淵海子平』「相心賦」에서도 十神의 특징을 언급하고 있으나 내용은 대동소이하다. (徐升 編,

에서는 정관에 대해 "정관은 귀한 기운을 지닌 길물이다. ... 정관도 많으면 오히려 복이 되지 않는다"223) 라거나 "甲木 일간에 辛金 관성을 쓸 때(用), 재성인 土가 생하는 것을 좋아한다"224)라고 평가하였는데, 이러한 평가는 다소 무리가 있어 보인다.

왜냐 하면, 첫째 정관을 다른 십신에 비해 월등한 지위에 올려놓았다는 것은 유교적 영향을 받은 것으로 이해할 수는 있지만, 시대적 변화에 따라 수정이 요구된다. 그것은 정관이 기·구신일 때의 감성작용225)도 고려해야 하기 때문이다. 따라서 무조건 '정관은 길하다'는 정의는 옳지 않다.

둘째, 정관이 많으면 복이 되지 않는다는 문제점도 지적하지 않을 수 없다. 예를 들어, 午月의 甲木 사주의 천간에 용신인 정관 辛金이 2개 이상 있다하더라도 반드시 그것이 '복이 없다'고 말할 수가 없기 때문이다.226)

셋째, '甲木 일간에 辛金 정관을 쓸 때(用), 재성인 土가 생하는 것을 좋아한다'는 점도 문제가 있다. 왜냐하면, 만약 金오행에게 土生金하더라도 한신인 土는 작용력의 한계가 있기 때문에, 생을 받는 金오행에게 '물리적' 길흉작용이 가해지기는 어렵다.227) 이와 같은 도식적인 오행의 생극법칙에서 벗어나 체에서 용의 개념으로 전환된 사고로 오행의 생극현상을 관찰한다면 그 이해가 어렵지 않다고 본다.

唐錦池 著, 『淵海子平』, 中華民國 進源文化事業有限公私, 2011, 199~ 200쪽)
223) 徐升 編, 唐錦池 著, 『淵海子平』, 中華民國 進源文化事業有限公私, 2011, 95쪽: "正官乃貴氣之物. ... 正官或多. 反不爲福."
224) 徐升 編, 唐錦池 著, 『淵海子平』, 中華民國 進源文化事業有限公私, 2011, 95쪽: "甲用辛官. 喜土生官."
225) 格局論에 있어서 正官을 취용했다함은 곧 감성작용을 의미하며, 중화용신의 관점에서 보면 예외 없이 忌·仇神에 해당되어 감성작용을 하게 된다. 喜·忌를 구분하지 않고 正官을 조건 없이 좋게 보는 우를 범하고 있다는 것이 논자의 견해이다.
226) 午月의 甲木사주의 天干에, 兩辛이 있어도 壬水 또는 癸水와 金·水 상생하면 오히려 官印相生이 되어 좋기 때문이다. 격국론으로 보았을 때, 午月의 辛金을 用할 수는 없으나, 만약 年·日·時支에서 金局을 형성하고 天干에 辛金이 있을 경우는 어떻게 설명하겠는가? 이렇듯, 용신의 개념이 달라서 직접 비유는 어렵지만, 그럴더라도 이러한 차이와 모순은 설명되어져야 한다.
227) "甲木 일간에 辛金 正官을 쓴다"고 함은 用事之神에 우선한 표현으로 보인다. 그러나 여름의 甲木 일간 사주를 有用之神을 기준으로 본다면, 水·金이 사주의 중화를 돕는 용신이며 火·土는 忌·仇神이 된다. 따라서 燥熱한 忌神 土가 金을 생하기는 어렵다.

이러한 문제점은 '고전 격국론의 이론'이 스스로의 이론적 한계를 극복하지 않는 한, 온전한 명리이론으로 정착되기는 어려울 것이다. 한편, 편관을 두고 "눌러 앉히고 굴복시키면(制伏) 편관이 되고 그렇지 않으면 칠살이 된다"[228]고 하는 단서를 달았지만, "편관은 곧 칠살이며, 눌러 앉히고 굴복시켜야 한다. 대부분의 편관 칠살은 도량이 좁거나 천한 사람으로 무지하고 흉폭하며 어렵게 여기고 꺼리니 힘껏 군자를 받들어야 한다"[229]는 등의 내용은 자칫 편관이 용신일 경우의 아름다움을 훼손시킬 수 있기 때문이다. "편관을 보면 흉하다고 속단 하지 말아야 한다. 의외로 편관 중에는 귀한 명이 많다"[230]라고 한 뜻도 바로 여기에 있다. 그러므로 사주에 편관이 있다고 해서 편견을 가지는 것은 위험하다고 할 것이다. 백번 양보하더라도 전술된 '도량이 좁거나 천한 사람으로 무지하고 흉폭하며 어렵게 여기고 꺼린다'(無知·兇暴·無忌憚)와 같은 류의 해석은 희기를 구분하지 않은 오류인 것이다. 「편관시결」편에서 "편관과 편인은 명확하게 설명하기가 가장 어렵다"[231]고 한 것도 이에 해당하는 오행의 희·용신에 의한 이성, 또는 기·구신에 의한 감성 작용을 구분하지 못한 데서 오는 애매함을 표현한 것이다. 심지어 "정관이 천간에 드러나고, 편관이 지지에 암장되면 복이 되지만, 편관이 천간에 노출되고 정관이 지지에 암장되면 재앙의 근원이 된다"고 하였는데 주에서 "정관이 천간에 드러나면 사람됨이 맑고 고결하여 지위와 명망이 높다. 편관이 천간에 드러나면 마음이 비뚤어지고 사나우며 급하다"[232]고 풀이했다.

이러한 점 역시 잘못된 것으로 오행의 희·기[233]를 간과한데서 오는 오류임에

---

228) 徐升 編, 唐錦池 著, 『淵海子平』, 中華民國 進源文化事業有限公私, 2011, 95쪽: "有制伏則爲偏官. 無制伏則爲七殺."
229) 徐升 編, 唐錦池 著, 『淵海子平』, 中華民國 進源文化事業有限公私, 2011, 96~97쪽: "偏官即七殺要制伏. 蓋偏官七殺即小人. 小人無知. 多兇暴. 無忌憚. 乃能努力以養君子."
230) 徐升 編, 唐錦池 著, 『淵海子平』, 中華民國 進源文化事業有限公私, 2011, 97~98쪽: "凡見此殺. 勿便言凶. 殊不知帶此殺者. 多有貴命."
231) 徐升 編, 唐錦池 著, 『淵海子平』, 中華民國 進源文化事業有限公私, 2011, 263쪽: "偏官偏印最難明."
232) 徐升 編, 唐錦池 著, 『淵海子平』, 中華民國 進源文化事業有限公私, 2011, 56쪽: "露官藏殺方爲福. 露殺藏官是禍胎. 官露則淸高. 爲人顯達. 殺露則兇狼. 爲人急暴."
233) 徐升 編, 唐錦池 著, 『淵海子平』, 中華民國 進源文化事業有限公私, 2011, 66쪽: "喜者吉也. 忌

분명하다. 정관이든 편관이든 길 작용을 하게 되면 '좋은 성정'이 드러나고, 비록 정관이라 하더라도 기·구신으로 인한 흉작용을 하면 상대적으로 나쁜 '감성적 심성'이 드러날 것이다. 따라서 무조건 정관을 좋게 해석한 것은 필히 유교적 영향에 의한 편향적 시각이 작용했다고 보아야 할 것이다.

다음은 정인 또는 편인의 경우를 살펴보자. 『연해자평』의 정인과 편인에 대한 평가는, "정인(印)은 … 사람이 지혜가 많고 사려가 깊은데다 너그럽다"234)고 한 것과 "정인이 있는 사람은 지혜와 사려가 있고 평생 질병이 적으며 풍족하게 살며 이루어 놓은 재산과 지위를 누린다"235)라고 한데서 보듯이 매우 긍정적이다. 그러나 "정인은 재성을 두려워해서 재주를 감추고 있는데, 만약 사주나 운이 관성으로 향하면 오히려 그 복을 이룰 수 있다. 대체적으로 관성은 정인을 생 할 수 있으며, 정인은 재성을 두려워 하지만 재성은 정인을 손상시킬 수 있다"236)라고 한 것은 오류이다. 재성은 무조건 인성을 손상시킬 수 있다는 주장은 경우에 따라서는 과도한 인성이 오히려 재성을 손상시킬 수도 있다는 점을 간과한 것이다. 따라서 관성이 정인을 생하면 좋다는 주장에서 관인상생을 암시하고 있지만 이 역시 희기의 판단이 전제되지 않는 한 동의하기가 어려운 관점이라 생각한다.

이러한 무리한 이론의 전개는 편인〔倒食〕을 두고 "용모가 한쪽으로 치우치고 몸집이 왜소하며 겁이 많은데다 당황스러운 마음으로 매사를 이루지 못한다"237)라고 한데서 그 편견이 확인된다. 편인을 희기의 구분 없이 무조건 흉하게 보고 있기 때문이다.

비록 자평학에서는 "관성이 왕하면 귀하고 격국에 들어 성격이 되어도 귀하

者凶也."

234) 徐升 編, 唐錦池 著, 『淵海子平』, 中華民國 進源文化事業有限公私, 2011, 100쪽: "所謂印. … 故主人多智慮兼豐厚."
235) 徐升 編, 唐錦池 著, 『淵海子平』, 中華民國 進源文化事業有限公私, 2011, 101쪽: "印綬之人智慮. 一生少病. 能飽食豐厚. 享見成財祿."
236) 徐升 編, 唐錦池 著, 『淵海子平』, 中華民國 進源文化事業有限公私, 2011, 100쪽: "蓋印綬畏財. 主人括囊. 故四柱中及運行官貴. 反成其福. 蓋官鬼能生我(印). 只畏其財. 而財能反傷我(印)."
237) 徐升 編, 唐錦池 著, 『淵海子平』, 中華民國 進源文化事業有限公私, 2011, 107쪽: "容貌鼓斜. 身品矮小. 膽怯心慌. 凡事無成也."

다. 정관·정인·정재·식신은 길하며, 어질고 차분하여 뜻대로 이룰 수 있다. 편관·상관·편인·편재는 흉하지만 바꿔 쓰면 복이 된다"238)라는 주장을 일찍이 제안해 놓았지만, 정관·정인·정재·식신은 '무조건' 길신이므로 식신생재·재생관·관생인해서 아무런 풍파 없이 순조로운 삶이 펼쳐진다고 하는 주장 자체가 안고 있는 원초적인 모순을 대변 할 수는 없다. 여기서 '바꿔 쓴다'〔轉用〕는 것은 흉신이 합거되거나 또는 흉신을 제화시키면 길신이 된다는 의미이다. 만육오도 "편관·상관·편인·편재는 원래 흉살이라고 하는데 만약 이런 글자는 다스리거나 없애버려 합을 하거나 화하게 해야 하는데 이를 전화위복이라 한다"239)라고 주석하고 있다.

그러나 이 주장의 이면에는 흉살을 기·구신이라고 보는 전제가 있기 때문에 설득력이 없다. 왜냐하면 작용력이 강한 오행을 약한 오행이 일방적으로 다스리거나 없애버리거나, 또는 합거하거나 화하게 하기는 물리적으로 어렵기 때문이다.

논자는 십간과 십성의 심성작용을 논하기에 앞서 자평학의 십성에 대한 편견을 확인하고 그것이 심성해석과 사주 통변 상, 길흉판단의 오류로 이어 질 수 있음을 먼저 논증하고자 했다. 이제부터는 논자가 주장하는 십간과 십성의 이성적 심성과 감성적 심성을 논하도록 하겠다. 이를 위한 텍스트는 현대명리학에 있어서 심리학적 접근을 선도하고 있는 何建忠(하건충)의 『팔자심리추명학』240)과 맥을 같이 하는 陳椿益(진춘익)의 『팔자명리신해』의 십성을 적극적으로 수용하여 검토하고 이를 李鐵筆(이철필)의 『팔자심리학』과 段建業(단건업)의 『명리진보』와 다시 취합한 후, 논자의 시각으로 재해석하고자 한다.

---

238) 徐子平 著, 李鐵筆 評註(萬育吾 原註), 『八字明通賦評註』, 中華民國, 益群書店股份有限公司, 13쪽: "向官旺以成功. 入格局而致貴. 官印財食爲吉. 平定遂良. 殺傷梟敗爲凶. 轉用爲福."
239) 徐子平 著, 李鐵筆 評註(萬育吾 原註), 『八字明通賦評註』, 中華民國, 益群書店股份有限公司, 13쪽: "煞傷梟敗. 若有制伏. 夫去留合化. 是謂轉用爲福."(萬育五 註釋)
240) 何建忠 著, 『八字心理推命學』, 台北 龍吟文化事業股份有限公司, 1994.

1) 십간과 십성의 이성적 심성작용
① 십간의 이성적 심성작용

앞서 『연해자평』·『삼명통회』 등에 근거해 십간의 이성적 심성을 추론하여 요약하면 다음과 같다. 이성적 심성은 오행의 덕목인 인·의·예·지·신에 각각 기초하며 일종의 장점·길작용·순기능 등으로 이해할 수도 있다. 그러나, 태과하거나 불급하면 이러한 이성적 심성작용을 기대하기가 어렵다.[241]

ⅰ) 木의 이성적 심성은 仁에 기초하며 "자상함·화락·편안" 등의 의미를 담고 있다.

甲木의 이성적 심성은 위 木의 성정에 기초하며 "미래지향적·성실·독립성·추진력·리더쉽"이란 말이 상징하듯이, 양적닌 작용을 한다.

乙木의 이성적 심성은 위 木의 성정에 기초하며 "유연함·적응력·현실적"이란 말이 상징하듯이, 음적인 작용을 한다.

ⅱ) 火의 이성적 심성은 禮에 기초하며 "공경·순박·총명" 등의 의미를 담고 있다.

丙火의 이성적 심성은 위 火의 성정에 기초하며 "공평·사리분별·개방·친화력·긍정"이란 말이 상징하듯이, 양적인 작용을 한다.

丁火의 이성적 심성은 위 火의 성정에 기초하며 "다정다감·세심·이타심"이란 말이 상징하듯이, 음적인 작용을 한다.

ⅲ) 土의 이성적 심성은 信에 기초하며 "성실·돈후·신심" 등의 의미를 담고 있다.

戊土의 이성적 심성은 위 土의 성정에 기초하며 "중재·믿음·중후함"이란

---

[241] 徐升,『淵海子平』, 台北: 進源文化事業有限公私, 2011, 162쪽: "木曰曲直...太過則折. 執物性偏. 不及少仁. 心生妬意." 이와 같이 『淵海子平』 성정편에는 '태과'하고 '불급'하면 그 심성이 감성적으로 드러남을 지적하고 있다. 따라서 '태과'와 '불급'은 곧 중화되지 않는 상태를 의미한다고 볼 수 있다.

말이 상징하듯이, 양적인 작용을 한다.

己土의 이성적 심성은 위 土의 성정에 기초하며 "경청·수용성·안정성"이란 말이 상징하듯이, 음적인 작용을 한다.

ⅳ) 金의 이성적 심성은 義에 기초하며 "의리·용감·순수" 등의 의미를 담고 있다.

庚金의 이성적 심성은 위 金의 성정에 기초하며 "순수함·의리·소신"이란 말이 상징하듯이, 양적인 작용을 한다.

辛金의 이성적 심성은 위 金의 성정에 기초하며 "자기관리·순진함·충심"이란 말이 상징하듯이, 음적인 작용을 한다.

ⅴ) 水의 이성적 심성은 智에 기초하며 "지략·문장·침착" 등의 의미를 담고 있다.

壬水의 이성적 심성은 위 水의 성정에 기초하며 "심사숙고·기획성·용의주도"이란 말이 상징하듯이, 양적인 작용을 한다.

癸水의 이성적 심성은 위 水의 성정에 기초하며 "**빠른 문제해결**·친화력·용의주도함"이란 말이 상징하듯이, 음적인 작용을 한다.

이와 같이 중화용신에 의해 판명되는 희·용신 오행은 이성적 심성으로 드러나는데, 이를 판명하기 위해 다음과 같은 해석 매뉴얼(manual)을 제시한다. 이성적 심성을 판명하는 오행은 효과적인 설명을 위해 월간에 있는 용신 또는 희신을 예로 들었다.

용신 또는 희신인 오행의 이성적 심성을 해석하는 매뉴얼

```
          (A)              (B)              (C)
        丙甲戊 ○        辛丙癸 ○        壬戊庚 ○
        ○○子 ○        ○○未 ○        ○○午 ○

                (D)              (E)
              甲庚丙 ○        丙壬乙 ○
              ○○子 ○        ○○酉 ○
```

위 (A) 명조의 戊土, (B) 명조의 癸水, (C) 명조의 庚金, (D) 명조의 丙火, (E) 명조의 乙木은 모두 사주의 중화작용을 돕는 용신 또는 희신오행으로 이성적 심성이 드러난다.

만약 천간에서 용신오행이 희신의 도움을 받지 못하거나, 용신오행의 생을 받지 못하는 희신이 있다면 기·구신의 극·충·합거로부터 자유롭지 못할 수 있다. 사례 명조에서 시간의 글자는 월간의 오행과 상생하는 오행을 넣어 사주를 구성하였다. 시간의 오행 역시 용신 또는 희신이므로 이성적 심성이 배가될 것이다. 따라서 이를 해석하는 매뉴얼은 다음과 같다.

(A): ①土(信)+ ②戊土(陽)+ ③편인성+ ④편재+ ⑤戊土오행의 이성적 심성
(B): ①水(智)+ ②癸水(陰)+ ③상관성+ ④정관+ ⑤癸水오행의 이성적 심성
(C): ①金(義)+ ②庚金(陽)+ ③비견성+ ④식신+ ⑤庚金오행의 이성적 심성
(D): ①火(禮)+ ②丙火(陽)+ ③편관성+ ④편관+ ⑤丙火오행의 이성적 심성
(E): ①木(仁)+ ②乙木(陰)+ ③정재성+ ④상관+ ⑤乙木오행의 이성적 심성
(이때 ③④는 본 장 3절에서 복합적 심성으로 해석되어진다.)

이상의 사례 명조에서 희·용신이 기·구신의 극충을 받거나, 원하지 않는 생을 받는 경우 등의 오행작용의 변수는 설명에서 생략한다. ③④에 관한 심성분석의 구체적 설명은 2절에서 이성적·감성적 심성작용의 특징을 취합한 다음, 3

절에서 사례명조를 통해 심층적인 분석을 하도록 하겠다.

② 십성의 이성적 심성작용

십성의 해석에 있어서 이성적 심성의 각론을 요약하면 다음과 같다.

십성에 관한 현대 명리학자인 진춘익, 이철필, 단건업 3자의 주장을 종합하여 본 결과, 논자는 비견의 이성적 심성을 다음과 같이 요약한다.242)

비견의 이성적 심성:243)
독립성 · 자발적 · 자주적 · 단호하고 확고함 · 친구를 대신해서 나섬 · 스스로 남보다 못하다고 느끼지 않음 · 스스로가 항상 옳다고 하는 특징적 경향 등

한편, 겁재의 이성적 심성은 다음과 같이 요약된다.

---

242) 陳椿益 著,『八字命理新解』, 台北 武陵出版有限公司, 2007, 84쪽: "獨立性 · 主動性 · 分享性 · 共有性 · 剛健但不鲁莽 · 想到就做 · 堅持己見 · 悍 · 獨斷獨行但不急切 · 處事但不急切 · 激 · 動 · 比較 · 操作事務但是行動比較緩 · 遇事不懼但不凶猛 · 不可被侵犯 · 主動 · 自主 · 立定 · 不重慾望 · 不貪心 · 重朋友 · 不執著 · 心胸大 · 不思索 · 不顧命令 · 不悲觀 · 海派 · 不重財物 · 替朋友出面 · 不自卑.", 陳椿益 著,『八字命理新解』, 台北 武陵出版有限公司, 2007, 85쪽: "獨立性 · 主動性 · 分享性 · 共有性 · 鲁莽 · 想到甚麼就做甚麼 · 比較 · 不怕流血 · 激 · 動 · 獨斷獨行但急切 · 和朋友共享財物 · 競爭 · 役物 · 破壞物件 · 攻擊 · 強悍 · 衝動 · 不細思 · 海派 · 不把事情放在心上 · 不重財物 · 不重視慾望 · 不重視法制 · 以行動處理事務 · 不節儉 · 不貪心 · 不執著 · 心胸大 · 替朋友出面 · 思慮不夠仔細長遠.", 李鐵筆 著,『八字心理學』, 台北 益群書店股份有限公司, 2013. 137쪽. "凡比助日干之異性干支字. 屬陰陽異性相吸而比助有情者. 謂之劫財星. 或言. 比助我且對我有情有義的異性物. 稱之爲劫財. 又比助日干之同性干支字. 屬陰陰. 陽陽同性相斥而比助無情者. 謂之比肩星. 或言. 比助我且對我無情無義的同性物. 稱之爲比肩.", 段建業 著,『命理珍寶』, 香港, 中國哲學文化協進會, 2013, 100쪽: "比劫是爭奪之星. 比溫和而劫兇狠. 羊刃是凶中之凶. 羊刃有膽大. 兇惡. 自以爲是等特點. 有兵刀. 手術. 災禍等象. 怕過旺或過弱. 過旺受生成凶. 過弱受剋成災."

243) 比肩과 劫財의 이성적 심성의 특징에 있어서 그 분류의 근거는 용신 또는 희신 오행인 경우를 기준으로 하였다. 그러나 比肩과 劫財가 용신 또는 희신이 된다는 것은 곧 사주의 중화를 위해 印·劫을 필요로 하는 일간이 신약한 사주를 뜻한다. 그러한 이유로 여타 十星과 달리 比肩과 劫財는 뚜렷한 이성적 심성의 특징을 보이지 않는 경우가 있다. 오히려 忌·仇神일 때 나타나는 심성의 특징이 比肩과 劫財의 이성적 심성의 특징으로 보여 질 수도 있지만, 본 분류에서는 이성·감성이라는 이분법적인 기준으로 분류하였다. 사주 원국의 중화여부 또는 忌·仇神 오행이 喜·用神 오행으로부터 적절한 생을 받을 때, 喜·用神이 忌·仇神으로부터 剋·沖·合去 되거나 원하지 않는 생을 받아 일종의 심성의 왜곡현상이 일어나는 경우도 있으므로 이성적 심성과 감성적 심성은 사주의 심성을 판단하는 기초일 뿐이며 절대성을 지니고 있지는 않다고 보아야 할 것이다.

겁재의 이성적 심성:
독립성·경쟁심·일을 마음에 담아 두지 않고 뒤끝이 깨끗함·스스로가 항상 옳다고 하는 특징적 경향 등

식신에 대한 3자의 주장을 논자의 주관에 의해 분류한 이성적 심성의 특징은 다음과 같다.244)

식신의 이성적 심성:
솔직담백하고 허심탄회함·어떤 사물의 사정이나 마음을 미루어 생각하는 능력이 있음·호기심이 많음·말과 글쓰기를 잘함·남의 사정을 이해하여 그 사람과 같은 느낌을 가지는 능력·다양한 특성을 지님·감정표현하기를 좋아함·새로운 것을 만들고자함·창의성이 있음·낭만적임·계획적임·스스로 자기의 가치와 능력을 믿음·친근하며 사회성이 있음·선량하고 도량이 넓으며 정의감과 동정심이 있고 향락을 즐기며 유쾌하며 자유롭다. 등

한편, 상관의 이성적 심성은 다음과 같이 요약된다.

상관의 이성적 심성:

---

244) 陳椿益 著,『八字命理新解』, 台北 武陵出版有限公司, 2007, 88쪽: "坦白·率直·想像·主動·好奇心·歌唱·運動·悠遊·言談·無目的因的付出·同情·傳播·自我推銷·自主·善辯·主動·土直·善變·溝通·反應·流動·反覆·表達·多樣性·不服輸·好表現·觀察分析但是不細心·創新·創意·想時髦但打扮不得體·自我·好勝 常瞎熱心·浪漫·不穩定·複雜化·計劃·自誇·自負·自信·出意見·社交·直爽·話多.", 陳椿益 著,『八字命理新解』, 台北 武陵出版有限公司, 2007, 86~87쪽: "自我主張·自我推銷·要面子·言詞犀利·自主·喜辯·好勝·喜·名聲·創新·敏感·好奇心·聰明·觀察·分析·想像·反應·變化性·多樣性·自信·自誇·自滿·歌唱·運動·時髦·傳播·奉承·社交·溝通·計劃·出擊·複雜化·善變·猜疑·靈敏·圓滑·理解力佳·管閒事·善交際·好表現·鬥·有意見·話多.", 李鐵筆 著,『八字心理學』, 台北 益群書店股份有限公司, 2013.146쪽: "凡被日干生扶之異性干支字. 屬陰陽異性相吸而受生有情者. 謂之傷官星. 或言. 受我邡吃生扶且對我有情有義的異性物. 稱之爲傷官. 又受日干生扶之同性干支字. 屬陰陰. 陽陽同性相斥而受生無情者. 謂之食神星. 或言. 受我生扶且對我無情無義的同性物. 稱之爲食神.", 段建業 著,『命理珍寶』, 香港, 中國哲學文化協進會, 2013, 99~100쪽: "食傷星的差別比較明顯. 食神性溫順. 所有優良的特點都能在食神上體現. 如人好處. 善良. 大度. 正義. 體恤. 享受. 快樂. 自由. ... 傷官則傲慢. 不切實際. 聰明到近似猾頭. 使心眼. 不守規矩. 見風使舵. 投機取巧. 傷食也有共同的地方. 如都表示自由而不願受約束."

소신 있는 자기주장·예리하고 정곡을 찌르는 말씨·남의 보호나 간섭 없이 독립하여 행동함·토론하기 좋아함·새로운 것을 만들고자함·예민한 감각·총기가 있음·눈썰미가 있음·사물이나 개념 등에 대한 분석력이 있음·사물 등에 대한 대응이 빠름·서로 잘 통하고 교류하며 의견을 나누고자 함·계획적임 등

정재에 대한 3자의 주장을 논자의 주관에 의해 분류한 이성적 심성의 특징은 다음과 같다.[245]

정재의 이성적 심성:
기계 등을 움직여 다루는 또는 사물을 자기에게 편리하게 만들기 위해 조종하는 능력·현실적·기술적 능력을 추구함·절약하고 검소함·계획을 세우는 능력·미래를 대비하는 마음·자기애·의존적이지 않음 등

한편, 편재의 이성적 심성은 다음과 같이 요약된다.

편재의 이성적 심성:
입체감이 있음·거침없고 시원시원함·배포가 큼·적극적·빠른 반응·인색하지 않음·거리낌이 없음·행동력이 있음·마음에 두고 문제 삼지 않음 등

---

[245] 陳椿益 著,『八字命理新解』, 台北 武陵出版有限公司, 2007, 89쪽: "操作·支配·執著·在乎·現實·慾望·本位·講求功能·節儉·設計·小氣·重利益·勤儉·佔有·貪婪·重視未來·掌握·控制·利用·擁有·儲蓄·貪吃·保護自己·只管自己·不易滿足·怕受損·不穩重·主動·不保守·積極·不依賴·具體化·不信宗教天道·不乾脆·不安穩.", 陳椿益 著,『八字命理新解』, 台北 武陵出版有限公司, 2007, 90~91쪽: "支配操作控制但不在乎掌握擁有·利用但是不掌握·操作·管理·不執著·不重視·不現實感·好動·不在乎·不節儉·設計·不重錢財·不在乎掌握擁有·旋轉·有立體感·乾脆·講求功能·沒耐心·碰觸·大方·氣量大·玩弄·具體化·積極·動作快速·不小氣·不重利·不貪心·放得開·玩弄·具有行動力·重視未來·不依賴·主動·不穩重·操作但不躬親·不安穩·易滿足·重實際·求快速.", 李鐵筆 著,『八字心理學』, 台北 益群書店股份有限公司, 2013. 157쪽. "凡被日干所尅之異性干支字. 屬陰陽異性相吸而尅之有情者. 謂之正財星. 或言. 受我所尅且對我有情有義的異性物. 稱之爲正財. 又被日干所尅之同性干支字. 屬陰陰. 陽陽同性相斥而尅之無情者. 謂之偏財星. 或言受我所尅且對我無情無義的同性物. 謂之爲偏財.", 段建業 著,『命理珍寶』, 香港, 中國哲學文化協進會, 2013, 99쪽: "財星代表財富這只是一般的看法. 實際財星還代表欲望. 引伸爲色欲. 不管男女都有這層意思. 財透干而虛. 還可以講會來事. 場面上的人. 財在地支多是一種欲望的象徵. 偏財在色欲方面表現的尤其突出."

정관에 대한 3자의 주장을 논자의 주관에 의해 분류한 이성적 심성의 특징은 다음과 같다.246)

정관의 이성적 심성:
준법성·이성적·객관적·책임감·성실·양심적·보수성·예의에 관한 가르침을 중시함·남의 말을 경청함·고된 일을 이겨냄 등

한편, 편관의 이성적 심성은 다음과 같이 요약된다.

편관의 이성적 심성:
보수성·충심·책임감과 의무감·도덕심·이성적임·규정이나 관습을 지킴·고된 일을 이겨냄 등

정인에 대한 3자의 주장을 논자의 주관에 의해 분류한 이성적 심성의 특징은 다음과 같다.247)

---

246) 陳椿益 著, 『八字命理新解』, 台北 武陵出版有限公司, 2007, 92쪽: "順從·忠心·守法·守常規·掛念·有理性·客觀·從衆·拘束·刻板·守信·被管理·害怕·重紀律·有責任感·自我強迫·尊重法制·誠實·擔心·有良心·乖巧·忠誠·自我要求·工作·重聲望·自我強迫·保守·重公論·重禮教·重視學歷·謹愼·聽從·受指揮·要求·合法·不好強·守成·聽話·不自負·守舊·遵從·整齊·合乎法律·重視地位·有負擔·辛勤.", 陳椿益 著, 『八字命理新解』, 台北 武陵出版有限公司, 2007, 93쪽: "自責·自卑·被中傷·被破壞·被壓迫·被欺負·想不開·自責·被傷害·自我傷害·不服輸·緊張·對我嚴厲·有壓力·被找麻煩·受到意外·憂懼·被愚弄·被命令·被強制·記恨·不被信任·感覺危險·怯場·保守·受挫折·順從·忠心·被要求·良心感·拘謹·拘束·有負擔·有理性·守常規·乖巧·自我強迫·重公論·自我要求·重聲望·辛勤·沒主張·守法·合乎法律.", 李鐵筆 著, 『八字心理學』, 台北 益群書店股份有限公司, 2013.168쪽: "凡尅制日干之異性干支字. 屬陰陽異性相吸而相尅有情者. 謂之正官星. 或言. 尅我且對我有情有義的異性物. 稱之爲正官. 又. 尅制日干之同性干支字. 屬陰陰. 陽陽同性相斥而相尅無情者. 謂之七殺. 或言. 尅我且對我無情無義的同性物. 稱之爲七殺.", 段建業 著, 『命理珍寶』, 香港, 中國哲學文化協進會, 2013, 99쪽: "官殺星所代表的是職務. 地位與權力. 還代表官匪. 官兒. 疾病. 桃色事件. 七殺還有其他的含義. 如可表示有心計. 嚴格. 多能. 脾氣不好等. 天干七殺在特定時候可表示名聲. 地支七殺則表示心力強. 有心勁."

247) 陳椿益 著, 『八字命理新解』, 台北 武陵出版有限公司, 2007, 81쪽: "慈祥·穩定·寬厚·內向·封閉·較被動·不活潑·厚重·類化·簡化·少流暢·易滿足·修養·宗教心·被保護·不向外發展·缺分化力·保守·緩慢·少慾望·肯定·接受·安靜·謙卑·信任·寬容·包容·知足·傳統·隨和·耐心·穩重·安定·溫順善良·玄秘眼光·抽象化·重家·敦厚·平靜.", 陳椿益 著, 『八字命理新解』, 台北 武陵出版有限公司, 2007, 82~83쪽: "不願之接受·超俗·無表達性·喜類化·內向·被動·不活潑·遲緩·孤獨·孤僻·宗教心·少言語·少情緒·不精緻·獨處·缺分化力·

정인의 이성적 심성:
자상함·온정적·관대하고 후덕함·새로운 지식을 이미 얻은 지식에 비추어 보아 해석하고 거두어 들여 제 것으로 만드는 능력·종교성·보수성·긍정적·수용성·안정적·믿고 일을 맡김·포용적·전통을 중시 여김·안정적·사물의 추상적 특징을 파악하여 인식의 대상으로 삼는 행위·가정적임·전통성 등

한편, 편인의 이성적 심성을은 다음과 같이 요약된다.

편인의 이성적 심성:
종교성·보수성·수용성·도리가 깊고 식견이 있음·사물의 추상적 특징을 파악하여 인식의 대상으로 삼는 행위·한쪽 방향으로 특출한 재능·힘들이지 않고 얻으려하지만 창의적이고 발명적 등

지금까지 살펴본 것처럼, 비견과 겁재·식신과 상관·정재와 편재·정관과 편관·정인과 편인은 표현에 있어서 사실상 그 경계가 애매모호하다. 또, 이들 이성적 심성과 감성적 심성을 구분하는 기준은 원칙적으로 희·용신인지 기·구신인지의 여부에 있겠으나, 경우에 따라서는 감성적 심성의 일면이 이성적 심성으로 작용하기도 한다. 이는 사주원국의 중화여부 또는 기·구신 오행이 희·신용 오행으로부터 적절한 생을 받을 때이다. 뿐만 아니라 희·용신이 기·구신으로부터 극·충·합거 되거나 원하지 않는 생을 받아 일종의 왜곡현상이 일어나는 경우도 있다. 그러므로 이성적 심성과 감성적 심성은 사주의 심성을 판단하는

不愛新奇·不隨俗·穩定·不喜繁雜·保守·漠不關心·安靜·沒有感覺·簡化·守常·不向外發展·緩慢·粗心·接受·冷淡·禪定·孤立·少慾望·離群索居·玄秘眼光·抽象化.", 李鐵筆 著, 『八字心理學』, 台北 益群書店股份有限公司, 2013, 126쪽: "凡生扶日干之異性干支字. 屬於陽異性相吸而生扶有情者. 謂之爲正印. 或言. 生我且對我有情之異性物. 謂之正印. 凡生扶日干之同性干支字. 屬陰陰. 陽陽同性相斥而生扶無情者. 謂之爲偏印. 或言. 生我且對我無情之同性物. 謂之偏印.", 段建業 著, 『命理珍寶』, 香港, 中國哲學文化協進會, 2013, 99쪽: "印星是學術與榮譽之星. 也代表權力. 地位. 還代表房屋. 車子. 正印代表正統職業. 偏印代表非正統職業. 偏印還表示鬼才. 偏才. 腦子好. 不愛學習. 不勞而獲. 創意. 發明等. ... 多數表現爲作事心積慮. 唯唯諾諾. 裹足不前. 惰性極強. 不思進取."

기초일 뿐이며 절대성을 지니고 있지는 않다고 보아야 할 것이다.

먼저 십성의 비견 또는 겁재가 이성적 심성으로 드러나는 경우, 그 심성을 판단하는 매뉴얼에 대한 논자의 제안이다. 본고 Ⅳ장 2절에서 논자가 주장하고 논증한 중화용신에 의하면 비견 또는 겁재가 희·용신이 되는 경우는 丑·辰·申·酉·戌月의 甲·乙木 일간 사주에서 비겁인 甲·乙木이 식신 또는 상관인 丙·丁火와 木·火 상생하는[248] 경우, 亥·子·丑·寅·辰·申·酉·戌月의 丙·丁火 일간 사주에서 비겁인 丙·丁火가 인성인 甲·乙木과 木·火 상생하는 경우, 卯月의 戊·己土 일간 사주에서 비겁인 戊·己土가 인성인 丙·丁火와 火·土 상생하는 경우, 巳·午·未月의 庚·辛金 일간 사주에서 비겁인 庚·辛金이 식신 또는 상관인 壬·癸水와 水·金 상생하는 경우, 寅·卯·巳·午·未月의 壬·癸水 일간 사주에서 비겁인 壬·癸水가 인성인 庚·辛金과 水·金 상생하는 경우에 국한된다. 일반적으로 희·용신으로서 비견과 겁재는 이성적인 심성을 크게 기대하기는 어렵다. 이에 해당하는 사주는 태약한 경우가 대부분으로 비견 또는 겁재의 뚜렷한 이성적 심성을 드러내기는 사실상 한계가 있다고 볼 수 있다. 다만 아래 사례 명조에서 보듯이 비견 또는 겁재와 상생하는 오행인 식상 또는 인성이 같이 있다면 상생의 효과로 인한 비견과 겁재의 이성적 심성은 분명히 확인이 될 수 있다.

이에 부합되는 사례명조를 통해 그 심성 판단의 매뉴얼을 살펴보면 다음과 같다. 효과적인 설명을 위해 사례명조의 월간에 이성적 심성 작용을 하는 희·용신인 비견 또는 겁재 오행이 구성되는 경우를 가정하였다.

```
       (가)-1          (가)-2          (가)-3
     丁 甲 乙 ○      甲 丙 丙 ○     丁 戊 己 ○
     ○ ○ 辰 ○      ○ ○ 子 ○     ○ ○ 卯 ○
```

---

248) 이해를 돕기 위해 比肩 또는 劫財 오행과 상생 관계에 있는 사례명조의 예를 들었다.

```
        (가)-4        (가)-5
     壬 庚 庚 0    庚 壬 壬 0
     0  0 午 0    0  0 午 0
```

(가)-1: ①木(仁)+ ②乙木(陰)+ ③정재성+ ④겁재+ ⑤ 겁재의 이성적 심성

(가)-2: ①火(禮)+ ②丙火(陽)+ ③편관성+ ④비견+ ⑤ 비견의 이성적 심성

(가)-3: ①土(信)+ ②己土(陰)+ ③정인성+ ④겁재+ ⑤ 겁재의 이성적 심성

(가)-4: ①金(義)+ ②庚金(陽)+ ③비견성+ ④비견+ ⑤ 비견의 이성적 심성

(가)-5: ①水(智)+ ②壬水(陽)+ ③식신성+ ④비견+ ⑤ 비견의 이성적 심성

다음은 십성의 식신 또는 상관이 이성적 심성으로 드러나는 경우, 그 심성을 판단하는 매뉴얼에 대한 논자의 제안이다. 본고 Ⅳ장 2절에서 논자가 주장하고 논증한 중화용신에 의하면 식신 또는 상관이 희·용신이 되는 경우는 丑·辰·申·酉·戌月의 甲·乙木 일간 사주에서 식상인 丙·丁火가 비견 또는 겁재인 甲·乙木과 木·火 상생하는 경우(나-1)와, 亥·子·寅·卯月의 甲·乙木 일간 사주에서 식상인 丙·丁火가 재성인 戊·己土와 火·土 상생하는 경우(나-2)가 있는데, 전자는 사주의 일간이 약하고 후자는 강하다.

따라서 같은 이성적 심성이라 하더라도 사주의 주체인 일간의 강약을 고려해야 할 것이다.249) 巳·午·未月의 戊·己土 일간 사주에서 식상인 庚·辛金이 재성인 壬·癸水와 水·金 상생하는 경우, 巳·午·未月의 庚·辛金 일간 사주에서 식상인 壬·癸水가 비겁인 庚·辛金과 水·金 상생하는 경우, 亥·子·丑·辰·申·酉·戌月의 壬·癸水 일간 사주에서 식상인 甲·乙木이 재성인 丙·丁火와 火·木 상생하는 경우에 국한된다. 그러나 일간이 丙·丁火인 사주에서 戊·己土인 식신 또는 상관은 중화용신이 되는 경우의 수가 존재하지 않으므로 이에 해당되지 않는다.

이에 부합되는 사례명조를 통해 그 심성 판단의 매뉴얼을 살펴보면 다음과 같

---

249) (나)-1과 함께 (나)-4는 일간이 약하며, (나)-2와 함께 (나)-3, (나)-5는 일간이 강하다.

다. 효과적인 설명을 위해 사례명조의 월간에 이성적 심성 작용을 하는 희·용신인 식신 또는 상관 오행이 구성되는 경우를 가정하였다.

```
         (나)-1          (나)-2
        甲 甲 丙 0      己 甲 丁 0
        0 0 辰 0      0 0 卯 0

      (나)-3          (나)-4          (나)-5
     壬 戊 庚 0      辛 庚 癸 0      丙 壬 甲 0
     0 0 午 0      0 0 午 0      0 0 子 0
```

(나)-1: ①火(禮)+ ②丙火(陽)+ ③편관성+ ④식신+ ⑤ 식신의 이성적 심성
(나)-2: ①火(禮)+ ②丁火(陰)+ ③정관성+ ④상관+ ⑤ 상관의 이성적 심성
(나)-3: ①金(義)+ ②庚金(陽)+ ③비견성+ ④식신+ ⑤ 식신의 이성적 심성
(나)-4: ①水(智)+ ②癸水(陰)+ ③상관성+ ④상관+ ⑤ 상관의 이성적 심성
(나)-5: ①木(仁)+ ②甲木(陽)+ ③편재성+ ④식신+ ⑤ 식신의 이성적 심성

다음은 십성의 정재 또는 편재가 이성적 심성으로 드러나는 경우, 그 심성을 판단하는 매뉴얼에 대한 논자의 제안이다. 본고 Ⅳ장 2절에서 논자가 주장하고 논증한 중화용신에 의하면 정재 또는 편재가 희·용신이 되는 경우는 亥·子·寅·卯月의 甲·乙木 일간 사주에서 재성인 戊·己土가 식신 또는 상관인 丙·丁火와 火·土 상생하는 경우, 巳·午·未月의 丙·丁火 일간 사주에서 재성인 庚·辛金이 관성인 壬·癸水와 水·金 상생하는 경우, 巳·午·未月의 戊·己土 일간 사주에서 재성인 壬·癸水가 식상인 庚·辛金과 水·金 상생하는 경우, 亥·子·丑·寅·辰·申·酉·戌月의 庚·辛金 일간 사주에서 재성인 甲·乙木이 관성인 丙·丁火와 火·木 상생하는 경우, 亥·子·丑·寅·辰·申·酉·戌月의 壬·癸水 일간 사주에서 재성인 丙·丁火가 식상인 甲·乙木과 火·木 상생하

는 경우에 국한된다.

  이에 부합되는 사례명조를 통해 그 심성 판단의 매뉴얼을 살펴보면 다음과 같다. 효과적인 설명을 위해 사례명조의 월간에 이성적 심성 작용을 하는 희·용신인 정재 또는 편재 오행이 구성되는 경우를 가정하였다.

            (다)-1   (다)-2
         丁 甲 **己** 0   壬 丙 **庚** 0
         0 0 亥 0   0 0 午 0

      (다)-3   (다)-4   (다)-5
   辛 戊 **癸** 0   丁 庚 **乙** 0   甲 壬 **丙** 0
   0 0 未 0   0 0 酉 0   0 0 子 0

(다)-1: ①土(信)+ ②己土(陰)+ ③정인성+ ④정재+ ⑤ 정재의 이성적 심성
(다)-2: ①金(義)+ ②庚金(陽)+ ③비견성+ ④편재+ ⑤ 편재의 이성적 심성
(다)-3: ①水(智)+ ②癸水(陰)+ ③상관성+ ④정재+ ⑤ 정재의 이성적 심성
(다)-4: ①木(仁)+ ②乙木(陰)+ ③정재성+ ④정재+ ⑤ 정재의 이성적 심성
(다)-5: ①火(禮)+ ②丙火(陽)+ ③편관성+ ④편재+ ⑤ 편재의 이성적 심성

  다음은 십성의 정관 또는 편관이 이성적 심성으로 드러나는 경우, 그 심성을 판단하는 매뉴얼에 대한 논자의 제안이다. 본고 Ⅳ장 2절에서 논자가 주장하고 논증한 중화용신에 의하면 정관 또는 편관이 희·용신이 되는 경우는 巳·午·未월의 甲·乙木 일간 사주에서 관성인 庚·辛金이 인성인 壬·癸水와 水·金 상생하는 경우, 卯·巳·午·未월의 丙·丁火 일간 사주에서 관성인 壬·癸水가 재성인 庚·辛金과 水·金 상생하는 경우, 亥·子·丑·寅·辰·申·酉·戌

月의 戊·己土 일간 사주에서 관성인 甲·乙木이 인성인 丙·丁火와 火·木 상생하는 경우, 亥·子·丑·寅·辰·申·酉·戌月의 庚·辛金 일간 사주에서 관성인 丙·丁火가 재성인 甲·乙木과 木·火 상생하는 경우에 국한된다. 壬·癸水 일간 사주에서 관성인 戊·己土는 중화용신이 되는 경우의 수가 존재하지 않으므로 이에 해당되지 않는다. 만약 용신인 丙·丁火 재성과 戊·己土 한신이 火·土 상생하는 것으로 보여 질수는 있지만 원칙적으로 용신과 희신의 조합이 되는 두 오행이 상생해야 하므로 그 차이를 구분할 필요가 있다.

이에 부합되는 사례명조를 통해 그 심성 판단의 매뉴얼을 살펴보면 다음과 같다. 효과적인 설명을 위해 사례명조의 월간에 이성적 심성 작용을 하는 희·용신인 정관 또는 편관 오행이 구성되는 경우를 가정하였다.

```
        (라)-1        (라)-2        (라)-3        (라)-4
     癸 甲 辛 0     庚 丙 壬 0     丁 戊 乙 0     甲 庚 丙 0
     0 0 未 0     0 0 午 0     0 0 丑 0     0 0 申 0
```

(라)-1: ①金(義)+ ②辛金(陰)+ ③겁재성+ ④정관+ ⑤ 정관의 이성적 심성
(라)-2: ①水(智)+ ②壬水(陽)+ ③식신성+ ④편관+ ⑤ 편관의 이성적 심성
(라)-3: ①木(仁)+ ②乙木(陰)+ ③정재성+ ④정관+ ⑤ 정관의 이성적 심성
(라)-4: ①火(禮)+ ②丙火(陽)+ ③편관성+ ④편관+ ⑤ 편관의 이성적 심성

다음은 십성의 정인 또는 편인이 이성적 심성으로 드러나는 경우, 그 심성을 판단하는 매뉴얼에 대한 논자의 제안이다. 본고 Ⅳ장 2절에서 논자가 주장하고 논증한 중화용신에 의하면 정인 또는 편인이 희·용신이 되는 경우는 巳·午·未月의 甲·乙木 일간 사주에서 인성인 壬·癸水가 관성인 庚·辛金과 水·金 상생하는 경우, 亥·子·丑·寅·辰·申·酉·戌月의 丙·丁火 일간 사주에서

인성인 甲·乙木이 비겁인 丙·丁火와 木·火 상생하는 경우, 亥·子·丑·寅·辰·申·酉·戌月의 戊·己土 일간 사주에서 인성인 丙·丁火가 관성인 甲·乙木과 木·火 상생하는 경우, 卯月의 庚·辛金 일간 사주에서 인성인 戊·己土가 비겁인 庚·辛金과 土·金 상생하는 경우, 寅·卯·巳·午·未月의 壬·癸水 일간 사주에서 인성인 庚·辛金이 비겁인 壬·癸水와 水·金 상생하는 경우에 국한된다.

이에 부합되는 사례명조를 통해 그 심성 판단의 매뉴얼을 살펴보면 다음과 같다. 효과적인 설명을 위해 사례명조의 월간에 이성적 심성 작용을 하는 희·용신인 정인 또는 편인 오행이 구성되는 경우를 가정하였다.

　　　　　　　(마)-1　　　(마)-2
　　　　　　庚甲壬 0　　丙丙甲 0
　　　　　　0 0 午 0　　0 0 子 0

　　　　(마)-3　　　(마)-4　　　(마)-5
　　　乙戊丁 0　　辛庚己 0　　癸壬辛 0
　　　0 0 酉 0　　0 0 卯 0　　0 0 未 0

(마)-1: ①水(智)+ ②壬水(陽)+ ③식신성+ ④편인+ ⑤ 편인의 이성적 심성
(마)-2: ①木(仁)+ ②甲木(陽)+ ③편재성+ ④편인+ ⑤ 편인의 이성적 심성
(마)-3: ①火(禮)+ ②丁火(陰)+ ③정관성+ ④정인+ ⑤ 정인의 이성적 심성
(마)-4: ①土(信)+ ②己土(陰)+ ③정인성+ ④정인+ ⑤ 정인의 이성적 심성
(마)-5: ①金(義)+ ②辛金(陰)+ ③겁재성+ ④정인+ ⑤ 정인의 이성적 심성

이상의 사례 명조에서 희·용신이 기·구신의 극충을 받거나, 원하지 않는 생을 받는 경우 등의 오행작용의 변수는 설명에서 생략하였다.

2) 십간과 십성의 감성적 심성작용
① 십간의 감성적 심성작용

위 『연해자평』, 『삼명통회』 등에 근거해 십간의 감성적 심성을 추론하여 요약하면 다음과 같다. 감성적 심성은 오행의 덕목인 인·의·예·지·신에 각각 기초하며 일종의 단점·흉작용·역기능 등으로 이해할 수가 있다. 만약, 태과하거나 불급하면250) 감성적 심성작용이 표출된다.

ⅰ) 木의 감성적 심성은 仁에 기초하며 "불인·편벽·탐욕" 등이다.
甲木의 감성적 심성은 위 木의 성정에 기초하며, "자기중심·좌절·허장허세" 등의 양적인 작용을 한다.
乙木의 감성적 심성은 위 木의 성정에 기초하며, "이해타산·물질추구·질투" 등의 음적인 작용을 한다.

ⅱ) 火의 감성적 심성은 禮에 기초하며 "조급·비례·유시무종" 등이다.
丙火의 감성적 심성은 위 火의 성정에 기초하며, "양성적 쾌락·분노·안하무인" 등의 양적인 작용을 한다.
丁火의 감성적 심성은 위 火의 성정에 기초하며, "잠재된 감정폭발·이기심·무관심" 등의 음적인 작용을 한다.

ⅲ) 土의 감성적 심성은 信에 기초하며 "우둔·고집·고독" 등이다.
戊土의 감성적 심성은 위 土의 성정에 기초하며, "독선·무융통성·음흉함" 등의 양적인 작용을 한다.
己土의 감성적 심성은 위 土의 성정에 기초하며, "이기심·소극성·부화뇌동" 등의 음적인 작용을 한다.

---

250) 徐升, 『淵海子平』, 台北: 進源文化事業有限公私, 2011, 163쪽: "金曰從革...太過則自無仁心. 好鬪貪欲. 不及則. 多三思. 少果決慳吝. 作事挫志.", "土曰稼穡...日干弱. 則退縮怕羞. 日干强. 則妄誕. 執一自傲. 以上自以輕重言之. 萬無一失." 이와 같이 『淵海子平』 「성정」편에는 '태과'하고 '불급'하면 그 심성이 감성적으로 드러남을 지적하고 있다. 따라서 '태과'와 '불급'은 곧 중화되지 않는 상태를 의미한다고 볼 수 있다.

ⅳ) 金의 감성적 심성은 義에 기초하며 "투쟁·단순함·어리석음" 등이다.

庚金의 감성적 심성은 위 金의 성정에 기초하며, "완고함·직설적·고립" 등의 양적인 작용을 한다.

辛金의 감성적 심성은 위 金의 성정에 기초하며, "앙심·의심·타인의식" 등의 음적인 작용을 한다.

ⅴ) 水의 감성적 심성은 智에 기초하며 "방탕·음흉·무기력" 등이다.

壬水의 감성적 심성은 위 水의 성정에 기초하며, "음험함·계략·음성적 쾌락" 등의 양적인 작용을 한다.

癸水의 감성적 심성은 위 水의 성정에 기초하며, "다변·음모·모략" 등의 음적인 작용을 한다.

중화용신에 의해 판명되는 기·구신 오행은 삼성석 심성으로 드러나는데 이를 판명하기 위해 다음과 같은 해석 매뉴얼(manual)을 제시한다. 감성적 심성을 판명하는 오행은 효과적인 설명을 위해 월간에 있는 기신 또는 구신을 예로 들었다.

기신 또는 구신인 오행의 감성적 심성을 해석하는 매뉴얼

```
      (F)           (G)           (H)
   壬甲乙 0      辛丙癸 0      壬戊辛 0
   0 0 亥 0      0 0 丑 0      0 0 酉 0

         (I)           (J)
      戊庚丁 0      丙壬戊 0
      0 0 未 0      0 0 午 0
```

위 (F) 명조의 乙木, (G) 명조의 癸水, (H) 명조의 辛金, (I) 명조의 丁火, (J) 명조의 戊土는 모두 사주의 중화작용을 방해하는 기신 또는 구신오행으로 감성적 심성이 드러난다. 만약 천간에서 기신오행과 구신 오행이 나란히 있는데 용신 또는 희신이 있다면 기·구신의 극·충·합거로부터 자유롭지 못할 수 있다. 사례 명조에서 시간의 글자는 월간의 오행과 상생하는 오행을 넣어 사주를 구성하였다. 기·구신인 두 오행이 상생하면 사주는 기·구신 오행으로 치우치게 된다. 시간의 오행 역시 월간의 오행과 같은 기신 또는 구신이므로 감성적 심성이 배가 될 것이다. 따라서 이를 해석하는 매뉴얼은 다음과 같다.

(F): ①木(仁)+ ②乙木(陰)+ ③정재성+ ④겁재+ ⑤乙木오행의 감성적 심성
(G): ①水(智)+ ②癸水(陰)+ ③상관성+ ④정관+ ⑤癸水오행의 감성적 심성
(H): ①金(義)+ ②辛金(陰)+ ③겁재성+ ④상관+ ⑤辛金오행의 감성적 심성
(I): ①火(禮)+ ②丁火(陰)+ ③정관성+ ④정관+ ⑤丁火오행의 감성적 심성
(J): ①土(信)+ ②戊土(陽)+ ③편인성+ ④편관+ ⑤戊土오행의 감성적 심성
(이때 ③ ④는 본 장 3절에서 복합적 심성으로 해석되어진다.)

이상의 사례 명조에서 기·구신이 희·용신의 생을 받는 경우 등 오행작용의 변수는 설명에서 생략하였다.

② 십성의 감성적 심성작용

십성의 해석에 있어서 감성적 심성에 대한 각론을 요약하면 다음과 같다. 1) 항에서[251] 비견과 겁재에 관한 현대 명리학자인 진춘익·이철필·단건업 3자의 주장을 종합해본 결과, 논자의 주관에 의해 분류된 비견의 감성적 심성의 특징은 다음과 같다.

비견의 감성적 심성:

---

[251] 十星의 특징에 관한 진춘익·이철필·단건업 등 3인의 자료는 위 1) 항과 동일하므로 생략하였다.

생각이 깊지 않고 경솔함 · 성급함 · 명령에 따르지 않음 등

한편 겁재의 감성적 심성을 종합하면 다음과 같이 요약된다.

겁재의 감성적 심성:
무모함 · 파괴성 · 충동적 · 허세를 부림 · 법규를 경시함 · 대담하며 흉악 등

식신에 대한 3자의 주장을 논자의 주관에 의해 분류한 감성적 심성의 특징은 다음과 같다.

식신의 감성적 심성:
목적 없는 돈쓰기 · 생각과 동작에 변화가 많고 안정치 못함 · 배반하여 다른 편으로 달라붙어 응함 · 실패를 인정하지 않음 · 자기 자신에 대한 생각이나 관념이 강함 · 지기를 싫어하고 이기기를 좋아함 · 갈피를 못 잡을 만큼 생각과 행동이 얽혀 어수선함 · 말이 많음 · 남의 일에 참견함 등

한편 상관의 감성적 심성을 종합하면 다음과 같이 요약된다.

상관의 감성적 심성:
자기 자랑 · 체면 중시 · 자기 자신의 능력이나 가치를 과시하고자 함 · 생각과 동작에 변화가 많고 안정치 못함 · 시기하고 의심함 · 경쟁과 투쟁 · 말이 많음 · 오만하고 현실에 부합하지 않으며, 총명하지만 교활함이 있음 등

정재에 대한 3자의 주장을 논자의 주관에 의해 분류한 감성적 심성의 특징은 다음과 같다.

정재의 감성적 심성:
집착하는 마음 · 자기이익을 추구하고자 사물을 대하는 태도 · 인색하거나 좁은 마음 씀씀이 · 소유욕 · 게걸스러운 탐심 · 오로지 자신을 위함 · 손해를 두려워함 · 성품이 상냥하고 시원스럽지 않음 · 평온하지 않고 긴장된 마음 등

한편 편재의 감성적 심성을 종합하면 다음과 같이 요약된다.

편재의 감성적 심성:
현실감이 없음 · 절약하지 않음 · 참을성이 없음 · 만용을 부림 · 평온하고 묵직하지 않음 · 급히 일을 이루려고함 · 욕망 · 색욕 등

정관에 대한 3자의 주장을 논자의 주관에 의해 분류한 감성적 심성의 특징은 다음과 같다.

정관의 감성적 심성:
자유로움을 억제함 · 융통성 없음 · 훼방과 두려움 · 자아강박 · 남에게 환심을 사려고함 · 목적을 위하여 일을 꾸밈 등

한편 편관의 감성적 심성을 종합하면 다음과 같이 요약된다.

편관의 감성적 심성:
남의 생각이나 주장을 인정하지 않으려고 함 · 정신적 또는 물리적으로 상대에게 겁을 줌 · 스트레스 · 상대를 기만하거나 저버림 · 스스로에게 상해를 가함 · 패배를 인정하지 않으려고 함 · 강요당함 · 융통성이 없고 고지식함 · 자아강박 · 주장이 없음 · 계략 · 언행의 딱딱함 · 비루함 등

정인에 대한 3자의 주장을 논자의 주관에 의해 분류한 감성적 심성의 특징은 다음과 같다.

정인의 감성적 심성:
폐쇄적 · 비교적 의존적임 · 수동적임 · 유창함이 덜함 · 의존성 · 게으름 · 분화력이 모자람 등

한편 편인의 감성적 심성을 종합하면 다음과 같이 요약된다.

편인의 감성적 심성:
원하지 않음에도 받아들임·세속을 초월함·생각을 드러내지 않음·더딤·고독함·괴팍스러움 · 치밀하지 않음·조용하고 냉소적임·일정한 규칙을 고수함·냉담함·고립·비전통성·비학문성·우유부단·타성에 젖음 등

다음은 십성의 비견 또는 겁재가 감성적 심성으로 드러나는 경우, 그 심성을 판단하는 매뉴얼에 대한 논자의 제안이다. 본고 Ⅳ장 1절에서 논자가 주장하고 논증한 중화용신에 의하면 비견 또는 겁재가 기·구신이 되는 경우는 亥·子·寅·卯月의 甲·乙木 일간 사주에서 비겁인 甲·乙木, 卯·巳·午·未月의 丙·丁火 일간, 巳·午·未月의 戊·己土 일간 사주에서 비겁인 戊·己土, 亥·子·丑·寅·辰·申·酉·戌月의 庚·辛金 일간 사주에서 비겁인 庚·辛金, 亥·子·丑·辰·申·酉·戌月의 壬·癸水 일간 사주에서 비겁인 壬·癸水가 이에 해당한다.

이에 부합되는 사례명조를 통해 그 심성 판단의 매뉴얼을 살펴보면 다음과 같다. 효과적인 설명을 위해 사례명조의 월간에 감성적 심성 작용을 하는 기·구신인 비견 또는 겁재 오행이 구성되는 경우를 가정하였다.

```
        (바)-1         (바)-2         (바)-3
      癸 甲 乙 ○    戊 丙 丙 ○    丁 戊 己 ○
      ○ ○ 亥 ○    ○ ○ 午 ○    ○ ○ 午 ○

              (바)-4         (바)-5
            壬 庚 庚 ○    庚 壬 壬 ○
            ○ ○ 酉 ○    ○ ○ 辰 ○
```

(바)-1: ①木(仁)+ ②乙木(陰)+ ③정재성+ ④겁재+ ⑤ 겁재의 감성적 심성
(바)-2: ①火(禮)+ ②丙火(陽)+ ③편관성+ ④비견+ ⑤ 비견의 감성적 심성
(바)-3: ①土(信)+ ②己土(陰)+ ③정인성+ ④겁재+ ⑤ 겁재의 감성적 심성

(바)-4: ①金(義)+ ②庚金(陽)+ ③비견성+ ④비견+ ⑤ 비견의 감성적 심성
(바)-5: ①水(智)+ ②壬水(陽)+ ③식신성+ ④비견+ ⑤ 비견의 감성적 심성

다음은 십성의 식신 또는 상관이 감성적 심성으로 드러나는 경우, 그 심성을 판단하는 매뉴얼에 대한 논자의 제안이다. 본고 Ⅳ장 2절에서 논자가 주장하고 논증한 중화용신에 의하면 식신 또는 상관이 기·구신이 되는 경우는 巳·午·未月의 甲·乙木 일간 사주에서 식상인 丙·丁火, 巳·午·未月의 丙·丁火 일간에서 식상인 戊·己土, 亥·子·丑·寅·辰·申·酉·戌月의 戊·己土 일간 사주에서 식상인 庚·辛金, 亥·子·丑·寅·辰·申·酉·戌月의 庚·辛金 일간 사주에서 식상인 壬·癸水이다. 그러나 예외적으로, 한신임에도 사주에 水氣가 미약하거나 전무할 경우 감성적 심성이 나타날 수 있는 巳·午·未月의 壬·癸水 일간 사주의 식상인 甲·乙木도 이에 편입시켰다.

이에 부합되는 사례명조를 통해 그 심성 판단의 매뉴얼을 살펴보면 다음과 같다. 효과적인 설명을 위해 사례명조의 월간에 감성적 심성 작용을 하는 기·구신인 식신 또는 상관 오행이 구성되는 경우를 가정하였다.

```
        (사)-1        (사)-2        (사)-3
     己 甲 丁 ０    丙 丙 戊 ０    癸 戊 辛 ０
     ０ ０ 巳 ０    ０ ０ 午 ０    ０ ０ 酉 ０

              (사)-4        (사)-5
           庚 庚 壬 ０    丙 壬 甲 ０
           ０ ０ 申 ０    ０ ０ 午 ０
```

(사)-1: ①火(禮)+ ②丁火(陰)+ ③정관성+ ④상관+ ⑤ 상관의 감성적 심성
(사)-2: ①土(信)+ ②戊土(陽)+ ③편인성+ ④식신+ ⑤ 식신의 감성적 심성
(사)-3: ①金(義)+ ②辛金(陰)+ ③겁재성+ ④상관+ ⑤ 상관의 감성적 심성
(사)-4: ①水(智)+ ②壬水(陽)+ ③식신성+ ④식신+ ⑤ 식신의 감성적 심성

(사)-5: ①木(仁)+ ②甲木(陽)+ ③편재성+ ④식신+ ⑤ 식신의 감성적 심성

다음은 십성의 정재 또는 편재가 감성적 심성으로 드러나는 경우, 그 심성을 판단하는 매뉴얼에 대한 논자의 제안이다. 본고 Ⅳ장 2절에서 논자가 주장하고 논증한 중화용신에 의하면 정재 또는 편재가 기·구신이 되는 경우는 巳·午·未月의 甲·乙木 일간 사주에서 재성인 戊·己土, 亥·子·丑·寅·辰·申·酉·戌月의 丙·丁火 일간 사주에서 재성인 庚·辛金, 亥·子·丑·寅·辰·申·酉·戌月의 戊·己土 일간 사주에서 재성인 壬·癸水, 卯月의 庚·辛金 일간 사주에서 재성인 甲·乙木, 寅·卯·巳·午·未月의 壬·癸水 일간 사주에서 재성인 丙·丁火가 이에 해당 된다.

이에 부합되는 사례명조를 통해 그 심성 판단의 매뉴얼을 살펴보면 다음과 같다. 효과적인 설명을 위해 사례명조의 월간에 감성적 심성 작용을 하는 기·구신인 정재 또는 편재 오행이 구성되는 경우를 가정하였다.

(아)-1　　　(아)-2　　　(아)-3
丙甲戊 0　 壬丙庚 0　 庚戊壬 0
0 0 午 0　 0 0 申 0　 0 0 寅 0

　　(아)-4　　　(아)-5
丁庚乙 0　 己壬丁 0
0 0 卯 0　 0 0 未 0

(아)-1: ①土(信)+ ②戊土(陽)+ ③편인성+ ④편재+ ⑤ 편재의 감성적 심성
(아)-2: ①金(義)+ ②庚金(陽)+ ③비견성+ ④편재+ ⑤ 편재의 감성적 심성
(아)-3: ①水(智)+ ②壬水(陽)+ ③식신성+ ④편재+ ⑤ 편재의 감성적 심성
(아)-4: ①木(仁)+ ②乙木(陰)+ ③정재성+ ④정재+ ⑤ 정재의 감성적 심성
(아)-5: ①火(禮)+ ②丁火(陰)+ ③정관성+ ④정재+ ⑤ 정재의 감성적 심성

다음은 십성의 정관 또는 편관이 감성적 심성으로 드러날 경우, 그 심성을 판단하는 매뉴얼에 대한 논자의 제안이다. 본고 Ⅳ장 2절에서 논자가 주장하고 논증한 중화용신에 의하면 정관 또는 편관이 기·구신이 되는 경우는 丑·辰·申·酉·戌月의 甲·乙木 일간 사주에서 관성인 庚·辛金, 亥·子·丑·寅·辰·申·酉·戌月의 丙·丁火 일간 사주에서 관성인 壬·癸水, 卯月의 戊·己土 일간 사주에서 관성인 甲·乙木, 巳·午·未月의 庚·辛金 일간 사주에서 관성인 丙·丁火, 寅·卯·巳·午·未月의 壬·癸水 일간 사주에서 관성인 戊·己土가 이에 해당한다.

이에 부합되는 사례명조를 통해 그 심성 판단의 매뉴얼을 살펴보면 다음과 같다. 효과적인 설명을 위해 사례명조의 월간에 감성적 심성 작용을 하는 기·구신인 정관 또는 편관 오행이 구성되는 경우를 가정하였다.

　　　　　　(자)-1　　　　(자)-2　　　　(자)-3
　　　　壬 甲 庚 0　　辛 丙 癸 0　　癸 戊 乙 0
　　　　0 0 申 0　　0 0 丑 0　　0 0 卯 0

　　　　　　　　(자)-4　　　　(자)-5
　　　　　　戊 庚 丙 0　　丁 壬 己 0
　　　　　　0 0 午 0　　0 0 未 0

(자)-1: ①金(義)+ ②庚金(陽)+ ③비견성+ ④편관+ ⑤ 편관의 감성적 심성
(자)-2: ①水(智)+ ②癸水(陰)+ ③상관성+ ④정관+ ⑤ 정관의 감성적 심성
(자)-3: ①木(仁)+ ②乙木(陰)+ ③정재성+ ④정관+ ⑤ 정관의 감성적 심성
(자)-4: ①火(禮)+ ②丙火(陽)+ ③편관성+ ④편관+ ⑤ 편관의 감성적 심성
(자)-5: ①土(信)+ ②己土(陰)+ ③정인성+ ④정관+ ⑤ 정관의 감성적 심성

다음은 십성의 정인 또는 편인이 감성적 심성으로 드러나는 경우, 그 심성을 판단하는 매뉴얼에 대한 논자의 제안이다. 본고 Ⅳ장 2절에서 논자가 주장하고

논증한 중화용신에 의하면 정인 또는 편인이 기·구신이 되는 경우는 亥·子·丑·寅·卯·辰·申·酉·戌月의 甲·乙木 일간 사주에서 인성인 壬·癸水, 巳·午·未月의 戊·己土 일간 사주에서 인성인 丙·丁火, 巳·午·未月의 庚·辛金 일간 사주에서 관성인 戊·己土, 亥·子·丑·辰·申·酉·戌月의 壬·癸水 일간 사주에서 인성인 庚·辛金이 이에 해당 된다. 그러나 예외적으로, 한신임에도 사주에 水氣가 미약하거나 전무할 경우 감성적 심성이 나타날 수 있는 巳·午·未月의 丙·丁火 일간 사주의 인성인 甲·乙木도 이에 편입시켰다.

이에 부합되는 사례명조를 통해 그 심성 판단의 매뉴얼을 살펴보면 다음과 같다. 효과적인 설명을 위해 사례명조의 월간에 감성적 심성 작용을 하는 기·구신인 정인 또는 편인 오행이 구성되는 경우를 가정하였다.

```
      (차)-1         (차)-2         (차)-3
    庚 甲 壬 0     戊 丙 甲 0     己 戊 丁 0
    0 0 申 0      0 0 午 0       0 0 未 0

              (차)-4         (차)-5
            丁 庚 己 0     壬 壬 庚 0
            0 0 未 0      0 0 辰 0
```

(차)-1: ①水(智)+ ②壬水(陽)+ ③식신성+ ④편인+ ⑤ 편인의 감성적 심성
(차)-2: ①木(仁)+ ②甲木(陽)+ ③편재성+ ④편인+ ⑤ 편인의 감성적 심성
(차)-3: ①火(禮)+ ②丁火(陰)+ ③정관성+ ④정인+ ⑤ 정인의 감성적 심성
(차)-4: ①土(信)+ ②己土(陰)+ ③정인성+ ④정인+ ⑤ 정인의 감성적 심성
(차)-5: ①金(義)+ ②庚金(陽)+ ③비견성+ ④편인+ ⑤ 편인의 감성적 심성

이상의 사례 명조에서 기·구신이 희·용신의 생을 받는 경우 등 오행작용의 변수는 설명에서 생략하였다.

3) 한신인 십간과 십성의 심성작용
① 한신인 십간의 심성작용

위 1) 항과 2) 항에서는 십간 오행이 희·용신인지 기·구신인지의 여부에 따라 드러나는 이성적 심성과 감성적 심성에 대해 알아보았다. 그런데 한신은 그 오행 작용의 애매함으로 인해 이성적인 요소와 감성적인 요소를 구분 짓기가 명확하지 않을 때가 있다.

예를 들어 중화용신에 의하면 巳·午·未月의 戊土 일간 사주는 水·金이 사주의 중화를 돕는 희·용신 오행이고, 甲木 편관은 한신이다. 만약, 한신 오행을 주체로 보았을 경우에 여름의 甲木은 壬·癸水인 水氣를 만나면 다소 이성적 심성이 드러난다고 볼 수 있지만 水氣가 미약하거나 전무하다면 甲木은 감성적 심성을 드러낸다고 볼 수 있다. 전자이든 후자이든 한신인 甲木이 水氣를 얻었다고 해서 용신과 희신과 같은 수준의 이성적 심성을 드러내기는 사실상 어렵다. 또, 지지 오행에서 辰土 속의 乙木과 未土 속의 乙木은 서로 다름을 인정 하지 않을 수가 없을 것이다. 지지 오행 내에서, 전자인 辰土는 水氣를 얻고 있고 후자인 未土는 水氣를 얻지 못하고 있기 때문이다. 무엇보다 중요한 것은 사주 전체의 중화 작용이 일간 오행에게 미치는 영향을 고려할 때, 위 甲木 한신이 水氣를 얻는다 함은 일간 戊土를 위한 水氣가 한신인 甲木에게로 빠져나가기 때문에 이는 사주의 주체인 일간 戊土 입장에서는 甲木 한신이 반가울 리가 없다.

이를 감안하여 한신의 심성에 대해 논하도록 하겠다. 중화용신에 의하면, 甲·乙木이 한신이 되는 경우는 용신과 희신의 조합이 水·金인 경우, 戊·己土가 한신이 되는 경우는 용신과 희신의 조합이 木·火인 경우, 庚·辛金이 한신이 되는 경우는 용신과 희신의 조합이 火·土인 경우, 壬·癸水가 한신이 되는 경우는 土·金이 용신과 희신의 조합이 되는 卯月의 庚·辛金 일간 사주에 국한된다. 丙·丁火는 어떠한 경우라도 한신으로서 존재하지 않는다.

다음은 한신인 甲·乙木 오행의 이성 또는 감성적 심성을 해석하는 매뉴얼이다. 본고 Ⅳ장 2절에서 논자가 주장하고 논증한 중화용신에 의하면 甲·乙木이 한신이 되는 경우는 水·金이 용신과 희신인 모든 사주로서 첫째, 巳·午·未月 甲·乙木 일간 사주에서 비겁인 甲·乙木. 둘째, 卯·巳·午·未月의 丙·丁火 일간 사주에서 인성인 甲·乙木. 셋째, 巳·午·未月의 戊·己土 일간에서 관성인 甲·乙木. 넷째, 巳·午·未月의 庚·辛金 일간 사주에서 재성인 甲·乙木. 다섯째, 寅·卯·巳·午·未月의 壬·癸水 일간 사주에서 식신과 상관인 甲·乙木 오행이 이에 해당된다.

이에 부합되는 사례명조를 통해 그 심성 판단의 매뉴얼을 살펴보면 다음과 같다. 효과적인 설명을 위해 사례명조의 월간에 한신 오행이 구성되는 경우를 가정하였다.

```
        (카)-1            (카)-2            (카)-3
      0  甲 甲 0         0  丙 乙 0         0  戊 甲 0
      0  0  午 0         0  0  卯 0         0  0  午 0

                (카)-4            (카)-5
              0  庚 乙 0         0  壬 甲 0
              0  0  未 0         0  0  午 0
```

(카)-1: ①木(仁)+ ②甲木(陽)+ ③편재성+ ④비견+ ⑤ 한신인 甲木 오행의 이성 또는 감성적 심성

(카)-2: ①木(仁)+ ②乙木(陰)+ ③정재성+ ④정인+ ⑤ 한신인 乙木 오행의 이성 또는 감성적 심성

(카)-3: ①木(仁)+ ②甲木(陽)+ ③편재성+ ④편관+ ⑤ 한신인 甲木 오행의 이성 또는 감성적 심성

(카)-4: ①木(仁)+ ②乙木(陰)+ ③정재성+ ④정재+ ⑤ 한신인 乙木 오행의 이성 또는 감성적 심성

(카)-5: ①木(仁)+ ②甲木(陽)+ ③편재성+ ④식신+ ⑤ 한신인 甲木 오행의 이성 또는 감성적 심성

다음은 한신인 戊·己土 오행의 이성 또는 감성적 심성을 해석하는 매뉴얼이다. 중화용신에 의하면, 戊·己土가 한신이 되는 경우는 火·木이 용신과 희신

인 모든 사주로서 첫째, 丑·辰·申·酉·戌月의 甲·乙木 일간 사주에서 재성인 戊·己土. 둘째, 亥·子·丑·寅·辰·申·酉·戌月의 丙·丁火 일간 사주에서 식상인 戊·己土. 셋째, 亥·子·丑·寅·辰·申·酉·戌月의 戊·己土 일간 사주에서 비겁인 戊·己土. 넷째, 亥·子·丑·寅·辰·申·酉·戌月의 庚·辛金 일간 사주에서 인성인 戊·己土. 다섯째, 亥·子·丑·辰·申·酉·戌月의 壬·癸水 일간 사주에서 관성인 戊·己土오행이 이에 해당된다.

이에 부합되는 사례명조를 통해 그 심성 판단의 매뉴얼을 살펴보면 다음과 같다. 효과적인 설명을 위해 사례명조의 월간에 한신 오행이 구성되는 경우를 가정하였다.

```
      (타)-1        (타)-2        (타)-3
    0 甲 戊 0     0 丙 己 0     0 戊 己 0
    0 0 辰 0     0 0 丑 0     0 0 酉 0

            (타)-4        (타)-5
          0 庚 戊 0     0 壬 戊 0
          0 0 子 0     0 0 申 0
```

(타)-1: ①土(信)+ ②戊土(陽)+ ③편인성+ ④편재+ ⑤ 한신인 戊土 오행의 이성 또는 감성적 심성

(타)-2: ①土(信)+ ②己土(陰)+ ③정인성+ ④상관+ ⑤ 한신인 己土오행의 이성 또는 감성적 심성

(타)-3: ①土(信)+ ②己土(陰)+ ③정인성+ ④겁재+ ⑤ 한신인 己土오행의 이성 또는 감성적 심성

(타)-4: ①土(信)+ ②戊土(陽)+ ③편인성+ ④편인+ ⑤ 한신인 戊土오행의 이성 또는 감성적 심성

(타)-5: ①土(信)+ ②戊土(陽)+ ③편인성+ ④편관+ ⑤ 한신인 戊土 오행의 이성 또는 감성적 심성

다음은 한신인 庚·辛金 오행의 이성 또는 감성적 심성을 해석하는 매뉴얼이다. 중화용신에 의하면 火·土가 용신과 희신인 모든 사주로 亥·子·寅·卯月의 甲·乙木 일간 사주에서 관성인 庚·辛金 오행과 卯月의 戊·己土 일간 사주에서 식상인 庚·辛金 오행 두 가지에 국한된다.

이에 부합되는 사례명조를 통해 그 심성 판단의 매뉴얼을 살펴보면 다음과 같다. 효과적인 설명을 위해 사례명조의 월간에 한신 오행이 구성되는 경우를 가정하였다.

```
          (파)-1         (파)-2
        0 甲 庚 0      0 戊 辛 0
        0 0 寅 0      0 0 卯 0
```

(파)-1: ①金(義)+ ②庚金(陽)+ ③비견성+ ④편관+ ⑤ 한신인 庚金 오행의 이성 또는 감성적 심성

(파)-2: ①金(義)+ ②辛金(陰)+ ③겁재성+ ④상관+ ⑤ 한신인 辛金 오행의 이성 또는 감성적 심성

다음은 한신인 壬·癸水 오행의 이성 또는 감성적 심성을 해석하는 매뉴얼이다. 중화용신에 의하면 卯月의 庚·辛金 일간 사주에서 식신 또는 상관인 壬·癸水 오행이 유일하게 이에 해당된다. 효과적인 설명을 위해 사례명조의 월간에 한신 오행이 구성되는 경우를 가정하였다.

```
            (하)
        0 庚 癸 0
        0 0 卯 0
```

(하): ①水(智)+ ②癸水(陰)+ ③상관성+ ④상관+ ⑤ 한신인 癸水 오행의

이성 또는 감성적 심성

이상의 사례 명조에서 한신과 타 오행과의 생극 등에 따른 오행작용의 변수는 설명에서 생략하였다.

② 한신인 십성의 심성작용

다음은 십성의 비견 또는 겁재가 한신인데 이성 또는 감성적 심성으로 다양하게 드러나는 경우, 그 심성을 판단하는 매뉴얼에 대한 논자의 제안이다. 본고 Ⅳ장 2절에서 논자가 주장하고 논증한 중화용신에 의하면 비견 또는 겁재가 한신이 되는 경우는 巳·午·未月의 甲·乙木 일간 사주에서 관성과 인성인 水·金이 중화용신인 경우, 亥·子·丑·寅·辰·申·酉·戌月의 戊·己土 일간 사주에서 관성과 인성인 木·火가 중화용신인 경우에 국한된다.

이에 부합되는 사례명조를 통해 그 심성 판단의 매뉴얼을 살펴보면 다음과 같다. 효과적인 설명을 위해 사례명조의 월간에 이성 또는 감성적 심성 작용을 하는 한신인 비견 또는 겁재 오행이 구성되는 경우를 가정하였다.

```
        (갸)-1          (갸)-2
      ０甲乙０       ０戊戊０
      ０ ０未０       ０ ０寅０
```

(갸)-1: ①木(仁)+ ②乙木(陰)+ ③정재성+ ④겁재+ ⑤ 한신인 겁재의 <u>이성</u> 또는 감성적 심성

(갸)-2: ①土(信)+ ②戊土(陽)+ ③편인성+ ④비견+ ⑤ 한신인 비견의 <u>이성</u> 또는 감성적 심성

다음은 십성의 식신 또는 상관이 한신인데 이성 또는 감성적 심성으로 다양하게 드러나는 경우, 그 심성을 판단하는 매뉴얼에 대한 논자의 제안이다. 본고 Ⅳ장 2절에서 논자가 주장하고 논증한 중화용신에 의하면 식신 또는 상관이 한신

되는 경우는 亥·子·丑·寅·辰·申·酉·戌月의 丙·丁火 일간 사주에서 戊·己土가 한신 식상인 경우, 卯月의 戊·己土 일간 사주에서 庚·辛金이 식상인 경우, 卯月의 庚·辛金 일간 사주에서 壬·癸수가 식상인 경우, 寅·卯·巳·午·未月의 壬·癸水 일간 사주에서 甲·乙木이 식상인 경우에 국한된다.

이에 부합되는 사례명조를 통해 그 심성 판단의 매뉴얼을 살펴보면 다음과 같다. 효과적인 설명을 위해 사례명조의 월간에 이성 또는 감성적 심성 작용을 하는 한신인 식신 또는 상관 오행이 구성되는 경우를 가정하였다.

(냐)-1	(냐)-2	(냐)-3	(냐)-4
０丙戊０	０戊辛０	０辛癸０	０癸乙０
００辰０	００卯０	００卯０	００未０

(냐)-1: ①土(信)+ ②戊土(陽)+ ③편인성+ ④식신+ ⑤ 한신인 식신의 이성 또는 감성적 심성

(냐)-2: ①金(義)+ ②辛金(陰)+ ③겁재성+ ④상관+ ⑤ 한신인 상관의 이성 또는 감성적 심성

(냐)-3: ①水(智)+ ②癸水(陰)+ ③식신성+ ④식신+ ⑤ 한신인 식신의 이성 또는 감성적 심성

(냐)-4: ①木(仁)+ ②乙木(陰)+ ③편재성+ ④식신+ ⑤ 한신인 식신의 이성 또는 감성적 심성

다음은 십성의 정재 또는 편재가 한신인데 이성 또는 감성적 심성으로 다양하게 드러나는 경우, 그 심성을 판단하는 매뉴얼에 대한 논자의 제안이다. 본고 Ⅳ장 2절에서 논자가 주장하고 논증한 중화용신에 의하면 정재 또는 편재가 한신 되는 경우는 丑·辰·申·酉·戌月의 甲·乙木 일간 사주에서 戊·己土가 한신 재성인 경우, 巳·午·未月의 庚·辛金 일간 사주에서 甲·乙木이 한신 재성인 경우에 국한된다.

이에 부합되는 사례명조를 통해 그 심성 판단의 매뉴얼을 살펴보면 다음과 같

다. 효과적인 설명을 위해 사례명조의 월간에 이성 또는 감성적 심성 작용을 하는 한신인 정재 또는 편재 오행이 구성되는 경우를 가정하였다.

(다)-1   (다)-2

０甲己０   ０庚甲０

０ ０丑０   ０ ０午０

(다)-1: ①土(信)+ ②己土(陰)+ ③정인성+ ④정재+ ⑤ 한신인 정재의 이성 또는 감성적 심성

(다)-2: ①木(信)+ ②甲木(陽)+ ③편재성+ ④편재+ ⑤ 한신인 편재의 이성 또는 감성적 심성

다음은 십성의 정관 또는 편관이 한신인데 이성 또는 감성적 심성으로 다양하게 드러나는 경우, 그 심성을 판단하는 매뉴얼에 대한 논자의 제안이다. 본고 Ⅳ장 2절에서 논자가 주장하고 논증한 중화용신에 의하면 정관 또는 편관이 한신되는 경우는 亥·子·寅·卯月의 甲·乙木 일간 사주에서 庚·辛金이 한신 관성인 경우, 巳·午·未月의 戊·己土 일간 사주에서 甲·乙木이 한신 관성인 경우, 亥·子·丑·辰·申·酉·戌月의 壬·癸水 일간 사주에서 戊·己土가 한신 관성인 경우에 국한된다.

이에 부합되는 사례명조를 통해 그 심성 판단의 매뉴얼을 살펴보면 다음과 같다. 효과적인 설명을 위해 사례명조의 월간에 이성 또는 감성적 심성 작용을 하는 한신인 정관 또는 편관 오행이 구성되는 경우를 가정하였다.

(라)-1   (라)-2   (라)-3

０甲庚０   ０戊乙０   ０癸己０

０ ０子０   ０ ０未０   ０ ０亥０

(랴)-1: ①金(義)+ ②庚金(陽)+ ③비견성+ ④편관+ ⑤ 한신인 편관의 이성 또는 감성적 심성

(랴)-2: ①木(仁)+ ②乙木(陰)+ ③정재성+ ④정관+ ⑤ 한신인 정관의 이성 또는 감성적 심성

(랴)-3: ①土(信)+ ②己土(陰)+ ③편인성+ ④편관+ ⑤ 한신인 편관의 이성 또는 감성적 심성

다음은 십성의 정인 또는 편인이 한신인데 이성 또는 감성적 심성으로 다양하게 드러나는 경우, 그 심성을 판단하는 매뉴얼에 대한 논자의 제안이다. 본고 Ⅳ장 2절에서 논자가 주장하고 논증한 중화용신에 의하면 정인 또는 편인이 한신 되는 경우는 卯·巳·午·未月의 丙·丁火일간 사주에서 甲·乙木이 한신 인성인 경우, 亥·子·丑·寅·辰·申·酉·戌月의 庚·辛金 사주에서 戊·己土가 한신 인성인 경우에 국한된다.

이에 부합되는 사례명조를 통해 심성 판단의 매뉴얼을 살펴보면 다음과 같다. 효과적인 설명을 위해 사례명조의 월간에 이성 또는 감성적 심성 작용을 하는 한신인 정인 또는 편인 오행이 구성되는 경우를 가정하였다.

(먀)-1   (먀)-2

0 丙 乙 0   0 庚 戊 0

0 0 未 0   0 0 子 0

(먀-1): ①木(仁)+ ②乙木(陰)+ ③정재성+ ④정인+ ⑤ 한신인 정인의 이성 또는 감성적 심성

(먀-2): ①土(信)+ ②戊土(陽)+ ③편인성+ ④편인+ ⑤ 한신인 편인의 이성 또는 감성적 심성

이상의 사례 명조에서 한신과 타 오행과의 생극 등에 따른 오행작용의 변수는 설명에서 생략하였다.

3. 십간과 십성의 복합적 심성작용

지금까지 위 2절에서 십간과 십성 그리고 한신의 이성적 심성작용과 감성적 심성작용을 해석하는 매뉴얼에 대해서 살펴보고 1), 2), 3) 각 항의 말미에 아래와 같이 심성해석을 위한 방법을 제안한 바 있다.

  심성분석 매뉴얼 (사례)
  ①水(智)+ ②壬水(陽)+ ③식신성+ ④편인+ ⑤ 편인의 이성적 심성
  ①水(智)+ ②壬水(陽)+ ③식신성+ ④편인+ ⑤ 편인의 감성적 심성
  ①金(義)+ ②庚金(陽)+ ③비견성+ ④편관+ ⑤ 한신인 편관의 심성

본 3절에서는 보다 깊이 있는 심성 해석을 위해 위 ③, ④ 항목을 포함해서 ① + ② + ③ + ④ + ⑤를 심성 해석의 매뉴얼로 삼아 보다 복합적인 심성해석의 방법을 제시하고자 한다. 이는 Ⅴ장 "심성의 명리학적 적용사례와 비판"에서 이성적 심성과 감성적 심성이라는 심성해석의 이분법적인 방법론에 대한 이론적 근거가 될 것이다.

다음 1), 2), 3) 항에서는 사주 원국의 천간에서 희·용신이 발달되어 있거나 기·구신이 발달되어 있는 경우, 또는 한신이 노출된 각각의 사례 명조를 예로 들어 논자가 주장한 복합적 심성해석에 대해 논증하도록 하겠다.

  1) 희·용신인 십간과 십성의 복합적 심성작용

Ⅳ장 2절에서 논자가 주장하고 논증한 중화용신에 의하면 천간에서 희·용신이 함께 구성되는 경우는 중화된 사주를 상징하는 관인상생격·재관상생격·식신생재격 외에는 존재하지 않는다.252)

---

252) 日干이 甲·乙木인데 食傷인 火가 용신이 되고 木이 喜神이 되는 경우, 日干이 丙·丁火인데 印星인 木이 용신이 되고 火가 喜神인 경우, 日干이 庚·辛金인데 食傷인 水가 용신이 되고 金이 喜神이 되는 경우, 日干이 壬·癸水인데 印星인 庚·辛金이 용신이 되고 水가 喜神이 되는 경우는 제외

즉, 甲·乙木 일간 사주에서 천간에 용신과 희신으로서 상생하는 두 오행이 火·土라 함은 식신생재격을 뜻하며, 水·金이라 함은 관인상생격을 뜻한다. 丙·丁火 일간 사주에서 천간에 용신과 희신으로서 상생하는 두 오행이 水·金이라 함은 재관상생격을 뜻한다. 戊·己土 일간 사주에서 천간에 용신과 희신으로서 상생하는 두 오행이 火·木이라함은 관인상생격을 뜻하며 水·金이라 함은 식신생재격을 뜻한다. 庚·辛金 일간 사주에서 천간에 용신과 희신으로서 상생하는 두 오행이 火·木이라 함은 재관상생격을 뜻한다. 壬·癸水 일간 사주에서 천간에 용신과 희신으로서 상생하는 두 오행이 火·木이라 함은 식신생재격을 뜻한다.

그러나 V장에서 이들 상생3격의 성립요건과 심성 등에 대해 세술할 것이므로 본 1) 항에서는 복합적인 심성해석을 통한 심성의 이성적·감성적 특징 등에 대해 집중할 것이다. 논증을 위한 명조는 아래와 같다. 水·金이 중화용신인 경우와 火·木이 중화용신인 경우를 사례로 들어 논하도록 하겠다.

(가)　　　　　(나)

壬甲癸庚　己壬丁乙
ㅇㅇ未ㅇ　ㅇㅇ亥ㅇ

중화용신에 의하면, 위 (가) 명조는 未月의 甲木 일간 사주로 水·金이 사주의 중화를 돕는 용신과 희신의 조합으로 水·金이 상생하는 관인상생격이 성립된다. 火·土는 기·구신이며 木은 한신이다. (나) 명조는 亥月의 壬水 일간 사주로 火·木이 사주의 중화를 돕는 용신과 희신의 조합으로 火·木이 상생하는 식신생재격이 성립된다. 水·金은 기·구신이며 土는 한신이다.

사주 해석을 위한 매뉴얼대로 먼저 가) 명조의 癸水를 살펴보면,

① 용신인 癸水는 水로 智인 "지략·문장·침착"를 암시한다. ② 癸水는 음

하였다. 이들은 日干 오행이 食傷 또는 印星과 木·火 또는 水·金 상생하는 경우이다. 日干이 卯月의 戊·己土로 火·土가 용신과 喜神이 되거나, 日干이 庚·辛金인데 土·金이 용신과 喜神이 되어 印·劫이 火·土 또는 土·金 상생하는 경우 역시 제외하였다.

간이다. ③ 癸水는 상관의 속성을 가진 상관성 오행이다. ④ 癸水는 십성상 정인이다. ⑤ 癸水는 용신이므로 이성적 심성이 마음과 말과 행동으로 드러난다.253) 이때 이성적 심성의 해석은 십간 癸水의 이성적 심성인 2절 1) 항 "빠른 문제해결·친화력·용의주도함"과 십성 정인의 이성적 심성인 2절 1) 항 "자상함·온정적·관대하고 후덕함· 새로운 지식을 이미 얻은 지식에 비추어 보아 해석하고 거두어 들여 제 것으로 만드는 능력·종교성·보수성· 긍정적·수용성·안정적·믿고 일을 맡김·포용적·전통을 중시 여김·안정적·사물의 추상적 특징을 파악하여 인식의 대상으로 삼는 행위·가정적임·전통성 등"에 기초한다.254)

다음은 희신인 庚金을 같은 방식에 의해 살펴보면,

①희신인 庚金은 金으로 義인 "의리·용감·순수"를 암시한다. ② 庚金은 양간이다.③ 庚金은 비견의 속성을 가진 비견성 오행이다.④ 庚金은 십성상 편관이다.⑤ 庚金는 희신이므로 이성적 심성이 마음과 말과 행동으로 드러난다. 이때 이성적 심성의 해석은 십간 庚金의 이성적 심성인 2절 1) 항 "순수함·의리·소신"과 십성 편관의 이성적 심성인 2절 1) 항 "보수성·충심·책임감과 의무감·도덕심·이성적임·규정이나 관습을 지킴·고된 일을 이겨냄 등"에 기초한다.

다음은 용신인 癸水(壬水) 즉, 상관성 정인(식신성 편인)과 희신인 庚金 즉, 비견성 편관을 대입시켜 그 복합적인 심리를 파악한다. '복합적'이라는 말에는 용신 오행과 희신 오행을 합친 심성을 의미한다. 또 한 가지는 위 癸水 정인을 일반적인 정인으로 보지 않고 상관의 속성을 가진 정인으로 또, 庚金 편관을 일반적인 편관으로 보지 않고 비견의 속성을 가진 편관으로 본다. 앞에서 논한 바와 같이 '상관의 속성을 가진 정인'이나 '비견의 속성을 가진 편관'은 상관과 비견이 가지고 있는 이성적 심성이 암시된 정인과 편관이라는 의미이다. 만약, 사주

---

253) (가) 명조의 壬水를 살펴보면, ①용신인 壬水는 水로 智인 "지략·문장·침착"를 암시한다. ② 壬水는 양간이다. ③ 壬水는 식신의 속성을 가진 식신성 오행이다. ④ 壬水는 십성상 편인이다. ⑤ 壬水는 용신이므로 이성적 심성이 마음과 말과 행동으로 드러난다.
254) 十干 壬水의 이성적 심성은 "심사숙고·기획성·용의주도 등"이다., 십성 壬水 偏印의 이성적 심성은 "종교성·보수성·수용성·도리가 깊고 식견이 있음·사물의 추상적 특징을 파악하여 인식의 대상으로 삼는 행위·한쪽 방향으로 특출한 재능·힘들이지 않고 얻으려하지만 창의적이고 발명적 등"이다.

원국의 천간에서 이들 두 오행 중, 어느 한 글자만 있다면 용신과 희신 오행이 상생해서 사주의 중화를 돕는 데에 있어서 구조적인 단점이 노출될 수가 있다. 즉, 기신이나 구신의 극·충·합거로 인해 사주의 중화가 흐트러질 수가 있기 때문이다. 이는 용신과 희신이 사주의 천간에 병립되어야 하는 중요한 이유이기도 하다. 또한 '상관성 정인'인 癸水와 '비견성 편관'인 庚金이 水·金 상생함으로 인해서 그 심성작용도 보다 안정적일 수 있다고 합리적으로 유추할 수 있다.

뿐만 아니라, 癸水가 음간이고 庚金은 양간이지만 사주를 전일적으로 관찰한다면 이는 음에 해당한다. 水·金인 庚辛·壬癸가 음 오행인 반면 火·木인 丙丁·甲乙은 양 오행이기 때문이다. 그렇다면 심성 또한 水·金이라는 음적 심성을 전제로 '상관성 정인'인 癸水 음 오행과 '비견성 편관'인 庚金 양 오행을 관찰해야 될 것이다. 이는 '상관성 정인'인 癸水가 음이고, '비견성 편관'인 庚金이 양이지만 정인과 편관의 저변의 심성은 음적이라는 말과도 유사하다.

다음 (나) 명조의 丁火를 살펴보면,

①용신인 丁火는 火로 오덕의 禮인 "공경·순박·총명"를 암시한다. ② 丁火는 음간이다. ③ 丁火는 정관의 속성을 가진 정관성 오행이다. ④ 丁火는 십성상 정재이다. ⑤ 丁火는 용신이므로 이성적 심성이 마음과 말과 행동으로 드러난다. 이때 이성적 심성의 해석은 십간 丁火의 이성적 심성인 2절 1) 항 "다정다감·세심·이타심"과 십성 정재의 이성적 심성인 2절 1) 항 "기계 등을 움직여 다루는 또는 사물을 자기에게 편리하게 만들기 위해 조종하는 능력·현실적·기술적 능력을 추구함·절약하고 검소함·계획을 세우는 능력·미래를 대비하는 마음·자기애·의존적이지 않음 등"에 기초한다.

다음은 희신인 乙木을 같은 방식에 의해 살펴보면,

①희신인 乙木은 木으로 오덕의 仁인 "자상함·화락·편안"를 암시한다. ② 乙木은 음간이다. ③ 乙木은 정재의 속성을 가진 정재성 오행이다. ④ 乙木은 십성상 상관이다. ⑤ 乙木은 희신이므로 이성적 심성이 마음과 말과 행동으로 드러난다. 이때 이성적 심성의 해석은 십간 乙木의 이성적 심성인 2절 1) 항 "유연함·적응력·현실적"과 십성 상관의 이성적 심성인 2절 1) 항 "소신 있는 자기주장·예리하고 정곡을 찌르는 말씨·남의 보호나 간섭 없이 독립하여 행동함·토론

하기 좋아함·새로운 것을 만들고자함·예민한 감각·총기가 있음·눈썰미가 있음·사물이나 개념 등에 대한 분석력이 있음·사물 등에 대한 대응이 빠름·서로 잘 통하고 교류하며 의견을 나누고자 함·계획적임 등"에 기초한다.

다음은 용신인 丁火 즉, 정관성 정재와 희신인 乙木 즉, 정재성 상관을 대입시켜 그 복합적인 심리를 파악하는 것이다. '복합적'이라는 말에는 용신 오행과 희신 오행을 합친 심성을 의미하며 또 한 가지는 위 丁火 정재를 일반적인 정재로 보지 않고 정관의 속성을 가진 정재로 또, 乙木 상관을 일반적인 상관으로 보지 않고 정재의 속성을 가진 상관으로 본다는 의미이다.

앞에서 논한 바와 같이 '정관의 속성을 가진 정재'나 '정재의 속성을 가진 상관'은 정관과 정재가 가지고 있는 이성적 심성이 암시된 정재과 상관이라는 의미이다. 만약 사주 원국의 천간에서 이들 두 오행 중, 어느 한 글자만 있다면 용신과 희신 오행이 상생해서 사주의 중화를 돕는 데에 있어서 구조적인 단점이 노출될 수 있다. 즉, 기신이나 구신의 극·충·합거로 인해 사주의 중화가 흐트러질 수 있기 때문이다. 이는 용신과 희신이 사주의 천간에 병립되어야 하는 중요한 이유이다. 또한 '정관성 정재'인 丁火와 '정재성 상관'인 乙木이 木·火 상생함으로 인해서 그 심성작용도 보다 안정적일 수 있게 될 것이라는 합리적 유추가 가능하다.

뿐만 아니라, 丁火와 乙木은 음간이지만 사주를 전일적으로 관찰한다면 이는 양에 해당한다. 水·金인 庚辛·壬癸가 음 오행인 반면 火·木인 丙丁·甲乙은 양 오행이기 때문이다. 그렇다면 심성 또한 火·木이라는 양적 심성을 전제로 '정관성 정재'인 丁火 음 오행과 '정재성 상관'인 乙木 음 오행을 관찰해야 될 것이다. 이는 '정관성 정재'인 丁火가 음이고, '정재성 상관'인 乙木이 음이지만 정재과 상관의 저변의 심성은 양적이라는 말과도 같다.

이와 같이 심성 해석을 위한 명조 분석을 통해 확인할 수 있는 것은 거의 대분의 사주는 본고 Ⅳ장 1절에서 논한 바와 같이 水·火 상생의 개념으로 접근할 필요가 있다는 사실이다. 이러한 논리에 의하면 인간의 심성 또한 크게 이분된다. 즉, 이성적 심성과 감성적 심성이 그것이다. 전자는 희·용신에 의해 생성되는 심성이며, 후자는 기·구신에 의해 생성되는 심성이다.

따라서 오행의 작용이 비교우위에 있는 기·구신 오행이 만약 희·용신 오행을 극·충·합거하게 되면 (가) 명조의 癸水인 '상관성 정인'과 庚金인 '비견성 편관'은 이성적 심성작용을 방해받게 되어 그 결과 심성의 왜곡현상이 일어 날 수가 있다. (나) 명조의 丁火인 '정관성 정재'와 乙木인 '정재성 상관'도 같은 원리이다. 따라서 이성적 심성이라고 해서 절대성은 없으며 단지 감성적 심성에 비해서 상대적인 개념으로 이해할 필요가 있다.

다시 말하면, (가) 명조는 金의 생을 받는 水와 이에 반해는 기·구신인 火·土와의 세력간, (나) 명조는 木의 생을 받는 火와 金의 생을 받는 기·구신인 水·金과의 세력간, 음양의 대립 또는 공존을 통해 중화를 판단할 수가 있다는 것을 확인할 수 있는 것이다. 위 (가) (나) 명조를 중화된 사주로 보는 근거가 여기에 있다고 하겠다. 기·구신으로부터 사주의 중화를 유지하기가 용이한 구성이기 때문이다. 이를 달리 표현하면 심성이 중화되어 있어서 이성적 심성이 감성적 심성을 비교적 잘 견제할 수가 있다.

희·용신인 십간과 십성의 복합적 심성해석에 있어서 이에 해당하는 기타 관인상생격·재관상생격·식신생재격의 구성을 갖춘 사주의 심성해석 원리는 사례 명조 (가) (나)와 같다.

2) 기·구신인 십간과 십성의 복합적 심성작용

Ⅳ장 2절에서 논자가 주장하고 논증한 중화용신에 의하면 천간에서 기·구신이 함께 구성되는 경우는 기·구신 오행으로 치우친 작용으로 인해 태과하거나 불급한 경우이다.[255] 따라서 관성과 인성이 상생하거나 재성과 관성이 상생하거나 또는 식상과 재성이 상생한다고 하더라도 이들 두 오행의 조합이 용신과 희신이 아니라면 중화된 사주를 상징하는 관인상생격·재관상생격·식신생재격이 성립되지 않는다.

甲·乙木 일간 사주에서 천간에 용신과 희신이 아닌 두 오행이 각각 水·金, 土·金, 火·土가 상생하는 경우 이는 사주의 중화를 돕는 구성인 관인상생격·

---

255) 徐升, 『淵海子平』, 台北: 進源文化事業有限公私, 2011, 163쪽: "金曰從革...太過則自無仁心. 好鬪貪欲. 不及則. 多三思. 少果決慳吝. 作事挫志."

재관상생격식·식신생재격과는 서로 다름을 뜻한다. 丙·丁火 일간 사주에서 천간에 용신과 희신이 아닌 두 오행이 각각 水·木, 水·金, 土·金이 상생하는 경우 이는 사주의 중화를 돕는 구성인 관인상생격·재관상생격식·식신생재격과는 서로 다름을 뜻한다. 戊·己土 일간 사주에서 천간에 용신과 희신이 아닌 두 오행이 각각 火·木, 水·木, 水·金이 상생하는 경우 이는 사주의 중화를 돕는 구성인 관인상생격·재관상생격식·식신생재격과는 서로 다름을 뜻한다. 庚·辛金 일간 사주에서 천간에 용신과 희신이 아닌 두 오행이 각각 火·土, 火·木, 水·木이 상생하는 경우 이는 사주의 중화를 돕는 구성인 관인상생격·재관상생격식·식신생재격과는 서로 다름을 뜻한다.

Ⅴ장에서 이들 상생3격의 성립요건과 심성 등에 대해 세술할 것이므로 본 2)항에서는 복합적인 심성해석을 통한 심성의 감성적 특징 등에 대해 집중할 것이다. 논증을 위한 사례 명조는 아래와 같다. 중화용신에 의해 水·金이 기신과 구신의 조합인 경우와 火·木이 기신과 한신의 조합인 경우를 사례로 들어 논하도록 하겠다.

(다)　　　　　(라)

壬丙庚 0　　甲戊丙 0
0 0 辰 0　　0 0 午 0

Ⅳ장 2절에서 논자가 주장하고 논증한 중화용신에 의하면, 위 (다) 명조는 辰月의 丙火 일간 사주로 木·火가 사수의 중화를 돕는 용신과 희신의 조합이며 金·水는 기·구신에 해당된다. 따라서 土는 한신이다. 상생하는 두 오행인 庚金 편재와 壬水 편관이 사주의 중화를 방해하고 있다. (라) 명조는 午月의 戊土 일간 사주로 水·金이 사주의 중화를 돕는 용신과 희신의 조합이며 土·火는 기·구신에 해당된다. 따라서 木은 한신이다. 상생하는 두 오행인 구신 丙火 인성과 한신 甲木 편관이 사주의 중화를 방해하고 있다.[256]

---

[256] 위 (다) 명조는 十星상 財星과 官星이 水·金 상생하는 財官相生의 모습을 하고 있고, 라) 명조는 구신인 丙火 印星과 閑神인 甲木 偏官이 木·火 상생하는 官印相生의 모습을 하고 있으나 이는 상

사주 해석을 위한 매뉴얼대로 먼저 (다) 명조의 壬水를 살펴보면,

① 기신인 壬水는 水로 智인 "방탕·음흉·무기력"을 암시한다. ② 壬水는 양간이다. ③ 壬水는 식신의 속성을 가진 식신성 오행이다. ④ 壬水는 십성상 편관이다.) ⑤ 壬水는 기신이므로 감성적 심성이 마음과 말과 행동으로 드러난다. 이때 감성적 심성의 해석은 십간 壬水의 감성적 심성인 2절 2) 항 "음험함·계략·음성적 쾌락"과 십성 편관의 감성적 심성인 2절 2) 항 "남의 생각이나 주장을 인정하지 않으려고 함·정신적 또는 물리적으로 상대에게 겁을 줌·스트레스 상대를 기만하거나 저버림·스스로에게 상해를 가함·패배를 인정하지 않으려고 함·강요당함·융통성이 없고 고지식함·자아강박·주장이 없음·계략·언행의 딱딱함·비루함" 등에 기초한다.

다음은 구신인 庚金을 같은 방식에 의해 살펴보면,

① 구신인 庚金은 金으로 義인 "투쟁·단순함·어리석음"를 암시한다. ② 庚金은 양간이다. ③ 庚金은 비견의 속성을 가진 비견성 오행이다. ④ 庚金은 십성상 편재이다. ⑤ 庚金은 구신이므로 감성적 심성이 마음과 말과 행동으로 드러난다. 이때 감성적 심성의 해석은 십간 庚金의 감성적 심성인 2절 2) 항 "완고함·직설적·고립"과 십성 편재의 감성적 심성인 2절 2) 항 "현실감이 없음·절약하지 않음·참을성이 없음·만용을 부림·평온하고 묵직하지 않음·급히 일을 이루려고함·욕망·색욕"에 기초한다.

다음은 기신인 壬水 즉, 식신성 편관과 구신인 庚金 즉, 비견성 편재를 대입시켜 그 복합적인 심리를 파악한다. '복합적'이라는 말에는 기신 오행과 구신 오행을 합친 심성을 의미하며 또 한 가지는 위 壬水 편관을 일반적인 편관으로 보지 않고 식신의 속성을 가진 편관으로 또, 庚金 편재를 일반적인 편재로 보지 않고 비견의 속성을 가진 편재로 본다는 의미이다.

앞에서 논한 바와 같이 '식신의 속성을 가진 편관'이나 '비견의 속성을 가진 편재'는 식신과 비견이 가지고 있는 감성적 심성이 암시된 편관과 편재라는 의미이다. 만약, 사주 원국의 천간에서 이들 두 오행 모두가 있다면 용신인 木과

생하는 두 오행이 용신과 흉신의 조합이어야 성립되는 조건에 부합되지 않는다. 일부 고전에서는 이와 유사한 경우를 官印相生格 또는 財官相生格 등으로 설명하고 있으나 이러한 오류에 관해서는 본고 V장 1절, 2절, 3절의 각 2) 항에서 논증하고 그 개념을 정립하였다.

희신인 火오행이 상생해서 사주의 중화를 돕는 데에 있어서 구조적인 단점이 노출될 수 있다. 즉, 기신이나 구신이 주도해서 용신인 木과 희신인 火오행을 극·충·합거할 경우 사주의 중화가 흐트러질 수 있다. 이는 기신과 구신이 사주의 천간에 병립되면 용신과 희신의 중화 작용이 구조적으로 어렵게 되어 사주의 중화가 불리하게 된다. 또한 '식신성 편관'인 壬水와 '비견성 편재'인 庚金이 水·金 상생함으로 인해서 그 심성작용도 편관과 편재 쪽으로 치우쳐지게 된다는 합리적 유추가 가능하다.

뿐만 아니라, 壬水가 양간이고 庚金은 양간이지만 사주를 전일적으로 관찰한다면 이는 음에 해당한다. 水·金인 庚辛·壬癸가 음 오행인 반면 火·木인 丙丁·甲乙은 양 오행이기 때문이다. 그렇다면 심성 또한 水·金이라는 음적 심성을 전제로 '식신성 편관'인 壬水 양 오행과 '비견성 편재'인 庚金 양 오행을 관찰해야 될 것이다. 이는 '식신성 편관'인 壬水가 양이고, '비견성 편재'인 庚金이 양이지만 편관과 편재의 저변의 심성은 음적이라는 말과도 같다고 할 수 있다.

다음 (라) 명조의 丙火를 살펴보면,

① 구신인 丙火는 火로 오덕의 禮인 "조급·비례·유시무종"을 암시한다. ② 丙火는 양간이다. ③ 丙火는 편관의 속성을 가진 편관성 오행이다. ④ 丙火는 십성상 편인이다. ⑤ 丙火는 구신이므로 감성적 심성이 마음과 말과 행동으로 드러난다. 이때 감성적 심성의 해석은 십간 丙火의 감성적 심성인 2절 2) 항 "쾌락·분노·안하무인"과 십성 편인의 감성적 심성인 2절 2) 항 "원하지 않음에도 받아들임·세속을 초월함·생각을 드러내지 않음·더딤·고독함·괴팍스러움·치밀하지 않음·조용하고 냉소적임·일정한 규칙을 고수함·냉담함·고립·비전통성·비학문성·우유부단·타성에 젖음"에 기초한다.

다음은 기신성 한신[257]인 甲木을 같은 방식에 의해 살펴보면,

① 기신성 한신인 甲木은 木으로 오덕의 仁인 "불인(不仁)·편벽·탐욕"과 유사한 암시가 있다. ② 甲木은 양간이다. ③ 甲木은 편재의 속성을 가진 편재성 오행이다. ④ 甲木은 십성상 편관이다. ⑤ 甲木은 기신성 한신이므로 감성적 심

---

257) 忌神性 閑神: 閑神임에도 忌神과 같은 수준의 감성적 심성이 드러나는 경우를 '忌神性 閑神'이라고 정의 하였다.

성과 유사한 마음과 말과 행동으로 드러난다. 이때 감성적 심성의 해석은 십간 甲木의 감성적 심성인 2절 2) 항 "자기중심·좌절·허장허세"와 십성 편관의 감성적 심성인 2절 2) 항 "남의 생각이나 주장을 인정하지 않으려고 함·정신적 또는 물리적으로 상대에게 겁을 줌·스트레스·상대를 기만하거나 저버림·스스로에게 상해를 가함·패배를 인정하지 않으려고 함·강요당함·융통성이 없고 고지식함·자아강박·주장이 없음·계략·언행의 딱딱함·비루함"과 유사하며 따라서 이에 기초한다.

다음은 구신인 丙火 즉, 편관성 편인과 기신성 한신인 甲木 즉, 편재성 편관을 대입시켜 그 복합적인 심리를 파악한다. '복합적'이라는 말에는 두 가지의 의미가 있는데 첫째, 기신 오행과 구신 오행의 조합, 또는 용신과 희신 오행 중 한 가지 오행과 기신·구신·한신 중 한 가지 오행이 서로 합친 심성을 의미한다. 둘째, 위 丙火 편인을 일반적인 편인으로 보지 않고 편관의 속성을 가진 정편인으로 또, 기신성 한신인 甲木 편관을 일반적인 편관으로 보지 않고 편재의 속성을 가진 편관으로 본다는 의미이다.

앞에서 논한 바와 같이 '편관의 속성을 가진 편인'이나 '편재의 속성을 가진 편관'은 편인과 편관이 가지고 있는 감성적 심성이 암시된 편인과 편관이라는 의미이다. 만약, 사주 원국의 천간에서 이들 두 오행 과 기신에 해당하는 戊·己 土 중, 어느 두 글자만 있다면 용신과 희신 오행이 상생해서 사주의 중화를 돕는 데에 있어서 구조적인 단점이 노출될 수 있다. 즉, 기신이나 구신의 극·충·합 거로 인해 사주의 중화가 흐트러질 수 있기 때문이다. 기신성 한신인 甲木은 용신인 水氣를 흡수해 사주 전체의 중화작용을 방해한다. 이는 용신과 희신이 사주의 천간에 병립되어야 하는 중요한 이유이기도 하다. 또한 '편관성 편인'인 丙火와 '편재성 편관'인 甲木이 木·火 상생함으로 인해서 그 심성작용도 보다 감성적으로 드러날 것이라는 합리적 유추가 가능하다.

뿐만 아니라, 丙火와 甲木은 양간이며 사주를 전일적으로 관찰하더라도 이는 양에 해당한다. 水·金인 庚辛·壬癸가 음 오행인 반면 火·木인 丙丁·甲乙은 양 오행이기 때문이다. 그렇다면 심성 또한 火·木이라는 양적 심성을 전제로 '편관성 편인'인 丙火 양 오행과 '편재성 편관'인 甲木 양 오행을 관찰해야 될 것이다. 이는 '편관성 편인'인 丙火가 양이고, '편재성 편관'인 甲木도 양이므로 편인과 편관의 저변의 심성 또한 양적이라는 말과도 같다.

　이와 같이 심성 해석을 위한 명조 분석을 통해 확인할 수 있는 것은 거의 대분의 사주는 본고 Ⅳ장 1절에서 논한바와 같이 水·火 상생의 개념으로 접근할 필요가 있다는 사실이다. 이러한 논리에 의하면 인간의 심성 또한 크게 이분된다. 그것은 바로 이성적 심성과 감성적 심성인데, 전자는 희·용신에 의해 생성되는 심성이며, 후자는 기·구신에 의해 생성되는 심성이다.

　따라서 오행의 작용이 비교우위에 있는 기·구신 오행이 만약 희·용신 오행을 극·충·합거하게 되면 (다) 명조의 壬水인 '식신성 편관'과 庚金인 '비견성 편재'는 희·용신인 木·火 오행의 이성적 심성작용을 방해하게 되어 그 결과 심성의 왜곡현상이 일어나는 원인 제공을 할 수가 있다. (라) 명조의 丙火인 '편관성 편인'과 甲木인 '편재성 편관'도 같은 원리이다. 그러나 감성적 심성이라고 해서 절대성은 없으며 단지 이성적 심성에 비해서 상대적인 개념으로 이해할 필요가 있다.

　다시 말하면, (다) 명조는 火의 생을 받는 木이 이에 반하는 기·구신인 水·金과의 세력간 음양의 대립 또는 공존을 통해 중화를 판단할 수가 있다는 것을 확인할 수 있다. (라) 명조는 金의 생을 받는 水와 火 또는 土와 상생하는 기·구신의 (기신성 한신인 甲木도 이에 속한다.) 경우로, 水·火의 기운이 대립되어 있는 이치로, 위와 다르지 않다. 위 (다) (라) 명조를 중화된 사주로 볼 수 없는 근거가 여기에 있다고 하겠다. 기·구신인 火·土, 기신과 기신성 한신인 火·木으로 인해 사주의 중화를 유지하기가 어려운 구성이기 때문이다. 이를 달리 표현하면 기·구신 오행으로 인한 심성이 치우쳐서 감성적 심성이 과도하게 나타나거나 자칫 이성적 심성을 훼손 할 수 있다.

　기·구신인 십간과 십성의 복합적 심성해석에 있어서 이에 해당하는 기타 관인상생격·재관상생격·식신생재격의 구성을 갖춘 사주의 심성해석 원리는 사례 명조 (다) (라)와 같다.

3) 한신인 십간과 십성의 복합적 심성작용

앞서 2절 3) 항에서 한신인 십간258)의 심성작용과 한신인 십성259)의 심성작용의 기초적인 방법에 대해 논하였다.

Ⅴ장에서 이들 상생3격의 성립요건과 심성 등에 대해 세술할 것이므로 본 3) 항에서는 복합적인 심성해석을 통한 한신 오행의 다변적 심성 등에 대해 집중할 것이다. 논증을 위한 사례 명조는 아래와 같다. 중화용신에 의해 辰月의 戊土 일간 사주에서 비겁 土가 한신이 되는 경우와 卯月의 丙火 일간 사주에서 인성인 木이 한신이 되는 경우 그리고 子月의 壬水 일간 사주에서 관성인 土가 한신이 되는 경우를 사례로 들어 논하도록 하겠다.

---

258) Ⅳ장 2절 1) 항에서 논증한 바에 의하면, 天干에 노출된 十干 중심의 閑神은 다음과 같다 : 巳·午·未月의 甲·乙木 일간 사주에서 比·劫인 甲·乙木, 卯·巳·午·未月의 丙·丁火 일간 사주에서 印星인 甲·乙木, 巳·午·未月의 戊·己土 일간에서 官星인 甲·乙木, 巳·午·未月의 庚·辛金 일간 사주에서 財星인 甲·乙木, 寅·卯·巳·午·未月의 壬·癸水 일간 사주에서 食·傷인 甲·乙木이 각각 閑神이다. 즉, 甲·乙木이 閑神이 되는 경우는 水·金이 용신과 희신이 되는 모든 사주에 해당된다. 丑·辰·申·酉·戌月의 甲·乙木 일간 사주에서 財星인 戊·己土, 亥·子·丑·寅·辰·申·酉·戌月의 丙·丁火 일간 사주에서 食·傷인 戊·己土, 亥·子·丑·寅·辰·申·酉·戌月의 戊·己土 일간 사주에서 比·劫인 戊·己土, 亥·子·丑·寅·辰·申·酉·戌月의 庚·辛金 일간 사주에서 印星인 戊·己土, 亥·子·丑·辰·申·酉·戌月의 壬·癸水 일간 사주에서 官星인 戊·己土가 각각 閑神이다. 즉, 戊·己土가 閑神이 되는 경우는 火·木이 용신과 희신이 되는 모든 사주에 해당된다. 亥·子·寅·卯月의 甲·乙木 일간 사주에서 官星인 庚·辛金, 卯月의 戊·己土 일간 사주에서 食·傷인 庚·辛金이 각각 閑神이다. 즉, 庚·辛金이 閑神이 되는 경우는 火·土가 용신과 희신이 되는 모든 사주에 해당된다. 그리고 卯月의 庚·辛金 일간 사주에서는 食·傷인 壬·癸水가 閑神이다. 즉, 壬·癸水가 閑神이 되는 경우는 土·金이 용신과 희신이 되는 庚·辛金이 일간인 사주가 유일하다. 丙·丁火 오행은 閑神으로서 존재하지 않는다.

259) Ⅳ장 2절 1) 항에서 논증한 바에 의하면, 天干에 노출된 十星 중심의 閑神은 다음과 같다: 比肩과 劫財가 閑神이 되는 경우는 亥·子·丑·寅·辰·申·酉·戌月의 戊·己土 일간 사주에서 戊·己土가 비肩 또는 劫財가 되는 경우, 巳·午·未月의 甲·乙木 일간 사주에서 甲·乙木이 비肩과 劫財가 되는 경우이다. 이는 관인상생격의 사주에 해당하며 관인상생격의 사주는 일간이 閑神이 되는 특징이 있다. 食神과 傷官이 閑神이 되는 경우는 亥·子·丑·寅·辰·申·酉·戌月의 丙·丁火 일간 사주에서 戊·己土가 食傷이 되는 경우, 卯月의 戊·己土 일간 사주에서 庚·辛金이 食·傷인 경우, 卯月의 庚·辛金 일간 사주에서 壬癸水가 食·傷인 경우, 寅·卯·巳·午·未月의 壬·癸水 일간 사주에서 甲·乙木이 食·傷이 되는 경우로 모두 食·傷이 閑神이다. 正財와 偏財가 閑神이 되는 경우는 丑·辰·申·酉·戌月의 甲·乙木 일간 사주에서 戊·己土가 財星인 경우, 巳·午·未月의 庚·辛金 일간 사주에서 甲·乙木이 財星인 경우로 모두 財星이 閑神이다. 正官과 偏官이 閑神이 되는 경우는 亥·子·寅·卯月의 甲·乙木 일간 사주에서 庚·辛金이 官星인 경우, 巳·午·未月의 戊·己土 일간 사주에서 甲·乙木이 官星이 되는 경우, 亥·子·丑·辰·申·酉·戌月의 壬·癸水 일간 사주에서 戊·己土가 官星이 되는 경우로 모두 官星이 閑神이다. 正印과 偏印이 閑神이 되는 경우는 卯·巳·午·未月의 丙·丁火 일간 사주에서 甲·乙木인 印星이 閑神이 되는 경우, 亥·子·丑·寅·辰·申·酉·戌月의 庚·辛金 일간 사주에서 戊·己土인 印星이 閑神이 되는 경우로 모두 印星이 閑神이다.

```
    (마)          (바)          (사)
 己戊戊己      己丙乙癸      丙壬戊甲
 ○○辰○      ○○卯○      ○○子○
```

Ⅳ장 2절에서 논자가 주장하고 논증한 중화용신에 의하면, 위 (마) 명조는 辰月의 戊土 일간 사주로 火·木이 사주의 중화를 돕는 용신과 희신의 조합이며 水·金은 기·구신에 해당된다. 따라서 비겁인 土는 한신이다. (바) 명조는 卯月의 丙火 일간 사주로 水·金이 사주의 중화를 돕는 용신과 희신의 조합으로 火·土는 기·구신에 해당된다. 따라서 인성인 木은 한신이다. (사) 명조는 子月의 壬水 일간 사주로 火·木이 사주의 중화를 돕는 용신과 희신의 조합이며 水·金은 기·구신에 해당된다. 따라서 관성인 土는 한신이다.

사주 해석을 위한 매뉴얼대로 먼저 (마) 명조의 한신 戊·己土를 살펴보면,

① 한신인 戊土는 土로 信인 "성실·돈후·신심"또는 "우둔·고집·고독"을 암시한다. ② 戊土는 양간이다. ③ 戊土는 편인의 속성을 가진 편인성 오행이다. ④ 戊土는 십성상 비견이다. ⑤ 戊土는 한신이므로 일간 오행으로서 뚜렷한 '자기소신'이나 '주의주장'을 드러내지 않을 수 있다.260) 이때 이성적 심성의 해석은 십간 戊土의 이성적 심성인 2절 1) 항 "중재·믿음·중후함"과 십성 비겁의 이성적 심성인 2절 1) 항 "독립성·자발적·자주적·단호하고 확고함·친구를 대신해서 나섬·스스로 남보다 못하다고 느끼지 않음·스스로가 항상 옳다고 하는 특징적 경향" 등에 기초한다.

한편 십간 오행인 戊土의 감성적 심성은 2절 1) 항 "독선·무융통성·음흉함"에 그리고 십성인 戊土 비견의 감성적 심성은 2절 2) 항 "생각이 깊지 않고 경솔함·성급함·명령에 따르지 않음 등"에 기초한다.261)

---

260) ① 閑神인 己土는 土로 信인 "성실·돈후·신심"또는 "우둔·고집·고독"을 암시한다. ② 己土는 음간이다. ③ 己土는 正印의 속성을 가진 正印性 오행이다. ④ 己土는 十星으로 劫財이다. ⑤ 己土는 閑神이므로 일간 오행으로서 뚜렷한 '자기소신'이나 '주의주장'을 드러내지 않을 수 있다.
261) 十干 己土의 이성적 심성은 2절 1) 항 "경청·수용성·안정성"과 十星 劫財의 이성적 심성인 2절 1) 항 "독립성·경쟁심·일을 마음에 담아 두지 않고 뒤끝이 깨끗함·스스로가 항상 옳다고 하

그러나 위 마) 명조에서처럼 일간 오행인 戊土가 한신일 경우 이성적·감성적 심성을 특정 짓기가 어렵다. 만약 (마) 명조에서 기신인 壬·癸水를 만난다 하더라도 戊土는 壬·癸水를 극을 할 수가 없고 사주의 중화작용을 하는 희신 甲木 또한 한신인 戊·己土를 극하지 않는다. 이는 戊土가 한신이고, 희·용신 오행은 기·구신 오행을 극하지 않기 때문이다.

다음으로 (바) 명조의 한신 乙木을 살펴보면,

① 한신인 乙木은 木으로 仁인 "자상함·화락·편안"또는 "불인(不仁)·편벽·탐욕"을 암시한다. ② 乙木은 음간이다. ③ 乙木은 정재의 속성을 가진 정재성 오행이다. ④ 乙木은 십성상 정인이다. ⑤ 乙木은 한신이므로 정인으로서 뚜렷한 심성을 드러내지 않을 수 있다. 이때 이성적 심성의 해석은 십간 乙木의 이성적 심성인 2절 1) 항 "유연함·적응력·현실적"과 십성 정인의 이성적 심성인 2절 1) 항 "자상함·온정적·관대하고 후덕함·새로운 지식을 이미 얻은 지식에 비추어 보아 해석하고 거두어 들여 제 것으로 만드는 능력·종교성·보수성·긍정적·수용성·안정적·믿고 일을 맡김·포용적·전통을 중시 여김·안정적·사물의 추상적 특징을 파악하여 인식의 대상으로 삼는 행위·가정적임·전통성" 등에 기초한다.

한편 십간 오행인 乙木의 감성적 심성은 2절 2) 항 "이해타산·물질추구·질투"에 그리고 십성인 乙木 정인의 감성적 심성은 2절 2) 항 "폐쇄적·비교적 의존적임·수동적임·유창함이 덜함·의존성·게으름·분화력이 모자람 등"에 기초한다. 그러나 위 (바) 명조에서처럼 乙木 오행이 한신일 경우 이성적·감성적 심성을 특정 짓기가 어렵다. 만약 (바) 명조에서 戊·己土를 만난다 하더라도 乙木은 戊·己土를 극을 할 수가 없고 사주의 중화작용을 하는 희신 庚·辛金 또한 한신인 乙木을 극하지 않는다. 이는 乙木이 한신이고, 희·용신 오행은 기·구신 오행을 극하지 않기 때문이다.

는 특징적 경향 등"에 기초한다. , 十干 己土의 감성적 심성은 2절 2) 항 "이기심·소극성·부화뇌동"에 그리고 十星인 己土 劫財의 감성적 심성은 2절 2) 항 "무모함·파괴성·충동적·허세를 부림·법규를 경시함·대담하며 흉악 등"에 기초한다.

다음으로 (사) 명조의 한신 戊·己土를 살펴보면,

① 한신인 戊土는 土로 信인 "성실·돈후·신심"또는 "우둔·고집·고독"을 암시한다. ② 戊土는 양간이다. ③ 戊土는 편인의 속성을 가진 편인성 오행이다. ④ 戊土는 십성상 편관이다. ⑤ 戊土는 한신이므로 편관으로서 뚜렷한 심성을 드러내지 않을 수 있다. 이때 이성적 심성의 해석은 십간 戊土의 이성적 심성인 2절 1) 항 "중재·믿음·중후함"과 십성 편관의 이성적 심성인 2절 1) 항 "보수성·충심·책임감과 의무감·도덕심·이성적임·규정이나 관습을 지킴·고된 일을 이겨냄 등"에 기초한다.

한편 십간 오행인 戊土의 감성적 심성은 2절 2) 항 "독선·무융통성·음흉함"에 그리고 십성인 戊土 편관의 감성적 심성은 2절 2) 항 "남의 생각이나 주장을 인정하지 않으려고 함·정신적 또는 물리적으로 상대에게 겁을 줌·스트레스·상대를 기만하거나 저버림·스스로에게 상해를 가함·패배를 인정하지 않으려고 함·강요당함·융통성이 없고 고지식함·자아강박·주장이 없음·계략·언행의 딱딱함·비루함" 등에 기초한다. 그러나 위 (사) 명조에서처럼 戊土가 한신일 경우 이성적·감성적 심성을 특정 짓기가 어렵다. 만약 (사) 명조에서 기신인 壬·癸水를 만난다 하더라도 戊土는 壬·癸水를 극을 할 수가 없고 사주의 중화 작용을 하는 희신 甲木 또한 한신인 戊·己土를 극하지 않는다.262) 이는 戊土가 한신이고, 희·용신 오행은 기·구신 오행을 극하지 않기 때문이다.

한신인 십간과 십성의 복합적 심성해석에 있어서 이에 해당하는 구성을 갖춘 사주의 심성해석 원리는 사례 명조 (마) (바) (사)와 같다.

---

262) 이건희, 「음양오행론의 명리학적 적용에 관한 연구」, 대구한의대학교 대학원 석사학위논문, 2017, 209쪽: "모든 喜·用神은 他 오행을 剋·沖하거나 合去하지 않으며, 모든 忌·仇神은 모든 喜·用神을 剋·沖하거나 合去한다., 모든 閑神오행의 生剋작용은 일정하지 않다. 閑神은 忌·仇神을 剋·沖하지 못하며, 喜·用神의 작용을 방해할 수 있다."

Ⅳ. 심성의 명리학적 적용

1. 명리학의 중화개념과 수화상생

1) 명리학의 중화개념

명리학에서 중화의 개념은 절대적이라고 할 수 있다. 왜냐하면 명리학 이론은 중화라는 글자에 귀착되기 때문이다. 이러한 의미로 "오행이 화목하면 일생에 재앙이 없다"263)고 라고 하였다. "오행이 화목하다"는 말은 중화를 표현하는 가장 상징적인 사례라 할 수 있는데 실제, 명리학에서 중화는 생·조·억·설인 억부중화264)와 한·난·조·습인 조후중화265) 그리고 음양 상생을 일컫는 음양중화266), 水·火 상생을 일컫는 수화기제267), 편전268), 쌍전269), 평형270), 균평과 태과·불급271) 등에 이르기까지 다양한 단어로 표현되고 있다.

서자평은 『옥조신응진경주』에서 중화272)를 말하고 있는데, "오행이 지나치게

---

263) 袁樹珊 撰輯, 任鐵樵增注, 『滴天髓闡微』, 台北: 進源文化事業有限公司, 2011, 394쪽 : "五行和者. 一世無災."
264) 抑扶中和: 弱하면 印·劫으로 生·助해주고 强하면 抑·洩하는 生·助·抑·洩의 일반적 개념을 抑扶中和로 표현하였다. 본고에서는 '調候中和'와 함께 中和用神의 개념으로 통일하였다.
265) 調候中和: 뜨거우면 식혀주고 메마르면 적셔주는 寒·暖·燥·濕의 일반적인 개념을 調候中和로 표현하였다. 본고에서는 "抑扶中和"와 함께 中和用神의 개념으로 통일하였다.
266) 袁樹珊 撰輯, 任鐵樵增注, 『滴天髓闡微』, 台北: 進源文化事業有限公司, 2011, 211쪽 : "惟陰陽中和變化."
267) 徐升 編著, 『淵海子平評註』, 臺北: 務陵出版有限公司, 2002, 186쪽 : "南方火炎. 利入北方水運. 北方水寒. 利入南方火運. 水火有旣濟之功.
268) 袁樹珊 撰輯, 任鐵樵增注, 『滴天髓闡微』, 台北: 進源文化事業有限公司, 2011, 12쪽 : "五氣偏全論定吉凶."
269) 沈孝瞻 著, 徐樂吾評註, 『子平眞詮評註』, 台北: 進源書局, 2006, 146쪽 : "此謂官印雙全. 無人不貴."
270) 郭璞 撰, 徐子平 註, 『玉照神應眞經註』 : "命中五行求其中和. 平衡."
271) 郭璞 撰, 張顒 註, 『玉照定眞經』 : "三命均平者. 久長也. 不犯太過不及者也."
272) 中和 또는 均平에 대한 표현은 『玉照神應眞經』보다 앞 선 『玉照定眞經』에서 장옹(張顒)이 주해한 "三命均平者. 久長也. 不犯太過不及者也. 又太過者要降氣. 不及者要旺氣也."에서 같은 내

강한 것은 겁패의 근원인 것이다"를 주해하면서 "사주에 있어서 오행은 중화와 평형을 구하여야만 하고, 지나치게 과하거나 미치지 못함은 좋지 않다"273)라고 하였다. 그러나 중화를 논함에 있어 가장 중요한 것은 음양의 조화 즉, 음양중화에 있다고 본다.

이와 관련해서 임철초는 『적천수천미』에서 '음양중화'274)라는 표현을 쓰고 있다. 당대 이허중 역시 『이허중명서』에서 "천간과 지지의 년·월·일·시 오행에 치우침이 있으면, 중요한 것이 무엇인가에 따라 논명하여야 한다"275)라고 하였다. 여기서 '중요한 것에 따라'(隨所主)에서 '중요한 것'이란 '치우침을 바로 잡을 수 있는 것'의 의미로 볼 수 있다. "지나치게 과한 것과 이에 미치지 못하는 것이 서로 옮겨 다니거나 엎치락뒤치락하기도 하기 때문에, 스스로 돌아가는 자신의 길·흉·화·복의 운수가 중용을 따라서 적당하게 응하여 발해야 한다. 오행은 강·유의 지나치거나 모자람 없이 꼭 알맞음을 좋아하고, 년·월·일 삼명은 성쇠나 태과를 꺼린다"276)는 말 역시 중화의 또 다른 표현이라 할 수 있다. 여기서 이허중은 중화라는 표현 대신 중용이라는 표현을 쓰고 있다. 이는 당·송·명·청대의 명리학의 주요 저작들이 그렇듯이 유가의 영향을 받은 것으로 볼 수 있는 단서이다. 이러한 중화 개념은 『연해자평』의 "음양은 추측이 쉽지 않기 때문에 한 가지 방법만으로 단정 지어서는 안 된다. 중화의 기를 얻을 수 있도록 해야 한다"277)라거나 『적천수』의 "쇠하고 왕함의 기틀을 능히 안다"278)는 말에 대해서, 임철초는 왕하면 설기하거나 극함이 마땅하고, 쇠하면 돕고 거드

용이 확인 된다.
273) 郭璞 撰, 徐子平 註, 『玉照神應真經註』: "五行太過. 復爲怯敗之根宗. ... 命中五行求其中和. 平衡. 太過与不及. 均属不美."
274) 袁樹珊 撰輯, 任鐵樵增注, 『滴天髓闡微』, 台北: 進源文化事業有限公司, 2011, 211쪽: "惟陰陽中和變化. 乃能發育萬物. 若有一陽而無陰以成之. 有一陰而無陽以生之. 是謂鰥寡. 無生成之意也."
275) 鬼谷子 撰, 李虛中 註編, 『李虛中命書』, 中華民國, 新文豐出版公司, 1978, 14쪽: "四柱有偏枯. 則隨所主而論之."
276) 鬼谷子 撰, 李虛中 註編, 『李虛中命書』, 中華民國, 新文豐出版公司, 1978, 15쪽: "過與不及. 游移顚倒. 氣數中庸. 應期而發. 五行喜剛柔得中. 三命忌盛衰太過."
277) 徐升 編, 唐錦池 著, 『淵海子平』, 中華民國 進源文化事業有限公私, 2011, 78쪽: "陰陽罕測. 不可一例而推. 務要稟得中和之氣."
278) 劉伯溫 著, 任鐵樵 增注, 袁樹珊 撰輯, 『滴天髓闡微』, 中華民國 進源文化事業有限公司, 2011, 128쪽: "能知衰旺之真機."

는 것을 기뻐하는 것이 자평법의 원리라고 풀이하면서도 왕한 가운데 쇠하는 것이나 쇠한 가운데 왕한 것을, 각각 손상하거나 도와주어서는 안 된다고 주해하고 있다. 즉, 지나치게 왕한 것을 극하거나 지나치게 쇠한 것을 생조해서는 안 된다는 의미279)로 주해하고 있다. 이는 중화의 방법을 제시한 것이다. 그러나 논자는 이러한 주해가 『적천수』의 '쇠하고 왕함의 기틀을 능히 안다'라는 내용의 본의를 제대로 전달하고 있는지에 대해 의구심을 가지고 있다. 사주의 체에서 용으로 전환된 중화작용을 무시하고 지나치게 주관적인 해석을 한 결과 사주의 '中뿐만 아니라 和는 자평의 중요한 원칙이다.'(中而且和. 子平之要法也)280)라는 대원칙에서 벗어난 주장이라 보기 때문이다. 임철초도 월령을 얻으면 모두 왕하다거나 그렇지 못하면(失令) 약하다고 논하는 것을 지극한 이치라고 말하면서도 한편으로는 '죽은법'이라고 주장하고 있다. 태어난 月에서 得時하지 못했다 하더라도 年·日時의 干支에서 힘을 얻을 수도 있고 또는 손상을 당할 수 있다는 것인데,281) 이 또한 사주의 '中뿐만 아니라 和는 자평의 중요한 원칙이다'라는 대원칙에 어긋나므로 이것은 불합리한 것이라고 할 수 밖에 없다.

그렇다면, 이른바 『적천수』의 "중화의 바른 원칙"(中和之正理)이란 무엇을 의미하는가? 중화에 대한 명리학적 개념을 정립함에 앞서 몇 가지 사례를 더 살펴보도록 하겠다. 서자평은 『명통부』에서 "대체로 명을 볼 때는 일간을 위주로 하고 천원인 천간·지원인 지지·인원인 지장간의 삼원을 아울러 팔자 내의 10간과 12지지를 통찰하여 본다"282)라고 하였다. 서자평이 말한 이 내용은 자평법의 해석 체계를 말한 것으로, 자평법에서는 납음법을 쓰지 않는다는 의미가 된다. 이에 대해 萬育五(만육오)는 "사주를 논함에 있어 단지 일주의 천간(일간)을 명

---

279) 劉伯溫 著, 任鐵樵 增注, 袁樹珊 撰輯, 『滴天髓闡微』, 中華民國 進源文化事業有限公司, 2011, 128쪽: "旺則宜洩宜傷. 衰則喜幇喜助. 子平之理也. 然旺中有衰者存. 不可損也. 衰中有旺者存. 不可益也. 旺之極者不可損. 以損在其中矣. 衰之極者不可益."
280) 劉伯溫 著, 任鐵樵 增注, 袁樹珊 撰輯, 『滴天髓闡微』, 中華民國 進源文化事業有限公司, 2011, 141쪽: "中而且和. 子平之要法也.", "中和者. 命中之正理也."
281) 劉伯溫 著, 任鐵樵 增注, 袁樹珊 撰輯, 『滴天髓闡微』, 中華民國 進源文化事業有限公司, 2011, 129쪽: "得時俱爲旺論. 失令便作衰看. 雖是至理. 亦死法也. ... 況八字雖以月令爲重. 而旺相休囚. 年日時中. 亦有損益之權. 故生月卽不値令. 亦能値年値日値時. 豈可執一而論."
282) 徐子平 著, 李鐵筆 評註(萬育吾 原註), 『八字明通賦評註』, 中華民國, 益群書店股份有限公司, 2001, 3쪽: "凡看命. 以日干爲主. 統三元而配合. 八字干支."

의 주체로 삼았다. … 팔자란 사주 내의 여덟 글자인 천간과 지지를 의미하는 말이다"283)라고 주석했다. 즉 먼저 일간을 관찰한 후에 월지의 형편을 보아 그 핵심을 말하는 것이다.284) 후일 『적천수』「통신」편의 '인도'에서는 다음과 같이 중화를 표현하고 있다.

"하늘과 땅 사이에서 가장 귀한 것이 사람이다. 순조롭고 적당하면 길하고 어긋나고 다투면 흉하다." 하늘과 땅 사이의 만물은 오행의 기를 받지 않은 것이 없다. 다만 사람이 모든 오행의 기를 갖고 있어 귀하다. 그러나 사람에게 길흉이 있다고 하는 것은 그 얻은 오행의 기가 순조롭게 적당한가 아니면 어긋나 다투는가에 있다. 285)

이에 대해서 임철초는 "여기서 알 수 있듯이 사주가 치우치고 균형이 되지 못했기 때문이다. 이렇게 볼 때 사주란 중화되어야 귀한 것이지 균형을 갖추지 못하면 나중에 반드시 손해를 보게 된다. 따라서 마땅히 균형을 갖추고 치우치지 말아야 하는 것을 알아야지 기이한 것을 믿어서는 안 된다"286)라고 주해하고 있다. 또 『적천수』「성정」편의 "다섯 가지 기운이 서로 극하지 않으면 성품이 중화되고, 탁하고 난잡하며 너무 왕하거나 너무 쇠약하면 성품이 괴팍하다"287)라는 구절에 대해 임철초는 원문의 '성정중화'라는 표현 외에 '중화순수'288)라는 표현을 쓰고 있다.

이는 논자가 강조하는 중화란 즉 '마음의 중화'를 말하는 것으로 보아 크게 다

---

283) 徐了平 著, 李鐵筆 評註(萬育吾 原註), 『八字明通賦評註』, 中華民國, 益群書店股份有限公司, 2001, 3쪽: "論者專以日辰天干爲命元之主. … 八字即四柱. 天干地支. 共八字."
284) 徐子平 著, 李鐵筆 評註(萬育吾 原註), 『八字明通賦評註』, 中華民國, 益群書店股份有限公司, 2001, 8쪽: "先言日干. 言月支. 擧其所要者. 以示人也."(萬育五 註釋)
285) 袁樹珊 撰輯, 任鐵樵增注, 『滴天髓闡微』, 台北: 進源文化事業有限公司, 2011, 13쪽: "戴天履地人爲貴. 順則吉兮凶則悖." 原注: "萬物莫不得五行而載天覆地. 惟人得五行之全故爲貴. 其有吉凶之不一者. 以其得于五行之順與悖也."
286) 袁樹珊 撰輯, 任鐵樵增注, 『滴天髓闡微』, 台北: 進源文化事業有限公司, 2011, 13쪽: "可知仍作偏枯論也. 由此觀之. 命貴中和. 偏枯終于有損. 理求平生. 奇異不足不憑."
287) 袁樹珊 撰輯, 任鐵樵增注, 『滴天髓闡微』, 台北: 進源文化事業有限公司, 2011, 369쪽: "五氣不戾. 性情中和. 濁亂偏枯. 性情乖逆."
288) 袁樹珊 撰輯, 任鐵樵增注, 『滴天髓闡微』, 台北: 進源文化事業有限公司, 2011, 369쪽: "賦於人者. 須要五行不戾. 則有惻隱辭讓誠實之情. 若偏枯混濁. 太過不及. 則有是非乖逆驕傲之性矣."

르지 않다. 왜냐하면 이들 양자의 표현이 측은·사양·성실·시비·괴팍·교만한 성품 등 사람의 심성을 뜻하고 있기 때문이다. 이런 점으로 보아 선학들도 이 점을 능히 간파하고 있었음에 분명하다. 결국 운명이란 성정의 변화로 인한 길흉작용에 다름 아니다.

『적천수』는 이에 그치지 않고「정신」편에서 "사람에게는 精과 神이 있는데 한쪽으로만 치우치면 불가하다. 중요한 것은 덜어내야 하는 경우는 덜어내고 보태줘야 하는 경우에는 보태줌으로써 그 중용[中和]을 얻어야 된다."289)라고 하였다. 이는 음양중화라는 틀 속에서 木·火인 神氣와 金·水인 精氣를 精神으로 표현한 것이다. 지금까지 살펴본 바와 같이 "중화라는 것은 명의 올바른 도리이다"290)라고 할 만큼 명리학에 있어서 절대가치임에 틀림이 없다. 이렇듯 "명리학에 있어서 중화는 조후와 억부이론을 전제로 한 시각이 필요할 것으로 보며, 이를 위해서는 조후란 무엇이며 억부란 무엇인가에 대한 기본적인 물음에서부터 중화의 개념을 찾아야 할 것으로 본다. 이러한 기본적인 의문은 어떤 오행이 강한지 약한지를 결정짓는 규칙이 있는지가 억부에서 매우 중요하다고 보기 때문이다. 조후 즉, 한·난·조·습291)의 경우도 마찬가지이다. 만약 이들 두 조건에 의해 용신을 결정 할 수 있다면 사주분석을 위한 정확한 '도구'를 갖추게 되는 셈이기 때문이다."292) 그러나 실제 중화의 개념이 명리학에 접목 되는 과정에서 적지 않은 문제점을 발견할 수 있다.

그렇기 때문에 논자는 이상에서 논한 중화의 개념을 참고하면서 『적천수천

---

289) 袁樹珊 撰輯, 任鐵樵增注,『滴天髓闡微』, 台北: 進源文化事業有限公司, 2011, 120쪽 : "人有 精神. 不可以一偏求也. 要在損之益之得其中.", 이에 대해『命學新義』에서는 水繞花提館主 著,『命學新義』, 台北: 育林出版社, 2011, 109쪽 : "損益不外乎抑扶. 目的仍在中和. 精神二字. 原註 解釋. 謂金水爲精. 木火爲神. 土所以實之."라고 註解하고 있다.
290) 劉伯溫 著, 任鐵樵 增注, 袁樹珊 撰輯,『滴天髓闡微』, 中華民國 進源文化事業有限公司, 2011, 141쪽: "中和者. 命中之正理也.", 한편『命學新義』는 中和편에서『滴天髓闡微』의 "旣識中和之 正理. 而于五行之妙. 有全能焉.": 劉伯溫 著, 任鐵樵 增注, 袁樹珊 撰輯,『滴天髓闡微』, 中華民國 進源文化事業有限公司, 2011, 141쪽)에 대해서 "以識中和之理. 則四柱五行妙意已盡. 推命之原 始的以及種極的大原則. 惟有中和二字而已.": 水繞花提館主 著,『命學新義』, 台北: 育林出版社, 2011, 111~112쪽)라고 주해하였다.
291)『書經』「洪範」: "庶徵. 曰雨. 曰暘. 曰燠. 曰寒. 曰風. 曰時. 五者來備. 各以其敍. 庶草蕃廡. 一 極備凶. 一極無凶." 이렇듯, 명리학의 조후개념은『서경』에서 엿 볼 수 있다.
292) 이건희,「음양오행론의 명리학적 적용에 관한 연구」, 대구한의대학교 대학원 석사학위논문, 2017, 54쪽.

미』의 명조를 사례로 그 시비를 가려보도록 하겠다. 임철초는 '중화의 정기'를 사람의 성정에 비유해서 설명하고 있는데,293) 다음의 명조를 통해 중화된 사주의 예를 들고 있다.

(가)

癸 癸 甲 辛
亥 卯 午 巳

(가) 癸卯 일주가 亥時에 태어나 일주의 기가 이미 이어졌는데 기쁜 것은, 土가 없다고 하지만 火氣인 財가 왕함으로 말미암아 관을 생할 수 있다. 더욱 묘한 것은 巳亥가 멀리서 충하여 (亥水가 巳火를) 巳火 中 丙火를 제거하고 庚金을 살려주어 인성을 용신으로 삼으니, 木火가 水金으로부터 극제를 받았으므로 체용이 손상되지 않아 중화되어 순수하다. …庚運에 이르러 년간의 辛金 편인과 함께 甲木 상관을 극제하니, … 꺼리는 것은 亥卯가 合을 해서 木局을 이루니 木이 왕하고 金이 쇠하여, … 294)

(가) 명조를 유용지신을 기준으로 분석하면 다음과 같다. 午月에 태어난 癸水 일간이 년간의 辛金 편인과 시간의 癸水 비견이 있고, 그 뿌리인 亥水가 시지에 있으나 한신 卯木과 합을 하고 있어 중화용신인 亥水의 작용을 방해하고 있다. 월간의 甲木 상관 역시 한신으로 癸水 비견의 힘을 설기시키고 있으므로 그 작용이 기·구신과도 같다. 중화되지 않은 신약한 사주이다. 따라서 약한 일간을 돕는 金이 용신이고 水가 희신이다.

그런데, 위 인용문의 (가) 명조를 중화된 사주로 보고 있는 임철초의 분석에

---

293) 劉伯溫 著, 任鐵樵 增注, 袁樹珊 撰輯, 『滴天髓闡微』, 中華民國 進源文化事業有限公司, 2011, 141쪽: "夫日世優游無抑鬱而暢遂者. 少險阻而迪吉者. 爲人孝友而無驕諂者. 居心耿介而不苟且者. 皆得中和之正氣也."
294) 劉伯溫 著, 任鐵樵 增注, 袁樹珊 撰輯, 『滴天髓闡微』, 中華民國 進源文化事業有限公司, 2011, 143쪽: "癸卯日元. 生于亥時. 日主之氣已貫. 喜其無土. 財旺自能生官. 更妙巳亥遙沖. 去火存金. 印星得用. 木火受制. 體用不傷. 中和純粹. … 庚運助辛制甲, … 微嫌亥卯拱木. 木旺金衰. …" 이 명조에 대해 用事之神을 기준으로 본다면, 喜神은 印·比·官(金·水·土)로, 忌神은 食·財(木·火)로 볼 수가 있다.

있어서 그 시비를 가려보면 다음 다섯 가지로 분석 될 수 있다.

첫째, "火氣인 재가 왕함으로 말미암아 관을 생할 수 있다" 이 말은 午月의 丙·丁火가 왕하기 때문에 戊·己土를 생한다는 의미이다. 그러나 강한 火氣가 土를 생하면 일간인 癸水는 극을 받거나 합거 당하게 된다. 이때, 土가 金을 생하기 때문에 金이 일간인 癸水를 생할 수 있다는 가정은 불가하다. 午月의 燥土가 용신인 金을 생하는 것은 생이라 할 수 없기 때문이다.

둘째, " 巳亥가 멀리서 沖하여 (亥水가 巳火를) 巳火 中 丙火를 제거한다" 이 말은 午月의 亥中 壬水가 巳中 丙火를 극한다는 의미이다. 그러나 午月의 강한 火氣인 丙火를 상대적으로 힘이 약한 水氣인 壬水가 극할 수는 없다.

셋째, "庚金을 살려주어 인성을 용신으로 삼는다" 이 말은 午月의 火氣로 인해 설기가 심한 약한 癸水에게는 당연한 것으로 인성인 金이 용신이 되어야 한다.

넷째, "木·火가 水·金으로부터 극제를 받는다" 이 말은 한신인 甲·乙木과 오행의 작용력이 희·용신에 비해서 강한 구신 丙·丁火가 이에 비해서 상대적으로 오행의 작용력이 약한 용신 즉, 水·金로부터 극을 받는 다는 것이다. 오히려 기·구신인 火·土가 희·용신인 金·水를 극하고 한신인 甲·乙木은 희신인 水氣를 설기시킴으로써 사주의 중화가 흐트러진다. 따라서 이는 물리적으로 불가능한 극이라 할 수 있다.

다섯째, "亥卯가 合을 해서 木局을 이루니 木이 왕하다" 이 말은 木이 한신임을 간과하고 단지 亥卯未合을 하기 때문에 왕하다고 한 것으로 한신의 사주 내 작용에 대한 특성을 무시하고 있다. 이 같은 시비의 과정에서 사주의 중화라는 잣대를 두고 분석을 해도 극명하게 다른 결과가 도출될 수도 있음을 알 수 있다. 한 가지 사례를 더 살펴보도록 하자.

(나)

戊 癸 丙 己
午 未 子 酉

(나) 癸水 일간이 子月에 태어나 왕상해 보이지만 丙火 정재와 戊·己土인 관성이 겹쳐 왕한 가운데 약으로 변하였다. 원국에 木이 없고, 혼탁하여 맑지 못하다. 음내양외의 상으로 월간에 丙火 정재가 투출되어 癸水 일간의 마음과 뜻은 애정에 욕심이 있는데, 마침 시간의 戊土 정관을 만났으니 戊癸합하고자 하는 마음일 것이다. 소위 권무술수에 능하고 재주가 보통사람과는 달랐다. 원래 출신은 비천했으나 마음의 심술이 한두 가지가 아니었다. 癸酉 대운에서 좋은 기회를 만나 좌이의 벼슬에서 관찰사로 올랐는데 사치하고 호사스러움을 좋아해서 그와 견줄 사람이 없을 정도였다. 295)

(나) 명조를 유용지신을 기준으로 다음과 같이 분석할 수 있다. 癸水 일간이 子月에 태어난 것만으로도 水氣가 강하다. 그 강한 水氣를 설기하고 조후하는 火·木이 중화용신이다. 희신인 木은 未土 중 乙木 밖에는 없으나 월간의 丙火 정재가 일·시지에 뿌리를 두고 있으므로 나쁘지 않다. 년·시간의 己土·戊土는 한신이지만 火氣의 도움을 받아 행운에서 만나는 水氣를 막는데 도움을 줄 수는 있지만 한신이기 때문에 한계가 있다. 그러나 사주의 중화를 돕는 한신이다. (나) 명조는 희신인 甲·乙木 식상이 미약해 용신인 火氣를 돕지는 못하지만 한신인 戊·己土가 그 역할을 대신해 주고 있다고 볼 수 있다. 한신인 戊·己土는 癸水 일간을 合去하거나 극할 수 없다. 따라서 (나) 명조는 戊癸合이 되어 '化火가 되는 묘미'가 있는 비교적 중화된 사주이다.

그런데, 위 (나) 명조를 중화된 사주로 보고 있는 임철초의 분석에 있어서 그 시비를 가려보면 다음 다섯 가지로 설명할 수 있다.

첫째, "癸水 일간이 子月에 태어나 왕상해 보이지만 丙火 정재와 戊·己土인 관성이 겹쳐 왕한 가운데 약으로 변하였다"는 말은 子月의 강한 水氣를 얻은 癸水 일간이 한신인 戊·己土 와 용신인 丙火 정재로 인해 극·설 당하여 오히려 약해져 버렸다고 하는 의미이다. 희·용신은 기·구신을 극하지 않으며 한신은

---

295) 劉伯溫 著, 任鐵樵 增注, 袁樹珊 撰輯, 『滴天髓闡微』, 中華民國 進源文化事業有限公司, 2011, 144쪽: "癸日子月. 似乎旺相. 不知財殺太重. 旺中變弱. 局中無木. 混濁不淸. 陰內陽外之象. 月透財星. 其心意必欲愛之. 時逢官殺. 其心志欲合之. 所以權謀異衆. 才幹過人. 出身本微. 心術不端. 癸酉得逢際遇. 由佐貳至觀察. 奢華逢迎. 無出其右." 이 명조에 대해 用事之神을 기준으로 본다면, 喜神은 印·比(金·水)로, 忌神은 食·財·官(木·火·土)으로 볼 수가 있다.

그 작용력의 한계로 인해 기·구신 오행을 직접적으로 극할 힘이 없다. 子月의 癸水 일간 사주에서 火木이 용신과 희신이므로 水·金은 기·구신이다.

　따라서 이 같은 주장은 오류이다.

　둘째, "혼탁하여 맑지 못하다"는 말은 子月의 癸水 일간이 년지에 酉金이 있는데 혼탁하다고 한 것으로 일반적인 청탁으로 본다면 癸水 일간은 만약 辰土나 丑土가 있다면 탁하다고 할 수도 있다. 그러나 여기서는 火土인 재성과 관성으로 인해 혼탁하다고 말 한 것으로 추정된다. 午月의 癸水 일간 사주에서의 火·土라면 일면 타당할 수 있는 주장이나 (나) 명조의 경우, 火가 용신 오행이고 또 土가 한신이기는 하지만 용신인 火로부터 생을 받고 있는 점을 감안해 보았을 때, 혼탁이라는 표현은 어울리지가 않는다.

　셋째, "월간에 丙火 정재가 투출되어 癸水 일간의 마음과 뜻은 애정에 욕심이 있다"는 말은 丙火 정재가 어떤 이유로 일간의 마음이 애정과 욕심에 있다는 것을 객관적으로 설명할 수 있는 근거가 없다. 만약 정재가 여성이기 때문에 그렇다면 일면 수용이 가능하겠지만 적절한 표현은 아니라고 보아야 할 것이다.

　넷째, "戊土 정관을 만났으니 戊癸合하고자 하는 마음일 것이다. 소위 권모술수에 능하고 재주가 보통사람과는 달랐다"는 말은 癸水 일간이 관성인 戊土와 戊癸合을 하고 있는 바를 권모술수에 능하다거나 재주가 남달랐다고 한 것으로 일면 타당성이 있다고 본다. 그러나 한신인 戊土와의 合이라는 것을 고려해야 할 것으로 본다. 午月의 약한 癸水 일간이 오행의 작용력이 강한 기신인 戊土와 합을 하는 경우와는 판이하게 다를 수 있기 때문이다.

　다섯째, "사치하고 호사스러움을 좋아해서 그와 견줄 사람이 없을 정도였다"는 말은 관찰자의 감정이 이입되었을 수도 있다는 생각이 들 정도이다. 사치하고 호사스러움이 남과 견주기 어려웠다는 주장에 대한 충분한 이론적 근거가 보이지 않는다. 이상에서 확인 할 수 있는 것은 비교적 중화가 안 된 (가) 명조를 오히려 중화된 사주로 보고, 또 잘 중화되어 있다고 볼 수 있는 (나) 명조를 혼탁하고 사치하거나 권모술수로 일관하는 사람으로 매도하고 있다는 점에서 심각한 오류가 될 수 있음을 확인할 수 있었다.

　이는 사주를 용사지신에 근거해서 보는지 아니면 유용지신에 근거를 두고 보는지에 따른 심각한 문제점이라고 할 수 있다. 비록, 논자가 유용지신에 근거해서 그 시비를 가리려고 한 것을 감안 하더라도 이 같은 문제는 극복이 되어야 할 것이다. 중화라는 문제해결의 열쇠를 가졌음에도 그 사용법이 서로 다름으로 인한 결과인 것이다.[296] 이러한 문제를 참고해서 논자는 명리학적인 중화의 개념

---

[296] 『滴天髓闡微』에 등장하는 中和와 관련된 명조 중.

(다)   (라)

癸 乙 癸 庚　癸 丙 辛 辛
未 未 未 辰　巳 子 卯 丑

(다): 袁樹珊 撰輯, 任鐵樵增注, 『滴天髓闡微』, 台北: 進源文化事業有限公司, 2011, 107쪽 : "此造支中三未通根. 尚有餘氣. 干透兩癸. 正三伏生寒. 貼身生扶. 亦通根身庫. 官星獨發而淸. 癸水潤土養金. 生化不悖. 財旺生官. 中和純粹. 科甲出身. 仕至藩臬. 官境安和." (이 사주는 地支에 있는 세 개의 未土에 뿌리를 내려서 오히려 餘氣가 있는데, 天干에 癸水가 두 개 透出되어 있어 바로 삼복더위에 寒氣를 生하고 日主 옆에 바짝 붙어서 生扶를 해주면서 또한 庫에 통근을 하였으며 官星이 홀로 있어 청하다. 癸水는 土를 적셔주고 金을 길러줘서 生化하고 훼하지를 않고 財星이 旺하여 官星을 生하니 中和되어 순수하다. 과거 출신으로 벼슬이 藩臬까지 되었으며 벼슬의 길이 편안하였다.)

(라): 袁樹珊 撰輯, 任鐵樵增注, 『滴天髓闡微』, 台北: 進源文化事業有限公司, 2011, 186쪽 : "丙火生于仲春. 火相木旺之時. 正得中和之象." (丙火가 한창 봄인 卯月에 태어났으니 火는 相에 해당되고 木은 旺에 해당되니 바로 中和된 형상을 띠고 있다.)

위 (다) 명조는 未月의 乙木 日干 사주가, 사주의 中和를 돕는 水·金 오행인 두 癸水와 庚金이 년지 辰土에 뿌리를 두고 水·金 상생하고 있다. (라) 명조는 卯月의 丙火 日干 사주가 사주의 中和를 돕는 水·金 오행인 癸水와 두 辛金이 日支 子水와 年支 丑土에 뿌리를 두고 水·金 상생하고 있다. 따라서 이들 사례 명조는 中和된 사주라고 볼 수가 있다.

(마)   (바)   (사)

丁 庚 戊 癸　壬 癸 丙 辛　辛 甲 癸 丁
丑 寅 午 酉　戌 卯 申 卯　未 子 丑 亥

(마): 袁樹珊 撰輯, 任鐵樵增注, 『滴天髓闡微』, 台北: 進源文化事業有限公司, 2011, 298쪽 : "庚金生于仲夏. 正官得祿. 年時酉丑通根. 正得中和之氣." (庚金이 한 여름인 午月에 태어났는데, 正官이 녹을 얻었고 日主가 年時의 酉丑에 통근을 하고 있으니 바로 中和의 氣運을 갖고 있다.)

(바): 袁樹珊 撰輯, 任鐵樵增注, 『滴天髓闡微』, 台北: 進源文化事業有限公司, 2011, 109쪽 : "此印綬格. 以申金爲用. 以丙火爲病. 以壬水爲藥. 中和純粹. 秋水通源." (이 사주는 印授格으로 申金을 用神으로 한다. 丙火는 病이고 壬水는 藥인 것으로 순수하게 中和되어 있고 가을의 水가 원류에 통하고 있다.)

을 다음과 같이 정립하였다.

명리학적인 중화의 개념:
명리학에서의 중화의 개념은 두 가지로 구분해서 설명할 수가 있다. 이들 두 가지 개념은 상호 보완적이다.

첫째는 한·난·조·습인 조후와 관련된 음양중화이다. 즉, 음기인 천간의 壬·癸·庚·辛, 지지의 亥·子·丑·辰·申·酉가 양기인 천간의 丙·丁·甲·乙, 지지의 寅·卯·巳·午·未·戌과 상생할 수 있는 구성인가에 주목하고, 만약 水氣가 강하면 火는 木과 상생하고, 만약 火氣가 강하면 水는 金과 상생해서 사주 내 水·火가 균형을 이루어야 하는 것이다. 이는 오직 음양이기의 기준으로 사주의 중화를 판단하는 개념이라 할 수 있다. 또한 극의 관계인 음기인 水와 양기인 火가 서로 부딪치지 않고 水·火 상생함을 뜻한다.

둘째는 생·조·억·설인 억부와 관련된 중화이다. 이는 조후와 관련된 음양중화와 크게 다르지 않다. 그러나 강하고 약함의 판단은 기·구신과 희·용신의 대립구조에서 판단할 수 있는 문제이므로 정확한 희·용·기·구·한신의 판단이 전제되어야 한다. 중화와 관련된 『적천수천미』 사례명조 (가)~ (사)에서 임철초의 주장에서 발견되는 문제는 중화에 관한 이론적 개념297)의 문제이기 보다는

(사): 袁樹珊 撰輯, 任鐵樵增注, 『滴天髓闡微』, 台北: 進源文化事業有限公司, 2011, 114쪽: "甲子日元. 生于丑月. 支類北方. 天干辛癸. 官印元神發露. 剋去丁火. 丑未遙隔. 又水勢乘權. 不能沖丑. 正得中和之象." (甲子 日主가 丑月에 태어났는데 地支가 북방을 이루고 있고, 天干에 官星 辛金과 印星 癸水 원신이 透出되어 丁火를 剋하고 있다. 丑未는 서로 멀리 떨어져 있고 또 水의 세력도 상당하니 未土와 丑土가 서로 沖하지 못하고 있어 바로 中和의 형상으로 되고 있다.)

그러나 (마) 명조는 午月의 庚金 日干 사주가, 사주의 中和를 돕는 水·金 오행인 癸水 傷官이 年干에서 時支 丑土와 年支 酉金에 뿌리를 둔 것은 좋아 보이지만 時干 丁火로 인해 火剋水 당할 수 있는데, 이는 用神인 癸水가 戊土 偏印으로부터 戊癸合이 되기 때문이다. 中和되어 있다고 보기는 사실상 어렵다. (바) 명조는 申月의 癸水 日干 사주가, 사주의 中和를 돕는 火木 오행인 月干 丙火와 日支, 年支에 두 卯木에 뿌리를 두고 있고, 또한 戌土도 뿌리가 되어 주고 있다. 그러나 사주의 中和를 돕는 月干 丙火가 辛金에게 合去당하고 壬水로부터 剋을 받고 있으므로 中和된 사주로 보기는 어렵다. (사) 명조는 丑月의 甲木 日干 사주가, 사주의 中和를 돕는 火木 오행인 年干 丁火가 時支 未土에 유일한 뿌리를 두고 있는데 이 역시 丑月의 癸水로 인해 水剋火 당하고 있어서 사주가 中和되어 있다고 보는 것은 무리이다. 임철초는 이를 두고 (마) 명조가 "中和의 기운을 가지고 있다"거나 (바) 명조가 "순수하게 中和되어 있다"거나 (사) 명조가 "中和된 형상이 된다."는 주장을 하고 있다. 이들 사례는 비교적 中和된 (가) (나) 명조와는 확연히 다르다는 것을 알 수가 있다.
297) 袁樹珊 撰輯, 任鐵樵增注, 『滴天髓闡微』, 台北: 進源文化事業有限公司, 2011, 260쪽: "何知

적용상 오류에 그 원인이 있다. 즉, 명리학적인 생극 등의 오류를 극복하기 위해서는 다음의 두 명제가 전제되어야만 설명이 가능할 것이다.

명제1:
모든 희·용신은 타 오행을 극·충하거나 합거하지 않으며, 모든 기·구신은 모든 희·용신을 극·충하거나 합거한다.

명제2:
모든 한신오행의 생극작용은 일정하지 않다.
한신은 기·구신을 극·충하지 못하며, 희·용신의 작용을 방해할 수 있다.[298]

그러나 실제 억부중화의 개념만을 가지고 판단할 수 있는 명조는 지극히 제한적이며,[299] 따라서 위 두 가지의 개념을 조합한 개념으로 명리학적인 중화의 개념을 정의할 수가 있다. 이에 대한 논증은 Ⅳ장 2절 "용신과 한신에 대한 비판과 중화용신의 논증"에서 논하도록 하겠다.

其人吉, 喜神爲輔弼, 柱中所喜之神, 左右終始, 皆得其力者必吉, 然大勢平順, 內體堅厚, 主從得宜, 縱有一二忌神, 適來攻擊, 亦不爲凶, 譬之國內安和, 不愁外寇, 任氏曰, 喜神者. 輔用助主之神也. 凡八字先要有喜神. 則用神有勢. 一生有吉無凶. 故喜神乃吉神也. 若柱中有用神而無喜神. 歲運不逢忌神無害. 一遇忌神必凶."(喜神이 보필하고 있으면 그 사람은 吉하다. 사주에 喜神이 左右終始에서 도움을 받으면 반드시 吉하다. 그러나 전체의 기세가 평온하고, 日主가 旺하고 굳세며, 日主와 다른 것과 배합이 잘 되어 있어야 한다. 그러면 忌神이 한 둘이 와서 공격해도 凶하지가 않는 것인데 이것은 마치 나라 안이 안전하고 평화로우면 외적을 두려워하지 않는 것과 같다. 喜神이라고 하는 것은 用神을 보조하고 日主를 도와주는 것이다. 八字에서는 우선 먼저 喜神이 있어야 하는데 그러면 用神이 기세가 있게 되고 일생동안 吉하고 흉하지 않게 된다. 그러니 喜神이란 바로 吉神인 것이다. 만약 사주에 用神은 있는데 喜神이 없다고 하면 行運에 忌神이 없을 때는 해롭지 않지만 일단 忌神을 만나게 된다면 반드시 凶하게 된다.)
298) 이건희, 「음양오행론의 명리학적 적용에 관한 연구」, 대구한의대학교 대학원 석사학위논문, 2017, 183쪽.
299) 본고 Ⅳ장 2절에서 논증한 '中和用神'에 의하면 卯月의 戊·己土 일간, 卯月의 庚·辛金 일간 사주가 이에 해당된다. 日干이 약해 印星과 比劫을 필요로 하는 亥·子·丑·寅·辰·申·酉·戌의 丙·丁火 일간(木·火用神), 寅·卯·巳·午·未·戌月의 壬·癸水 日干(金·水用神) 사주가 있지만, 用神이 水 또는 火일 경우, 廣義의 調候用神으로 보았을 때, 이 두 가지에 국한된다고 볼 수 있다.

2) 수화상생과 중화

앞서 1) 항에서는 명리학의 중화개념과 적용상 오류에 대해서 살펴보았다. 그 결과 명리학에서의 중화의 개념은 크게 火氣를 중심으로한 火·木과 水氣를 중심으로한 水·金이 상생하는 두 가지로 양분할 수 있음을 확인할 수 있었다. 2) 항에서는 사례명조를 들어 水·火 상생과 관련된 명리학적 중화에 관해 논증 하도록 하겠다.

『주역』에는 "물과 불이 서로 멈추게 하며"(水火相息)[300]나 "水와 火가 서로 잇고"[301]라는 水·火와 관련된 표현이 등장한다. '서로 멈추게 한다.'(水火相息)거나 '서로 잇게 한다.'(水火相逮)는 말에는 서로가 서로를 필요로 한다는 함의가 있다. 『주역』「설괘전」에는 "水火不相射" 즉, "水와 火가 서로 침범하지 않으면서"라는 말 또한 같은 맥락에서 이해할 수 있다.[302] 뿐만 아니라, 음과 양이 서로 사귄다는 음양상교[303]라는 표현 또한 그러하다.

이렇듯 『주역』의 수화상식, 수화상체 외에도 수화불상사, 음양상교 등의 모든 표현은 水·火 상생을 뜻하는 서로 다른 표현임을 알 수가 있다. 『주역』「계사전」에는

> 하늘은 높고 땅은 낮으니 乾坤이 정해지고, 낮은 것과 높은 것이 진열되니 귀천이 자리하고, 동과 정이 떳떳함이 있으니 강·유가 결단되고, 방향은 류로써 모아지고 사물은 무리로써 나누어지니 길흉이 생기고, 하늘에 있어서는 상이 이루어지고 땅에 있어서는 형체가 이루어지니 변화가 나타난다. 이러므로 강과 유가 서로 갈리며 팔괘가 서로 섞여서 우레로써 고동하며, 풍우로써 적셔주며, 해와 달이 운행하며, 한 번 춥고 한 번 더워(一寒一暑), 乾의 道가 男이 되고 坤의 道가 女가 되었다.[304]

---

300) 『周易』下經 "革" 本義: "象曰 革. 水火相息. 二女同居. 其志不相得. 曰革."
301) 『周易』「說卦傳」: "故. 水火相逮. 雷風不相悖. ..."
302) 『周易』,「說卦傳」: "天地定位山澤通氣. 雷風相薄. 水火不相射. 八卦相錯. 數往者順. 知來者逆. 是故易逆數也."
303) 成百曉 譯註, 『周易傳義 下』, 傳統文化研究會, 1998, 9~10쪽: 券 十二「咸」【傳】"陰陽相交 ... 陰陽二氣相感相應而和合. 是相與也."

고 하였다. 이와 같이 「계사전」의 첫 구절은 음양과 한서의 교합을 잘 묘사한 사례라고 할 수 있다.

그러므로 명리학과 관련된 문헌인 『낙록자삼명소식부주』, 『옥조신응진경』, 『이허중명서』를 비롯해서 『연해자평』, 『삼명통회』, 『명리정종』, 『자평진전』, 『적천수천미』 등에서 확인되는 水·火 상생과 관련된 문헌을 살펴보고 가능한 사례명조의 예를 들어 논자가 주장하는 水·火 상생과 고전 문헌의 그것과의 시비를 가려보도록 하겠다.

서자평의 『낙록자삼명소식부주』에는 "상제(相濟)하다"는 말이 확인된다. "丙申·丙辰·丙子·丁亥·丁丑·丁酉 생의 사람이 火·水가 상제하여 기뻐하면 水火旣濟의 명이 된다."305)라고 말하고 있다. 여기서 '상제'(相濟)306)는 '서로 구하다'의 의미이고, '火·水가 서로 도와 기뻐하면'(火以水相濟成慶)은 火와 水가 서로 해치지 않고 공존한다는 의미이다. 따라서 서자평은 이를 수화기제로 보았음을 알 수 있다.307)

그러나 여기서 丙申·丙辰·丙子·丁亥·丁丑·丁酉 생의 사주가 어떤 원리에 의해 상제또는 수화기제가 되는 지에 대한 구체적인 언급은 없다. 서자평은 또, "음인 水와 양인 火가 상합하면 기제가 되고, 서로 이기려고 하면(相資308)) 원수가 된다"309)고 하였다. 여기서 '서로 이기려고 하면'은 어느 한쪽의 기운이

---

304) 『周易』, 「繫辭傳上」: "天尊地卑 乾坤定矣. 卑高以陳 貴賤位矣. 動靜有常 剛柔斷矣. 方以類聚 物以群分 吉凶生矣. 在天成象 在地成形 變化見矣. 是故剛柔相摩 八卦相蕩. 鼓之以雷霆 潤之以風雨. 日月運行 一寒一暑 乾道成男 坤道成女."
305) 徐子平 著, 王廷光·李同·釋曇瑩 註, 趙子澤 解, 『珞琭子三命消息賦諸家註』, 香港 聚賢館文化有限公司, 2007, 89, 215쪽: "假令丙申·丙辰·丙子·丁亥·丁丑·丁酉生人. 或火以水相濟成慶. 皆爲水火旣濟之命也.", "水火以相濟而成慶."
306) 成百曉 譯註, 『周易傳義 下』, 傳統文化研究會, 1998, 512쪽: 券 二十一 「未濟」: "水火不交. 不相濟爲用."
307) 그러나 실제 서자평이 水火旣濟로 제시한 사주의 사례를 명리학적으로 수용하기는 어려운 측면이 있다. 이 점에 관해서는 본고 V장에서 중화된 사주인 官印相生格·財官相格生·食神生財格을 통해 논증하기로 하겠다.
308) "資": '돕다'라는 의미가 있지만 '取'의 뜻을 수용하여 '서로 이기려하면'이라고 번역하였다.
309) 徐子平 著, 王廷光·李同·釋曇瑩 註, 趙子澤 解, 『珞琭子三命消息賦諸家註』, 香港 聚賢館文化

- 140 -

다른 한쪽을 일방적으로 극하는 것으로 이해되지만 관행적으로 '서로'라는 글자로 표현된 것으로 보고 있다. 왜냐하면 어느 한쪽의 힘이 일방적으로 강하면 '서로'라는 표현은 부적절할 수 있기 때문이다. 이와는 달리 상합은 양자의 힘이 균등하게 유지되는 경우로 보아야 할 것이다. 음기인 水가 양기인 火와 힘의 균형을 유지하기 위해서는, 水가 강한데 火가 약하면 火는 木의 도움을 받아 木·火 상생해야하고, 火가 강한데 水가 약하면 水는 金의 도움을 받아 水·金 상생해야 하는데 이를 水·火 상합의 개념 즉, 수화기제로 보는 것으로 이해할 수가 있다. 그러나 어느 한쪽이 일방적인 극을 받아 힘의 균형을 유지할 수가 없으면 이는 태과 또는 불급이 된다. 따라서 이를 두고 '서로 이기려고'(相資)한다는 서자평의 표현은 재고할 필요가 있다.

곽박의 『옥조신응진경』에 의하면 火가 많고 水가 적거나, 水가 많고 火가 적으면 흉하다.310) 즉 사주에 양기인 丙·丁·巳·午와 음기인 壬·癸·亥·子로 양분해서 어느 한쪽이 지나치게 많으면 흉하다는 것이다. 음양의 조화를 말하는 것이다. 그러나 이것은 세 가지의 문제를 안고 있는 주장이다. 첫째, 양기에는 火와 木이 있고, 음기에는 水와 金이 있는데 이를 간과하고 있다는 점으로 천간의 양기는 丙·丁과 함께 甲·乙이 포함되어야 한다는 점, 그리고 음기는 壬·癸와 함께 庚·辛이 포함되어야 한다는 점이다.311)

둘째, 양기인 火·木氣를 가진 지지 오행은 寅·卯·巳·午·未·戌이고, 음기인 水·金氣를 가진 지지 오행은 亥·子·丑·辰·申·酉인데,312) 각각 巳·午와 亥·子만을 가리키고 있다는 점이다. 313)

　　有限公司, 2007, 93쪽: "水陰火陽. '相合'而爲旣濟. '相資'而爲仇讐."
310) 郭璞撰, 徐子平 註, 『玉照神應眞經註』: "南多北少. 家破人亡. 反此之方. 男女消落. ... 南多北少. 乃指四柱多丙丁巳午. 而少見壬癸亥子. ... 谓多見壬癸亥子. 而少見丙丁巳午."
311) 서자평은 『玉照神應眞經註』에서 "甲·乙·丙·丁·戊. 爲前五陽. ... 己·庚·辛·壬·癸. 爲後五陰."이라고 설명하고 있다. 그리고 戊를 양으로, 己를 음으로 분류하고 있다. 그러나 土 오행을 단순하게 음·양으로 나눌 때는 그것이 옳은 것이겠지만 양기와 음기를 논할 때는 戊·己土는 공히 음도 양도 아닌 '중화'오행으로 보아야 한다.
312) 이 점에 관해서는 Ⅳ장 1절 3) 항에서 논하였다.
313) 袁樹珊 撰輯, 任鐵樵增注, 『滴天髓闡微』, 台北: 進源文化事業有限公司, 2011, 49~50쪽 : "如

마지막 셋째는 많고 적음(多少)의 표현이다. 특정 오행이 많으면 강하고, 적으면 약하다는 등식은 성립되지 않는다.314) 따라서 水·火 상생에 관한 곽박의 주장에는 그 논리가 빈약하다고 하겠다.

『이허중명서』에는 『주역』의 수화기제를 명리학적으로 인용하여 "水가 土를 얻었는데 木이 생하는 것은, 土가 水를 극하기 때문에 木이 생하는 것이며, 木이 土를 극하고 위로 올라가는 것은 水·土의 기가 木과 자연스럽게 올라가는 것이다. 火가 水를 얻어 위를 향하는 것은 수화기제가 되므로, 대개 오행의 성질이 잠기고 올라가는 것을 미루어 보면 모든 것은 반드시 형상315)을 작용으로 삼은 것이 된다"316)고 하였다. 이와 관련하여 이허중은 "火가 왕성하고 주변에 木이 없으면 火는 반드시 水의 제어를 받아야만 비로소 수화기제가 되어 불편함이 없는데 火가 가벼우면 그러하지 않다"317)고 하였다. 비록 '주변의 木이 없으면'이라는 단서를 달았지만,318) 대체로 水·火 상생의 의미를 잘 표현하고 있는 것으

日主是午. 或喜神是午. 支中有寅卯巳未戌之類. 遇子沖. 謂衰神沖旺. 無傷. 日主是午. 或喜神是午. 支中有申酉亥子丑辰之類. 遇子沖. 謂旺者沖衰. 則拔.", 이건희, 「음양오행론의 명리학적 적용에 관한 연구」, 대구한의대학교 대학원 석사학위논문, 2017, 175쪽: "일반적으로 地支 오행의 음양구분은 子·寅·辰·午·申·戌이 陽, 丑·卯·巳·未·酉·亥가 음인데 水火가 顚倒되어 寅·辰·巳·申·戌·亥가 陽, 子·丑·卯·午·未·酉가 음이 된다. 그러면 '申·酉·亥·子·丑·辰'과 '寅·卯·巳·午·未·戌'의 구분은 무엇을 기준으로 한 것인가? 당연히 水火五行 즉, 水와 火五行을 기준으로 兩分된 것이다. 水五行은 寒濕을, 火五行은 暖燥를 의미하며 前者는 天干의 庚·辛·壬·癸, 後者는 甲·乙·丙·丁과 일종의 水·金相生, 火·木相生을 하게 되는 것을 알 수가 있다. 任鐵樵가 이에 대한 인식이 있었는지는 알 수 없으나 분명한 것은 '申·酉·亥·子·丑·辰'과 '寅·卯·巳·午·未·戌'로 地支 오행을 水·金과 火·木으로 兩分했다는 사실이다."

314) 서자평은 『玉照神應眞經註』에서 "盛則太過. 小則不及盛."이라고 하였다. 여기서는 각각 강함과 약함으로 볼 수 있는 표현으로, 대체적으로 논자의 생각과 일치한다. '많고 적음'과 '성함과 소(小: 작음)함'은 그 의미가 전혀 다르기 때문이다. 오행의 숫자가 많다고 강한 것은 아니다.

315) 李虛中은 한편으로 形과 相에 대해서 다음과 같이 述하였다., 鬼谷子 撰, 李虛中 註編, 『李虛中命書』, 中華民國, 新文豐出版公司印行, 1978, 19쪽: "測始無形. 不執乎相. 乃得眞際. ... 陰陽之道. 不見聲形. 無以比擬. 執相之論. 直須盡神."

316) 鬼谷子 撰, 李虛中 註編, 『李虛中命書』, 中華民國, 新文豐出版公司印行, 1978, 14쪽: "水得土而木生. 是土克水而生木. 木之克土而上騰. 則水土之氣 自木而上也. 火得水而上爲既濟. 蓋推五行之性沉者升者. 皆必以形爲用也."

317) 鬼谷子 撰, 李虛中 註編, 『李虛中命書』, 中華民國, 新文豐出版公司印行, 1978, 20쪽: "如火之盛旺. 左右無木. 須得水制. 方成既濟. 使不極也. 火輕則不然."

318) 李虛中의 생각으로는, 만약 木이 있으면 水氣가 강한 火氣를 다스리지 못하고 그 기운이 洩氣되는 것으로 보았을 것으로 추측이 된다. 만약 '주변의 木'(左右無木)이 天干이라면 그의 주장은 온당하다고 볼 수 있지만, 地支의 木이라면 다소 설득력이 부족할 수 있다고 보는 것이 논자의 견해

로 보인다. 그렇다면 실제 사주명조에서는 어떤 형태로 水·火 상생 또는 수화기제를 설명하고 있는지 『연해자평』을 통해 살펴보도록 하자.

(가)

辛 壬 壬 庚
亥 寅 午 戌

예를 들어, 壬水나 癸水日生이 寅午戌 火局이 있으면 재성이 되고, 辰戌丑未가 있으면 관성이 된다. … 충파를 꺼리며 만약 신약하면 길하지 않다. 壬水와 癸水는 水에 해당하므로 현무가 되는데, 火局을 얻으면 당권이 되며, 수기제의 공이 아님이 없는 바 수화기제의 이치이다. … 이 격을 얻은 자는 주로 온화한 성정과 지혜가 있으며 몸가짐에 예의가 있다.319)

위 (가) 인용문의 사례 명조를 두고 『연해자평』에서는 수화기제의 사주로 평가하고 있다. 午月의 壬水 일간 사주로, 천간에서 庚·辛金 인성과 壬水 비견이 水·金 상생해서 사주의 중화를 돕고 있는 것은 아름답다고 할 수 있다. 사주 전체로 보았을 때 당연히 월지 午火가 寅木, 戌土와 함께 火局을 이루고 있어서 火氣가 득세하고 있지만 시지 亥水로부터 생을 받고 있는 천간의 水·金의 기운이 상생하여 午月의 강한 火氣를 어느 정도 견제할 수 있다는 관점에서는 분명 水·火 상생의 중화된 사주로 평가할 여지가 있다. 이는 전술된 『주역』의 수화기제의 원리와도 부합한다고 할 수 있다.

그러나 『연해자평』의 이른바 "남방의 火가 강해지면 북방 水運을 만나야 이롭다. 북방의 水가 차가우면 남방 運火을 만나야 이롭다"고 한 것은 수용할 수 있지만, "동방의 木이 강하면 서방 金運을 만나야 이롭다. 서방의 金이 강하면

이다. 문맥상으로는 天干에 있는 '주변의 木'으로 볼 수가 있다.
319) 徐升 編, 唐錦池 著, 『淵海子平』, 中華民國 進源文化事業有限公私, 2011, 138쪽: "且如壬癸二日生. 值寅午戌火局爲財. 辰戌丑未爲官是也. … 忌沖破身弱, 則不吉. 壬癸屬水. 故爲玄武. 但得火局. 故曰當權. 無非水火既濟之功. 理而已矣. … 哉得斯道者. 主人性格溫和. 有智慧. 有禮貌."

동방 木運을 만나야 마땅하다"라는 부분은 지나치게 도식화된 이론으로 이를 수용하기는 어렵다고 본다.320) 왜냐 하면, 목왕지절의 甲·乙木 일간 사주에서 庚·辛金이 木을 다스리거나, 금왕지절의 庚·辛金 일간 사주에서 甲·乙木이 金을 다스린다는 것은 불가하기 때문이다.

다음은 『삼명통회』의 사례명조에서 子午雙包의 예를 들어 수화상제의 道를 주장한 바에 대해서 살펴보겠다.

        (나)   (다)   (라)
     壬 戊 壬 壬   壬 戊 癸 壬   戊 丙 庚 甲
     子 午 子 午   子 午 丑 子   子 申 午 子

        (마)   (바)   (사)
     庚 丁 戊 戊   庚 甲 甲 戊   庚 甲 壬 甲
     子 未 午 子   午 申 子 午   午 子 申 午

子는 제왕의 자리가 되고, 午는 궁궐의 문이니 제왕이 거하는 자리이다. 사람의 명에 혹 두개의 子(兩子)·두개의 午(兩午)가 있든지 혹은 두개의 午가 하나의 子를 안고 있거나 혹은 두개의 子가 하나의 午를 안고 있으면 水·火가 서로 구제하는 道(水火相濟之道)가 있어 양이 생기고 음이 생기는 기미가 되니 만나는 자는 주로 귀하다. 예를 들면, 壬午·壬子·戊午·壬子의 두 개의 午와 두 개의 子가 있는 경우라든지, 壬子·癸丑·戊午·壬子의 경우 또는 甲子·庚午·丙申·戊子의 경우 또는 戊子·戊午·丁未·庚子의 경우(모두 두 개의 子가 午를 둘러싸고 있다.), 戊午·甲子·甲申·庚午의 경우 또는 甲午·壬申·甲子·庚午의 경우(모두 두 개의 午가 子를 둘러싸고 있다.) 모두 귀한 명이다.321)

---

320) 徐升 編, 唐錦池 著, 『淵海子平』, 中華民國 進源文化事業有限公私, 2011, 186쪽: "身居九夏火土多. 相逢水濟貴中和. 水火元來要旣濟. 管敎名利振山河. ... 南方火炎. 利入北方水運. 北方水寒. 利入南方火運. 東方木多. 宜入西方金運. 西方金旺. 宜入東方木運. 水火有旣濟之功. 金木有成名之論. 五行得其相濟. 威名榮振九天."
321) 萬民英 著, 『三命通會』, 台北: 武陵出版有限公司, 2011, 425쪽: "子爲帝位午爲端門. 帝王所

위 『삼명통회』의 명조를 현대 명리학적인 시각으로 본다면 오행의 강약을 배제한 상태에서 자오쌍포를 이야기하는 것은 동의하기가 어렵다. 子水와 午火의 숫자가 2:2 또는 2:1인지의 여부를 기준으로 사주 전체의 중화를 가늠하는 것은 합리적으로 수용하기 어렵기 때문이다. 그러나 水火相成의 원리 자체는 의미가 있다고 하겠다.

『삼명통회』에는 또, "水火 동요는 입신에 시비가 많고, 木金 화협은 예의가 있는 가문이며 재물이 발한다."322)라고 하였다. 여기서 水火 동요는 水 또는 火 어느 한쪽의 세력이 강해서 水剋火 또는 火剋水가 되는 경우로 볼 수 있다. 입신의 시비가 생기는 이유는 水·火에 해당하는 각각의 성정이나 육친이 어느 한쪽의 극을 받고 있기 때문이다. 그러나 아무런 단서 없이 木·金이 서로 잘 어우러지는 경우를 두고 예의가 있고 재물이 발한다는 주장은 논란의 여지가 충분히 있다. 이와 유사한 주장은 『명리정종』, 『적천수천미』, 『명학신의』, 『명리약언』 등에서도 반복적으로 확인이 된다.323)

한편, 『자평진전』에서는 水를 태음으로, 火를 태양으로 보아 이를 하나의 온

居之位. 人命或兩子兩午. 或兩午包一子. 或兩子包一午. 有水火相濟之道. 陽生陰生之機. 遇者主貴. 如壬午, 壬子, 戊午, 壬子. 兩午兩子. 壬子, 癸丑, 戊午, 壬子. 又甲子, 庚午, 丙申, 戊子. 又戊子, 戊午, 丁未, 庚子. 皆兩子包午. 戊午, 甲子, 甲申, 庚午. 又甲午, 壬申, 甲子, 庚午. 皆兩午包子. 俱貴命."

322) 萬民英 著, 『三命通會』「論五行」, 中華民國 武陵出版有限公司, 2011, 818쪽: "水火動搖是非林裏立身. 木金和協. 義禮門庭發財."

323) 張楠 著, 『標點命理正宗』, 臺北: 武陵出版有限公司, 2001, 410쪽 : "榮枯得失. 盡在生剋之中. 富貴榮華. 不越中和之外. 太過無制伏者貧賤. 不及失生扶者刑夭. 蓋夫木盛達金. 高作棟樑之具. 水多遇土. 修防堤岸之功. 火煉堅金. 鑄出鋒刃之器. 木疏土旺. 培成稼穡之禾. 火炎有水. 名爲旣濟之功.", 袁樹珊 撰輯, 任鐵樵增注, 『滴天髓闡微』, 台北: 進源文化事業有限公司, 2011, 222~223쪽: "震兌主仁義之眞機勢不兩立. 而有相成者存. ... 是以震兌雖不兩立. 亦有相成之義也.", 水繞花提館主 著, 『命學新義』, 台北: 育林出版社, 2011, 122쪽: "金與木. 火與水. 相剋適以相成.", 『命理約言』, 韋千里 編著, 台北: 瑞成書局, 2000, 53~54쪽: "水木相涵. 木火相輝. 金水雙清. 金木相成. 水火旣濟. ... 五行偏枯. 木火燥烈. 火土混濁. 水木浮沉. 金水寒凝. 水火交戰. 金木相戰."(원문의 끝부분 "金水相戰"은 "金木相戰"의 誤字로 보아 수정하였다.), 『命理正宗』, 『命學新義』, 『命理約言』 등에서 반복적으로 보여지는 이러한 주장은 사주의 오행작용에 있어서 喜·用·忌·仇·閑神이라는 정확한 구분이 없는 體의 논리로 오행작용을 설명하려고 한데서 오는 矛盾이라고 본다. 體用에 관한 내용은 본고 Ⅲ장 1절에서 논하였다.

전한 기로 보았다. 또, 木은 소양으로, 金은 소음으로 보아 水·金을 태음과 소음으로, 火·木을 태양과 소양으로 이분하고 있다.324) 그런가 하면 『적천수천미』, 「조습」편에는 "건조하고 습하다고 하는 것은 水火(水火相成)가 서로 어울려 이루어진다는 것을 말한다"325)고 하여 火氣[燥]와 水氣[濕]를 갖춘 경우, '水火相成' 즉 水와 火가 서로 '도와 준다', '이루어 준다'의 뜻으로 이해 할 수가 있는데 이는 한·난·조·습이라는 조후적 관점에서 중화가 되어 있음을 의미한다.

(아)

丙 庚 甲 壬
戌 午 辰 辰

위 『적천수천미』의 사례명조에서 임철초는 天干의 경우를 예로 들어 壬水와 甲木이 水·木상생하므로(壬甲相生) 壬水가 丙火를 극하지 못한다고(不剋丙火)주장하고 있다.326) 그러나 그가 주장한 "水·木 상생(壬甲相生)"은 논자의 "水·火 상생"과 뚜렷한 개념의 차이가 있다. 즉, 水·木이 상생한 것이 아니라 木·火가 상생함으로 인해서 丙火는 甲木과 木·火 상생하여 壬水의 극으로부터 사주의 중화를 유지할 수 있기 때문이다. 그러나 엄밀히 말하면 丙火가 甲木과 木·火 상생하더라도 丙火는 壬水의 극으로부터 온전히 자유로울 수는 없다. 만약 행운에서 庚金을 동시에 만나면 丙火와 甲木은 동시에 壬水와 庚金으로부터 극을 받게 되기 때문이다. 따라서 임철초가 말한 水·木 상생의 논리대로 庚金이 壬

---

324) 沈孝瞻 著, 『子平眞詮評註』 徐樂吾評註, 台北: 進源書局, 2006, 18쪽: "天地之間. 一氣而已. 惟有動靜. 遂分陰陽. 有老少. 遂分四象. 老者. 極動極靜之時. 是爲太陽太陰. 少者. 初動初靜之際. 是爲少陰少陽. 有是四象. 而五行具於其中矣. 水者. 太陰也. 火者. 太陽也. 木者. 少陽也. 金者. 少陰也. 土者. 陰陽老少木火金水沖氣所結也." 참고.
325) 袁樹珊 撰輯, 任鐵樵增注, 『滴天髓闡微』, 台北: 進源文化事業有限公司, 2011, 214쪽: "任氏曰: 燥溼者. 水火相成之謂也."
326) 袁樹珊 撰輯, 任鐵樵增注, 『滴天髓闡微』, 台北: 進源文化事業有限公司, 2011, 402쪽: "壬辰, 甲辰, 庚午, 丙戌... 且年干壬甲相生. 不剋丙火."

水를 생하고(金·水상생), 壬水는 甲木을 생하고(水·木 상생), 甲木은 丙火를 생하게(木·火 상생)된다는 생의 논리는 모순이 될 수 있다. 이러한 모순은 기·구신에 해당하는 水·金오행과 사주의 중화를 돕는 용신과 희신 오행인 火·木 오행의 대립구조를 무시하고 오직 도식화된 생의 논리만 쫓기 때문으로 보인다. 이를 통해서 음양을 대표하는 水氣와 火氣에 의한 水·火 상생이라는 중화의 개념은 木生火 → 火生土 → 土生金 → 金生水 → 水生木이라는 도식화된 생의 논리로는 설명이 불가능하다. 특히, 精氣인 水金과 神氣인 火·木으로 양분해서 水·金 상생과 火·木 상생을 언급하고 있는 『적천수천미』의 주장이327) 이를 반증하고 있다.

그런데 수화기제를 인용해 음양 즉, 水·火 상생의 논리를 펴고자 한 것으로 보이는 『적천수천미』 등의 제 문헌에서는 수용하기 어려운 주장들이 확인이 되는데 예를 들면, 고종 순황제의 사주가 그것이다.

(자)

丙庚丁辛
子午酉卯

...가장 좋게 된 것은 子·午가 충하므로 水가 火를 극하여 午火가 酉金을 손상하지 못하게 하여 일주를 도와 줄 수 있다는 것이다. 더욱 묘한 것은 卯·酉가 충하여 金이 木을 극해서 卯木이 午火를 도와주지 못하는 그 억제함이 잘 되어 있는 것이다. ... 그리고 감리는 일월의 정체를 받은 것으로 자라지도 않고 없어지지도 않으며 하나는 습하고 하나는 빛나는 것으로 궁전의 정문에 앉아 수화기제다. ...328)

---

327) 袁樹珊 撰輯, 任鐵樵增注, 『滴天髓闡微』, 台北: 進源文化事業有限公司, 2011, 120쪽: "原注 以金水爲精氣. 木火爲神氣者. 此由內臟而論也. 以肺屬金. 以腎屬水. 金水相生. 藏于裏. 故爲精氣. 以肝屬木. 以心屬火. 木火相生. 發于表. 故爲神氣."
328) 袁樹珊 撰輯, 任鐵樵增注, 『滴天髓闡微』, 台北: 進源文化事業有限公司, 2011, 17쪽: "... 最喜子午逢沖. 水剋火. 使午火不破酉金. 足以輔主. 更妙卯酉逢沖. 金剋木. 則卯木不助午火. 制伏得宜. ... 且坎離得日月之正體. 無消無滅. 一潤一暄. 坐下端門. 水火旣濟. ..."

이와 같은 주장은 앞서『삼명통회』의 자오쌍포의 예를 통해서 논의된 바가 있으나 위『적천수천미』의 사례 명조 역시 그 범주에서 벗어나지 못하고 있다. 子·午충으로 인해 午火가 酉金을 극하지 못해서 좋다거나, 卯·酉충으로 인해 木이 火를 돕지 못하므로 그 억제함이 좋다는 주장이다. 이 같은 표현은 추측하건데 용사지신을 기준으로 한 사주 분석에 기인한 것으로 보인다.329) 수화기제를 인용한 임철초의 이 같은 주장은 그 원리를 지나치게 확장 해석했거나 또는 水·火 상생이라는 중화의 개념을 간과한 것으로 이해할 수 있다. 그런데 다음의 사례명조에서는 水·火 상생을 잘 설명하고 있는 사례로 보인다.

(차)

己 甲 丁 甲
巳 戌 丑 寅

甲木이 丑月에 태어났는데, 己土는 통근하고 旺支에 임하여 있고, 年의 비견과 록은 丁火를 만나 상생하는 우정이 있어 다투고 질투하는 세력이 없다. 비록 假化라고는 하지만 도리어 유정하여 다투지를 않고 있다. 330)

丑月의 甲木 일간 사주가 丁火 상관과 木·火 상생을 하고 있는 사례이다. 용신과 희신인 丁火 상관과 甲木 비견의 공동의 뿌리가 되는 지지 火·木 오행인 巳·戌·寅이 있어서 더욱 유정하다. 즉, 유용지신을 기준으로 본다면 용신과 희신은 火·木이며 기·구신은 水·金이 된다. 강한 오행작용을 하는 水·金氣

---

329) 酉月의 庚金 日干 사주는 이미 그 힘을 얻고 있어서 火·木이 상생해서 사주의 중화를 꾀하는 것이 옳다고 본다. 그러나 天干의 용신인 丙·丁火는 그 뿌리가 되는 午火와 卯木이 각각 水剋火, 金剋木을 당하고 있어서 아쉽다고 할 수 있는 명조이다. 그렇다면, 오히려 火가 木과 상생해서 金을 剋한 즉, 생해주는 것이 抑扶 또는 調候를 아우르는 중화의 개념과 일치한다고 볼 수 있다. 따라서 임철초의 주장은 수용하기가 어렵다.
330) 袁樹珊 撰輯, 任鐵樵增注,『滴天髓闡微』, 台北: 進源文化事業有限公司, 2011, 332쪽 : "甲木生于丑月. 己土通根臨旺. 年之祿比. 見丁火有相生之誼. 無爭妒之勢. 雖是假化. 却有情而不悖."

는 숨어서 드러나지 않고 사주의 천간에는 丁火 상관과 甲木 비견이 火·木 상생을 하고 있는 이른바, 水氣와 火氣가 서로 다투지 않고 편안하게 공존하고 있는 중화된 사주이다.

이와 같이 『적천수천미』에서는 오행이 偏枯(기가 한쪽으로 치우침) 되지 않고 偏全 즉, 오행의 기가 한쪽으로 치우치는지 온전한지를 보아 온전하면 이를 중화라 하고 있다. 비록 "대지의 근원이 덕과 합하니 기밀이 통하고 오행의 기가 많고 적음이 길흉을 결정한다"331)고 하여 오행의 숫자의 많고 적음을 기준으로 길흉을 결정한다고 표현하지만, 이는 경우에 따라서 그 시비를 가리기 어려운 애매함이 있으므로 오류로 단정 짓기는 어렵다.332)

이상의 문헌에서 살펴 본 바, 특히 임철초는 오행의 기가 치우치거나 고름에 따라 만물의 길흉이 있게 된다. 즉, 오행의 기가 한쪽으로 치우치면 '偏'이 되고, 고르면 '全'이 된다. 이는 중화의 또 다른 표현이라 할 수 있다.333) 서락오 역시 『자평수언』을 통해 천지의 기운이 水와 火에 다름이 아님을 역설하고 있다. 사주를 본다는 것은 水·火의 동태를 보는 것인 셈이다.334) 水가 강한데 火가 약하면 火는 木과 상생해서 힘의 균형을 유지하고, 火가 강한데 水가 약하면 水는 金과 상생해서 힘의 균형을 유지하는 것이 水·火 상생 즉, 중화인 것이다.

---

331) 袁樹珊 撰輯, 任鐵樵增注, 『滴天髓闡微』, 台北: 進源文化事業有限公司, 2011, 12쪽: "坤元合德機緘通. 五氣偏全論定吉凶."
332) 徐升 編, 唐錦池 著, 『淵海子平』, 中華民國 進源文化事業有限公私, 2011, 52쪽: "以日爲主. 大要看日加臨於甚度. 或身旺. 或身弱. 又看地支有何格局. 金木水火土之數. 後看月令中金木水火土. 何者旺. 又看歲運有何旺. 卻次日下消詳."
333) 袁樹珊 撰輯, 任鐵樵增注, 『滴天髓闡微』, 台北: 進源文化事業有限公司, 2011, 13쪽: "特五行之氣有偏全. 故萬物之命有吉凶."
334) 徐樂吾 著, 『子平粹言』, 中華民國 武陵出版社, 1998, 301쪽: "天地之氣. 水火而已."

3) 음양이기 및 십간 · 12지지의 음양

본 3) 항은 이분화된 명리학적 심성의 이론적 배경이 되는 음양이기[335]와 십간과 12지지의 음양에 대해서 논할 것이다. 음양이기는 논자가 Ⅳ장 2절에서 논증할 중화용신에서 火·木 상생과 水·金 상생으로 이분되는 이론의 기초가 될 수 있다.

① 음양이기

서자평은 일찍이 『명통부』에서 인간사의 길·흉·화·복은 음양오행의 조짐을 통해 읽을 수 있음을 밝혔다.[336] 심효첨은 『자평진전』에서 『주역』과 『주역』 「계사전」을 인용한 것으로 보이는 "천지간에는 일기만 존재하지만 마침내 음과 양이라는 이기로 나누어진다. 음중의 음은 태음인 水氣이며 양중의 양인 태양은 火氣이다. 木은 양중의 음인 소양이며, 金은 음중의 양인 소음이다. 土는 木·火·金·水의 기운이 화하여 응결된 것이다"[337] 라는 내용으로 명리학적인 음양관계를 효과적으로 정립하였다. 한편, 중화민국의 서락오는 말년의 저작인 『자평수언』에서 "명리학은 음양오행에 불과하다. (음양오행을 벗어날 수 없다.) 음

---

335) 陰陽二氣: 두산동아 백과사전 연구소 著, 『두산세계 백과사전』, 서울:(주)두산동아, 1996, 20권 627쪽 참고: 우주나 인간사의 제 현상을 음과 양 두 원리인 '쇠하여 사라짐과 성하여 자라남'을 뜻하는 消長으로 설명하는 음양설과, 음양설이 기초가 되어 만사만물의 생멸을 木·火·土·金·水라는 다양한 모습으로 치환되어 설명하는 오행설을 함께 묶어 음양오행론이라고 한다. 여기서 음양이란 만사사물의 상태를 표현하는 일종의 기호로 음과 양이라는 두 개의 기호에 만사만물을 끌어다 넣고 귀속시키는 것이다. 이것은 하나의 본질을 음과 양이라는 양면으로 관찰하여 음을 설명하기 위해서 양을, 양을 설명하기 위해서 음이 가지고 있는 상대적인 특징을 표현하는 이원론적 기호라 할 수 있다. 따라서 본고에서는 음양론이 내포하고 있는 양면성을 의미하는 음양인 二氣의 개념을 水·火 相生의 개념과 함께 대비하고자 한다. 이러한 논조는 火·木 相生과 水·金 相生, 十干과 12地支를 비롯 寒·暖·燥·濕인 調候中和에 있어서 음양개념으로 확장된다. 본고에서 二氣는 陰陽 二氣의 개념으로, 이는 宋代 신유학에서 만물의 존재가 理와 氣라는 두 요소에 의해서 만들어졌다고 하는 理氣二元論과는 다른 명리학적인 표현이다.
336) 徐子平 著, 李鐵筆 評註(萬育吾 原註), 『八字明通賦評註』, 中華民國, 益群書店股份有限公司, 2001, 1쪽: "太極判爲天地. 一氣分爲陰陽流出五行. 化生萬物. 爲人稟命. 貧富貴賤由之. 術士知機. 吉凶禍福定矣."
337) 沈孝瞻 著, 『子平眞詮評註』徐樂吾評註, 台北: 進源書局, 2006, 18쪽: "天地之間. 一氣而已. 惟有動靜. 遂分陰陽. 有老少. 遂分四象. 老者. 極動極靜之時. 是爲太陽太陰. 少者. 初動初靜之際. 是爲少陰少陽. 有是四象. 而五行具於其中矣. 水者. 太陰也. 火者. 太陽也. 木者. 少陽也. 金者. 少陰也. 土者. 陰陽老少木火金水沖氣所結也."

양338)을 분명하게 하지 않으면 오행339)은 설명할 방법이 없다"340)라고 하였는

---

338) 陰陽: 『說文解字』등의 옛 문헌에서 확인되는 음양의 용례는 응달과 양지와 같은 氣候의 의미에 국한해서 사용되었음을 알 수가 있다. 즉, 음은 산의 응달이고 양은 산의 양달을 뜻하며, 이것은 漢代 이후 음양이 곧 음양(숲易)의 의미로 사용되었다. 음양이라는 글자가 출전되는 가장 오래된 문헌은 『左傳』과 『國語』인데, 『左傳』에는 추위와 더위를 일으키는 六氣를 통해 전자를 음으로, 후자를 양으로 지칭하고 있다. 이외에도 "겨울에는 숨어 있는 양이 없고 여름에 잠복한 음이 없다."(昭公 4년), "양이 음을 이기지 못하면 언제나 큰물이 진다."(昭公 21년) 등에서와 같이 음양이라는 글자의 어원은 二元의 고차원적 의미가 아닌 원시적인 해석에 머문다. 그러나 六氣라는 표현의 등장 후, 『禮記』「月令」에는 "孟秋(7월)에 겨울의 令을 행한다면 음기가 크게 성한다. 봄의 令을 행한다면 그 나라가 이에 가물며 양기가 다시 돌아온다."에서 확인 되듯이 일년을 兩分한 의미로 음양의 두 氣運이 통용되게 된다. 여기서 더 나아가 하늘의 氣가 음양의 개념으로 확장되어 하늘과 땅이 만물을 생성하므로, 음양을 만물 생성의 두 기운으로 보게 되는데 『莊子』「則陽」, 「大宗師」의 "음양은 氣의 큰 것이다."(陰陽者. 氣之大者也.), "천지를 통하여 一氣일 뿐"(天地之一氣)이 이를 반증한다. 한편 음과 양이 만물을 만들어 낼 때의 상황을 남녀의 생식과 연관되어 표현되기도 했는데 『春秋穀梁傳』(莊公 3년)의 "음이 홀로 생겨나지 않으며 양이 홀로 생겨나지 않는다."(獨陰不生. 獨陽不生. 獨天不生)와 같이 음과 양이 합쳐야만 사물을 생성할 수 있다는 사유방식이 생겨남과 동시에 음과 양을 둘로 兩分하는 사유방식도 생겨났다. 비록 양을 음보다 존귀하게 본 경향이 있지만, 양은 음이 없이는 생성이 불가능한 이유로 음과 양은 동등한 위치에서 서로 치환되는 것으로 보았을 것이다.(『淮南子』「天文訓」: "양은 음에서 생겨나며 음은 양에서 생긴다. 음양이 착종(서로 뒤섞여)하여 사방의 모퉁이가 생긴다.") 치환하고 착종한다는 것은 여러 개가 뒤섞여 변화하여 바꾸어 놓는 것을 의미하므로 이것은 음양이 고정된 二元이 아니라 변화하는 二元을 의미하는데 이러한 칙종 번화하는 음양의 개념은 『繫辭傳』("上下가 무상하다. 剛과 柔가 서로 바뀐다. 參과 伍로써 변화하여 그 수를 착종한다.")에서 가장 명확하게 나타난다. 이렇게 하여 처음 응달과 양달 또는 六氣에 의한 음양의 두 기운 등으로 시작된 음양의 개념이, 음양가들에 의해 '만물을 구성하는 원소'로 끌어올려졌던 것으로 보인다. 전국시대 이전에는 이렇다 할 우주론이 없었던 당시의 학파들에게 있어서 음양가의 이론은 충분히 매력이 있었을 것이다. 위에서 언급한 바와 같이 『莊子』등이 음양가의 학설을 십분 끌어들여 '우주론적 철학'으로 승화시키고자 했음을 엿볼 수가 있다. 儒家의 占書인 『易』도 음과 양을 ―과 --라는 두 개의 부호로 결부해서 『繫辭』의 "易은 다하면 변화하고 변화하면 통한다."는 모순전화의 원리인 변증법으로 발전되었으며, 특히 『黃帝內經』「四氣調神大論」에는 "음양. 四時는 만물의 시작과 끝이며 삶과 죽음의 근본"이라고 했을 만큼 인간의 몸에도 음양의 氣가 있으므로 천지만물과 四時의 氣는 서로 연결된다는 생각으로 발전했던 것임을 알 수가 있다. 이러한 과정을 거친 음양론은 마침내 만물을 설명하는 範疇의 개념으로 자리를 잡게 될 것이다. 그러나 간과해서는 안 될 사실은 '살아있는' 물질인 氣로서의 음양은 처음부터 자연과학적 관념에서 출발했을 뿐이라는 것이다. 그래서 어느 순간 '절대적인 진리'가 되어 버렸으며, 오늘날에 이르기 까지 이에 대한 유일한 해명은 '聖人이 지은 經書'에 있기 때문이었다는 것이다. 赤塚忠·金谷治 外 共著, 조성을 역, 『중국사상개론』, 이론과 실천, 1987, 92~99쪽.

339) 五行: 宋代 유희(劉熙)가 지은 字書인 『釋名』에 의하면 오행은 다섯 가지의 氣 즉, 五氣가 각자의 방향에서 시행한다는 의미로 '행한다'(행:hsing)라는 뜻으로 풀이하고 있다. 오행이라는 글자가 처음 출전된 것으로 알려진 『書經』「洪範」의 구주(九疇:九類, 九章의 法)중 제 1이 바로 오행인데, 이 외에 제 2 오사(五事: 貌·言·視·聽·思), 제 4 오기(五紀: 歲·月·日·星·曆), 제 9 오복(五福: 壽·富·康寧·攸好德·考終命)등과 같이 다섯으로 분류된 것을 후대에 와서 木·火·土·金·水에 배당시킨 것으로 보인다. 이는 제 1인 오행과 서로 관계를 맞추기 위한 의도로 추측된다. 「大禹謨」에도 "水·火·金·木·土·穀 이것을 六府라 한다."고 하는데 여기서는 오행에 곡(穀)이 추가 된 것으로, 이를 근거로 오행이 利用厚生과 관련이 있는 실용적 사고가 작용했음을 짐작할 수가 있다. 따라서 여기서 五行은, 「洪範」의 다른 구주(九疇)처럼 정치적 의도에 의해서 제

정된 일종의 규범으로, '민생을 돕는 재료'라는 인식이 내재되어 있다는 것을 확인 할 수가 있다. 이렇듯 초기의 오행에는 어떤 철학적인 의미도 부여 할 수가 없다. 다만 이러한 오행의 개념이 鄒衍 등과 같은 음양가의 주장과 맞트려 마침내 만물과 시간 등을 아우르는 개념 또는 역사관으로 발전하게 된 것임을 알 수가 있다. 말하자면 "비근한 현상에 대해 논증이 가능한 원리를 갖고 세계 해석의 원리로 하려고 했던 것이다." 오행설의 등장이전에 있었을 절기 즉, 時令에 있어서도 마침내 오행을 사계와 결부시키고 있는데(『管子』「四時」, 『呂氏春秋』「十二紀」, 『淮南子』「時則訓」, 『禮記』「月令」 등에서 공통되는 사실은 예를 들어, "봄은 초목이 싹트는 시기로 육성하는 방향의 정책을 취한다. ... 여름은 초목이 신장하는 시기이다. 성장시키는 방향의 정책과 의례를 행한다. ... 가을은 서리가 초목을 마르게 하는 시기이다. 엄격한 방향의 정치를 한다. ...겨울은 벌레와 짐승이 구멍에 들어가는 시기이므로 주도면밀하게 저장하는 방향의 정책을 취한다. ...") 다만 土에 관해서는 서로 다른 입장을 취하고 있다.(『管子』「四時」에서는 사계절을 아울러 두루 다스리는 것으로, 『呂氏春秋』와 『禮記』「月令」에서는 일 년의 가운데에서 土가 용사(用事: 土가 事를 用하는 날의 의미)하는 날로, 『淮南子』에서는 계하(季夏: 6월)를 土에 해당시키고 있다. 이것은 사실상 "자연발생적인 사계절의 時令에다 五行을 관념적·기계적으로 할당시킨 느낌이 있다.") 또 오행은 인간의 윤리적 행동과도 결부시키게 되는데 동중서(董仲舒)에 의하면 봄은 박애(博愛), 여름은 삶을 즐긴다는 의미로 낙생(樂生), 가을은 위엄을 행한다는 의미로 입엄(立嚴), 겨울은 죽은 자와 유족을 위로한다는 의미로 애사휼상(哀死恤喪)에 해당시키고 있다. 이로써 본다면 봄은 仁, 가을은 義, 여름은 禮, 겨울은 智 또는 信에 해당한다고 볼 수가 있다. 이는 孟子가 꼽은 4德인 仁·義·禮·智의 그것과 같다. 그러나 오행설의 영향으로 보이는 五常의 다섯 가지 德이 분명하게 적시된 것은 『漢書』「董仲舒傳」을 근거로 했을 때, 董仲舒라고 보는 것이 합당할 것이다. 『漢書』「律曆志」와 『白虎通』의 「性情」편에 따르면, 五德은 봄에 해당하는 木을 仁에, 여름에 해당하는 火를 禮에, 가을에 해당하는 金을 義에, 겨울에 해당하는 水를 智에, 그리고 중앙인 土를 信에 귀속된다는 것이 정설로 알려져 있다.(그러나 후한의 정현(鄭玄)의 설에 의하면 土가 智에, 水가 信에 배속되는데 그 해석은 작위적인 면이 있다. "『易』「文言傳」에 乾의 四德인 元·亨·利·貞을 설명하여 각각 善之長·嘉之會·義之和·事之乾이라고 풀이한다. 「文言傳」 자체는 이들을 사계절에 해당시키고 있지는 않지만 乾卦가 하늘의 운행을 보이는 卦이므로 주석자는 四德을 사계절에, 또 오행에 배당한다. 그런데 이 배당이 일정하지 않다. 육조시대 何妥(『周易集解』에서 인용)는 元=仁=春=木·亨=禮=夏=秋·利=義=秋=金·貞=智=冬=水라 하여 중앙의 信은 이상의 사덕을 공통으로 보조하는 것으로 본다. 당나라 공영달의 『五經正義』에서는 처음의 三德은 동일하지만 貞=信=冬=水라 하고 智가 중앙에 있어 다른 모든 것에 더해진다고 한다. ... 『漢書』·『白虎通』과 정현의 해석상의 차이도 혹은 「文言傳」의 해석의 차이에서 오는지도 모르겠다.") 또, 음양가인 鄒衍의 五德終始의 설이 있는데 이는 다름 아닌 정치적 필요에 의한 작위된 것을 역사적 필연성으로 연계한 것으로, 예를 들면 한 왕조는 五德 중 한 가지를 부여 받게 되는데 만약 火德을 부여받은 왕조가 水德을 부여받은 왕조를 만나면 水가 火를 극하므로 새로운 왕조는 水德을 가진 왕조에 의해 시작된다는 기계적인 논리이다. 이렇게 해서 만들어진 相剋의 논리에 의하면 水剋火·火剋金·金剋木·木剋土·土剋水가 성립된다. 반대로 '자식이 부모를 계승한다.'는 개념이 상생인데 이를테면, 木을 기준으로 木生火·火生土·土生金·金生水·水生木이 성립된다. 『左傳』에 의하면 "火는 金을 이긴다."(昭公 31년), "水는 火를 이긴다."(哀公 9년)는 표현이 등장하는 것으로 보아 相生보다는 相剋이 우선했을 것으로 보인다. 이를 鄒衍의 五行相勝說이라고 한다.(그러나 前漢 末期에 접어들면서 五行相勝說이 비판받으면서 유향(劉向)에 의해 이른바 오행상생설이 득세하게 된다. 이것은 시대의 차이에 기초한 개혁이며 옛 것과 새 것의 실력투쟁이 격렬하여 전통적인 것이 파괴되어 가고 있었던 전국시대와 통일제국이 성장하여 파괴적 변화의 관념을 지배층이 기피하게 된 시대에서는 오행순환의 논리구성에 이와 같은 차이가 발생한 것도 이유가 있는 것이다.) 나아가 오행설은 인체의 오장과도 결부 짓게 되는데 『소문』「통평허실론」에 의하면, 봄인 木을 간장에, 여름인 火를 심장에, 가을인 金을 폐장에, 겨울인 水를 신장에, 중앙인 土를 비장과 위에 배속하고 있다. 그러나 이를 두고 일본의 에도 시대 사상가이자 유학자인 오규 소라이(荻生徂徠, 1666~ 1728

데 특히 음양을 분명하게 하지 않으면(陰陽不明) 오행을 설명할 방법이 없다고 강조한 바 있다. 명리학에서 십간과 12지지의 오행을 해석하는데 있어서 음양은 간과하는 경우가 적지 않기 때문에 서락오의 이러한 지적은 매우 큰 의미가 있다. 사실 이러한 지적은 서자평의 『명통부』 마지막 문장에서 "음양은 가늠하기 어렵다. 한 가지만을 가지고 추리해서는 안 될 것이다. 귀하고 천함을 가리기 어려우니 음과 양의 두 끝을 판단함에 신중해야 한다. 옛 사람들의 유문과 현재의 현인들의 연구를 살펴본다면 명을 판단함에 그르침이 없을 것이다"341)라고 분명하게 적시하였다. "음양은 가늠하기 어렵다."(陰陽罕測)는 말 속에서 그 함의가 있다. 이에 관한 매우 적절한 표현은 『춘추곡량전』에서 "음이 홀로 생겨나지 않으며 양이 홀로 생겨나지 않는다. 하늘도 홀로 생겨나지 않는다"342)라거나 『장자』의 천지는 일기이며,343) "음양은 기의 큰 것이다"344)라고 말 한데서 확인할 수 있다. 음양은 이기이면서도 일기이다. 바꾸어 말하면 일기이면서도 이기이다.

특히 서자평은 『낙록자삼명소식부주』에서 음양을 가늠하고 그 치우침을 판단할 때 천간과 지지가 서로 부합되어야(上下符合)하고 사주 원국과 행운의 변수를 고려한 총체적인 관찰이 필요함을 밝혀 놓았다.345) "천간과 지지가 서로 부

년)는 그의 저서 『辯名』에서 "오행이란 번잡한 것을 정리하는 기술일 뿐이다."라고 한데서 오행의 가치를 일정부분 폄하한 것으로 보인다. 그러나 오행설에서 유래되어 온 금기는 지금의 시각으로는 원시적이고 미신적인 면이 있지만 그 당시의 고대인들에게 있어서는 자연의 재해에 맞서 이를 극복하려는 어떤 '주술적인 힘'을 기대했을 것으로 본다. 이러한 오행설은 "孔子·孟子 등 이른바 유가의 세계관과는 발생한 곳이 다르다. 하지만 뒤에는 유가사상과 결합하여 극히 장기간 中國思想史에서 커다란 지위를 차지하고 있었던 것이다." 赤塚忠·金谷治 外 共著, 조성을 역, 『중국사상개론』, 이론과 실천, 1987, 100~108, 349~351쪽.

340) 徐樂吾 著, 『子平粹言』, 中華民國 武陵出版社, 1998, 14쪽: "命理之學. 不外乎陰陽五行. 陰陽不明. 五行無從說起."
341) 徐子平 著, 李鐵筆 評註(萬育吾 原註), 『八字明通賦評註』, 中華民國, 益群書店股份有限公司, 209쪽: "是以陰陽罕測. 不可一途而推. 貴賤難分. 要執兩端而斷. 略究古聖之遺文. 約以今賢之硏詳. 若遵此法參悟. 鑒命庶無差忒."
342) 『春秋穀梁傳』(莊公 3年 庚寅) "獨陰不生. 獨陽不生. 獨天不生"
343) 『莊子』「大宗師」"天地之一氣"(天地는 一氣이다.)
344) 『莊子』「則陽」. "陰陽者. 氣之大者也."
345) 徐子平 著, 王廷光·李同·釋曇瑩 註, 趙子澤 解, 『珞琭子三命消息賦諸家註』, 香港 聚賢館文化有限公司, 2007, 103, 87쪽: "陰陽不偏. 上下符合. 則能知造化. 而貴賤吉凶壽夭定矣. ... 偏陰偏

합되어야"는 의미는 천간을 양으로, 지지를 음으로 보았을 때, 너무나 당연한 주장이라고 할 수 있다. 즉, 음과 양은 서로가 서로를 상생하는 것346)으로, 이는 수리를 성리학적으로 완성한 상수학에서도 확인할 수 있다. 상수학의 수화일체론은 木·火·土·金·水의 근본이 응고·자율·조화의 속성을 가진 물이라고 규정하고 있다. 水는 원래부터 세 뿌리인 亥水·子水·丑土에서 응고·자율·조화성에 의해 이루어지기 때문에 水는 곧 영원한 변화와 자율성을 의미한다.

이 같은 주장은 희랍 철학의 창시자인 Thalēs347)(탈레스, 기원전 624 ~ 기원전 545년)의 사상과 유사한 측면이 있다. 다시 말해 상수학에서 말하는 수화일체론은 行과 運의 운동법칙을 세워 水火일원운동의 흩어지고 모이는 산합법칙을 지칭348)한다. 비록 탈레스가 상수학에서 처럼 구체적인 법칙을 말하지는 않았다 하더라도 물의 무한성·변화성·자율성 등을 말하고 물이 정신적·물질적 실체라고 주장한 것을 탈레스도 물의 기화작용에 대한 오의를 지각했음을 뜻한다. 결론적으로 상수학에서 水火작용은 水가 흩어지면 火의 상이 되고, 개개의 火가 모이면 그 상이 곧 水가 된다. 이는 水와 火가 각각 변하고 화하는 바를 구별하기 위한 개념이며, 실제 火는 水의 기화작용에 의한 水의 변형이다. 이와 같이 수화일체론은, 기가 화하거나 변함으로써 無 또는 有가 되는 수화작용을 의미하기 때문에 이때 水와 火는 물질현상인 水火는 아니다.

그러나 이러한 수화일체론의 진의와 상관없이 본 항의 '음양이기'와 관련하여 주목하고자 한 것은 앞서 언급한 바와 같이 상수학에서도 음과 양의 두 기운이

陽曰疾. 正合則爲貴命. 偏合不爲貴命也. 宜消息而言之."
346) 邵康節, 『皇極經世書』「觀物外篇 上」: "陽生陰. 故水先成. 陰生陽. 故火後成陰陽相生也. 體性相須也. 是以陽去則陰竭陰盡則陽滅."
347) 탈레스(Thalēs)는 세계자연을 구성하는 물질의 근원을 물로 보았다. 이때 물은 경험에 의해 이해된 물질적 질료(質料)이다. 물은 스스로 변화함으로써 다양한 만물을 이룬다는 것이다. 탈레스의 이와 같은 학설은 자연에서 비롯되는 다양성을 유물론적 입장에 의한 지적 탐구를 통해 이해하고자 한 것으로 볼 수가 있다. 즉, 자연 그 자체로부터 자연을 설명하고자 한 것이다.
348) 이때 水火一體論은, 우주의 변화는 그 氣가 化함으로써 無가 되고 또, 그 氣가 變함으로써 有가 되는 水火作用을 의미한다. 따라서 이때 水와 火는 물질현상인 水火는 아니다. 왜냐하면 水火作用이란 곧 氣가 化하거나 變하는 氣化·氣變작용이기 때문이다.

음양이라는 하나 된 개념의 음양론으로써 "양이 음을 낳으므로 물이 먼저 이루어지고 음이 양을 낳으므로 불이 나중에 이루어진다. 음양은 상생한다. ..."("陽生陰. 故水先成. 陰生陽. 故火後成陰陽相生也. ...")349)라고 말한 데에 있다.350)

② 십간 · 12지지의 음양

주지하는 바, 오행인 木 · 火 · 土 · 金 · 水에 있어서 木 · 火는 水 · 金에 비해 양적이며 水 · 金은 木 · 火에 비해 음적이다. 그런가하면 같은 양 오행인 木 · 火의 경우, 木은 火에 비해 음적이며, 음 오행인 水 · 金의 경우, 金은 水에 비해 양적이다. 그리고 土는 木 · 火 · 金 · 水의 기운이 化하여 응결된 것으로(土者. 陰陽老少木火金水沖氣所結也.) 음양의 기운을 조화시키는 오행으로 이해 할 수 있다. 이를 십간으로 바꾸어 설명하면 甲 · 乙 · 丙 · 丁은 庚 · 辛 · 壬 · 癸에 비해서 양적이며 庚 · 辛 · 壬 · 癸는 甲 · 乙 · 丙 · 丁에 비해 음적이다. 또, 양 오행인 甲 · 乙 · 丙 · 丁의 경우, 甲 · 乙은 丙 · 丁에 비해 음적이며, 음 오행인 庚 · 辛 · 壬 · 癸의 경우, 庚 · 辛은 壬 · 癸에 비해 양적이다. 그리고 戊 · 己土는 양 오행인 甲 · 乙 · 丙 · 丁과 음 오행인 庚 · 辛 · 壬 · 癸의 양기를 조화시키는 오행이 된다.

이와 관련해서 『이허중명서』에는 "천간이 양임에도 乙 · 丁 · 己 · 辛 · 癸는 음간이 되는가 하면, 지지가 음임에도 子 · 寅 · 辰 · 午 · 申 · 戌은 陽支가 되는 경우가 있다"351)라고 하였다. 전자는 천간에 있는 乙 · 丁 · 己 · 辛 · 癸의 오행이 양적이기는 하지만, 甲 · 丙 · 戊 · 庚 · 壬에 비해 음적이라는 의미이다. 따라서 음양에 관한 한, 이와 같이 다양한 관점에서 변용되어 해석되어 진다. 이허중이 말한, 천간에 비해 음적인 지지 오행의 작용에 있어서 子 · 寅 · 辰 · 午 · 申 · 戌

---

349) 邵康節, 『皇極經世書』「觀物外篇 上」
350) 한동석, 『우주변화의 원리』, 대원출판, 2004, 139~143쪽.
351) 鬼谷子 撰, 李虛中 註編, 『李虛中命書』, 中華民國, 新文豊出版公司印行, 1978, 12쪽: "干陽也. 亦有乙丁己辛癸之爲陰. 支陰也亦有子寅辰午申戌之爲陽."

이 丑·卯·巳·未·酉·亥와 함께 지지에서 음적인 작용을 하지만 丑·卯·巳·未·酉·亥에 비해 양적이라는 의미이다.

  그러나 순차적인 음양의 구분과 달리 실제 子·午와 巳·亥는 음양이 전도되어 실제로는 寅·辰·巳·申·戌·亥가 양이며, 子·丑·卯·午·未·酉가 음이 된다는 것은 주지의 사실이다. 전자인 양 오행 즉, 寅·辰·巳·申·戌·亥는 지장간을 지배하는 본기 오행인 甲·戊·丙·庚·戊·壬이 각각 양 오행이며, 후자인 음 오행 즉, 子·丑·卯·午·未·酉는 지장간을 지배하는 본기 오행인 癸·己·乙·丁·己·辛이 각각 음 오행이기 때문이다. 따라서 지지오행의 음양은 子·寅·辰·午·申·戌과 丑·卯·巳·未·酉·亥로 구분할 수 있지만 실제로는 寅·辰·巳·申·戌·亥와 子·丑·卯·午·未·酉로도 구분이 될 수 있음을 알 수 있다.

  뿐만 아니라 지지 오행인 子·丑·寅·卯·辰·巳·午·未·申·酉·戌·亥를 寅·卯·巳·午·未·戌과 子·丑·辰·申·酉·亥로도 구분이 가능한데, 전자는 燥土를 포함한 火氣와 木氣, 후자는 濕土를 포함한 水氣와 金氣를 품고 있는 오행이다. 이와 관련해서 『적천수천미』「지지」편에서 寅·卯·巳·午·未·戌과 申·酉·亥·子·丑·辰에 관한 언급이 있다.

    예를 들어 일주가 午火이거나 혹은 희신이 午火라고 한다면 지지에 寅·卯·巳·午·未·戌 등이 있다고 할 때 子水가 충을 한다고 하면 쇠약한 것이 왕한 것을 충하는 것으로 이때는 아무런 손상이 없다. 그러나 일주가 午火이거나 혹은 희신이 午火라고 한다면 지지에 申·酉·亥·子·丑·辰 등이 있는데 子水가 충을 한다고 하면 이것은 왕한 것이 쇠약한 것을 충하는 것으로 쇠약한 것은 뿌리가 뽑히게 된다.[352]

---

352) 袁樹珊 撰輯, 任鐵樵增注, 『滴天髓闡微』, 台北: 進源文化事業有限公司, 2011, 49~50쪽: "如日主是午, 或喜神是午. 支中有寅卯巳未戌之類. 遇子沖. 謂衰神沖旺. 無傷. 日主是午. 或喜神是午. 支中有申酉亥子丑辰之類. 遇子沖. 謂旺者沖衰. 則拔."

음양에 관한 앞의 내용대로 일반적으로 지지 오행의 음양구분은 子·寅·辰·午·申·戌이 양, 丑·卯·巳·未·酉·亥가 음인데 水·火가 전도되어 寅·辰·巳·申·戌·亥가 양, 子·丑·卯·午·未·酉이 음이 된다. 그러면 寅·卯·巳·午·未·戌과 申·酉·亥·子·丑·辰의 구분은 무엇을 기준으로 한 것인가? 당연히 水·火 오행 즉, 水와 火 오행을 기준으로 양분된 것이다. 水 오행은 한습을, 火 오행은 난조를 의미하며 전자는 천간의 庚·辛·壬·癸, 후자는 甲·乙·丙·丁과 일종의 水·金 상생, 火·木 상생을 하게 된다.

임철초가 이에 대한 인식이 있었는지는 알 수 없으나 분명한 것은 寅·卯·巳·午·未·戌과 申·酉·亥·子·丑·辰으로 지지 오행을 水·金과 火·木의 성분으로 양분했다는 사실이다. 예를 들어 여름의 甲·乙木 일간의 경우 水·金이 길신 (용신과 희신)일 때, 이때 水와 金의 뿌리는 申·酉·亥·子·丑·辰이 되고, 가을의 甲·乙木이 火·木이 길신일 때, 이때 火와 木의 뿌리는 寅·卯·巳·午·未·戌이 된다. 따라서 천간의 甲·乙·丙·丁은 지지의 寅·卯·巳·午·未·戌인 火·木 오행과, 庚·辛·壬·癸는 申·酉·亥·子·丑·辰인 水·金 오행과 간지에서 상생의 관계가 되는 것이다."353)

이처럼 지지에서 음양의 구분은 다음 세 가지로 분화되어 변용되고 있음을 확인 할 수 있다.

첫째, 子·寅·辰·午·申·戌이 양 오행이며 丑·卯·巳·未·酉·亥가 음 오행인 경우.

둘째, 水·火가 전도되어 寅·辰·巳·申·戌·亥가 양 오행이며, 子·丑·卯·午·未·酉가 음 오행인 경우.

셋째, 火氣와 水氣로 양분되어 寅·卯·巳·午·未·戌이 火氣를 지닌 양 오행이며, 申·酉·亥·子·丑·辰이 水氣를 지닌 음 오행인 경우.

---

353) 이건희,「음양오행론의 명리학적 적용에 관한 연구」, 대구한의대학교 대학원 석사학위논문, 2017, 175쪽.

논자는 임철초가 위 인용문에서 양분한 寅·卯·巳·午·未·戌과 申·酉·亥·子·丑·辰에 관한 문맥을 주시해본 결과 그가 주장한 내용에는 동의할 수 없는 부분도 있지만, 水·火를 양분는 개념에 대해서는 그 타당성이 있다고 본다. 따라서 이에 근거해서 천간의 오행과의 상생관계 또한 유추할 수 있었다. 이러한 주장은 본 항 ①의 "음양이기" 이론에 근거하는 것이다.

앞서 논자는 火·木이 상생354)하고, 水·金이 상생355)하는 바에 대해서 강조한 바 있다. 천간에서 甲·乙과 丙·丁이, 그리고 壬·癸와 庚·辛이 상생한다는 것이다. 한편 지지에서는 寅·卯·巳·午·未·戌이 양기인 火氣를 지닌 오행으로 각각 상생하며, 申·酉·亥·子·丑·辰이 음기인 水氣를 지닌 오행으로 각각 상생한다. 크게 水·火로 이분하면 천간의 壬·癸·庚·辛은 지지의 申·酉·亥·子·丑·辰과 상생하고, 甲·乙·丙·丁은 지지의 寅·卯·巳·午·未·戌와 상생한다는 것이다.

서락오는 『자평수언』에서 음기를 지닌 水와 金을 각각 겨울과 가을에, 양기를

---

354) 鬼谷子 撰, 李虛中 註編, 『李虛中命書』, 中華民國, 新文豊出版公司印行, 1978, 14쪽: "水土金性本下. 木火性本巍. 水流就濕. 土積而載. 金重而沉. 故曰: 本下. 巍者上也. 木性漸上. 而火性炎上."
355) 김필수 공역, 『관자』, 소나무, 2015, 444쪽 1번 각주 참조: 물을 모든 가능성의 근원으로 보고 있는 『관자』「수지편」에는 "물은 가득차지 않는 곳이 없고, 자리하지 않는 곳이 없다. 하늘과 땅에 모여 있고, 모든 사물 속에 저장되어 있고, 쇠와 돌에서 생기고, 모든 생명체에 모여 있다."(『管子』「水地」: "是以無不滿無不居也. 集於天地. 而藏於萬物. 産於金石. 集於諸生.")라고 하였는데 여기서 '쇠와 돌에서 물이 생기고'(産於金石)는 쇠와 돌이라는 찬 기운에서 자연발생적으로 물이 생긴다는 자연과학적 관찰에서 연유된 것이다. 또 다른 의미는 돌 틈에서 물이 솟아난다는 단순 관찰을 말한다. 그러나 『관자』에서는 자연과학적 경험으로 부터 터득한 전자로 보는 것이 타당하다고 본다. 『管子』「水地」: "水, 具材也.", 具材: 직역하면 '재료를 갖추다.'이나 '가능성'으로 의역하였다.., "金과 水가 合해지고, 木과 火가 짝이 된다." 『周易參同契』, 中篇 三家相見章 第二十七 : "金水合處. 木火爲侶.", 謝松齡(씨에쏭링)은 『周易參同契』를 설명하면서 "金과 水가 합해지고, 木과 火가 짝이 된다. 金은 水를 낳는다. 그러므로 水가 金을 떠나지 않아야만 水를 낳을 수 있다. 또 木은 火를 낳는다. 그러므로 火가 木을 떠나지 않아야만 火를 낳을 수 있다. 여기에서 金은 水의 운동을 활발하게 하는 것이며, 木은 火의 운동을 활발하게 하는 것이다. 그러므로 金이니 木에는 독립적인 의미가 존재하지 않는다."(謝松齡(씨에쏭링)著, 김홍경, 신하령 공역, 『음양오행이란 무엇인가?』, 연암출판사 1995, 166쪽.)라고 말하고 있다. 金과 水가 합해지고, 木과 火가 짝이 된다는 것은 당연한 이치이다. 우주만물의 근본은 결국 水火이기 때문에 사주명리에서도 역시 水火의 동태를 관찰하기 위해서는 水와 합해지는 金, 木과 짝이 되는 火를 보고 음양의 조화를 읽어야 하는 것이다.., 『周易參同契』는 後漢朝 魏伯陽(100~170)의 저술로 道家의 心身修練의 방식과 장생불로를 위하여 복용하는 丹藥의 제조법에 관하여 4~5자의 韻文을 중심으로 구성되어 있다.)

지닌 火와 木을 각각 여름과 봄에 비유하고 일 년을 총괄해서 木·火를 양으로, 水·金을 음으로 분류하고 있다. 이는 양기인 火·木이 상생하고, 음기인 水·金이 상생한다는 말과 크게 다르지 않다.356) 『적천수』를 인용해357) 오행을 火·木과 水·金으로 양분해 설명하고 있는 이 같은 사례는 중화를 강조하고 있는 『명학신의』 「정신론」에서도 확인된다.358) "원래 水와 金은 같은 음기이며 火와 木은 같은 양기이기 때문에 상호 생성력이 타 오행과는 다른 측면이 있다. 다시 말해 水는 金을, 金은 水를 서로 생해 주기가 용이하기 때문에 水·金이 상생하고, 火·木이 상생하게 되는 이치도 이와 같은 셈이다. 즉, 「정신론」의 요지는 水·金이 상생하면 精氣가, 火·木이 상생하면 神氣가 중화가 된다고 볼 수 있다."359) 또, 「진태감리론」편의 "金과 木, 火와 水는 상극하는 관계이면서도 적절하게 서로 협력하여 뜻한 바를 이룬다"360)는 말도 水·火 상생 또는 金·木 상생을 통한 중화를 말하고 있다고 보아야 할 것이다.

이상과 같이 火·木이 상생하고 水·金이 상생한다는 이론의 명리학적인 요점은 『자평진전』에서 "水는 태음이며 火는 태양이다. 木은 소양이며 金은 소음이다. 土는 음양·노소·木·火·金·水의 충기가 뭉친 것이다"361)에서 효과적

---

356) 徐樂吾 著, 『子平粹言』, 中華民國 武陵出版社, 1998, 16쪽: "水火也. 換言之. 卽寒暑也. 夏令氣候. 暑熱炎威灼爍. 名之爲火. 冬令氣候. 凜冽寒威冷酷. 名之爲水. 春令由寒而暖. 萬物欣欣向榮. 故名之爲木. 秋令由暖而寒. 萬物遇之而凋殘. 故名之爲金. 合一年而統論之. 木火陽也. 金水陰也."

357) 袁樹珊 撰輯, 任鐵樵增注, 『滴天髓闡微』, 台北: 進源文化事業有限公司, 2011, 120쪽: "原注以金水爲精氣. 木火爲神氣者. 此由內臟而論也. 以肺屬金. 以腎屬水. 金水相生. 藏于裏. 故爲精氣. 以肝屬木. 以心屬火. 木火相生. 發于表. 故爲神氣. 以脾屬土. 貫于周身. 土所以實之也."

358) 水繞花堤館主 著, 『命學新義』, 台北: 育林出版社, 2011, 109쪽: "損益不外乎抑扶. 目的仍在中和. 精神二字. 原註解釋. 謂金水爲精. 木火爲神. 土所以實之." 참고..劉伯溫 著, 任鐵樵 增注, 袁樹珊 撰輯, 『滴天髓闡微』, 中華民國 進源文化事業有限公司, 2011, 120쪽: "人有精神. 不可以一偏求也. 要在損之益之得其中." 이에 대해 原註(『滴天髓闡微』)에서는 精氣란 오행에서 金·水이며, 神氣란 木·火 그리고 土는 木·火와 金··水를 포함하고 있는 까닭에 實하다는 것으로 풀이하고 있다.(劉伯溫 著, 任鐵樵 增注, 袁樹珊 撰輯, 『滴天髓闡微』, 中華民國 進源文化事業有限公司, 2011, 120쪽: "精氣神氣皆元氣也. 五行大率以金水爲精氣. 木火爲神氣. 而土所以實之者也."

359) 이건희, 「음양오행론의 명리학적 적용에 관한 연구」, 대구한의대학교 대학원 석사학위논문, 2017, 59쪽.

360) 水繞花堤館主 著, 『命學新義』, 台北: 育林出版社, 2011, 122쪽: "金與木. 火與水. 相剋適以相成."

으로 표현되지만, 이는 이미 송대 주자학의 입문서인『근사록』라는 문장으로 분명하게 규명을 해 놓은 것이다. 그런데『근사록』에서 주목할 만한 사실은 木과 火가 양이 되고, 金과 水가 음이 되는 것은 사시로 말한 것이 그 이유이며, 오행의 생겨남과 오행의 상생의 순서가 같지 않음에 대해서는 두 가지 기운이 변하고 합하여 낳는 것은 대대의 체에 근원한 것이고, 한 기운이 순환하여 낳는 것은 유행의 용에 본원한 것이기 때문이라고 한데서 보듯이 체용으로 설명한 것이다.362) 명리학에 있어서 생극의 문제를 체에서 용으로 전환해야만 하는 근거가 될 수 있다. 물론 이러한『근사록』의 내용이 Ⅲ장 1절에서 논한 논자의 체용전환의 개념과 반드시 일치하지는 않지만, 오행의 생극을 체용이 아닌 다른 관점에서는 설명할 수 없는 한계를 해결할 수 있는 유효한 이론체계라고 생각하고 있다.

---

361) 沈孝瞻 著, 徐樂吾 評註,『子平眞詮評註』, 中華民國 進源書局, 2006, 18쪽: "水者. 太陰也. 火者. 太陽也. 木者. 少陽也. 金者. 少陰也. 土者. 陰陽老少木火金水冲氣所結也."

362)『近思錄』에는 "양이 변하고 음이 합하여 水·火·木·金·土를 낳으니, 오행의 기운이 순차적으로 퍼짐에 四時가 행하게 된다. 오행은 한 음양이요 음양은 한 태극이니, 태극은 본래 무극이었다."(朱子·呂祖謙, 編著,『近思錄』券一「導體」: "陽變陰合而生水火木金土. 五氣順布. 四時行焉. 五行一陰陽也. 陰陽一太極也. 太極本無極也.")에 대하여 "오행이란 것은 형질은 땅에 갖추어지고 기운은 하늘을 운행하니, 형질로써 태어나는 순서를 말하면 水·火·木·金·土인데 水·木은 양이고 火·金은 음이며, 기운으로써 운행하는 순서를 말하면 木·火·土·金·水인데, 木·火는 양이고 金·水는 음이다."(成百曉 譯註,『譯註 近思錄集解 1』, 傳統文化硏究會, 2004, 53쪽: "然. 五行者. 質具於地而氣行於天者也. 以質而語其生之序. 則曰水火木金土而水木. 陽也. 火金. 陰也. 以氣而語其行之序. 則曰木火土金水而木火. 陽也. 金水. 陰也.")고 하였다. 그리고 朱子는, 水와 木이 양이 되고, 火와 金이 음이 되는 이유에 대해서 "하늘(天)이 一로 水를 낳고, 땅(地)이 二로 火를 낳았으며, 천(天)이 三으로 木을 낳고 지(地)가 四로 金을 낳았으니, 一과 三은 양이고 二와 四는 음이다."(成百曉 譯註,『譯註 近思錄集解 1』, 傳統文化硏究會, 2004, 55쪽: "水木. 何以謂之陽. 火金. 何以謂之陰?", "天一生水. 地二生火. 天三生木. 地四生金. 一三. 陽也. 二四. 陰也.")라고 하였다. 또, 木과 火가 양이 되고, 金과 水가 음이 되는 이유에 대해서는 "이것은 四時로 말한 것이니, 봄과 여름은 양이 되고 가을과 겨울은 음이 된다."(成百曉 譯註,『譯註 近思錄集解 1』, 傳統文化硏究會, 2004, 55쪽: "木火. 何以謂之陽. 金水. 何以謂之陰?", "此. 以四時而言. 春夏. 爲陽. 秋冬. 爲陰.")고 하였다. 이와 같이 오행의 생겨남과 오행의 상생의 순서가 같지 않음은 "두 가지 기운이 변하고 합하여 낳는 것은 대대(待對)의 體에 근원한 것이고, 한 기운이 순환하여 낳는 것은 유행의 用에 본원한 것이기 때문이라고 한다."(成百曉 譯註,『譯註 近思錄集解 1』, 傳統文化硏究會, 2004, 53쪽: "二氣變合而生者. 原於待對之體也. 一氣循環而生者. 本於流行之用也.") 이 와 같이『近思錄』에서 보여지는 음양오행론의 성리학적인 재해석이 淸代 1776년에 발행된『子平眞詮』보다 약 600년이 앞선 내용임을 감안한다면 明·淸代에 출간된 대부분의 명리서는 신유학인 성리학의 영향을 적극적으로 수용했음을 알 수가 있다.

2. 용신과 한신에 대한 비판과 중화용신의 논증

본 2절은 Ⅲ장 1절 2)항의 "체에서 용으로 변용된 오행의 생·극·제·화" 및 Ⅴ장 "심성의 명리학적 적용사례와 비판"에서 논자의 주장을 상호 뒷받침하기 위한 논증을 위해 구성되었다. 또, 기존 용신 개념과 용신 도출 및 한신에 관한 문제를 제기하고 이를 극복하기 위해 생·조·억·설인 억부중화와 한·난·조·습인 조후중화의 개념을 아우르는 "중화용신"의 개념을 새롭게 제안하고 논증하였다. "중화용신"의 개념은 논자의 주장이지만 그 개념의 설정과 도출 방법은 고전문헌에 근거하였다.

1) 용신과 한신에 대한 비판

논자는 용신의 문제가 오랫동안 해결되지 못한 이유는 다음 두 가지 사실 때문이라고 본다. 첫째, 체의 개념에 의한 오행의 생극작용으로는 희·용·기·구·한신이라는 명리학 특유의 오행작용을 설명하기가 불가능하다는 것이다. 즉, 오행은 木生火 → 火生土 → 土生金 → 金生水 → 水生木 또는 木剋土 → 土剋水 → 水剋火 → 火剋金 → 金剋木 → 木剋土라는 도식화된 생극작용을 하지 않는다. 논자는 이를 체의 개념으로 보고, 用의 개념에 의한 오행의 생극현상으로 변용해 이러한 난제을 극복하고자 한다. 둘째, 용신의 개념이 정립되어 있지 않는데다 용신의 객관적 도출법 또한 표준화되어 있지 않다는 것이다.

다음의 문헌에서 나타나는 생극과 용신과 한신 등에 대해서 그 문제점을 먼저 살펴보도록 하겠다. 용신이라는 용어는 『사고술수류총서』에서 '용신의 복'[363]이라는 표현으로 등장한다.[364] 서자평의 『낙록자삼명소식부주』에는 "모름지기 간명을 할 때에는 주변 오행들이 서로 합하는지 또는 기신인지의 유무를 검토한

---
363) 鬼谷子撰, 唐 李虛中 注, 『四庫術數類叢書 七』, 上海古籍出版社, 1995, 809~18쪽 : "先上淸而得之下濁後下濁而升越上淸. 先取上之輕淸爲用神之福. 次看濁氣居下. 上雖淸而不秀. 則取下濁有用之氣. 爲福所升越爲上矣."
364) 梁湘潤, 『李虛中命書』, 中華民國, 務陵出版社, 1985, 20쪽 : "用神一詞起於南宋時代專用之於五行生剋抉抑之專用詞."

다. 또 용신[用]의 주변에 있는 천원의 깊고 얕음을 잘 살펴서 사용해야 한다"365)라고 하였다. 여기에서 용은 사주에서 필요한 오행이라는 의미인 용신으로 보이지만 그 표현의 구체성이 없으므로 현대적 의미의 용신과 동일시하기 어렵다. 왜냐하면 '사주에서 필요로 하는'과 '일간을 돕는'의 의미가 반드시 같지 않기 때문이다. 『명통부평주』에는 "대체로 명을 볼 때는 일간을 위주로 하고 팔자의 간지에 있는 삼원(天干-天元·地支-地元·地藏干-人元)을 종합하여 본다"366)라고 하는 한편, "운을 논하는 것은 맨 처음 월지를 본다. 즉 월지를 보고 사계절을 구분하여 오행의 성쇠를 본다"367)라고 하였는데 여기서 용신에 대한 보다 구체적인 개념을 읽어 낼 수 있다. 즉, 오행 성쇠의 판단을 위해 월지의 환경을 구분한다는 것은 생각하기에 따라서는 다른 의견이 있을 수 있겠지만, 논자는 이를 용신과 조후의 관계를 확인 할 수 있는 단초라고 생각한다.

서자평이 907~ 960년을 전후해서 "태극이 천지로 나뉘고 일기가 음양으로 나뉘고 오행이 흘러 만물이 자라고 변하는 중에 명을 받고 태어난 것이 인간이다. 이로 인하여 빈부와 귀천이 되므로 술사는 음양오행의 낌새를 보고 길·흉·화·복을 정할 수 있다(術士知機, 吉凶禍福定矣)"368)라고 말했는데 여기에서 보이는 음양오행의 "낌새"(機)라는 표현은 기회나 계기라는 뜻 보다는 時期로 보는 것이 타당하다. 그렇기 때문에 사주가 어떤 시기에 태어나는가라고 하는 것은 달리 말하면 사주의 주체인 일간 오행이 '필요로 하는', '일간을 돕는' 오행이 무엇인지를 계절의 변화를 참고해서 알아낸다는 것으로, 그것이 곧 용신이라고 유추할 수가 있다. 일반화된 명리학의 용신은 사주에서 필요한 유용지신과 월령의 용사지신369)을 일컫는다. 여기서 유용지신이라 함은 바로 '사주가 필요로 하는

---

365) 徐子平 著, 王廷光·李仝·釋曇瑩 註, 趙子澤 解, 『珞珠子三命消息賦諸家註』, 香港 聚賢館文化有限公司, 2007, 63쪽: "凡看命. 切詳內外五行相合. 有無忌神. 更看所'用'者內外天元得淺深向背而用之."
366) 徐子平, 『明通賦評註』, 李鐵筆 評註, 台北:益群書店股份有限公司, 1979, 3쪽 : "看命. 以日干爲主. 統三元而配合八字干支."
367) 徐子平, 『明通賦評註』, 李鐵筆 評註, 台北:益群書店股份有限公司, 1979, 8쪽 : "論運者以月支爲首. 分四时而提起五行消長."
368) 徐子平, 『明通賦評註』李鐵筆 評註, 台北:益群書店股份有限公司, 1979, 1쪽 : "極判爲天地. 一氣分爲陰陽. 流出五行. 化生萬物. 爲人稟命. 貧富貴賤由之. 術士知機. 吉凶禍福定矣."
369) 用事之神을 중심으로 用神을 정의하는 입장은 상대적으로 소수이지만, 『淵海子平』, 『子平眞詮』등에서 문헌적 근거가 있다. 用神의 개념이 다르고 분석의 방법이 다르기 때문에 단순한 비교는

오행'을 의미하고, 용사지신은 곧 '월령'을 의미한다.

먼저 자평학 즉, 신법명리학의 시원이 되는 송대에서 명대에 이르기 까지『연해자평평주』,『삼명통회』,『명리정종』에 출전된 용신의 개념을 살펴보면 다음과 같다.

10세기 이후 송대의『연해자평』에는 유용지신과 용사지신이 함께 다루어지고 있으며,370) 명대의『삼명통회』371)에서는 용사지신을 강조하고 있다. 그런가 하면 같은 명대의『명리정종』에서는 조후와372) 억부373)를 통해 용신을 결정해야 한다는 보다 구체적인 언급이 있다. 이들 3자의 공통점은 억부나 조후를 통해 용신을 구해야함과 또, 중화를 강조하고374) 있지만 실제 이들 중화의 개념으로 용신을 도출해 내는 구체적인 논술은 많지 않은 실정이다.

그러나 서승의 일간중심 자평법에서 수화기제(水火有旣濟之功)의 이치를 통해375) '경중강약'과 '계절의 심천'인 억부와 조후를 강조하고 있는 것은 매우 주목할 필요가 있다. 왜냐하면 논자는 이를 '억부중화'376)와 '조후중화'377)의 개념으로 보고 있기 때문이다.

어렵다.
370) 徐 著,『淵海子平』, 台北: 進源文化事業有限公私, 2011, 166쪽 : "月之用神. 則知其格."(月에 있는 用神으로 그 格을 안다.), "凡柱中有用之神. 不可損害也." - 前者는 月令인 用事之神을, 後者는 사주의 중화를 위해 필요한 오행인 有用之神을 뜻한다.
371) 萬民英,『三命通會』,臺北: 武陵出版有限公司, 2003, 788쪽 : "專執用神, 切詳喜忌. 解: 專執一位用神爲尊長, 爲權臣, 爲號令, 爲本領, 爲倚托. 此非小可, 執此推之."
372) 張楠 著,『標點命理正宗』,臺北: 武陵出版有限公司, 2001, 29쪽 : "風霜之木. 春華之至可觀焉. 旱魃之苗. 得雨之機難遏也. 是以淸凉之候. 恒伸於炎熱之餘. 和煦之時. 每收於若寒之後." 참고.
373) 張楠 著,『標點命理正宗』,臺北: 武陵出版有限公司, 2001, 30쪽 : "然或官星太旺者. 宜行傷官運. 以去其官星. 財星太旺者. 宜行比刦運. 以去其財星. 印星太旺者. 宜行財星運. 以破其印星. 日干太旺者. 宜行官殺運. 以制其日干."
374) 徐升 編著,『淵海子平評註』,臺北: 務陵出版有限公司, 2002, 100쪽 : "蓋人之命. 宜得中和之氣. 太過與不及同. 中和之氣爲福厚. 偏黨之剋爲災殃.", 萬民英,『三命通會』,臺北: 武陵出版有限公司, 2003, 788쪽 : "用神喜忌. 至玄至妙. 務要得中和爲貴.", 張楠 著,『標點命理正宗』,臺北: 武陵出版有限公司, 2001, 410쪽 : "榮枯得失. 盡在生剋之中. 富貴榮華. 不越中和之外. 太過無制伏者貧賤. 不及失生扶者刑夭.... 火炎有水, 名爲旣濟之功."
375) 徐升 編著,『淵海子平評註』,臺北: 務陵出版有限公司, 2002, 186쪽 : "南方火炎. 利入北方水運. 北方水寒. 利入南方火運. 水火有旣濟之功. 五行得其相濟. 威名榮振九天. 三丘五行.
376) 抑扶中和: 약(弱)하면 印·劫으로 生·助해주고 강(强)하면 抑·洩하는 生·助·抑·洩의 일반적 개념을 抑扶中和로 표현하였다. 본고에서는 '調候中和'와 함께 중화용신의 개념으로 통일하였다.
377) 調候中和: 뜨거우면 식혀주고 메마르면 적셔주는 寒·暖·燥·濕의 일반적인 개념을 調候中和로 표현하였다. 본고에서는 "抑扶中和"와 함께 중화용신의 개념으로 통일하였다.

청대의 『명리약언』에서도 억부378)와 조후379)의 중요성은 여전히 강조되고 있다. 한편 『자평진전』에는380) "오로지 용신은 월령에서 구한다는 용사지신만을381) 선용하는 것을 확인할 수 있다. 이에 대해서 『명학신의』에서는 『자평진전』 격국용신의 이론적 한계382)에 대해서 지적하고 있다. 자평학의 격국론은 寒 · 暖 · 燥 · 濕 즉, '계절의 심천'을 강조하면서 월지 중심의 생기적 시스템으로 이해하고자 하였다.

그러나 "재성 · 정관 · 정인 · 식신은 용신으로 모두 좋은 것이니 순용하는 것"이라든가, "칠살 · 상관 · 겁재 · 양인은 용신이 아름답지 못한 것이니 역용하는 것"383)이라는 논리는, 유용지신의 관점에서 분명한 문제가 있다. 재성 · 정관 · 정인 · 식신도 흉신(기 · 구신)이 될 수 있고, 흉신인 칠살 · 상관 · 겁재 · 양인도 길신(희 · 용신)이 될 수 있기 때문이다. 이에 관한 문제는 자평학의 시원인 『연해자평』에도 분명하게 그 폐해를 지적하고 있다. 384) 따라서 논자는 유학자인 심효첨의 편견385)에 의한 합리성 없는 주의주장일 뿐이라고 본다. 동시대 『적천

---

378) 陳素菴, 韋千里 編著, 『命理約言』 台北: 瑞成書局, 2000, 8쪽: : "命以用神爲緊要. 看用神之法. 不過抑扶而已. 凡弱者宜扶. 扶之者. 卽用神也. 凡强者宜抑. 抑之者卽用神也.", 陳素菴 著, 韋千里 選輯, 『精選命理約言』 卷一, 上海: 韋氏命苑, 1935, 14쪽: "太弱則得扶立效, 凡日主最貴中和, 惟可抑之强, 可扶之弱, 則存乎作用耳, 作用之法."
379) 陳素菴 著, 韋千里 選輯, 『精選命理約言』 卷一, 上海: 韋氏命苑, 1935, 5쪽 : "人命生於春秋之月. 寒暖得中. 若生於盛夏. 則偏於炎矣. 炎則喜潤. 局中得水爲佳. 生於嚴冬. 則偏於寒矣. 寒則喜溫. 局中得火爲美."
380) 沈孝瞻 著, 『子平眞詮評註』 徐樂吾評註, 台北: 進源書局, 2006, 91쪽 : "八字用神. 專求月令."
381) 『子平眞詮』에서도 調候의 개념이 등장하기는 하지만 用神에 대한 주된 개념이라고 볼 수는 없다.
382) 水繞花堤館主 著, 나명기 역, 『命學新義』, 서울: Dream & Vision, 2013, 56쪽: "『子平眞詮』이라는 책에서 格을 정하여 用神을 얻어가지는데, 그 뜻이 매우 정밀하다. 格으로부터 用神을 얻어가져서 用神의 기세가 유통되고 있는지 아니면 막혀서 장애가 되고 있는지를 살펴봄으로써 사람들의 길·흉·화·복을 점치는데, 이 경우에 성정(성격)이 그 출발점이 된다. (중략) 沈孝瞻선생이 제기한 '格'을 정하여 用神을 얻어 가진다는 학설은 실로 지극한 이치를 간직하고 있긴 하지만, 애석하게도 그렇게 되는 연유를 설명해내지 못했다."
383) 『子平眞詮』, 「格局論」 : "財官印食. 此用神之喜而順用之者也.", "煞傷劫刃. 用神之不善而逆用之者也."
384) 徐升 編, 唐錦池 著, 『淵海子平』, 中華民國 進源文化事業有限公私, 2011, 51쪽: "予嘗觀唐書所載. 有李虛中者. 取人所生年月日時干支生剋. 論命之貴賤壽夭之說. 已詳之矣. 至於宋時. 方有子平之說. 取日干爲主. 以年爲根. 以月爲苗. 以日爲花. 以時爲果. 以生旺死絶休囚制化決人生休咎. 其理必然矣. 復有何疑哉. … 倘有妄立格局. 從列其名而無實用."
385) 『淵海子平』 「論起變法」의 註에는 "이 같은 방법은 근래의 술사들이 드물게 알뿐. 그 참된 뜻을 알지 못하니 어떻게 사대부와 함께 명을 논하겠는가?"(徐升 編, 唐錦池 著, 『淵海子平』, 中華民國

수천미』에서는 중화를 강조하면서386) 격국론의 모순을 지적하고 격국이 아닌 용신의 중요성에 대해서 논지를 펼치고 있는 것을 통해 격국이 절대적인 것이 아님을 알 수 있다.387) 즉,『적천수천미』에서도 억부388)와 조후389)를 통한 중화를 강조하고 있다.

명·청대의 저작으로 알려진『궁통보감』에서도 중화390)는 여전히 강조된다. 그러나 서락오가 주해한『궁통보감』에서 정월 甲木의 예를 들어 "水가 왕하면 火를, 火가 많으면(多) 水를 쓴다"391)와 같은 문제점은 여전히 확인된다. 아직 추운 寅月의 甲木이 水가 왕해서 火를 쓰는 것은 당연할지라도, 火가 많으면 水를 쓴다는 점에 대해서는 이에 대한 시각의 차이를 감안하더라도 논란의 여지가 있다. 왜냐하면 "많다"(多)가 곧 왕하다는 것이 아닐 수 있기 때문이다. 조금 더 구체적인 사례를 들면 다음과 같다.

『궁통보감』의 "午月의 乙木은 丁火가 권세를 주관하는 때로 곡식이 모두 가뭄을 만났으니 사주에 金·水가 많으면 丙火를 먼저 쓰고 나머지는 모두 癸水를 먼저 쓴다"392)는 언급이 그것이다. 午月에 乙木 일간 사주에서 金·水기 "많으

進源文化事業有限公私, 2011, 35쪽: "此等法例. 時師罕見. 不知此義. 安能與士大夫談命哉.")라고 하였다. 이러한 문장의 이면에는 당시 술수 중심의 간명에 매달렸던 술사들에 대한 사대부들의 한탄 또는 유학자로써 학문적 우월감이 배어있음을 알 수가 있다. 논자의 이러한 의심은 宋·明代의 성리학이 추구하는 바가 태극론 등에 의한 형이상학적인 우주론의 요소가 분명히 있었고, 그렇다면 이러한 영향을 받고 '도덕군자'를 지향하던 유학자들에 의해서 이론화 되었던 명리학도 그러한 학문적 조류와 무관하지 않았을 것이라고 볼 수가 있기 때문이다. 이것은『淵海子平』뿐만 아니라 宋·明代의『滴天髓』나『命理正宗』그리고 淸代의『子平眞詮』과『滴天髓闡微』등에도 영향을 끼쳤을 것이라고 본다.

386) 劉伯溫 著, 袁樹珊 撰輯, 任鐵樵增注,『滴天髓闡微』, 台北: 進源文化事業有限公司, 2011, 141쪽: "旣識中和之正理. 而于五行之妙. 有全能焉... 中而且和. 子平之要法也."
387) 袁樹珊 撰輯, 任鐵樵增注,『滴天髓闡微』, 台北: 進源文化事業有限公司, 2011, 129쪽: "得時俱爲旺論. 失令便作衰看. 雖是至理. 亦死法也.", 袁樹珊 撰輯, 任鐵樵增注,『滴天髓闡微』, 台北: 進源文化事業有限公司, 2011, 22쪽: "以三奇拱貴等格論命而不看用神者, 皆虛謬耳." 참고.
388) 劉伯溫 著, 袁樹珊 撰輯,『滴天髓闡微』, 任鐵樵增注, 台北: 進源文化事業有限公司, 2011, 18쪽: "大凡旺之極者. 宜洩而不宜剋. 宜順其氣勢. 弗悖其性也."
389) 劉伯溫 著, 袁樹珊 撰輯,『滴天髓闡微』, 任鐵樵增注, 台北: 進源文化事業有限公司, 2011, 211쪽: "陰支爲寒. 陽支爲暖. 西北爲寒. 東南爲暖. 金水爲寒. 木火爲暖. 得氣之寒. 遇暖而發. 得氣之暖. 逢寒而成.", 劉伯溫 著, 袁樹珊 撰輯,『滴天髓闡微』, 任鐵樵增注, 台北: 進源文化事業有限公司, 2011, 214쪽: "地道有燥溼, 生成品彙, 人道得之, 不可偏也."
390) 徐樂吾 註,『窮通寶鑑』, 武陵出版有限公司, 2004, 92쪽: "八字以中和爲貴."
391) 徐樂吾 註,『窮通寶鑑』, 臺北: 武陵出版有限公司, 2004, 5쪽: "水旺用火. 火多用水."
392) 徐樂吾 註,『窮通寶鑑』, 臺北: 武陵出版有限公司, 2004, 41쪽: "五月乙木. 丁火司權. 禾稼俱旱. 柱多金水. 丙火爲先. 餘皆用癸水爲先."

면"(多) 水보다는 火를 용신으로 쓴다는 것이다. 여기서도 "많다"는 "왕하다"는 전제가 엿보인다. 이와 같이 『궁통보감』의 "왕하다", "많다"("水旺用火, 火多用水.")등의 표현은 억부나 조후의 판단에 상당한 이론의 여지가 있다.

다음은 근대 중화민국 서락오의 말년 저작인 『자평수언』의 용신에 대한 언급이다. 서락오가 주장한 용신의 개념에서 주목할 만한 내용은, 월령을 참고한 후 사주의 중화를 위해 필요한 "용신은 나에게 필요한 것이고 나에게 쓰이는 오행"(我所需要之物而爲我所用之神也.)이라고 규정하고 있다는 것이다.[393] 나아가 그는 인겁으로 생조하고 관성으로 억제하고 식상으로 설기한다는 억부의 기준을 분명히 밝히고 있다.

그러나 생·조·억·설을 적용하는 과정에서 많은 것이 왕하다는 등의 문제점은 그대로 잔존해 있다. 이를 테면, "봄의 木, 여름의 火, 가을의 金, 겨울의 水는 몸체의 특성이 너무 왕성해서 식상으로 설기시키고, 혹 관살로 극하니, 이것은 억제함으로 용신을 삼은 것이다"라거나 "봄의 金, 여름의 水, 가을의 木, 겨울의 火는 몸체의 특성이 너무 약해서 인성으로 낳아주고 혹 비겁으로 도와 용신으로 삼는다"는 것으로[394] 이 말의 일부는 수용할 수 있지만 일부는 수용하기가 어렵다. '봄의 木'이 강하지만 辰月의 木도 강한지, 만약 강하다면 식상인 火로 설기하거나 관성인 金으로 극해야 하는데, 이 때 辰月의 木이 강하다는 이유만으로 설기하거나 관성으로 극해야 한다면 이것은 모순일 수 있다. 습한 계절인 辰月의 木이 조후의 관점에서 식상인 火를 쓸 수는 있겠지만 단지 봄의 강한 木이기 때문에 식상이나 관성으로 설기하고 극해야 한다는 것은 무리한 적용이기 때문이다.

이 같은 논리로 대입하면 '여름의 火'가 강해서 水로 극하는 것, '가을의 金'이 강해서 火로 극하는 것은 이치에 부합한다고 볼 수 있겠으나 '여름의 火'가 강해

---

393) 徐樂吾, 『子平粹言』, 台北: 武陵出版社, 2014, 118~119쪽: "日元爲主. 配合月令而成體性. 體性以中和爲貴. 過強過弱, 皆非所宜. 于是有輔佐體性俾歸于中和者. 斯爲全局之樞紐. 卽用神之義也. 故用神者. 我所需要之物而爲我所用之神也."
394) 徐樂吾, 『子平粹言』, 台北: 武陵出版社, 2014, 295쪽: "日干配合月令而成體性. 合于體性之需要者. 爲用神. (中略) 扶有二. 印綬以生之. 比劫以助之是也. 又名生助. 抑亦有二. 官煞以勉之. 食傷以洩之是也. 日元何以有宜扶宜抑. 卽由于體性之不同. 春木夏火秋金冬水. 體性太旺. 取食傷以洩之. 或官煞以剋之. 此以抑爲用也. 春金夏水秋木冬火. 體性太弱. 印綬以生之. 或比劫以助之. 此以扶爲用也."

서 土로 설기한다는 것, '가을의 金'이 강해서 水로 설기한다는 것, '겨울의 水'가 강해서 土로 극해야 한다는 것은 조후의 환경을 외면하고 억부에 집착한 결과로 보인다. 따라서 논자는 억부에는 생·조·억·설의 개념과 한·난·조·습이라는 조후의 개념이 동시에 관찰되어야 된다고 본다.

그렇다면, '여름의 火'는 水·金(용신인 水를 돕는 희신)으로, '가을의 金'과 '겨울의 水'는 火·木(용신인 火를 돕는 희신)이 사주의 중화를 돕는 용신과 희신이어야 그 이치가 합당하다고 할 수 있다. 위에서 서락오가 주장한 "봄의 金, 여름의 水, 가을의 木, 겨울의 火는 몸체의 특성이 너무 약해서 인성으로 낳아주고 혹 비겁으로 도와 용신으로 삼는다"는 주장 역시 같은 논리로 이론적 모순이 있다. '봄의 金'이 약하지만 寅月의 金은 관성인 火의 극을 원하고, '가을의 木'은 식상인 火에 의해 도움 받기를 원하기 때문이다. 이때의 극과 설기는 곧 생인 셈이다. 따라서 서락오의 주장인 '봄의 金'이 약해서 인겁인 土·金을 원한다거나, '가을의 木'이 약해서 인겁인 水·木을 원한다는 주장은 생·조·억·설인 억부와 한·난·조·습인 조후 양자를 통해 동시에 관찰해야하는 원리를 간과한 것이라 할 수 있다.

이 같은 주장은 기존의 격국과 용신의 혼돈을 지적한[395] 문제 제기에 대한 해법으로 평가하기는 사실상 한계가 있다. 그러나 "월령에서 용신을 추측하고, 아울러 월령의 지지가 곧 용신이 아님을 알 수 있다"[396]는 주장은 평가할 만하다. 이 같은 주장은 임철초가 증주한 『적천수천미』에서 보다 적나라하게 주장하고 있음이 확인된다.[397] 따라서 논자는 위에서 사례를 든 『연해자평』을 비롯한 명

---

395) 徐樂吾, 『子平粹言』, 台北: 武陵出版社, 2014, 105쪽: "格局從月令出. 如甲木日元而言正官格. 則知其必生於八月. 丙火日元而言正官格. 則知其必生於十一月. 格局有定而用神無定. 從來以格局用神混爲一談自亂體例. 宜乎混淆難明矣."

396) 徐樂吾, 『子平粹言』, 台北: 武陸出版社, 2014, 107쪽: "子平眞詮曰: 八字用神專求月令. 以日干配月令地支. 而生剋不同. 格局分焉. 詞句含混. 專求月令者. 言察月令之氣. 而占其宜忌. 格局分而後. 可以定用神. 明通賦云. 以月支爲首. 分四時而提起五行消息. 言提起言消息可見從月令. 推測用神. 並非月令之支. ... 體者. 一成不變. 用者移步換形. 體有定而用無定. 先辨其體. 方可言其用."

397) 袁樹珊 撰輯, 任鐵樵增注, 『滴天髓闡微』, 台北: 進源文化事業有限公司, 2011, 15~16쪽: "要與人間開聾瞶. 順逆之機須理會. 任氏曰, 此言有至理. 惟恐後人學命. 不究順悖之機. 妄談人命. 貽悟不淺. 混看奇格異局. 一切神殺. 荒唐取用. 桃花咸池. 專論女命邪淫. 受責鬼神. 金鎖鐵蛇. 謬指小兒關煞. 憂人父母. 不論日主之衰旺. 總以財官爲喜. 傷殺爲憎. 定人終身. 不管日主之强弱. 盡以食印爲福. 梟刦爲殃.", "余詳考古書. 子平之法. 全在四柱五行. 察其衰旺. 究其順悖. 審其進

리학의 제 고전을 통해 용신에 관해 다음과 같은 결과를 도출해 내었다.

고전 \ 항목	조후	억부	중화	용신	기타
『연해자평』	○	○	○	손상불가	용사지신 중심
『삼명통회』	○	○	○	손상불가	용사지신, 용신일자(一字)
『명리정종』	○	○	○		궁통보감에 영향을 끼침
『명리약언』	○	○		손상불가	억부강조
『자평진전』	○	○		손상불가	용사지신, 격국용신
『적천수천미』	○	○	○		중화강조, 격과 용신이 중요
『궁통보감』	○	○	○		조후중심
『자평수언』	○	○	○		격국과 용신의 혼돈지적, 월령의 지지가 곧 용신이 아님.

<표 Ⅳ-1> 고전별 조후·억부용신·중화 등에 관한 일람표398)

위 도표에서 사례를 든 거의 대부분 고전문헌에서 조후399)·억부·중화를 일관성 있게 강조하는 것이다. 그러나 서락오의 억부에 대한 주장에서 보았듯이 억부의 개념에 대한 정립의 필요성이 요구된다. 즉, 도식화된 생극의 논리로는 계절의 특성에 따라 다양하게 변화하는 명리학적 생극현상에 대한 일관성 있는 설명이 불가하다고 보아 이를 해결하기 위한 대안 이론으로 논자는 본고 Ⅲ장 1절 2) 항에서 "체에서 용으로 변용된 오행의 생·극·제·화"를 통해 그 이론적

退. 論其喜忌. 是謂理會. 至於寄格異局. 神煞納音諸名目. 乃好事妄造. 非關命理休咎. 若据此論命. 必致以正爲謬. 以是爲非. 訛以傳訛. 遂使吉凶之理. 昏昧難明矣. 書云. 用之爲財不可刦. 用之爲官不可傷. 用之印綬不可壞. 用之食神不可奪. 此四句原有至理. 其要在一用字. 無如學命者. 不究用字根源. 專以財官爲重. 不知不用財星儘可刦. 不用官星儘可傷. 不用印綬儘可壞. 不用食神儘可奪. 順悖之機不理會. 與聾瞶何異. 豈能論吉凶. 辨賢否. 而有功於世哉. 反誤世惑人者多矣."
398) 이건희, 「음양오행론의 명리학적 적용에 관한 연구」, 대구한의대학교 대학원 석사학위논문, 2017, 123쪽.
399) '조후'에 관한 가장 대표적인 문헌은 『궁통보감』이다. 그러나 그 외에 『자평진전평주』에서 약 90회의 빈도가 확인된다. 『적천수천미』의 「寒暖」, 「燥溼」편에도(袁樹珊 撰輯, 任鐵樵增注, 『滴天髓闡微』, 台北: 進源文化事業有限公司, 2011, 211~217쪽 참고.) 상대적이기는 하나 그 비중이 높다.

배경에 대해 논증한 바 있다. 따라서 이에 근거해 본 2절 2) 항에서 조후와 억부에 근거한400) '중화용신'을 심층적으로 논증을 할 것이다.

논자가 주장하는 중화용신은, 기존의 억부인 생조와 억설의 대입이 반드시 계절적 요인인 조후와 동시에 관찰되고 판단되어야 한다는 개념이다. 억부만을 기준으로 한 생극현상401)과 억부와 조후가 합치된 오행의 생극현상은 일치하지 않는다는 것 또한 논자의 지론이자 본고의 중요한 논지 중의 하나이다. 논자는 '억부중화'와 '조후중화'가 합치된 개념을 '중화용신'이라는 표현으로 함축하였다. 이와 같은 연구는, 본고의 주제인 명리학의 중화용신 개념에 근거해 이성과 감성적 심성으로 이분해서 파악하는 이론적 근거가 될 것이다.

① 용신에 대한 비판

다음은 중화민국 서락오의 말년 저작인 『자평수언』을 통해 용신에 관한 몇 가지 문제점을 찾아보고자 한다.

서락오의 『자평수언』에는 그의 『지평진전평주』를 침고해서 용신을 세우는 법(「明體立用」 中)에 대해서 요약하고 있는데, 그 중 조후와 관련된 주장인 '조후지취용법'(調候之取用法)을 억부개념과 함께 대입해 살펴보면 다음과 같다.

조후에 관한 서락오의 논변은 상생과 상극만으로는 다양한 오행의 변화를 설명하기가 어려워 되돌려 상생하고 상극하는 이른바 '반생·반극의 이치'(反生剋之理)에 집중하고 있다. 오행이 상생·상극하는 이치가 기후가 대립하고 서로 견제하는데 있다고 보았다.402)

뿐만 아니라 "음양은 추위와 더위를 말한다. 오행은 사계절의 조습·청우·한

---

400) 강성인, 「『회남자』의 음양오행 사상과 명리학의 연관성 고찰」, 『도교 문화연구』제40집, 한국 도교문화학회, 2014, 68쪽: "『淮南子』에서는 天干과 地支 오행의 배속과 함께 정립된 60 甲子, 24 節氣의 개념으로 인해 명리학의 사주명조를 구성할 수 있는 기초가 만들어 졌다. 이와 함께 발전된 음양오행 이론의 정립에 힘입어 인간사의 길흉 판단이 가능하게 되었다. 사주명리학 이론의 기본 원리는 사주팔자 속에서 음양과 오행이 조화를 이루는 바를 관찰하는데 있고, 이러한 조화를 판단하기 위하여 調候와 抑扶라는 명리이론이 적용되는 것이다." 참고.
401) 논자는 오행의 生·剋에 있어서 아무런 조건 없이 木生火·火生土... 또는 木剋土·土克水...한다는 식의 生·剋을 體의 개념으로 보고 있다.
402) 徐樂吾 著, 『子平粹言』, 中華民國 武陵出版社, 1998, 308쪽: "五行生剋之理. 本是氣候相勝相制之代名詞. 僅言生剋. 不足以盡其變. 乃有反生剋之理."

서 등의 기후이다. 기후만을 말하면 생과 극의 이치가 분명하지 않기 때문에 오행이라는 말로 바꿔서 말하고자 한 것이다. 따라서 오행의 생과 극은 반드시 기후를 따라야만 그 진의를 알 수가 있다"403)라고도 하였다. 월령이 여름이면 水가 없어서는 안 되며, 월령이 겨울이면 火가 없어서는 안 되므로, 조후가 필요하면 반드시 조후에 중점을 두어야 하는데 무엇이 시급한가를 보고 결정해야 한다는 것이다. 다시 말해, 모든 오행은 조후를 필요로 한다는 것이 서락오의 주장의 핵심이라 할 수 있다.404)

(가)-1	(가)-2
辛 乙 癸 壬	己 己 乙 癸
巳 丑 丑 申	巳 亥 丑 卯

(가)-1 명조는 丑月의 乙木 일간이다. 서락오에 의하면 천간은 金·水가 상생해서 서로 차가워 壬·癸水 인성은 乙木에게 전혀 도움이 되지 않기 때문에 차가운 水가 체이고 丙火 상관이 용신이라고 한 것은 옳다고 본다. 그러나 논자는 "金의 기운이 누설되어 木을 극할 수 없다"(金之氣洩. 不能剋木)라거나, "관성과 인성은 놔두고 너그럽게 논한다"(煞印槪置緩論)라고 한 점에 대해서는 생각을 달리한다.405) 왜냐하면, 金의 기운이 水로 누설된다는 것은 상생 즉, 金生水·水生金의 관점에서 재고할 필요가 있기 때문이다. 丑月의 金은 水로 인하여, 水는 金으로 인하여 더욱 차가워져 金·水 상호간에 부담을 주고 있는데, 이 때 乙木 일간이나 행운에서 만난 乙木을, 년·월간의 壬·癸水가 金氣를 설기시켜서 乙木이 辛金의 극으로부터 자유로워진다는 것은 맹목적인 오행의 상생 작용

---

403) 徐樂吾 著,『子平粹言』, 中華民國 武陵出版社, 1998, 96쪽: "要知陰陽者. 寒暑也. 五行者. 春夏秋冬四時之氣候也. 言氣候. 則生剋之理不顯. 故代之以五行而言. 五行之生剋. 必須從氣候體會之. 方得其眞."
404) 徐樂吾 著,『子平粹言』, 中華民國 武陵出版社, 1998, 308~309쪽: "質言之. 夏令不可無水. 冬令不可無火. 不僅相生爲生. 剋洩亦是生. 此卽滴天髓兒能生母之意也. 在需要調候之時. 只以調候爲重. 其餘槪置緩論. 先其所急也. 五行皆需要調候."
405) 徐樂吾 著,『子平粹言』, 中華民國 武陵出版社, 1998, 309쪽: "乙木生十二月. 水凍木枯口天干金水相生. 然寒金寒水不足以爲木之輔助. 反而凍木. 金之氣洩. 不能剋木. 水亦不能生木. 惟己宮丙火暗藏. 木得陽和之氣乃能敷榮. 名寒木向陽. 調和氣候. 非此不可也. 煞印槪置緩論. 寒木爲體丙火傷官爲用."

에 의지한 치우친 판단일 수 있다.

다시 말해, 壬·癸水가 있어도 乙木은 극받을 수 있다는 발상의 전환이 필요하지 않을까? 물론 辛金이 없어도 乙木은 원하지 않는 壬·癸水의 생을 받아서 곤란해 질 수 있다. 서락오와 같은 발상이라면 寅月에 태어난 甲木 일간사주에서 庚金은 甲木을 극해야만 한다. 金剋木이기 때문이다. 그러나 이것은 庚金의 작용력이 무기력한 한신임을 간과 한데서 나온 것이다.

또, 관성과 인성은 놔두고 너그럽게 논한다고 주장한 것 중, "관성을 놔두고 …"(煞印概置緩論)라고 한 것은 용신인 火와 火·木 상생해서 일간을 도와야 하는 절박함을 역시 간과한 것으로 보인다. 관성인 金은 인성인 水를 돕는 구신으로 보아야 하기 때문이다. 또, 한신인 土는 강한 水氣에 의해서 오히려 극(水剋土)을 받을 수도 있다고 보는 것이 타당할 것이다. 행운에서 土를 만난다고 해서 土生金·金生水·水生木하는 것은 아니지 않은가?

(가)-2 명조는 丑月에 己土 일간이므로 조후가 시급하여 (가)-1 명조처럼 巳中 丙火를 용신으로 하는 것은 당연하다. 그러나 여기서도 서락오는 용신 火를 돕는 木 즉, 관성은 "놔두고 너그럽게 논한다"(才官概從緩論)라고 주장하고 있다. 또, "얼어붙은 水와 마른 木으로 어떻게 土를 극할 수 있겠는가?"(凍水枯木. 何能剋土)는 표현을 통해 丑月의 己土를 강하게 보고 있었음을 유추할 수 있다. 논자는 일주와 오행의 강약 문제는 체가 아닌 용으로 전환된 상태에서 보아야 한다고 주장한다. 예컨대, 火·木이 희·용신이라면 水·金이 기·구신이 된다. 모름지기 강한 것은 기·구신으로 보아야 하기 때문에 희·용신은 상대적으로 약한 오행 작용을 하게 된다. 이것은 서락오가 말한 "천지의 기운은 水·火일뿐이다"406)와 관련이 있다. 이 말은 사주에서 水가 강하면 火로써, 火가 강하면 水로써 중화를 지향해야 함을 함축하고 있다. 위 (가)-1·(가)-2 명조의 예를 들면, 丑月의 乙木과 己土는 火가 용신이며 이를 돕는 木이 희신이다. 반대로 水는 기신이며 이를 돕는 金은 구신이다. 따라서 남은 오행인 土는 한신으로, 한신은 이렇다 할 작용력이 없는 오행이기 때문에 강하다고 할 수 없는 것이다. 407)

---

406) 徐樂吾 著,『子平粹言』. 中華民國 武陵出版社, 1998. 301쪽: "天地之氣. 水火而已."
407) 徐樂吾 著,『子平粹言』. 中華民國 武陵出版社, 1998, 309쪽: "己土生于十二月. 冰結池塘. 凍水枯木. 何能剋土. 惟有取己宮丙火. 不僅暖土. 得此一點陽和. 才官方有生意. 故非用丙火不可也.

```
    (나)-1          (나)-2
   甲辛癸壬        丁乙丙丁
   午丑丑辰        亥丑午丑
```

한 가지 사례를 더 살펴보도록 하겠다. (나)-1 명조는 丑月에 태어난 辛金 일간으로 "金水 상관은 관성(火)을 보는 것을 좋아 한다는 것"(金水傷官喜見官)으로 이는 조후의 의미이다. 時柱가 甲午인데 이는 火·木이므로 火·木이 상생해서 水·金의 강한 기운에 맞서는 바 火·木이 용신인 것이다. (나)-2 명조는 午月에 태어난 乙木 일간이 亥水와 습토인 丑土가 반가운데 용신인 水氣를 도울 수 있는 金氣는 丑土에 암장된 辛金외에는 없으므로 행운에서 오기를 기대해야 할 것이다.

그러나 서락오는 용신인 水는 언급하고 있지만 희신인 관성 金에 대해서는 언급이 없다. 천간에서 지나치게 태왕한 火氣를 잠재우기 위해서는 水氣만으로는 한계가 있어서 반드시 金氣의 생을 필요로 하기 때문이다. 위에서 언급한 서락오의 "천지의 기운은 水·火일뿐이다"라는 의미는 水를 돕는 金과 함께 水를 보아야 하고, 火를 돕는 木과 함께 火를 보아야 한다는 데까지 그 의미가 확장되어야함을 서락오는 간과하고 있는 것으로 보인다.408)

지금까지 살펴본 용신의 개념과 용신의 도출을 위한 생극의 대입 등에 관해서 그 문제점을 제기해 보았다. 그 결과 다음 두 가지의 중요한 문제점을 분석해 낼 수 있었다.

첫째, 용신의 개념이 대부분 용사지신에 기초하고 있어서 용신의 개념을 통일할 수가 없었다는 것이다. 물론 유용지신을 표방하고 있지만 용신의 도출과정에

冬土見丙. 名寒谷回春. 調候爲急. 才官槪從緩論. 寒土爲體. 丙火印爲用."
408) 徐樂吾 著,『子平粹言』, 中華民國 武陵出版社, 1998, 310쪽: "辛金生十二月. 丑宮辛癸並透. 爲金水眞傷官. 金寒水冷. 非火溫暖. 不爲功. 書云. 金水傷官喜見官. 卽調候之意也. 好在時逢甲午. 甲木引丁. 金溫水暖..... 金木爲體. 木火爲用. ... 乙木生仲夏. 木火眞傷官. 丙丁齊透. 火旺木焚. 木性枯焦. 非水潤澤. 不足以救濟. 喜得時支見亥. 壬水得祿. 制火潤土. 木自繁榮. 夏令木火傷官. 非用印不可. 卽調候之意也. 夏木爲體. 印爲用"

서 체에 의한 생극 논리에 갇혀있기 때문에 용의 개념에서 본다면 모순일 수 있다. 둘째, 대부분의 고전 문헌에서 중화를 강조하지만 실제 용신의 도출에 있어서 억부와 조후를 아우르는 용신의 도출법 또는 그 기준을 발견할 수 없었다는 것이다. 이 점은 위 『자평수언』의 명조를 통해 그 문제점의 일부를 확인할 수 있었다.

② 한신에 대한 비판

다음은 한신의 제 문제점에 대해 살펴보도록 하겠다.

한신과 관련해서 명리학 관련 고전 중, 가장 먼저 한(閑)이나 한(閒)이라는 글자가 확인되는 것은 송대 초에 서자평이 주석한 『낙록자삼명소식부주』이다.409) 그러나 그것으로 한신의 의미를 읽어 내기에는 부족하다. 이에 비해 명대 『삼명통회』「옥정오결」에 출전된 한신에 대한 표현은 보다 구체적이다. 한신은 중화민국 시기, 『자평진전평주』410)에서 비교적 많이 확인되지만, 서락오의 주관이 가미된 변용된 한신으로 판단된다. 『삼명통회』의 「옥정오결」 그리고 『명리약언』, 『적천수천미』, 『자평진전평주』, 『적천수보주』등에 출전된 한신에 대해 자세하게 살펴보면 다음과 같다.

명대 『삼명통회』의 「옥정오결」에서 "한신은 자못 뛰어남이 많고"(閑神頗多) 라거나 "처음에는 한가하게 쓰임이 없지만"(始雖閑而無用) 그러나 "때를 만나면 그 그릇을 완성한다"(既而閑神時至. 閒得成器)라는 표현이 확인된다.411) 이

---

409) 徐子平 著, 王廷光·李同·釋曇瑩 註, 趙子澤 解, 『珞琭子三命消息賦諸家註』, 香港 聚賢館文化有限公司, 2007, 128, 148쪽: "庚辛見未爲冠帶. 緣運自西方而來. 久閑於財祿. 故有'尚有餘災' 也.", "八字俱無一字閑. 皆(背) 祿馬同鄉.", 한편, 서자평의 『낙록자삼명소식부주』에는 "육갑(六甲: 甲子·甲寅·甲辰·甲午·甲申)과 육을(六乙: 乙丑·乙卯·乙巳·乙未·乙亥)이 봄에 태어나면 관이 없다."(徐子平 著, 王廷光·李同·釋曇瑩 註, 趙子澤 解, 『珞琭子三命消息賦諸家註』, 香港 聚賢館文化有限公司, 2007, 68쪽: "假令六甲六乙生日. 春生則無官.")라고 하였다. 여기서 '관(官)이 없다' (無官)이라는 말은 곧 관(官)이 閑神이라는 의미가 내포되어 있다. 실제 봄에 태어난 육갑(六甲)과 육을(六乙)은 관(官)인 金오행이 있다하더라도 閑神으로써 작용 상 한계가 있기 때문에 이를 두고 '관이 없다'라고 표현한 것으로 보인다. 六甲과 六乙生이 봄에 태어난다 함은 寅月과 卯月을 지칭하는 것이라면 이것은 타당한 주장이라고 본다. 이러한 조건이어야 金오행이 閑神이 되기 때문이다. 그러나 金오행이 閑神이 될 수 없는 봄의 진(辰)월은 적용에 무리가 있다.
410) 실제 『子平眞詮』에서 閑神이라는 어휘는 확인되지 않는다. 明·淸代 이전의 명리학 관련 문헌은 물론, 明·淸代의 『命理正宗』, 『窮通寶鑑』, 그리고 中華民國 시대의 『子平粹言』, 『八字提要』등에서는 閑神이라는 어휘를 구체적으로 언급하지는 않은 것으로 확인된다.

는 한신이 비록 큰 쓰임이 없는 것 같아도 경우에 따라서는 나름대로의 역할을 한다는 의미로 이해할 수 있다.

청대의 『명리약언』에서는 "적어도 刑하는 오행이 안에 있어도 가까이 있는 것이 아니고, 또는 바깥에 있으면서 가까이 접해 있어도 그것은 아무런 영향력이 없는 閒字나 다름없으니 버려두고 논하지 않아도 된다"412)는 내용을 통해 '閒'이 한신의 의미로 쓰인 것으로 보이지만, 이 보다는 "두 오행 중 어느 한 오행을 충하는 오행이 둘 사이를 막고 있으면 합이 깨어지며, 충하지 않는 한가로운 오행이(閒字 또는 閑字) 두 오행사이를 막고 있으면 합이 무력해 진다"413)에서 구체적인 한신의 의미를 읽어 낼 수 있다.

『적천수』원문에 의하면 희신과 기신외에, 희신 또는 기신으로 간주하기에 부족한 오행은 모두 한신에 속한다고 정의하고 있다.414) 나아가 『적천수천미』에서 임철초는 용신·희신·기신 외에는 모두 한신이라고 주장하고 있다. 그러나 한신이 행운에서 만나는 기·구신을 제화해서 격국을 바로 잡으면 용신을 돕게 된다는 주장415)에는 재고의 여지가 있다. 한신이 강한 오행작용을 하는 기·구신을 물리적으로 극할 수 있을 것인지에 대한 합리적 의구심이 있기 때문이다.

임철초는 또, "木이 일간인데 木이 강해 남아돈다면 火가 희신, 金이 기신, 水가 구신이고 土가 한신이다. 木이 약하다면 水가 희신, 土가 기신, 金이 구신이고 火가 한신이다"416) 라고 하였는데, 예를 들어 亥·子·寅·卯月에 태어난 강

---

411) 『三命通會』, 「玉井奧訣」, 中華民國 武陵出版有限公司, 1996, 814, 801쪽: "精神有助. 閑神頗多. 日主有倚. 印食財神三者至切.", "始雖閑而無用. 既而閑神時至. 閒得成器. 際遇有用. 則天下無棄物之謂. 況造化乎."
412) 陳素菴, 韋千里 編著, 『命理約言』中華民國 瑞成書局, 2000, 99쪽: "苟刑字在內不緊貼. 或在外緊貼. 竟同閒(閑)字置之. 勿論可也. 其二支會合者. 以相貼爲妙. 中間沖字間之. 即破. 閒(閑)字間之. 亦遙隔無力."
413) 陳素菴, 韋千里 編著, 『命理約言』中華民國 瑞成書局, 2000, 99쪽: "皆須二字緊貼. 方取. 間以沖字即破. 間以閒(閑)字即無力."
414) 劉伯溫 著, 任鐵樵 增注, 袁樹珊 撰輯, 『滴天髓闡微』, 中華民國 進源文化事業有限公司, 2011, 307쪽: "自喜忌之外. 不足以爲喜. 不足以爲忌. 皆閑神也.", 任鐵樵主: "有用神必有喜神. 喜神者. 輔格助用之神也. 然有喜神. 亦必有忌神. 忌神者. 破格損用之神也. 自用神喜神忌神之外. 皆閑神也."
415) 劉伯溫 著, 任鐵樵 增注, 袁樹珊 撰輯, 『滴天髓闡微』, 中華民國 進源文化事業有限公司, 2011, 308쪽: "得閑神制化歲運之凶神忌物. 匡扶格局. 喜用. 或得閑神合歲運之神. 化爲喜用而輔格助用. 爲我一家人也."
416) 劉伯溫 著, 任鐵樵 增注, 袁樹珊 撰輯, 『滴天髓闡微』, 中華民國 進源文化事業有限公司, 2011,

한 甲·乙木 일간 사주에서 火·土를 용신과 희신으로, 이를 극하는 水·木을 기·구신으로 볼 수도 있으며 그렇다면 이때 金이 한신이 된다. 다시 丑·辰·申·酉·戌月의 약한 甲·乙木 일간이라면 火·木이 용신과 희신 그리고 水·金이 기·구신이 될 수 있다. 그렇다면 土가 한신이 될 수도 있다. 뿐만 아니라 巳·午·未月의 甲·乙木 일간 사주라면 水·金이 용신과 희신 그리고 火·土가 기·구신이 될 수 있다. 그렇다면 일간 오행인 木이 한신이 될 수도 있다. 여기서도 용신의 개념과 희·용신의 판단 여하에 따라 한신은 서로 다르게 결정되어 질 수도 있을 것이라는 가능성을 확인할 수 있다.

임철초는 주에서 한신을 다음과 같이 설명하고 있다.

(다)-1   (다)-2

丙甲戊庚   庚壬丙辛

寅寅子寅   戌寅申巳

(다)-1 명조에 대하여 "... 年上의 유일한 庚金 편관은 절지에 있으므로 木을 극하기 어렵고 오히려 기신이 되어 버렸다. 차가운 木은 양을 향하는데 마침 시간의 丙火 식신이 아름다워 심한 추위에 대응하고 설기하여 걸출하니 용신이다. 겨울 火는 본래 부족함이 있으니 寅木이 희신이다. 월간의 戊土 편재가 능히 水를 다스리고 金을 생하므로 한신이고 水는 구신이다"417) 라고 하였다. 이는 火를 용신으로 보고, 木를 희신으로 본 것인데, 용신과 희신을 극하는 오행인 水·金을 기·구신으로 보아 土를 한신으로 보고 있음을 알 수 있다. 그러나 위 (다)-1 명조는 金이 한신이다. 子月의 甲木 일간이 火·土가 용신과 희신으로서 사주의 중화를 돕고 水·木이 기·구신이 되면 오히려 金이 한신이 되기 때문이다.

308쪽: "如用木. 木有餘以火爲喜神. 以金爲忌神. 以水爲仇神. 以土爲閑神. 木不足. 以水爲喜神. 以土爲忌神. 以金爲仇神. 以火爲閑神."

417) 劉伯溫 著, 任鐵樵 增注, 袁樹珊 撰輯,『滴天髓闡微』, 中華民國 進源文化事業有限公司, 2011, 309쪽: "一點庚金臨絶. 不能剋木. 反爲忌神. 寒木向陽. 時干丙火淸透. 敵其寒凝. 洩其菁英. 而爲用神. 冬火本虛. 以寅木爲喜神. 月干戊土能制水. 又能生金. 故爲閑神. 以水爲仇神."

(다)-2 명조에 대해서는 "壬水가 申月에 태어났는데 비록 가을의 水이지만 그 근원이 통한다. 재성과 관성이 나란히 왕하기 때문에 申金이 용신이다"418)라고 하였다. 이는 용신이 金, 희신이 水, 기신이 火, 구신이 土 그리고 한신이 木이라는 의미이다. 그러나 (다)-2 명조는 土가 한신이 될 수 있다. 申月의 壬水 일간으로 火·木이 용신과 희신으로서 사주의 중화를 돕고 水·金이 기·구신이 되면 오히려 土가 한신이 될 수 있기 때문이다.

(다)-1, (다)-2 명조를 통해 재차 확인 할 수 있는 것은 희·용·기·구·한신의 개념 정립과 한신을 결정하는 객관적인 규칙이 필요하다는 것이다.

다음은 『자평진전평주』에서 서락오가 주장하는 한신에 대해 살펴보자.

'閒'과 '閑'을 병용하고 있는 『자평진전평주』에서는 『삼명통회』의 한신을 인용하고 있는데 이를테면 "『삼명통회』에 이르기를 '閒神이 서로 합하면 합거되는 수가 있으나 일주와 서로 합하면 합거되지 않는다'라고 하였다. 한신이라는 것은 년·월·시의 천간이다"419)가 그것이다. 여기서 년·월·시의 천간이 한신(閒神者年月時之干也)이라는 말에는 납득하기 어려운 면이 있는데 서락오가 『삼명통회』의 내용을 변용한 것인지의 여부는 분명치 않다. 서락오가 『삼명통회』에서 인용하였다고 기술하고 있지만 실제 『삼명통회』에서 위와 같은 문장은 발견되지 않기 때문이다. 다음 두 가지 명조를 보면,

(라)

丙 甲 戊 庚
寅 寅 子 寅

앞서 예시된 (다) 명조에서 임철초의 주장에 의하면, 戊土를 한신으로 보고 있

---

418) 劉伯溫 著, 任鐵樵 增注, 袁樹珊 撰輯, 『滴天髓闡微』, 中華民國 進源文化事業有限公司, 2011, 312쪽: "壬水生于申月. 雖秋水通源. 而財殺並旺. 以申金爲用."
419) 沈孝瞻 著, 徐樂吾 評註, 『子平眞詮評註』, 台北: 進源書局, 2006, 64쪽: "『三命通會』云. 閒神相合. 則有合去. 日主相合. 不可去也. 閒神者年月時之干也."

다.("月干戊土能制水. 又能生金. 故爲閑神.") 그러나 서락오는 같은 사주를 두고, (라) 명조에서 戊土 재성과 庚金 관성을 쓸모가 없는 한신으로 보고 있다.420) 유용지신의 관점에서, 子月의 甲木 일간 사주는 火·土가 사주의 중화를 돕고 있는 식신생재격 사주로 관성인 金이 한신이 된다고 볼 수 있다. 서락오가 丙火 식신을 용신으로 삼는다고는 하였지만, 戊土 재성과 庚金 관성을 공히 한신으로 보고 있는 것이다.421)

앞에서 임철초가 용신·희신·기신 외에는 모두 한신이라고 말한 것에 비춰보더라도 상호 부합이 되지 않음을 알 수 있다. 한 가지 사례를 더 살펴보자.

(마)
丙 戊 戊 庚
辰 子 子 戌

위 (마) 명조에서 서락오는 庚金 식신을 한신으로 보고 있다.422) 子月의 戊土 일간 사주에서 사주의 중화를 돕는 火·木을 용신과 희신으로 본다면 오히려 일간 오행인 土를 한신으로 볼 수 있는 명조이다. 이와 같이 몇몇 문헌에서 살펴본 한신에 대한 개념과 적용은 현대명리학의 관점에서는 이론적 호환이 되지 않는 측면이 있다. 무엇보다 "용신·희신·기신은 일정함이 있는 것으로 보지만, 한신에 있어서는 "일정함이 없다"423)라는 말로 비켜가고 있어 아직까지 한신에 대한 개념을 포함한 한신의 적용 문제가 뚜렷하게 정립되어 있지 않음을 알려준다.

---

420) 沈孝瞻 著, 徐樂吾 評註, 『子平眞詮評註』, 台北: 進源書局, 2006, 147쪽: "庚寅·戊子·甲寅·丙寅. 財官皆閒神. 無所用之. 其時上丙火淸純. 以泄身調候爲用."
421) 用神과 閑神에 대한 개념이 서로 같지 않은 면을 감안하더라도, 이들 두 문헌을 통해 閑神에 대한 뚜렷한 정의가 필요하다고 본다. 본고에서는 이들 자료를 단순 비교하였다.
422) 沈孝瞻 著, 徐樂吾 評註, 『子平眞詮評註』, 台北: 進源書局, 2006, 256쪽: "年以庚金閑神. 財己旺不須食生. 食亦不能傷暗官. 得時上丙火去之. 乃附帶耳之作用耳."
423) 沈孝瞻 著, 徐樂吾 評註, 『子平眞詮評註』, 台北: 進源書局, 2006, 244쪽: "同一宮用財生. 而取運不同. 斯何以故. 蓋八字用神喜神忌神之外. 尙有閑神. 用神喜忌有定. 而閑神無定也. 如官用財生. 正官用神也. 財喜神也. 傷官忌神也. 而閑神之夾雜.", 劉伯溫 著, 任鐵樵 增注, 袁樹珊 撰輯, 『滴天髓闡微』, 中華民國 進源文化事業有限公司, 2011, 307쪽: "一二閑神用去麽. 不用何妨莫動他. 半局閑神任閑著. 要緊之場作自家."

- 177 -

다음으로『적천수보주』에서의 한신에 대해 살펴보자.

한신에 대한 서락오의 "쓰지 않아도 움직이지 않으면 무엇이 해로울 것인가"라든가 "반국 한신이 한가하면 스스로 작용할 것"이라는 표현에서는 한신에 대한 개념을 분명히 읽어 내기가 쉽지 않다.

(바)-1　　　(바)-2

辛 乙 癸 壬　　戊 己 甲 丁

巳 丑 丑 申　　辰 酉 辰 未

(바)-1 명조를 두고 서락오는 "乙木이 丑月에 태어나 못이 얼어붙었는데 추운 계절의 木은 양지를 지향하기 때문에 반드시 巳火 中 丙火가 용신이다. 金水가 丑土에서 투출하지만 모두 한신이다"424) 라고 하였다. 丑月의 乙木 일간 사주를 두고 火를 용신으로 본 것은 동의할 수가 있지만 丑土에서 투출한 金·水를 한신으로 보고있는 것은 납득하기 어렵다. 丑月의 乙木 일간 사주라면 마땅히 火·木을 용신과 희신으로, 水·金을 기·구신으로 보는 것이 보편적 판단이다. 그렇다면 土가 한신이다.

(바)-2 명조에서도 "甲己가 合해서 土로 化하는데, 丁火는 용신이고 化土를 돕는 戊土는 희신이며 酉金은 한신이다"425) 라고 하였는데 여기서도 여전히 金을 한신으로 보고 있음을 알 수 있다. 그러나 습한 辰月의 己土 일간 사주가 사주의 중화를 위해 필요한 오행인 火·木을 용신과 희신으로 본다면 水·金이 기·구신이 되고 한신은 일간 오행인 土가 된다.

---

424) 陳素庵 輯, 徐樂吾 補註,『滴天髓補註』, 中華民國 武陵出版社, 1999, 158~159쪽 : "乙木生於十二月. 冰結池塘. 寒木向陽. 必以巳宮丙火爲用. 金水雖透自丑宮. 皆閑神也."
425) 陳素庵 輯, 徐樂吾 補註,『滴天髓補註』, 中華民國 武陵出版社, 1999, 159쪽: "甲己化土. 丁火爲用. 戊土助化爲喜神. 酉金爲閑神也."

(사)

辛丁癸戊
亥未亥寅

이 같은 형태의 한신에 대한 주장은 임철초의 『적천수천미』에서도 반복되고 있다. 위 (사) 명조에서 보듯이 한신으로 볼 수 있는 戊土가426) 亥月의 기·구신일 수 있는 癸水 편관을 合하여 제거한다는 설명이 뒤 따른다.427) 이는 대부분 문헌에서 정의하고 있는 한신의 특징인 "아무런 영향력이 없는"에도 부합하지 않는다.

지금까지 사례를 든 명조를 통해 한신의 문제를 요약하면 다음 몇 가지 결론을 얻을 수 있다.

첫째, 용신과 희신의 판단 여부에 따라 한신은 유동적일 수 있다는 것이다. 이는 용신의 개념과 용신 판단의 기준이 다르면 한신도 이에 따라 다르게 적용될 수 있다는 의미와도 같다.

둘째, 한신의 개념과 역할이 명확하게 규명되어 있지 않다는 것이다.428)

셋째, 사주의 중화를 돕는 오행인 용신과 희신은 기·구신을 극할 수 없으며, 한신 또한 기·구신을 극할 수 없다는 사실을 간과하고 있다는 것이다. 이는 체에서 용으로 전환된 오행의 생극 문제와 직결된다고 하겠다.

『역학사전』과 『사주용어사전』에 의하면 한신은 "사주에 대해서 아무런 역할을 하지 않는 한가로운 신으로 본다. 사주 내에 있으면서 일간에 대해서나 용신에 대해서 선악과 길흉에 영향을 주지 않는 오행이다"라고 풀이 되거나 "한가로운 글자로 희·용신도 아니고 기·구신도 아닌 글자를 말한다. 원국에서는 작용

---

426) 亥月의 丁火를 돕는 印劫인 木·火를 用神과 喜神으로 본다면 水·金은 忌·仇神이며, 따라서 閑神은 土가 될 수 있다고 하는 논자의 주장이다.
427) 袁樹珊 撰輯, 任鐵樵增注, 『滴天髓闡微』, 台北: 進源文化事業有限公司, 2011, 152쪽 : "此癸水臨旺. 貼身相剋. 被戊土合去. 反作幇身."
428) 袁樹珊 撰輯, 任鐵樵增注, 『滴天髓闡微』, 台北: 進源文化事業有限公司, 2011, 307쪽 : "任氏曰: 有用神必有喜神. 喜神者. 輔格助用之神也. 然有喜神. 亦必有忌神. 忌神者. 破格損用之神也. 自用神喜神忌神之外. 皆閑神也. ... 得閑神制化歲運之凶神忌物. 匡扶格局. 喜用. 或得閑神合歲運之神. 化爲喜用而輔格助用. 爲我一家人也. 此章本文. 所重者. 在末句要緊之場. 作自家也." 여기서 가장 큰 문제점은 用神의 서로 다른 개념으로 인해 발생하는 閑神적용의 오류이다.

하지 않지만, 운에 들어오는 글자와 합·충이 벌어지는 과정에서 변수가 의외로 많으므로 이러한 것을 고려하여 잘 살피는 것이 중요하다"[429]로 정의되고 있다. 전자는 '사주에 대해서 아무런 역할을 하지 않는' 또는 '사주 내에 있으면서 일간에 대해서나 용신에 대해서 선악으로 인한 길흉의 영향을 주지 않는 오행'으로, 후자는 '희·용신도 아니고 기·구신도 아닌 오행' 또는 '원국에서는 작용하지 않는 오행'으로 설명되고 있다.

그러나 여기서 운의 변수로 인한 합·충 작용의 유동성을 잘 살펴야 한다는 점과 희·용신과 기·구신을 제외하고 남는 한 글자가 한신이라는 말은 주의를 요할 만하다. 만약, 희·용·기·구신의 설정이 잘못되면 당연하게 한신은 바뀌어 버릴 수 있음을 지적하지 않기 때문이다. 뿐만 아니라 '한신은 아무런 역할을 하지 않는다'거나 '사주 내에 있으면서 일간에 대해서나 용신에 대해서 선악에 의한 길흉의 영향을 주지 않는 오행'이라는 주장은 문제가 있다. 왜냐하면 한신도 경우에 따라서는 희·용신을 이롭게 하기도 하고, 반대로 기·구신을 돕는 경우가 있기 때문이다. 이처럼 한신에 대한 정의는 다소간의 문제점을 안고 있는 것이 사실이다. 논자는 한신 개념에 대해 정확하게 규정하기 위해서는 두 가지 전제가 있어야 한다고 본다.

첫째는, 오행의 생극과 합충작용의 원리를 체에서 용으로 전환된 사고에서 찾아야 한다는 것이고 둘째는, 적확한 희·용·기·구신을 설정해야 한다는 것이다. 따라서 용신과 희신이 정확하게 도출되면 이를 극하는 오행이 각각 기·구신이며 남는 하나의 오행이 곧 한신이 된다. 따라서 한신의 도출은 용신의 도출과 직결된다고 하겠다.

2) 계절별 30유형의 중화용신

중화용신이라 함은 앞서 밝힌 것처럼, 생·조·억·설인 억부용신과 한·난·조·습인 조후용신이 합치된 개념이다. 1) 항에서 논자는 용신과 한신의 개념과

---

[429] 노영준, 『역학사전』, 경덕출판사, 2006, 1009쪽., 박주현, 『사주용어사전』, 동학사, 2002, 270쪽.

도출에 관한 문제점에 대해 논증하고 적시하였다. 본 2) 항에서는 아래의 도표에 제시된 계절별 30유형의 중화용신에 대해 그 배경을 설명하고 논술한 다음 3) 항에서 중화용신에 대해 논증하고자 한다.

분류번호	月支	일간오행	4 가지 유형의 중화용신			
			용신·희신 水·金(金·水)	용신·희신 火·木(木·火)	용신·희신 火·土	용신·희신 土·金
1	亥·子	甲乙			○	
2	丑			○		
3	寅				○	
4	卯				○	
5	辰			○		
6	巳·午·未		○			
7	申·酉·戌			○		
8	亥·子·丑	丙丁		○[木·火]		
9	寅			○[木·火]		
10	卯		○			
11	辰			○[木·火]		
12	巳·午·未		○			
13	申·酉·戌			○[木·火]		
14	亥·子·丑	戊己		○		
15	寅			○		
16	卯				○	
17	辰			○		
18	巳·午·未		○			
19	申·酉·戌			○		
20	亥·子·丑	庚辛		○		
21	寅			○		
22	卯					○
23	辰			○		
24	巳·午·未		○			
25	申·酉·戌			○		
26	亥·子·丑	壬癸		○		
27	寅·卯		○[金·水]			
28	辰			○		
29	巳·午·未		○[金·水]			
30	申·酉·戌			○		

<표Ⅳ-2> 계절별 30유형의 중화용신표[430]

생·조·억·설을 일컫는 억부용신은, 약하면 생하고 조하는 인겁으로 중화를 꾀하거나, 관성으로 극하거나 또는 식신 또는 상관으로 설기하는 것을 말한다. 조후 즉, 조후용신은 한·난·조·습이라는 말 그대로 추우면 데워주고, 더우면 식혀주는 것, 그리고 조열하면 습기를, 습하면 말려주는 것을 가리킨다.

전자는 겨울과 여름에, 후자는 봄과 가을에 적용하는 것이 일반적인 조후의 적용법이다. 그러나 실제 이들 억부와 조후를 적용하는데 있어서 적지 않은 문제가 있음을 이미 문헌들의 사례를 통해 검토한 바 있다. 아직까지 사주의 용신 문제가 해결되지 못한 것은 용사지신과 유용지신의 혼용으로 인해 용신의 일관된 개념 또는 표준화된 개념을 만들어 내지 못한데 그 원인이 있다. 또 다른 원인은 생극의 적용에 있어서 명리학적인 특성을 도외시 한 채, 체에 의한 생극 논리로 일관해 왔다는 데서 찾을 수 있다. 만약 亥·子·寅·卯月의 甲·乙木 일간 사주에서 사주의 중화를 위해 필요로 하는 오행이 火·土라면 이들을 극하는 오행은 水·木이 된다. 즉, 水·木이 기·구신이다. 그리고 남는 하나의 오행은 金으로 이는 한신에 해당된다. 논자의 주장 또는 일반적인 주장에 의하면 이 때 金 오행은 木을 극할 수 없다. 강한 木이기 때문에 金이 극할 수 없다는 의미지만, 한신이기 때문에 기·구신에 해당하는 木을 극할 수 없다. 명리학에 있어서 중화가 필요한 경우는 억부나 조후의 잣대로 보았을 때, 사주가 어느 특정 오행으로 치우친 경우를 말한다. 태과 또는 불급이 그것이다. 그렇다면 사주의 중화를 돕는 용신오행은 사주의 중화를 방해하는 기·구신을 견제하는 역할을 맡은 오행이 된다. 즉, 기·구신에 비해서 희·용신은 상대적으로 그 힘이 약할 수밖에 없다.

본고 Ⅴ장에서 두 오행이 상생해서 사주의 중화를 용이하게 하는 구성을 갖춘 세 가지의 중화된 사주인 관인상생격·재관상생격·식신생재격을 통해 길·흉·화·복의 원인이 되는 심성을 파악하는 잣대로 활용하고자 한 이유도 여기에 있다. 그렇기 때문에 용신과 희신에 해당하는 오행은 기·구신에 해당하는 오행을 극할 수가 없다는 주장의 논리적 기초가 성립될 수 있다. 나아가 한신 역시 기·

---

430) 이건희,「음양오행론의 명리학적 적용에 관한 연구」, 대구한의대학교 대학원 석사학위논문, 2017, 170쪽.

구신을 극할 수 없으며 경우에 따라서는 용신과 희신의 중화작용을 방해할 수도 있다. 이러한 명리학적인 생극의 특성이 전제된다면 체의 생극 논리인 木生火 → 火生土 → 土生金…, 木剋土 → 土剋水 → 水剋火…는 적용할 수가 없다. 이러한 논리는 오행의 숫자에 의해 강약을 판단하는 모순도 극복 될 수 있을 것이다.

이에 대해서는 서락오는 자신이 주해한 『궁통보감』에서 정월 甲木의 예를 들어 "水가 왕하면 火를, 火가 많으면(多) 水를 쓴다."431)를 예로 들어 숫자의 많음(多)이 곧 강함이 아님을 논증하였다.432)

그렇다면 억부와 조후가 합치된 개념인 중화용신은 어떤 방법으로 도출할 수 있는가? 앞서 여러 문헌에서 일치된 견해를 보이고 있는 중화·억부·조후가 합치된 개념에서 이상적인 용신을 도출할 수 있다는 가능성을 확인할 수 있었다. 이를 위해서 논자는, 오행의 생극에 있어서 체에서 용으로 전환된 개념을 통해 그 해법을 찾을 수 있다고 본다. 왜냐하면, 체에 의한 잘못된 오행 생극 판단을 용으로 전환해서 적용함으로서 억부중화와 조후중화의 합치된 시각으로 창출되는 희·용·기·구·한신의 정립이 가능하리라 보기 때문이다. 그리하여 논자는 용의 개념에 의해서 자연발생적으로 구성되어지는 생극 개념을 '용에 의한 생극'이라고 칭하였다.

위에서 논자가 제시한 "계절별 30유형의 중화용신표"에 의하면 중화용신은 水·金 또는 金·水, 火·木 또는 木·火를 비롯해서 火·土와 土·金으로 오직 네 가지에 국한된다. 어떤 사주 구성이라 하더라도 이 네 가지 유형의 용신과 희신의 조합으로 귀착된다.

종합하면, 水·金이 중화용신인 경우는 ① 巳·午·未月의 甲·乙木, 戊·己土, 庚·辛金 일간을 비롯 ② 卯·巳·午·未月의 丙·丁火 일간이며, ③ 寅·卯·巳·午·未月의 壬·癸水 일간은 인성인 金이 용신이고 水가 희신인 중화

---

431) 徐樂吾 註, 『窮通寶鑑』, 臺北: 武陵出版有限公司, 2004, 5쪽: "水旺用火. 火多用水."
432) 沈孝瞻 著, 徐樂吾評註, 『子平眞詮評註』, 台北: 進源書局, 2006, 78쪽: "今人不知命理. 見夏水冬火. 不問有無通根. 便爲之弱." 따라서 서락오의 이 같은 주장은 수용하기가 어렵다고 본다. 왜냐하면 여름의 물은 많아도 강하지 않으며, 겨울의 불 또한 그 숫자가 많거나 지지에 뿌리를 둔다고 해서 강하다고 보기는 어렵기 때문이다.

용신이다. 火·木이 중화용신인 경우는 ④ 丑·辰·申·酉·戌月의 甲·乙木 일간, ⑤ 亥·子·丑·寅·辰·申·酉·戌月의 戊·己土, 庚·辛金 일간, ⑥ 亥·子·丑·辰·申·酉·戌月의 壬·癸水가 일간, 그리고 ⑦ 亥·子·丑·寅·辰·申·酉·戌月의 丙·丁火 일간은 인성인 木이 용신이고 火가 희신인 중화용신이다. ⑧ 일간이 약해서 火·土인 인겁을 급히 필요로 하는 경우는 卯月의 戊·己土에 국한된다. 그 외에 ⑨ 亥·子·寅·卯月의 甲·乙木 일간도 火·土가 중화용신이다. 그리고 ⑩ 일간이 약해서 土·金인 인겁을 급히 필요로 하는 경우는 卯月의 庚·辛金에 국한된다.

달리 표현하면 조후가 급하지 않고 억부가 급한 ⑧,⑨,⑩을 제외하면 火·木이 중화용신인 ④, ⑤, ⑥, ⑦은 모두 火氣를 필요로 하기 때문에 조후가 우선 적용된 용신이며 ①, ②, ③은 水氣를 필요로 하기 때문에 조후가 우선 적용된 용신이다. 金·水가 중화용신인 ⑥, 木·火가 중화용신인 ⑦은 일간이 신약해서 인겁이 중화용신인 경우로 억부가 포함된 광의의 조후용신으로 판단된다.

따라서 중화용신인 火·木(또는 木·火)이 상생하거나 水·金(또는 金·水)이 상생하는, 그리고 火·土가 유정해서 사주의 중화를 돕는 경우는 모두 조후적 판단을 우선해서 적용한 사례로 볼 수 있다. 오행은 모두 조후를 필요로 하며 조후가 급하면 오직 조후만을 우선적으로 고려해야 하기 때문이다. 즉, 오행의 생극은 기후적 조건을 고려한 후에 그 진의를 알 수가 있다. 433)

이러한 중화용신의 도출과정에서 사주의 중화를 돕는 용신과 희신의 조합은 오직 네 가지에 국한된다는 결과도 얻을 수 있다. 즉, 火木·水金·火土·土金이 그것이다. 또한 이러한 결과는 심성을 火·木과 水·金으로 이분 할 수 있는 이론적 기초가 될 수 있다.434) 오행을 이분한다는 것은 水·火에 다름 아니며 중

---

433) 徐樂吾, 『子平粹言』, 台北: 武陵出版社, 2014, 308쪽: "五行生剋之理. 本是氣候相勝相制之代名詞. 僅言生剋. 不足以盡其變. 乃有反生剋之理. ... 在需要調候之時. 只以調候爲重. 其餘槪置緩論. 先其所急也. 五行皆需要調候. 列式如下.", 徐樂吾 著, 『子平粹言』, 中華民國 武陵出版社, 1998, 96쪽: "要知陰陽者. 寒暑也. 五行者. 春夏秋冬四時之氣候也. 言氣候. 則生剋之理不顯. 故代之以五行而言. 五行之生剋. 必須從氣候體會之. 方得其眞.", 徐樂吾 著, 『子平粹言』, 中華民國 武陵出版社, 1998, 13쪽: "我國學術. 皆始於易. 易以寒暖. 燥濕. 剛柔. 往復. 動靜. 奇偶. 各種名詞. 釋陰陽之義. 反復伸說. 極爲詳盡. 爲術數之所宗."
434) 陽氣인 火·木과 陰氣인 水·金외에, 火·土가 중화용신인 경우는 陽的인 심성으로, 土·金이 중화용신인 경우는 陰的인 심성으로 분류할 수 있을 것이다. 그러나 이러한 음양의 적용은, 陽氣인 火·

화용신의 도출 원리 또한 수화기제에 근거한다. 수화기제를 명리학적으로 표현하면 水·火 상생으로 이는 사주에 火氣와 水氣인 양자를 모두 갖추어야 하지만 이들 두 기운은 상극이므로, 火가 강하면 水는 金과 水·金 상생해서 중화를 꾀하고, 水가 강하면 火는 木과 火·木 상생해서 중화를 꾀하게 되는 것이다.[435] 사주 일간이 약해서 인겁이 중화용신이 되는 ⑧ 卯月의 戊·己土와 ⑩ 卯月의 庚·辛金 일간을 제외하면 사실상 모두가 이러한 원리에 부합한다.

그렇다면 위에서 밝힌 ①~⑩ 까지 중화용신에 대한 선정의 타당성에 대해서 논술해 보기로 하자.

① 巳·午·未月의 甲·乙木, 戊·己土, 庚·辛金 일간은 水·金이 중화용신이다. 火氣가 강한 계절인 여름의 甲·乙木 일간은 水氣인 인성을 가장 우선적으로 필요로 하기 때문에 水가 용신이다. 이를 돕는 金氣인 관성은 희신으로 이들 水·金이 상생해서 사주의 중화를 돕는다. 조후중화의 개념을 우선적으로 관찰한 결과이다. 戊·己土 일간 역시 火氣기 강한 여름에는 水氣인 재성을 가장 우선적으로 필요로 하기 때문에 水가 용신이다. 이를 돕는 金氣인 식신 또는 상관은 희신으로 이들 水·金이 상생해서 사주의 중화를 돕는다. 조후중화의 개념을 우선적으로 관찰한 결과이다. 庚·辛金 일간 역시 火氣가 강한 여름에는 水氣인 식신 또는 상관을 가장 우선적으로 필요로 하기 때문에 水가 용신이다. 이를 돕는 일간 오행인 金氣 비겁은 희신으로 이들 水·金이 상생해서 사주의 중화를 돕는다. 조후중화의 개념을 우선적으로 적용해 관찰한 결과이다.

그러므로 ①의 경우는 모두 水가 용신이고 金이 희신으로 水·金이 상생하는 중화용신이 되며, 천간에서 水·金 오행인 壬·癸·庚·辛이 중화용신이면 지지

木을 예로 들면 같은 陽氣인 오행이면서도 甲·乙木보다는 丙·丁火가 보다 陽的이며, 丁火와 乙木은 丙火와 甲木에 비해 陰的이라 할 수기 있다.

435) 水·火旣濟: 旣濟卦는 坎水가 위에 있고, 離火가 아래에 있기 때문에 水·火相生이 되어 만물이 완성된다는 의미를 가진 卦이다. 즉, 물과 불이 서로 사귀어 각각의 쓰임을 얻는 卦인 것이다. 그러나 명리학에서 반드시 天干에 물(水)이 있고 地支에 불(火)이 있어야만 水·火旣濟가 성립되는 것은 아니라고 보는 것이 논자의 견해이다. 이와 관련하여 Ⅳ장 1절에서 논하였다.

에서 이를 돕는 '용신의 근'은 亥·子·丑·辰·申·酉가 된다. 丑土와 辰土는 水氣를 머금은 습토 오행으로 그 쓰임은 土가 아니라 水에 있다고 할 수 있다. 한편, 용신 水를 극하는 土는 기신, 희신 金을 극하는 火는 구신이며, 남는 하나의 오행인 木은 한신이 된다. 한신 木은 사주의 중화를 돕지 못하고 용신인 水氣의 중화작용을 방해할 수가 있다. 또, 한신인 木은 기신인 土를 극할 수 없다. 이는 논자가 Ⅲ장 1절 2), 3) 항에서 주장한 생극현상에 관한 체용전환 논리의 사례 중 하나라고 할 수 있다.

② 卯·巳·午·未月의 丙·丁火 일간은 水·金이 중화용신이다. 木氣가 강한 卯月의 丙·丁火 일간과 火氣가 강한 계절인 여름의 丙·丁火 일간은 그 힘을 충분히 얻고 있으므로 水氣인 관성을 가장 우선적으로 필요로 하기 때문에 水가 용신이다. 이를 돕는 金氣인 재성은 희신으로 이들 水·金이 상생해서 사주의 중화를 돕는다. 그러므로 ②의 경우는 모두 水가 용신이고 金이 희신으로 水·金이 상생하는 중화용신이 되며, 천간에서 水·金 오행인 壬·癸·庚·辛이 중화용신이면 지지에서 이를 돕는 '용신의 근'은 亥·子·丑·辰·申·酉가 된다. 丑土와 辰土는 水氣를 머금은 습토 오행으로 그 쓰임은 水氣에 있다. 억부중화와 조후중화의 개념을 동시적으로 적용해 관찰한 결과이다. 한편, 용신 水를 극하는 土는 기신, 희신 金을 극하는 火는 구신이며, 남는 하나의 오행인 木은 한신이 된다. 이 때, 卯月의 丙·丁火 일간 사주에서, 실제 사주의 중화를 돕는 중화용신과 기·구신이 결정되면 木氣가 강한 목왕지절임에도 木은 한신이 됨을 알 수 있다. 따라서 이러한 구성의 사주에서는 한신인 木은 용신인 水氣의 중화작용을 방해할 뿐만 아니라 기신인 土를 극할 수 없다. 이는 논자가 Ⅲ장 1절 2), 3) 항에서 주장한 생극현상에 관한 체용전환 논리의 사례 중 하나이다.

③ 寅·卯·巳·午·未月의 壬·癸水 일간은 인성인 金이 용신이고 水가 희신인 중화용신이다. 火·木의 기운을 암장한 寅月, 木氣가 강한 卯月, 火·土氣가 강한 巳·午·未月의 壬·癸水 일간은 구신 관성, 기신 재성, 한신 식신과 상관으로 억설되고 있어서 金氣인 인성을 가장 우선적으로 필요로 하기 때문에 金이 용신이다. 이를 돕는 일간 오행인 水氣 비겁은 희신으로 이들 金·水가 상생해서 사주의 중화를 돕는다.

그러므로 ③의 경우는 모두 金이 용신이고 水가 희신으로 金‧水가 상생하는 중화용신이 되며, 억부중화의 개념을 우선적으로 적용해 관찰한 결과이다. 천간에서 金‧水 오행인 庚‧辛‧壬‧癸가 중화용신이면 지지에서 이를 돕는 '용신의 근'은 亥‧子‧丑‧辰‧申‧酉가 된다. 丑土와 辰土는 水氣를 머금은 습토 오행으로 그 쓰임은 水氣에 있다.

  한편, 용신 金를 극하는 火는 기신, 희신 水를 극하는 土는 구신이며, 남는 하나의 오행인 木은 한신이 된다. 이때, 한신인 木은 희신인 水氣의 중화작용을 방해할 뿐만 아니라 기신인 土를 극할 수가 없는 것으로 이 역시 논자가 Ⅲ장 1절 2), 3) 항에서 주장한 생극현상에 관한 체용전환 논리의 사례 중 하나라고 할 수가 있다.

  ④ 丑‧辰‧申‧酉‧戌月의 甲‧乙木 일간은 火‧木이 중화용신이다. 아직 추운 계절인 丑月, 습한 계절인 辰月, 그리고 金氣가 강한 申‧酉‧戌月의 甲‧乙木 일간은 火氣인 식신 또는 상관을 가장 우선적으로 필요로 하기 때문에 火가 용신이다. 이를 돕는 일간 오행인 木氣 비겁은 희신으로 이들 火‧木이 상생해서 사주의 중화를 돕는다.

  그러므로 ④의 경우는 火가 용신이고 木이 희신으로 火‧木이 상생하는 중화용신이 된다. 조후중화의 개념을 우선적으로 적용해 관찰한 결과이다. 그러므로 천간에서 火‧木 오행인 丙‧丁‧甲‧乙이 중화용신이면 지지에서 이를 돕는 '용신의 근'은 寅‧卯‧巳‧午‧未‧戌이 된다. 한편, 용신 火를 극하는 水는 기신, 희신 木을 극하는 金는 구신이며, 남는 하나의 오행인 土는 한신이 된다. 한신 土는 사주의 중화를 돕지 못하고 용신인 火氣의 중화작용을 방해할 수 있다. 그러나 濕土인 辰‧丑土와는 달리, 燥土인 戌‧未土는 한신임에도 천간의 용신과 희신인 丙‧丁‧甲‧乙의 근이 될 수 있다. 한신인 戊‧己土는 기신인 壬‧癸水를 극할 수 없다. 만약 한신 戊‧己土가 용신인 火氣의 생을 받는다 하더라도 '한신'이기 때문에 기신인 壬‧癸水를 물리적으로 극하는 것은 불가능하다. 이 역시 논자가 Ⅲ장 1절 2), 3) 항에서 주장한 생극현상에 관한 체용전환 논리의 사례 중 하나라고 할 수 있다.

  ⑤ 亥‧子‧丑‧寅‧辰‧申‧酉‧戌月의 戊‧己土, 庚‧辛金 일간은 火‧木

이 중화용신이다. 겨울인 亥·子·丑月, 습한 계절인 辰月, 아직 추운 계절인 寅月 그리고 金氣가 강한 申·酉·戌月의 戊·己土 일간과 庚·辛金 일간은 공히 火氣인 인성과 관성을 각각 우선적으로 필요로 하기 때문에 火가 용신이다. 이를 돕는 木氣인 관성과 재성은 각각 희신으로 이들 火·木이 상생해서 사주의 중화를 돕는다. 그러므로 ⑤의 경우는 火가 용신이고 木이 희신으로 火·木이 상생하는 중화용신이 된다. 戊·己土 일간은 조후중화의 개념을 우선적으로 적용해 관찰한 결과이며, 庚·辛金 일간은 조후중화와 억부중화의 개념을 동시적으로 적용해 관찰한 결과이다.

그러므로 천간에서 火·木 오행인 丙·丁·甲·乙이 중화용신이면 지지에서 이를 돕는 '용신의 근'은 寅·卯·巳·午·未·戌이 된다. 한편, 용신 火를 극하는 水는 기신, 희신 木을 극하는 金은 구신이며, 남는 하나의 오행인 土는 한신이 된다. 한신 土는 사주의 중화를 돕지 못하고 용신인 火氣의 중화작용을 방해할 수 있다.

그러나 濕土인 辰·丑土와는 달리, 燥土인 戌·未土는 한신임에도 천간의 용신과 희신인 丙·丁·甲·乙의 근이 될 수 있다. 한신인 戊·己土는 기신인 壬·癸水를 극할 수가 없다. 만약 한신 戊·己土가 용신인 火氣의 생을 받는다 하더라도 '한신'이기 때문에 기신인 壬·癸水를 물리적으로 극하는 것은 불가하다. 이 역시 논자가 Ⅲ장 1절 2), 3) 항에서 주장한 생극현상에 관한 체용전환 논리의 사례 중 하나라고 할 수 있다.

⑥ 亥·子·丑·辰·申·酉·戌月의 壬·癸水 일간은 火·木이 중화용신이다. 水氣가 강한 亥·子月, 水氣가 응축되어 암장된 냉습한 계절인 丑月, 辰月 그리고 金氣가 강한 申·酉·戌月의 壬·癸水 일간은 火氣를 가장 우선적으로 필요로 하기 때문에 火가 용신이다. 이를 돕는 木氣인 식신 또는 상관은 희신으로 이들 火·木이 상생해서 사주의 중화를 돕는다.

그러므로 ⑥의 경우는 火가 용신이고 木이 희신으로 火·木이 상생하는 중화용신이 된다. 조후중화와 억부중화의 개념을 동시적으로 적용해 관찰한 결과이다. 그러므로 천간에서 火·木 오행인 丙·丁·甲·乙이 중화용신이면 지지에서 이를 돕는 '용신의 근'은 寅·卯·巳·午·未·戌이 된다. 한편, 용신 火를 극하는 水는 기신, 희신 木을 극하는 金은 구신이며, 남는 하나의 오행인 土는 한신이 된다. 한신 土는 사주의 중화를 돕지 못하고 용신인 火氣의 중화작용을 방해할 수 있다.

그러나 濕土인 辰·丑土와는 달리, 燥土인 戌·未土는 한신임에도 천간의 용신과 희신인 丙·丁·甲·乙의 근이 될 수 있다. 한신인 戊·己土는 기신인 壬·癸水를 극할 수 없다. 만약 한신 戊·己土가 용신인 火氣의 생을 받는다 하더라도 '한신'이기 때문에 기신인 壬·癸水를 물리적으로 극하는 것은 불가하다. 이 역시 논자가 Ⅲ장 1절 2), 3) 항에서 주장한 생극현상에 관한 체용전환 논리의 사례 중 하나라고 할 수 있다.

⑦ 亥·子·丑·寅·辰·申·酉·戌月의 丙·丁火 일간은 木·火가 중화용신이다. 겨울인 亥·子·丑月, 아직 추운 계절인 寅月, 습한 계절인 辰月, 그리고 金氣가 강한 申·酉·戌月의 신약한 丙·丁火 일간은 인성인 木氣를 가장 먼저 필요로 하기 때문에 木이 용신이다. 이를 돕는 일간 오행인 火氣 비겁은 희신으로 이들 木·火가 상생해서 사주의 중화를 돕는다.

그러므로 ⑦의 경우는 木이 용신이고 火가 희신으로 木·火가 상생하는 중화용신이 된다. 억부중화와 광의의 조후중화 개념을 동시적으로 적용해 관찰한 결과이다. 그러므로 천간에서 木·火 오행인 甲·乙·丙·丁이 중화용신이면 지지에서 이를 돕는 '용신의 근'은 寅·卯·巳·午·未·戌이 된다. 한편, 용신 木을 극하는 金은 기신, 희신 火를 극하는 水는 구신이며, 남는 하나의 오행인 土는 한신이 된다. 한신 土는 사주의 중화를 돕지 못하고 용신인 火氣의 중화작용을 방해할 수 있다.

그러나 濕土인 辰·丑土와는 달리, 燥土인 戌·未土는 한신임에도 천간의 용신과 희신인 丙·丁·甲·乙의 근이 될 수 있다. 한신인 戊·己土는 구신인 壬·癸水를 극할 수 없다. 만약 한신 戊·己土가 용신인 火氣의 생을 받는다 하더라도 '한신'이기 때문에 구신인 壬·癸水를 물리적으로 극하는 것은 불가하다. 이 역시 논자가 Ⅲ장 1절 2), 3) 항에서 주장한 생극현상에 관한 체용전환 논리의 사례 중 하나라고 할 수 있다.

⑧ 卯月의 戊·己土 일간은 火·土가 중화용신이다. 木氣가 강한 卯月의 신약

한 戊·己土 일간은 인성인 火氣를 가장 우선적으로 필요로 하기 때문에 火가 용신이다. 이를 돕는 土氣 비겁은 희신으로 이들 火·土가 상생하는 중화용신이다. 그러므로 ⑧의 경우는 火가 용신이고 土가 희신으로 火·土가 상생하는 중화용신이 된다. 억부중화의 개념을 우선적으로 적용해 관찰한 결과이다.

그러므로 천간에서 火·土 오행인 丙·丁·戊·己가 중화용신이면 지지에서 이를 돕는 '용신의 근'은 寅·巳·午·未·戌이 된다. 한편, 용신 火를 극하는 水는 기신, 희신 土를 극하는 木은 구신이며, 남는 하나의 오행인 金은 한신이 된다. 한신 金은 사주의 중화를 돕지 못하고 용신과 희신의 중화작용을 방해하고 오히려 기신인 水氣를 생해 주는 역할을 한다. 이때, 濕土인 辰·丑土는, 燥土인 戌·未土와 달리 희신임에도 암장된 水氣로 인해 천간의 용신과 희신인 丙·丁·戊·己의 근이 되기는 역부족이다. 한신인 庚·辛金은 구신인 甲·乙木을 극할 수 없다. 이 역시 논자가 Ⅲ장 1절 2), 3) 항에서 주장한 생극현상에 관한 체용전환 논리의 사례 중 하나라고 할 수 있다.

⑨ 亥·子·寅月의 甲·乙木 일간은 火·土가 중화용신이다. 水氣가 강한 亥·子月, 아직 추운 계절인 寅月 그리고 木氣가 강한 卯月의 甲·乙木 일간은 식신 또는 상관인 火氣를 가장 우선적으로 필요로 하기 때문에 火가 용신이다. 이를 돕는 木은 이미 강한 甲·乙木 일간을 더욱 강하게 하므로 희신이 될 수 없고 강한 일간의 힘을 재차 설기하고 용신인 火氣와 함께 기신인 水氣에 대항해서 사주의 중화를 꾀하는 土氣 재성이 희신으로 火·土가 상생하는 중화용신이다.

그러므로 ⑨의 경우는 火가 용신이고 土가 희신으로 火·土가 상생하는 중화용신이 된다. 억부가 급한 卯月 외에는 조후중화와 억부중화의 개념을 동시적으로 적용해 관찰한 결과이다. 즉, 천간에서 火·土 오행인 丙·丁·戊·己가 중화용신이면 지지에서 이를 돕는 '용신의 근'은 寅·巳·午·未·戌이 된다. 한편, 용신 火를 극하는 水는 기신, 희신 土를 극하는 木은 구신이며, 남는 하나의 오행인 金은 한신이 된다. 한신 金은 사주의 중화를 돕지 못하고 용신과 희신의 중화작용을 방해하고 오히려 기신인 水氣를 생해 주는 역할을 한다. 이때, 濕土인 辰·丑土는, 燥土인 戌·未土와 달리 희신임에도 암장된 水氣로 인해 천간의 용신과 희신인 丙·丁·戊·己의 근이 되기는 역부족이다.

한신인 庚·辛金은 구신인 甲·乙木을 극할 수가 없다. 이 역시 논자가 Ⅲ장 1절 2), 3) 항에서 주장한 생극현상에 관한 체용전환 논리의 사례 중 하나라고 할 수 있다.

⑩ 卯月의 庚·辛金 일간은 土·金이 중화용신이다. 木氣가 강한 卯月의 신약한 庚·辛金 일간은 인성인 土氣를 가장 우선적으로 필요로 하기 때문에 土가 용신이다. 이를 돕는 金氣 비겁은 희신으로 이들 土·金이 상생하는 중화용신이다. 그러므로 ⑩의 경우는 土가 용신이고 金이 희신으로 土·金이 상생하는 중화용신이 된다. 억부중화의 개념을 우선적으로 적용해 관찰한 결과이다.

그러므로 천간에서 土·金 오행인 戊·己·庚·辛이 중화용신이면 지지에서 이를 돕는 '용신의 근'은 申·酉·辰·丑·未·戌이 된다. 한편, 용신 土를 극하는 木은 기신, 희신 金을 극하는 火는 구신이며, 남는 하나의 오행인 水는 한신이 된다. 한신 水는 사주의 중화를 돕지 못하고 용신과 희신의 중화작용을 방해하고 오히려 기신인 木氣를 생해 주는 역할을 한다. 이때, 濕土인 辰·丑土, 燥土인 戌·未土는 용신임에도 암장된 水氣와 火氣로 인해 천간의 용신과 희신인 戊·己·庚·辛의 근이 되기는 역부족이다. 체의 개념으로 보면 근이 될 수 있지만 실제 그 쓰임새인 용의 개념으로 보면 근이 되기 어렵다. 한신인 壬·癸水는 구신인 丙·丁火를 극할 수 없다. 이 역시 논자가 Ⅲ장 1절 2), 3) 항에서 주장한 생극현상에 관한 체용전환 논리의 사례 중 하나이다.

이상과 같은 논술을 통해서, 용신과 희신이 정해지면 이를 극하는 오행이 곧 기·구신이며 남는 한 가지의 오행은 한신이 되는 형식논리(formal logic, 形式論理)를 얻을 수 있었다. 따라서 위 중화용신의 도출 결과로 다음과 같은 도식을 창출해 낼 수 있었다. 즉, 火·木이 중화용신이면 水·金이 기·구신이며, 土가 한신이다. 水·金이 중화용신이면 土·火가 기·구신이며, 木이 한신이다. 火·土가 중화용신이면 水·木이 기·구신이며 金이 한신이다. 그리고 土·金이 중화용신이면 木·火가 기·구신이며 水가 한신이 된다.[436] 이는 용신과 관련된 문제에 있어서 명징한 결과라 할 수 있다.

---

[436] 閑神임에도 사주의 중화를 돕는 경우는 있다. 그러나 그렇다하더라도 '閑神'의 작용력의 한계가 있고, 閑神보다 더 유용하게 사주의 중화를 돕는 用神과 喜神이 있기 때문에 閑神을 用神·喜神과 같은 범주로 해석하기는 어렵다고 본다. 이에 대한 자세한 논술은 Ⅳ장 2절 1) 항에서 논하였다.

3) 계절별 30유형의 중화용신에 대한 논증

본 2절 2) 항에서 중화용신에 대한 논자의 주장을 고전 문헌에 근거해서 "계절별 30유형의 중화용신표"를 제시한 후, 다시 이를 10가지로 종합해서 용신과 희신 두 가지 오행이 사주의 중화를 돕는 각각의 연유를 밝혔다. 이것은 앞서 1) 항에서 기존의 용신과 한신의 개념과 적용에 대한 문제 제기에 대한 일종의 대안을 제시한 것이다.

이제 3) 항에서는 중화용신에 대한 보다 구체적으로 논의해 보기로 하자. 본 3) 항의 논증은 Ⅲ장 2, 3절에서 심성을 이성과 감성으로 이분하는 이론적 토대가 될 것이며, Ⅴ장의 중화된 심성을 판단하는 이론적 준거가 될 것이다. 따라서 이러한 일련의 검증과정은 논자가 지향하는 생·조·억·설인 억부와 한·난·조·습인 조후를 동시적으로 관찰하여 도출하게 될 중화용신의 이론적 논거가 될 것이다. 중화용신에 대한 논증은 기존의 억부용신과 조후용신에 대한 모순 또는 오류를 우선적으로 비판하고 이에 기초하여 중화용신에서 제시한 사주의 중화를 돕는 4 가지 유형의 용신과 희신의 조합에 대한 타당성에 대해 검증하도록 하겠다.

① 중화용신과 억부용신에 대한 대비논증

먼저 생·조·억·설인 억부용신을 결정하는 사주의 강약에 관한 제반의 문제점에 대해 살펴보자. 서자평은 『낙록자삼명소식부주』에서 火와 金의 공존의 당위성을 설명하는 가운데 火와 金의 다·소·유·무에 대해서 다음과 같이 주장하였다.

> 혹 火는 많지만(多) 金이 적고(少), 金은 많으나 火가 부족하면(寡), 양자 모두 흉한 명이다. ... 더군다나 金은 있는데(有) 火가 없고(無), 火는 있는데(有) 金이 없으면(無) 양자가 모두 흉한 무리들의 명이다.[437]

---

[437] 徐子平 著, 王廷光·李同·釋曇瑩 註, 趙子澤 解, 『珞琭子三命消息賦諸家註』, 香港 聚賢館文化有限公司, 2007, 215쪽: "或火多而金少. 或金多而火寡(輕). 皆爲凶暴之命也. ... 況有金而無火. 有火而無金者. 皆爲凶徒之命."

서자평의 주장은, 火·金에 대한 火가 지극히 사나우면서 급한 면이 있어서 金이 날카로워야만 하고, 金은 지극히 굳고 단단하기 때문에 왕성한 火에 의해서만 그 성질을 변화시킬 수 있다는 것이다. 그러한 이유로 金과 火는 함께 있어야(金火兩存) 한다고 말한다.438) 이러한 주장은 근거가 없지는 않지만 火와 金에 대한 주해는 편향적이라 하지 않을 수 없다. 편향적이라 함은 위 인용문에서 논한 다·소·유·무에서 두 가지 문제점이 확인되기 때문이다.

그 첫째는 다·소에 관한 문제로, 이때 '많다'와 '적다'는 오행의 숫자를 지칭하는데 그렇다면 특정 오행인 金이나 火의 숫자가 많고 적음에 따라서 이에 해당하는 사주는 모두 흉하다는 등식이 성립되어야 한다. 더군다나 서자평이 주장한 내용의 문맥에서 金이나 火가 일간이라는 전제는 보이지 않는다. 그렇다면 전제는 金과 火 일간이 아닌 사주에서 '火오행이 많은데 金오행이 부족하고, 金오행이 많은데 火오행이 부족'으로 좁혀진다.

여기서 발견되는 문제는 '많거나 적어도' 흉하다거나, 단순히 '있고 없음'에 따라 흉하다는 것인데 이것은 타당하지 않다. 왜냐하면, 앞에서 서자평이 말한 '火가 지극히 사나우면서 급한 면이 있어서 金이 날카로워야만 하고, 金은 지극히 굳고 단단하기 때문에 왕성한 火에 의해서만 그 성질을 변화시킬 수 있다'(金至堅之物也. 非盛火則不能變其質. 火至暴之物也. 非銳金則無以顯諸用)는 주장은 제한적으로만 적용439) 될 수 있기 때문이다.

둘째는 유·무의 문제이다. 예를 들어, 일간이 火·金이 아닌440) 木(六甲·六乙)·土(六戊·六己)·水(六壬·六癸) 일간 사주에서 火가 있는데, 金이 없거나, 金이 있는데 火가 없다는 이유만으로 흉하다고 하는 것은 일면 편향적인 주장이라 하지 않을 수 없다. 모든 오행이 공존하는 것은 중화에 있어서 매우 바람직한 것이 되겠지만 金이 있는데 火가 없거나, 火가 있는데 金이 없다고 해서 흉하다는

---

438) 徐子平 著, 王廷光·李同·釋曇瑩 註, 趙子澤 解, 『珞琭子三命消息賦諸家註』, 香港 聚賢館文化有限公司, 2007, 215쪽: "金至堅之物也. 非盛火則不能變其質. 火至暴之物也. 非銳金則無以顯諸用. 金火兩存. 則有鑄印之象. 皆大人之事也."
439) 冬金의 단단함을 왕성한 火가 있어서 그 성질을 변화할 수 있다고 하지만, 왕성한 冬火란 없다. 火의 숫자가 많음으로 인해 왕성하다는 말은 논리에 맞지 않는다. 火가 사납고 급한데 金 또한 날카롭지 않으면 드러날 수 없다는 주장 또한 모순일 수 있다.
440) 日干이 金이나 火 오행일 경우라도 동일하다.

것은 역시 타당하지 않다. 결론적으로 "많다"가 곧 "강하다"거나 "적다"가 곧 "약하다"라는 등식은 모순일 수 있다.

서자평은 또, 일주가 壬寅인 사람이 丙·丁火를 처·재·부(妻·財·父)로 삼고, 戊·己土를 관인(官)으로 삼는 경우, 대운이 火가 왕성하면 父가 왕하고, 庚金이 왕한 곳이면 인성인 母가 왕한 것으로 풀이하고 있다.441)

```
           (가)-1        (가)-2
         丙 壬 戊 0    丙 壬 戊 0
         0 寅 子 0    0 寅 午 0
```

서자평의 주장을 명조로 구성하면 위와 같다. 여기서 두 가지 문제점이 발견된다.

첫째, "대운이 火가 왕성하면 아버지가 왕하다"(如大運到火旺處父旺)는 午月인 (가)-2 명조에서는 가능할 수 있지만, 子月인 (가)-1 명조에서는 비록 火가 많다하더라도 왕성하다고 할 수 없다.

둘째, "金이 왕한 곳이면 인성인 어머니가 왕하다"(庚旺處母旺)는 것은 子月인 (가)-1 명조에서는 가능할 수 있지만, 午月인 (가)-2 명조에서는 비록 金이 많다하더라도 왕성하다고 할 수 없다.

이와 같은 사례를 통해 '왕하다'라고 하는 표현에 함정이 있음을 주의해야 한다. 즉, '많으면' 곧 '왕하다'라는 것이다. 이것은 판단하려고 하는 특정 오행이 사주의 중화를 돕는 중화용신인지 아니면 기·구신인지, 또는 한신인지를 전혀 고려하지 않은 '단식 판단'이라고 본다.

서자평은 곽박의 『옥조신응진경』을 주해하면서 "甲乙이 寅卯와 함께 오면 ... 甲乙生이 寅·卯를 본다거나 또는 甲寅과 乙卯가 모두 있으면. ... 이 말은 신왕하기 때문이다"442)라고 하였다. '신왕'이라는 표현이 처음으로 확인되는 사례이

---

441) 徐子平 著, 王廷光·李同·釋曇瑩 註, 趙子澤 解, 『珞琭子三命消息賦諸家註』, 香港 聚賢館文化有限公司, 2007, 230쪽: "如壬寅人要丙丁爲妻財. 戊己爲官印. ... 又如大運到火旺處父旺. 庚旺處母旺."

다. 예를 들어 천간에 甲·乙木이 있는데 지지에 寅·卯가 있으면 신왕하다는 것을 의미한다. 물론 월지에 寅·卯가 있으면 당연하다. 여기서 어떤 오행이 왕하다고 하는 말 가운데는 '그 오행과 같은 오행이 함께 한다면' 이라는 전제가 하고 있다. 그러나 이 또한 문제가 있다.

(나)

0 丙 乙 0
0 寅 卯 0

예시된 (나) 명조는 卯月의 丙火 일간 사주로 寅木과 卯木에 뿌리를 두어 매우 강하다. 乙木 정인 역시 그러하다. 용신의 개념이나 적용에 따른 이견이 있을 수 있지만, 위 명조는 강한 일간인 丙火가 水·金을 통해 사주의 중화를 꾀하는 것이 가장 자연스럽다. 억부와 조후를 아우르는 최선의 선택일 수 있다는 것이다. 만약, 희·용신을 극하는 오행이 기·구신이라는 것에 동의한다면 위 명조에서 木은 한신이 된다. 한신은 사주에서 큰 영향력을 발휘할 수 없는 오행 작용을 한다. 오히려 木이 왕한 계절의 土가 무력 할 것 같지만 土는 기신 오행이다. 기신 또는 구신 오행은 용신과 희신 오행에 비해 상대적으로 오행의 작용력이 우위에 있다. 즉, 木剋土는 불가능하다고 볼 수 있다. 이렇듯 희·용·기·구·한신이 정립된 이후의 생극 작용은 전혀 다를 수 있다. 따라서 서자평의 주장은 전적으로 동의할 수 없다.

한편『옥조신응진경』에는 "왕·상·휴·수는 진퇴를 물어 판단한다."(旺·相·休·囚. 問於進退)라고 했는데 여기에는 왕·상이 되면 존귀하지만 휴·수가 되면 비천하다443)는 뜻을 내포하고 있다. 그러나 이러한 이론체계는 현대명리학

---

442) 郭璞 撰, 徐子平 註,『玉照神應眞經註』: "甲乙同來寅卯. … 甲乙生人見寅卯. 或甲寅乙卯全者. … 此言身旺之故."

443) 郭璞 撰, 張顒 註, 김정혜 譯,『玉照定眞經』, 한국학술정보, 2016, 129쪽: "在旺相者尊. 有死絶者卑.",『玉照神應眞經註』: "旺相休囚. 問於進退. 四時明辨. 吉凶災福自然明矣." 이는 다음의『淮南子』에 근거한다 : 劉文典,『淮南洪烈集解』, 北京: 中華書局出版, 1989,「墜形訓」: "木壯, 水老, 火生, 金囚, 土死. 火壯, 木老, 土生, 水囚, 金死. 土壯, 火老, 金生, 木囚, 水死. 金壯, 土老, 水生, 火囚, 木死. 水壯, 金老, 木生, 土囚, 火死."

의 관점에서 전면적으로 부정되어야 할 것이다. 용신의 정의가 다른 점을 고려하더라도 일종의 오행 해석의 '편견'으로 보이는 체에 의한 생극만을 주장하고 있기 때문이다.

　이 같은 강·약·왕·쇠에 관한 문헌들의 주장은 큰 예외가 없다. 『삼명통회』, 『명리정종』, 『명리약언』, 『자평진전』, 『자평수언』 등을 통해서 자세히 알아보도록 하자.

　『삼명통회』에는, 강한 金은 물(水)을 얻어야 한다거나 강한 火는 土를 얻어야 한다거나444) "강한 水는 木을 얻어야 한다."(强水得木)445)는 점을 강조하고 있지만 이러한 주장이 온전하게 성립하려면 '강한 火는 水를 얻고 水는 金과 水·金 상생해서 火의 극으로부터 중화를 꾀한다', '강한 水는 火·木을 함께 얻어 그 힘을 설기해서 중화를 꾀한다'라고 수정되어야 할 것으로 본다. 반론하면 子月의 甲·乙木이 사주에 있을 경우, 강한 壬·癸 水의 생을 받는 甲·乙木은 원하지 않는 생을 받아 곤란을 겪을 수밖에 없다. 따라서 강한 水는 火·木을 함께 얻어야 한다.

　장남(張楠)은 『명리정종』의 서문에서 "남음이 있으면 누르고 모자라면 채워주는 것이 중정의 도리"(抑有餘. 補不足. 中正之道)446)라고 하였다. 그러나 이 역시 온전히 성립 될 수 있는 주장이 아니다.

```
         (다)-1          (다)-2
         丙 甲 庚 ０     丁 乙 癸 ０
         ０ ０ 寅 ０     ０ 未 酉 ０
```

---

444) '강한 金은 물(水)을 얻어야 한다.'는 것은 子月 등, 水氣가 상한 계절에 庚·申金에 있어서 조후에 의한 중화용신을 구할 때 합당하지 못하다. 水를 얻으면 중화용신인 火가 힘을 쓸 수가 없기 때문이다. 강한 火는 土를 얻어야 한다.'는 주장은 午月 등 여름의 丙·丁火가 그 기운을 설기하기 위해 土를 얻어야 한다는 주장이지만, 水가 없는 가운데 土는 의미가 없으므로 水金을 함께 얻어야 하지 土를 얻는 것이 우선이 되지는 못한다고 보아야 할 것이다. 土는 오히려 水를 훤하는 忌·仇神이 된다.

445) 萬民英 著, 『三命通會』「論五行」, 中華民國 武陵出版有限公司, 2011, 86쪽: "徐大升曰. ... 强金得水. 方剉其鋒. 强水得木. 方泄其勢. 强木得火. 方化其頑. 强火得土. 方止其焰. 强土得金. 方制其害."

446) 張楠 著, 『命理正宗-神峰通考』, 中華民國 進源文化事業有限公司, 2012, 2쪽: "子平之理. 獨得其中. 日通月氣. 歲與時爲脈絡. 日爲身主. 月爲巢穴. 歲與時爲門戶. 得於此而不遺於彼. 通於上而不遺於下. 抑有餘. 補不足. 中正之道, 孰得是焉."

예시된 명조를 보면 장남의 주장은 보편적일 수 없다. (다)-1 명조에서 "남음이 있으면 누르고"는 해당하지 않는다. 寅月의 강한 甲木은 "눌러서" 다스리기보다, 설기되어 丙火 식신에 의해 중화를 지향하는 것이 억부, 조후 양자에 부합되기 때문이다. (다)-2 명조에서 "모자라면 채워주고"도 해당하지 않는다. 酉月의 乙木 일간은 癸水 편인으로 부터 원하지 않는 생을 받기 보다는 丁火로 설기 되는 편이 이롭기 때문이다. 이 역시 생·조·억·설인 억부와 한·난·조·습인 조후 양자에 부합된다.

『명리약언』에서도 "가령 木 일주가 강하면 金을 용신으로 삼아서 강한 일주 木을 극하거나 火를 용신으로 삼아서 강한 일주 木을 설기하고, 木 일주가 약하면 水를 용신으로 삼아서 약한 일주 木을 생조해 주거나 木을 용신으로 삼아서 약한 일주 木을 방조하는 것이다. 그렇지 않으면 土를 얻어서 강한 일주 木의 기세를 꺾는 것도 강한 일주 木을 누르는 방법이고, 土에 의지하여 약한 일주 木의 뿌리를 배양하는 것도 약한 일주 木을 도와주는 방법이다"라고 표현되는 오류는 여전히 확인이 된다.[447] 내용 중에서 "木 일주가 강하면 金을 용신으로 삼아서 강한 일주 木을 극한다"거나, "土를 얻어서 강한 일주 木의 기세를 꺾는 것도 강한 일주 木을 누른다"는 표현은은 물리적으로 가능하지 않다는 주장이다. 강한 木일간 사주에서 힘이 없는 土가 木의 기세를 꺾는다는 발상 자체에 문제가 있는 것이다. 또, "木 일주가 약하면 水를 용신으로 삼아서 약한 일주 木을 생조해 준다"는 것은 여름의 甲·乙木 일간에는 가능할 수 있겠지만 가을의 경우는 약하면서도 오히려 火氣를 얻어야 사주의 중화가 용이하기 때문에 전적으로 수용하기 어려운 주장이다.

서락오 역시『자평진전평주』에서 "요즘 사람들이 명리를 알지 못하고 여름의 물과 겨울의 불을 보면 통근의 유무를 묻지도 않고 무턱대고 약하다고 한다"[448]

---

[447] 陳素菴,『命理約言』, 韋千里 編著, 台北: 瑞成書局, 2000, 14쪽 : "凡日主最貴中和. 自然吉多凶少. 日主太强太弱. 自然吉少凶多. 惟可抑之强. 可扶之弱. 則存乎作用耳. 作用之法. 如木日强則用金剋之. 用火泄之. 木日弱則水生之. 用木助之. 若得土而殺其勢. 亦所以抑之. 借土而培其根. 亦所以扶之. 其要歸諸中和而已."

[448] 沈孝瞻 著, 徐樂吾評註,『子平眞詮評註』, 台北: 進源書局, 2006, 78쪽 : "今人不知命理. 見夏水冬火. 不問有無通根. 便爲之弱."

고 주장하였지만 이 말에는 火氣가 왕한 여름의 水라 할지라도 그 숫자가 많거나 또는 지지에 뿌리를 얻으면 강해 질 수 있다는 의미로 해석된다. 또한, 水氣가 강한 겨울의 火라 할지라도 그 숫자가 많거나 지지에 뿌리를 얻으면 오히려 강해질 수 있다.

그러나 이러한 주장은 경솔한 것으로, 억부나 조후 양자에 부합되지 않는다.449) 숫자로 강약을 판단하는 것이 큰 오류임을 확인할 수 있는 대표적 사례라 할 것이다.450)

서락오는 『자평수언』에서 왕·쇠·강·약을 다음과 같이 정의하였다.

> 왕·쇠·강·약 네 글자는 고인들이 어정쩡하게 섞어서 사용하고 분별하지 않았다. 『자평진전』에는 때를 얻어도 왕하지 않고, 때를 잃어도 쇠하지 않다는 서술이 있다. ... 왕·쇠를 절기로 말하면, 때를 얻으면 왕이라 하고 때를 잃으면 쇠라 한다. 강·약을 인성인 生과 비겁인 助로 말하면, 인겁인 생조가 많으면 강이라 하고 적으면 약이라 한다.451)

서락오는 왕쇠는 월령에 의해서, 강약은 사주전체를 아울러서 말하고 있는데, ①'왕하면서 강한 것'(有旺而强者), ②'왕하면서 약한 것'(有旺而弱者), ③'쇠하면서 강한 것'(有衰而强者), ④'쇠하면서 약한 것'(有衰而弱者)으로 나누어 설명하고 있다. ①, ③에서 "강하다"고 한 것은 일간을 생조하는 인겁오행이 많은 경우(而四柱又多生助之神'印劫'是也)라고 설명하고 있다. 이러한 주장은 재고의 여지가 있다. 일간을 생하는 인성이나 助하는 비겁오행이 많다고 해서 반드시 강한 것은 아니기 때문이다.

---

449) 『淮南子』「說林訓」: "冬有雷電. 夏有霜雪. 然而寒暑之勢不易. 小變不足以妨大節."
450) 『朱子語類』,「性理一」: "人之稟氣. 富貴·貧賤·長短. 皆有定數寓其中. 稟得盛者. 其中有許多物事. 其來無窮. 亦無盛而短者. 若木生於山. 取之. 或貴而爲棟梁. 或賤而爲廁料. 皆其生時所稟氣數如此定了." 만약 서락오의 주장대로라면 여름에 비가 많이 오면 겨울이 될 수 있고, 겨울의 따뜻함이 계속되면 여름이 될 수도 있다는 것과 크게 다르지 않다. 그렇기 때문에 오행의 숫자가 아닌 오행의 힘을 보아야 한다는 것이 타당하다. 기·구신에 해당하는 오행이 그 작용력에 있어서 희·용신 보다 강하므로, 강한 오행은 기·구신에 해당하는 오행이라고 보는 것이 옳다.
451) 徐樂吾 著, 『子平粹言』, 中華民國 武陵出版社, 1998, 88쪽: "旺衰强弱四字. 古人皆籠統混用. 不加區別. 故子平眞詮. 有得時不旺. 失時不衰之說. 論理雖精. ... 旺衰從時令言. 得時爲旺, 失時爲衰. 强弱從生助言. (印綬爲生. 比刦爲助) 生助多者爲强. 寡者爲弱."

```
      (라)-1              (라)-2
   壬 乙 癸 甲         己 戊 戊 丙
   ０ ０ 酉 ０         ０ 子 戌 ０
```

위 (라)-1 명조는 酉月의 乙木 일간 사주로 火氣와 이를 돕는 木氣가 火·木 상생하는 것이 중화를 돕기에 용이하다. 즉, 火·木이 중화용신이며 水·金은 기·구신이다. 비겁인 木 일간이 희신인 가) 명조를 두고 일간을 생조하는 인겁의 숫자가 많다는 이유로 일간이 강하다고 볼 수 없다. (라)-2 명조는 戌月의 戊土 일간 사주로 火·木이 사주의 중화를 돕는 중화용신이다.

여기서도 인겁의 숫자는 많다. 火·木이 중화용신이면 水·金이 기·구신으로 일간 오행인 土는 한신이 된다. 한신인 오행이 기·구신 보다 강한 오행 작용을 하는 것은 물리적으로 불가능하다. 따라서 (라)-1, (라)-2 명조 공히 인겁의 숫자가 많다는 이유로 강하다는 등식은 성립 될 수 없다.

②. ④에서 "약한 것"이라고 한 것은 사주 원국에 극하는 관성과 설하는 식신과 상관 오행이 많은 경우로 설명하고 있다.(而四柱多尅洩之神是也.) 그러나 이러한 주장은 재고의 여지가 있다. 일간을 극하거나 설기하는 식신 또는 상관이 많다고 해서 반드시 약한 것은 아니기 때문이다.

```
      (마)-1              (마)-2
   丁 庚 丁 丙         庚 戊 辛 庚
   ０ ０ 酉 ０         ０ ０ 巳 ０
```

위 (마)-1 명조는 酉月의 庚金 일간 사주로 火氣와 이를 돕는 木氣가 火·木 상생하는 것이 중화를 돕기에 용이하다. 즉, 火·木이 중화용신이며 水·金은 기·구신이다. 비겁인 金 일간이 구신인 (마)-1 명조를 두고 일간을 극하는 관성의 숫자가 많다는 이유로 酉月의 일간 庚金이 약하다고 볼 수 없는 경우이다. 용신인 丙·丁火는 일간 庚金을 극하지 않고 오히려 火生金을 하고 있다. (마)-2 명조는 巳月의 戊土 일간 사주로 水·金이 사주의 중화를 돕는 중화용신이다. 여기서 식신과 상관에 해당하는 金의 숫자는 많다. 사주의 중화를 돕는 水·金이 중화용신이면 巳月의 戊土 일간의 힘을 적절히 설기할 뿐, 그 숫자가 많다는 이유로 戊土가 약해지지는 않는다. 따라서 (마)-1, (마)-2 명조 공히 관성이나 식신 또는 상관의 숫자가 많다는 이유로 약하다는 등식은 성립될 수 없다.452)

② 중화용신과 조후용신에 대한 대비논증

다음은 조후용신에 관한 제 문제점을 논하기에 앞서, 한·난·조·습인 조후용신의 적용에 대한 이론적 뒷받침이 될 만한 동아시아철학 전반의 내용에 대해 먼저 살펴보겠다. 명리학의 조후에 관한 이론적배경은 동아시아철학 전반에서 비교적 많이 발견된다.

이를 테면, 『서경』의 "경건한 마음으로 때를 알려 주라"(敬授人時)453)거나 "좋은 조짐이라는 것은 엄숙하면 단비가 내리고, 잘 다스리면 알맞게 햇빛 비치고, 밝게 다스리면 알맞게 따뜻하고, 모의가 잘 진행되면 알맞게 춥고, 성스럽게 하면 알맞게 바람이 부는 것이다. 나쁜 조짐이라는 것은 미치면(狂) 지나친 비가 내리고, 분수에 넘쳐 우쭐대면 햇빛이 너무 심하고, 기뻐서 독점을 하면 너무 덥고, 급하면 너무 춥고, 욕심에 씌워 어두우면 지나친 바람이 부는 것이다"454)라는 문구에서 볼 수 있듯이 인간사 전반은 자연의 변화에 빗대어 좋은 조짐과 나쁜 조짐으로 표현된다. 눈에 보이지는 않지만 자연의 변화가 인간사와 직결되는 그 무엇인 "조짐"(徵) 즉, 징후를 통해 다양한 마음의 변화를 일으키는 것이다. 자연과 인간을 분리하지 않고 하나로 보는 것은 동아시아 철학의 근간으로 진한시대의 의서인 『황제내경』에서도 마음을 비롯한 인간의 오장육부가 자연의 風·

---

452) 徐樂吾 著, 『子平粹言』, 中華民國 武陵出版社, 1998, 89쪽: ""旺衰專論月令. 強弱併四柱年月日時而言之. 有旺而強者. 日元得時秉令. 而四柱又多生助之神(印劫)是也. 有旺而弱者. 日元雖得時秉令. 而四柱多尅洩之神是也.(官煞食傷) 有衰而強者. 日元雖休囚失時. 而四柱多生助之神是也. 有衰而弱者. 日元休囚失時. 四柱又多尅洩之神是也."
453) 『書經』, 「堯典」: "乃命羲和. 欽若昊天. 曆象日月星辰. 敬授人時."
454) 『書經』, 「洪範」: "曰休徵. 曰肅. 時雨若. 曰乂. 時暘若. 曰晢. 時燠若. 曰謀. 時寒若. 曰聖. 時風若. 曰咎徵. 曰狂. 恒雨若. 曰僭. 恒暘若. 曰豫. 恒燠若. 曰急. 恒寒若. 曰蒙. 恒風若."

雨·寒·暑·淸·濕 등과 무관하지 않기 때문에 희로애락의 원인 될 수 있다.455)

기원전 239년 중국 진의 여불위가 편찬한 백과사전격인『여씨춘추』에서도 "음양이 치우치면 화가 온다"456)라든가 "지나치게 기뻐하거나 지나치게 성내거나 지나치게 근심하거나 지나치게 두려워하거나 지나치게 슬퍼하는 다섯 가지가 정신(神)에 작용하면 해를 일으킨다"457)는 등 자연과 감응하는 인간이 음양과 오행으로 전환되어 해석되는 모습을 보여주고 있다. 특히 한대 동중서의『춘추번로』에서는 "사람이 좋아하고 미워하는 것은 하늘의 따뜻하고 맑은 것이 변화한 것이며 사람의 기뻐하고 화를 내는 것은 하늘의 춥고 더운 것이 변화한 것"이라는 구체적인 서술이 있다.458)

이는 인간과 자연이 상호감응함을 드러낸 표현으로, 전한의 사상가인 司馬談(사마담, ?-기원전110년)이 명리학을 비판하면서도 "네 계절의 큰 순서를 바로 잡고 있으니 없앨 수도 없다."(序四時之大順, 不可失)459)라고 한 말에 근거할 때 상당한 의미를 갖는다. 주지하는 것처럼 명리학에서 인간의 마음과 몸의 변화를 일으키는 길·흉·화·복의 원인이 자연의 변화인 사시의 변화와 무관하지 않다.

청대 蘇輿(소여, 1874~ 1914년)는 1909년에 출판한『춘추번로의증』에서 다음과 같이 자연과 인간에 대한 연결의 고리를 재확인 시켜 준다.

> 사람의 수명은 하늘의 네 계절이 변화한 것이니 사람에게 희로애락의 반응

---

455)『黃帝內經 素問』, 第 一 券「四氣調神大論」: "夫四時陰陽者. 萬物之根本也. 所以聖人春夏養陽. 秋冬養陰. 以從其根 ... 從陰陽則生. 逆之則死. 從之則治.",『黃帝內經 靈樞 下』, 第十券「百病始生」: "黃帝問於歧伯曰 夫百病之始生也. 皆生於風雨寒暑. 淸濕喜怒. 喜怒不節則傷藏. 風雨則傷上. 淸濕則傷下. ... 喜怒不節. 則傷藏. 藏傷則病起於陰也. 淸濕襲虛. 則病起於下. 風雨襲虛. 則病起於上. 是謂三部. 至於其淫泆. 不可勝數."
456)『呂氏春秋』,「孟春紀」: "室大則多陰. 臺高則多陽. 多陰則蹶. 多陽則痿. 此陰陽不適之患也."
457)『呂氏春秋』「季春紀第三」盡數: "大甘·大酸·大苦·大辛·大鹹. 五者充形. 則生害矣. 大喜·大怒·大憂·大恐·大哀. 五者接神. 則生害矣. 大寒·大熱·大燥·大濕·大風·大霖·大霧. 七者動精. 則生害矣."
458)『春秋繁露』, 第41篇「爲人者天」: "爲生不能爲人. 爲人者天也. 人之人本於天. 天亦人之曾祖父也. 此人之所以乃上類天也. 人之形體 化天數而成. 人之血氣. 化天志而仁. 人之德行. 化天理而義. 人之好惡. 化天之暖淸. 人之喜怒. 化天之寒暑. 人之受命. 化天之四時."
459) 殷南根 著, 이동철 역,『오행의 새로운 이해』, 법인문화사, 2000, 257쪽.

이 있는 것은 네 계절 춘하추동과 같은 것이다. 기뻐하는 것은 봄에 해당하고, 성내는 것은 가을에 해당하고, 즐거워하는 것은 여름에 해당하고, 슬퍼하는 것은 겨울에 해당하니 하늘을 본뜬 것이 사람에게 있어서, 사람의 성정이 하늘에서부터 온 것이라고 한다.460)

『춘추번로』의 천인관계는 이처럼 기계론적인 천인상응의 관점에서 쓰여진 것으로, 마치 자연과 인간이 큰 수레바퀴 속에 맞물려 돌아가는 하나의 기계와도 같다.461) 전한시기 『회남자』에서도 『주역』을 인용해 "음양의 기운이 서로 감응한 결과 추위와 더위, 건조함과 습함은 같은 종류끼리 서로 따른다"462)라고 하여 한난조습을 말하고 있다. 즉, 기후환경으로 인해 같은 무리는 서로 상응(以類相從)한다는 것이다.

이 같이 자연의 변화와 인간을 연결 짓는 중국철학의 천인관은 일찍이 공자가 "빠른 우레와 사나운 바람이 불면 반드시 낯빛을 바꾸었다"463)라고 말한 데서도 확인 된다. 이를 근거로 후일 송대의 주자는 사계의 변화를 오행과 연관 짓고 다시 오상인 인·의·예·지·신을 인간의 성정으로 치환해서 마음을 수양하는 방법론을 창출해 낼 수 있었다.464)

다음은 명리학의 많은 문헌 속에서 강조되고 있는 조후와 관련된 자료를 살펴보고 적용상 문제점에 대해서 비판하도록 하자.

삼국시대인(276~324년) 진대 곽박의 『옥조신응진경』에서는 "사시로 길과 흉을 명백히 구분하면, 재복은 자연히 밝혀 질 것이다"(四時明辨. 吉凶災福自然明矣)라고 하였다. 서자평은 이를 주해하면서 "사시란 봄의 甲乙·여름의 丙丁·

---

460) 『春秋繁露義證』「爲人者天」第 41 : "人之受命. 化天之四時. 人生有喜怒哀樂之答. 春秋冬夏之類也. 喜春之答也. 怒秋之答也. 樂夏之答也. 哀冬之答也. 天之副在乎人. 人之情性有由天者矣."
461) 『春秋繁露義證』「如天之爲」第 80 : "陰陽之氣. 在上天. 亦在人在人者爲好惡喜怒. 在天者爲暖清寒暑. ... 夫喜怒哀樂之止動也. 此天之所爲人性命者 ... 人有喜怒哀樂. 猶天之有春夏秋冬也. 喜怒哀樂之至其時而欲發也. 若春夏秋冬之至其時而欲出也. 皆天氣之然也." 참고.
462) 『淮南子』,「泰族」: "... 以陰陽之氣相動也. 故寒暑燥濕. 以類相從. 聲響疾徐. 以音相應也. 故易曰: "鳴鶴在陰. 其子和之.", 『淮南子』,「天文」: "天地以設. 分而爲陰陽. 陽生於陰. 陰生於陽. 陰陽相錯. 四維乃通. 或死或生. 萬物乃成. 蚑行喙息. 莫貴於人. 孔竅肢體. 皆通於天. ... 故擧事而不順天者. 逆其生者也."
463) 『論語』,「鄕黨」: "迅雷風烈必變."
464) 『朱子語類』,「理氣上」篇 63 條目 : "天有春夏秋冬. 地有金木水火. 人有仁義禮智. 皆以四者相爲用也."

가을의 庚辛·겨울의 壬癸를 말하는 것으로, 이들의 生·旺·休·囚를 보면 그 화와 복을 알 수 있다"465)고 단언하고 있다. 각 계절을 오행으로 배분하고 이들이 사시라는 계절 환경 속에서 생·왕·휴·수하는 변화를 읽었던 것으로, 이는 자연의 변화를 오행과 십간이라는 코드로 바꿔서 인간사를 해석하려고 한 것이다. 이 같은 논리는 이미 기원전 4세기의 귀곡자466)를 필두로 전국시대의 추연, 전한시기의 동중서로 이어지면서 태동된 음양오행론의 의인화적 사고467)로부터 기인한 것이다.

서자평의 『팔자명통부평주』에서 운을 논할 때 월지를 보고 사계절을 본다468)라든가, 자연의 변화를 인간과 직접 연관 짓고자 한 명대 유백온이 쓴 『적천수』 「한난」편의 "천도에는 차갑고 따뜻함이 있어 만물을 발육하고 있는데, 사람이 그것을 받아들이기는 하지만 너무 지나쳐서는 안 된다"469)라는 표현과 「조습」편의 "지도에는 건조한 것과 축축한 것이 있어서 만물을 생성하는데, 사람이 그것을 받아들이기는 하지만 한편으로 치우치지 말아야 한다."라는 표현에서 보듯이, 보다 발전된 모습을 보여주고 있다. 명리학이 조후론은 긴 세월을 거치는 동안 천천히 이론화 과정을 거쳤지만 명·청대에 이르러 청대 여춘태의 저작으로 알려진 『궁통보감』의 등장과 함께 하나의 이론으로 정립되기 시작했다.470) 특

---

465) 郭璞 撰, 徐子平 註, 『玉照神應真經註』: "四時者. 春甲乙. 夏丙丁. 秋庚辛. 冬壬癸. 辨其生旺休囚. 則明其禍福矣."
466) 鬼谷子 撰, 李虛中 註編, 『李虛中命書』, 中華民國, 新文豊出版公司印行, 1978, 1쪽: "所云最深五行書. 以人之始生年月日所值日辰支干相生勝衰死王相. 斟酌推人壽夭貴賤利不利. 輒先處其年時. 百不失一二者."(提要 中)
467) 이건희, 「음양오행론의 명리학적 적용에 관한 연구」, 대구한의대학교 대학원 석사학위논문, 2017, 133쪽 505번 각주: "董仲舒는 '자연의 의인화.'라는 주관적 類比法을 취했는데, 이때 '유비'란 사물과 사물 간에 대응하면서 존재하는 동등한 성질 또는 두 개의 사물이 서로 유사함을 근거로 다른 것도 유사할 것이라고 추론하는 방식(=유추)를 말한다. 12운성에 있어서의 '자연의 의인화'는 자연의 현상을 인간의 탄생, 성장, 늙음, 사망에 빗대어 비유한다. 十干五行을 12支에 대비한 다음 旺하고 弱함을 측정할 때 쓰이는 12운성법은 天干이 地支와 만나 陰과 陽을 이루고 살다가 힘이 다하면 죽게 되는 이치로 인간사의 생노병사와 관련된다. 이러한 12운성식 (장생·목욕·관대·건록·제왕·쇠·병·사·묘·절·태·양) '자연의 의인화'는 지나치게 작위적인 측면이 있다."
468) 徐子平 著, 李鐵筆 評註(萬育吾 原註), 『八字明通賦評註』, 中華民國, 益群書店股份有限公司, 8쪽: "論運者. 以月支爲首. 分四時而提起五行消息." 참고.
469) 袁樹珊 撰輯, 任鐵樵增注, 『滴天髓闡微』, 台北: 進源文化事業有限公司, 2011, 211쪽: "天道有寒暖. 發育萬物. 人道得之. 不可過也."
470) 『窮通寶鑑』외, 고전 문헌에서 調候와 관련된 어휘가 가장 많이 확인되는 것은 『子平眞詮評註』

히 서락오는 『자평진전평주』에서 "사주를 볼 때는 월령의 용신을 위주로 논하되, 반드시 기후와의 관계를 참작하여야 한다"471)라고 한 것으로 보아 조후를 중시했던 것으로 보인다.

한편 서락오는 『자평수언』에서, 용신을 결정함에 있어서 『궁통보감』의 특정 계절에 의한 오행의 마땅함과 꺼림(宜忌)을 살피고, 『적천수』의 이론인 십간의 성정을 살펴야 한다고 했다. 이때 성정 역시 특정 계절에 의한 십간의 상태를 살피는 것으로 이해된다. '오행의 마땅함과 꺼림'과 '십간의 성정'은 결국 같은 의미로 볼 수 있다. 이를 통해 서락오가 주장한 용신은 조후와 보다 밀접한 관련이 있음을 엿 볼 수 있다.472)

뿐만 아니라, 명리학에서 용신의 근거로 하는 것도 한서 등의 기후이며, 중국의학의 이론에서 중요시 하는 기의 변화가 음양과 오행을 근거로 하는 것도 마찬가지로 한서의 기후인473) 조후를 강조하고 있다. 나아가서 이 모든 것들의 생함과 극함은 모두가 사계절의 조습·청우·한서 등 기후의 차이에 따른 변화라는 것이다.474)

이제부터 실제 명리학 관련 문헌에서 조후용신의 적용과 해석상 모순 또는 오류가 될 만한 사례를 들어 보도록 하자.

『적천수』에서 "하늘의 천체가 운행함에 있어서 한과 난이 있어 만물을 자라게

이다. 그러나 『子平眞詮』에는 4회 정도에 그친다. 이는 『子平眞詮評註』에서 조후에 관한 서락오의 주관이 많이 적용된 증거로 보아도 될 것이다.

471) 沈孝瞻 著, 徐樂吾評註, 『子平眞詮評註』, 台北: 進源書局, 2006, 146쪽 : "論命惟以月令用神爲主. 然亦須配氣候而互參之. 譬如英雄豪傑. 生得其時. 自然事半功倍. 遭時. 不順, 雖有奇才. 成功不易. ...而用之冬木. 尤爲秀氣. 以冬木逢火. 不惟可以洩身. 而卽可以調候也."

472) 徐樂吾 著, 『子平粹言』, 中華民國 武陵出版社, 1998, 119쪽 : "取用方法. 察五行之宜忌及十干之性情. 則用神自有一定. 前已言之窮通寶鑒之論四時宜忌. 及滴天髓之論十干性情最爲精審. 加以註釋以實吾編." / 徐樂吾 著, 『子平粹言』, 中華民國 武陵出版社, 1998, 14, 96, 308쪽: "行者. 流行. 五行者. 天地間五種流行之氣. 卽春夏秋冬. 四時之氣候. 寒暑溫涼是也.", "要知陰陽者. 寒暑也. 五行者. 春夏秋冬四時之氣候也. 言氣候. 則生剋之理不顯. 故代之以五行而言. 五行之生剋. 必須從氣候體會之. 方得其眞.", "五行生剋之理. 本是氣候相勝相制之代名詞. 僅言生剋. 不足以盡其變. 乃有反生剋之理. ... 在需要調候之時. 只以調候爲重. 其餘槪置緩論. 先其所急也. 五行皆需要調候. 列式如下."

473) 徐樂吾 著, 『子平粹言』, 中華民國 武陵出版社, 1998, 96쪽: "要知不但命理所根據者爲寒暑氣候. 我國醫理重氣化. 以陰陽五行爲根據. 亦是寒暑氣候.", "易經一書. 爲我國學術之源泉. 儒家道家所自出. 亦無非闡明此理而已. ... 易經闡明其理. 乃我國最高之哲學. 謂包括一切自然科學. 無不可也."

474) 徐樂吾 著, 『子平粹言』, 中華民國 武陵出版社, 1998, 97쪽: "此皆隨氣候. 而發生之變化也."

하는데, 사람이 받아들임에 지나침이 있어서는 안된다"475)라는 말의 의미는 한은 음지이므로 金·水와, 난은 양지이므로 木·火 등과 대비해서 이해할 수 있다. 이는 곧 한기를 얻으면 난기를 얻어야 사물이 생겨나고, 난기를 얻어야 사물이 완성된다는 것이다.476) 이를 두고 임철초는 원문의 '불가과야'(不可過也)에 대해서 '지나침이 있어서는 안 된다'로 이해하고, 과하고 부족함 없이 '적당한 정도'(適中而已矣)를 표현한 것이라 하여, 한이 심하다 하더라도 난기가 있거나 또는 난이 지극하더라도 한기의 뿌리가 있으면 만물이 이루어 질 수 있다고 하였다.

그러나 임철초는 다시 한이 심한데 난기가 없거나 난이 심한데 한기가 뿌리가 없으면 사물을 생겨나게 하는 묘함이 없다는 이유를 들어, 한이 심하면 난이 없어야 하고, 난이 심하면 오히려 한이 없어야 한다는 주장을 펼치고 있다.477) 논자는 이러한 임철초의 주장이 매우 잘못된 것이라고 본다. 그가 비록 "음이 극에 달하면 양이 생하고, 양이 극에 달하면 음이 생한다"478)는 예를 들고, 이를 천지자연의 이치(天地自然之理)라고 항변하고 있지만 지극히 작위적이라고 하지 않을 수 없다. 왜냐하면 천지자연의 이치를 무리하게 인간의 운명에 적용하고자 하였지만, 양자 사이의 긴밀한 상관관계는 경험상 인정하기 어렵기 때문이다. 다음의 사례를 통해 한난에 대한 임철초의 생각의 단면을 확인해 보도록 하자.

---

475) 劉伯溫 著, 任鐵樵 增注, 袁樹珊 撰輯, 『滴天髓闡微』, 中華民國 進源文化事業有限公司, 2011, 211쪽: "天道有寒暖. 發育萬物. 人道得之. 不可過也."
476) 劉伯溫 著, 任鐵樵 增注, 袁樹珊 撰輯, 『滴天髓闡微』, 中華民國 進源文化事業有限公司, 2011, 211쪽: "陰支爲寒. 陽支爲暖. 西北爲寒. 東南爲暖. 金水爲寒. 木火爲暖. 得氣之寒. 遇暖而發. 得氣之暖. 逢寒而成."
477) 劉伯溫 著, 任鐵樵 增注, 袁樹珊 撰輯, 『滴天髓闡微』, 中華民國 進源文化事業有限公司, 2011, 212쪽: "本文末句. 不可過也. 適中而已矣. 寒雖甚. 要暖有氣. 暖雖至. 要寒有根. 則能生成萬物. 若寒甚而暖無氣. 暖至而寒無根. 必無生成之妙也. 是以過於寒者. 反以無暖爲美. 過於暖者. 反以無寒爲宜也."
478) 劉伯溫 著, 任鐵樵 增注, 袁樹珊 撰輯, 『滴天髓闡微』, 中華民國 進源文化事業有限公司, 2011, 212쪽: "陰極則陽生. 陽極則陰生."

```
         (바)-1              (바)-2
        戊 庚 丙 甲         甲 庚 丙 己
        寅 辰 子 申         申 辰 子 酉
```

(바)-1 이 명조는 金이 차갑고 水가 냉하다. 木은 시들고 土는 차가운데 만일 寅時가 아니었더라면 년·월간의 木火가 그 뿌리가 없으니 난 작용이 불가할 것이다. 이른바 한이 심하더라도 난기가 있기를 바란다는 것이다.[479]

(바)-2 이 명조 또한 金이 차갑고 水가 냉하다. 木은 시들고 土는 차가운 것이 (바)-1 명조와 크게 다르지 않다. 그러나 (바)-1 명조는 寅木이 있어서 寅中 丙火의 난기가 木火의 뿌리가 되었으나 이 명조는 寅木이 없고 火는 뿌리가 없는 절지이다. 이른바 한이 심하면 난이 무기력한 것이니 오히려 난이 없는 것이 아름답다는 것이다.[480]

임철초가 예시한 (바)-1 명조의 해설에서 만약 木·火의 뿌리가 없으면 난작용이 불가하다고 한 것에 대해서는 이견이 있다. 그의 주장대로 寅木이라는 뿌리가 있기 때문에 천간의 甲木과 丙火가 木·火 상생해서 사주의 중화를 돕기에 용이하다.

그러나 지지에 반드시 난작용을 도와줄 뿌리가 없더라도 천간의 木·火 양기가 서로 상생할 수 있는 것은 당연하다. 뿌리가 없다고 해서 난작용이 불가하다고 볼 수는 없다. 그렇기 때문에 난작용을 도와줄 뿌리가 없는 (바)-2 명조에서 오히려 천간, 지시에 난이 없어야 아름답다는 주장은 무슨 근거인가? 지지에 난의 뿌리가 없기 때문에 천간의 丙火와 甲木이 木·火 상생하기가 불리하다.

그렇다고 해서 甲木과 丙火가 없는 것이 좋은 것인가? 만약 행운의 지지에서

---

[479] 劉伯溫 著, 任鐵樵 增注, 袁樹珊 撰輯, 『滴天髓闡微』, 中華民國 進源文化事業有限公司, 2011, 212쪽: "此寒金冷水. 木凋土寒. 若非寅時. 則年月木火無根. 不能作用矣. 所謂寒雖甚. 要暖有氣也."

[480] 劉伯溫 著, 任鐵樵 增注, 袁樹珊 撰輯, 『滴天髓闡微』, 中華民國 進源文化事業有限公司, 2011, 213쪽: "此亦寒金冷水. 土凍木凋. 與前大同小異. 前則有寅木. 火有根. 此則無寅木. 火臨絶. 所謂寒甚而暖無氣. 反以無暖爲美."

온기를 지닌 寅·卯·巳·午·未·戌을 만나면 이들은 천간 甲木과 丙火의 뿌리가 되지 않는가? 또, (바)-2 명조에서 甲木과 丙火 대신 壬·癸水나 庚·辛金이 오면 좋다는 근거는 무엇인가? 겨울의 庚金이 일점 火氣가 없어서 냉하고, 金·水 기운으로 치우친 사주가 됨에도 좋다고 할 만한 근거가 있는가? 따라서 임철초의 주장은 주의주장에 불과 한 것이라고 볼 수밖에 없다.481) 같은 유형의 사주를 두고 상이한 주장이 가능한 이유는 용사지신과 유용지신의 일관성이 없는 접근법에서 기인한 것으로 추측된다.

다시 두 가지의 사례를 더 살펴보도록 하자.

(사)-1	(사)-2
壬 丙 丙 丁	癸 丙 丁 癸
辰 午 午 丑	巳 午 巳 未

(사)-1 이 명조는 남방의 화염이 겹쳐서 丙·丁火 비겁을 만났으니 난이 극에 달했다. 일점 壬水 편관은 원래 맹렬한 火氣를 극하기에는 부족하지만 다행히 시지 辰土에 그 뿌리를 내렸다. 더욱 좋은 것은 년지 丑土인데 丑土는 북방의 습토이므로 능히 火氣를 설기하여 식히고 또 金을 생하고 水를 저장하고 있다. 이른바 난이 비록 극에 다다르더라도 寒이 있으면 그 뿌리가 있다고 하는 것이다.482)

(사)-2 이 명조는 巳·午·未 남방에 또 巳時에 태어나 난이 지극하다. 천간에 두 癸水 정관이 투출하였으나 지지에 그 뿌리가 전무하다. 이른바 난이 지극한데 한이 없는 것이 오히려 아름답다고 하는 것이다.483)

---

481) 임철초는 有用之神을 앞세운 (바)-1 명조에서는 吉神을 火·木으로, 用事之神 등의 이론을 앞세운 (바)-2 명조에서는 吉神을 印星·比劫·食傷인 土·金·水, 忌·仇神을 財星과 官星인 木·火로 판단한 것으로 보인다. 그러나 논자가 주장하는 중화용신을 적용하면 양자 공히 天干의 火·木 오행인 丙·丁火, 甲·乙木과 지지는 陽氣를 지닌 寅·卯·巳·午·未·戌이 그 뿌리가 된다.
482) 劉伯溫 著, 任鐵樵 增注, 袁樹珊 撰輯,『滴天髓闡微』, 中華民國 進源文化事業有限公司, 2011, 213쪽: "此火焰南離. 重逢劫刃. 煆之至矣. 一點壬水. 本不足以制猛烈之火. 喜其坐辰. 通根身庫. 更可愛者. 年支丑土. 丑乃北方溼土. 能生金晦火而蓄水. 所謂暖雖至而寒有根也."

위 사례명조도 같은 오류를 범하고 있다. (사)-1 명조는 유용지신에 근거해서 사주의 중화를 돕는 용신오행을 水·金으로 보지만, (사)-2 명조는 지지에 癸水 정관의 뿌리인 亥·子·丑·辰·申·酉가 전혀 없기 때문에 오히려 癸水 정관이 없는 것이 좋다고 주장하고 있다. 사주의 원국은 행운인 대세운의 간지와 함께 입체적이고 전일적으로 관찰해야하는 것이 아닌가?

따라서 임철초의 주장은 자의에 의해 편의위주로 판단하려고 한 의구심이 있다. 앞의 사례 명조에서 공히 겨울의 金은 火·木을, 여름의 火는 水·金을 통해 사주의 중화를 꾀하는 것이 보편적이고 상식적인 판단이다. 즉, 조후로 보거나 억부로 보아도 (바)-1, (사)-1의 기준에 의한 용신 판단이 옳다고 하겠다.484)

다음의 사례를 통해 조습에 대한 임철초의 생각의 단면을 확인해 보자.

『적천수』의 "지지에는 건조함과 축축함이라는 조습이 있어서 만 가지 사물을 만들어 내는데, 사람이 받아들임에 있어서 치우침이 없어야 한다"485) 라는 조습에 관한 원주의 풀이에 의하면, 지나치게 습하면 나아가지 못하고 한 군데 머물러 그치며, 지나치게 마른 것은 불살라져 화가 된다는 것이다. 예를 들어 水를 金이 생하고 있을 때, 한토인 辰土나 丑土와 같은 습토를 만나면 더욱 습하게 되고, 火를 木이 생하고 있을 때, 난토인 未土나 戌土와 같은 조토를 만나면 더욱 조열하게 되는데 이는 모두 한 쪽으로 치우친 것으로 좋지 않다는 설명이다. 486)

---

483) 劉伯溫 著, 任鐵樵 增注, 袁樹珊 撰輯, 『滴天髓闡微』, 中華民國 進源文化事業有限公司, 2011, 214쪽: "此支類南方. 又生巳時. 暖之至矣. 天干兩癸. 地支全無根氣. 所謂暖之至. 寒無根. 反以無寒爲美."
484) 임철초는 有用之神을 앞세운 (바)-1, (사)-1 명조에서는 吉神을 水·金 또는 土로, 忌·仇神을 火·木으로 보았고, 用事之神 등의 이론을 앞세운 (바)-2, (사)-2 명조에서는 吉神을 印星·比劫·食傷인 木·火·土로, 忌·仇神을 財星과 官星인 金·水로 판단 한 것으로 보인다. 그러나 논자가 주장하는 중화용신을 적용하면 양자 공히 天干의 水金 오행인 壬·癸水, 庚·辛金은 지지의 陰氣를 지닌 亥·子·丑·辰·申·酉가 그 뿌리가 된다.
485) 劉伯溫 著, 任鐵樵 增注, 袁樹珊 撰輯, 『滴天髓闡微』, 中華民國 進源文化事業有限公司, 2011, 214쪽: "地道有燥溼. 生成品彙. 人道得之. 不可偏也."
486) 劉伯溫 著, 任鐵樵 增注, 袁樹珊 撰輯, 『滴天髓闡微』, 中華民國 進源文化事業有限公司, 2011, 214쪽: "過於溼者. 滯而無成. 過於燥者. 烈而有禍. 水有金生. 遇寒土而愈溼. 火有木生. 遇暖土而愈燥. 皆偏枯也."

임철초가 예시한 다음의 명조를 보면,

   (아)-1   (아)-2
  丙 庚 辛 丙 庚 甲 丁 癸
  子 辰 丑 辰 午 午 巳 未

 (아)-1 이 명조는 세속적인 통변에 의하면 겨울의 金은 火를 기뻐하는데, 천간에 두 丙火가 투출되어 편관의 다스림이 맑아 木火운 중에 명예와 이익이 모두 온전하다고 추리할 것이다. 그러나 지지에 습토인 辰土와 丑土가 겹쳐있고 년간의 丙火 편관은 辛金 겁재와 합하여 水가 되고, 시간의 丙火는 그 뿌리가 없으니 한습의 기만 있어서 생하고 발할 마음이 없으므로 오직 水를 용할 수 있으되, 火는 용할 수 없음을 모르고 하는 소리이다. 487)

 (아)-2 甲午 일주가 지지에 巳·午·未가 모두 있어서 그 조열함이 극에 달했다. 천간의 庚金 편관과 癸水 정인은 뿌리가 없는데 火의 열기는 오히려 격렬하니 火氣를 따라 순응하여야만 한다.488)

한난에 대한 임철초의 생각은 조습에 있어서도 그대로 이어진다는 것을 예시한 명조를 통해 확인할 수 있다. (아)-1 명조에서 丑月의 庚金이 丙火 편관이 辛金 겁재에 의해 合水되고 지지에 뿌리가 없기 때문에 "오직 水를 용할 수 있으되, 火는 용할 수 없다"라고 주장하고 있다. (아)-2 명조 역시 여름의 甲木이 癸水 정인과 庚金 편관이 천간에 있지만 이들의 뿌리가 없기 때문에 火氣를 쫓아야 함을 주장하고 있다. 임철초의 논변을 보면, (아)-1 명조에서 火를 이야기하고 있고, (아)-2 명조에서 水·金을 이야기하고 있는 것으로 보아 전자가 火·木이 후자가 水·金이 용신이 될 수 있지만, 용신이 합거되거나 이들 용신과 희신

---
487) 劉伯溫 著, 任鐵樵 增注, 袁樹珊 撰輯, 『滴天髓闡微』, 中華民國 進源文化事業有限公司, 2011, 216쪽: "此造以俗論之. 以爲寒金喜火. 干透兩丙. 獨殺留淸. 惟其木火運中. 名利雙全. 不知支中重重溼土. 年干丙火. 合辛化水. 時干丙火無根. 只有寒溼之氣. 並無生發之意. 只得用水. 不能用火矣."
488) 劉伯溫 著, 任鐵樵 增注, 袁樹珊 撰輯, 『滴天髓闡微』, 中華民國 進源文化事業有限公司, 2011, 217쪽: "甲午日元. 支全巳午未. 燥烈極矣. 天干金水無根. 反激火之烈. 只可順火之氣也."

의 뿌리가 지지에 없으면 용신이 될 수 없다는 논리로 일관하고 있다. 논자는 생 · 조 · 억 · 설인 억부와 한 · 난 · 조 · 습인 조후를 아우르는 중화용신을 이에 대입해 보면 (아)-1 명조는 丑月의 庚金 일간이 사주의 중화를 돕는 오행인 火 · 木오행 丙 · 丁火, 甲 · 乙木이 천간에, 그리고 이들의 뿌리가 되는 지지의 양기를 지닌 寅 · 卯 · 巳 · 午 · 未 · 戌이 중화용신이 된다. (아)-2 명조는 여름의 甲木 일간이 사주의 중화를 돕는 水 · 金 오행인 壬 · 癸水, 庚 · 辛金이 천간에, 그리고 이들의 뿌리가 되는 지지의 음기를 지닌 亥 · 子 · 丑 · 辰 · 申 · 酉가 중화용신이 된다. 전자는 억부와 조후가 동시에, 후자는 조후가 우선 적용된다. 그러나 임철초는 유용지신을 기준으로 한 용신 또는 희신이 극, 합거되거나 지지에 뿌리를 두지 못하면 오히려 기 · 구신을 따라 從해야 한다고 주장한다. 이러한 논리는 명리학의 중화라는 대전제에 어긋난다. 억부든 조후든 중화를 떠나서 해석되어져서는 안 된다는 것이 논자의 입장이자 보편적 개념이다. 따라서 임철초의 주장은 기본적인 명리학의 기초이론에서 벗어난 것이라고 보아야 할 것이다.

아래 서락오가 『자평수언』에서 주장한 바를 재구성해 보면 다음과 같다.

(자)

丁 乙 丙 壬
亥 ０ 午 戌

午月의 乙木이 사주의 중화를 돕는 水 · 金이 중화용신이다. 午月의 丙 · 丁火가 투간되어 있으므로 그 기세가 대단하다. 년간 壬水 정인이 시지 亥水에 뿌리를 두고 있지만 火氣를 다스리기에는 힘에 겹다. 임철초는 이 명조에서 여름의 水가 火를 '제압'(制火)한다고 주장하고 있다. 비록 용신을 壬水 정인으로 보고 있는 것은 당연한 이치이겠지만, 여름의 水氣가 火氣를 제압한다는 표현에서 火 훼水가 될 수 있는 생극의 문제를 그대로 노출하고 있는 증거라고 볼 수 있으므로 역시 동일한 맥락에서 비판 되어야 할 것이다.[489]

---

[489] 徐樂吾, 『子平粹言』, 台北: 武陸出版社, 2014, 308쪽 : "乙木生仲夏. 木火眞傷官. 丙丁齊透. 火旺木焚. 木性枯焦. 非水潤澤. 不足以救濟. 喜得時支見亥. 壬水得祿. 制火潤土. 木自繁榮. 夏令

지금까지 기존의 문헌에서 발견되는 생·조·억·설인 억부와 한·난·조·습인 조후를 잣대로 하는 용신법의 문제점과 모순을 사례로 들면서 논증해 보았다. 경우에 따라서는 기존 이론이 안고 있는 문제 자체를 지적하고 비판하였고, 경우에 따라서 논자의 중화용신을 잣대로 비교하면서 비판 하였다.

③ 중화용신에 대한 논증

지금부터는 위의 비판에 기초하여 중화용신에 대한 논증을 하도록 하겠다. 논증의 방법은 고전 문헌에서 공통적으로 강조하고 있는 억부와 조후용신을 재해석하고 논증한 논자의 주장과, 사주의 중화를 위해 필요로 하는 유용지신에 근거하였다.

앞서 예시한 ①~⑩의 중화용신을, 용신과 희신의 조합인 4 가지, 즉 火·木, 水·金, 火·土, 土·金으로 나누어 적시하면 다음과 같다.

첫째, 火·木이 중화용신인 경우는 (차)-1 丑·辰·申·酉·戌月의 甲·乙木 일간으로 식상과 비겁이 火·木상생하는, (차)-2 亥·子·丑·寅·辰·申·酉·戌月의 戊·己土 일간으로 편인과 편관이 火·木상생하는, (차)-3 亥·子·丑·寅·辰·申·酉·戌月의 庚·辛金 일간으로 정관과 정재가 火·木상생하는, (차)-4 亥·子·丑·辰·申·酉·戌月의 壬·癸水가 일간으로 편재와 식신이 火·木상생하는 경우이다. 즉, (차)-2는 火·木관인상생격, (차)-3은 火·木재관상생격, (차)-4는 火·木식신생재격이 될 수 있다. 그리고 (차)-1은 상관이 겁재와 火·木상생하여 아름다운 상관격으로 볼 수 있다.[490]

```
     (차)-1      (차)-2      (차)-3      (차)-4
    乙甲丁 0    甲戊丙 0    乙庚丁 0    甲壬丙 0
    0 0 丑 0    0 0 子 0    0 0 酉 0    0 0 申 0
```

木火傷官. 非用印不可. 卽調候之意也. 夏木爲體. 印爲用."
490) 火·木이 중화용신이면 地支에 필히 이들의 根이 되는 寅·卯·巳·午·未·戌 中, 타 오행으로부터 沖 받지 않는 1개 이상의 오행이 있어야 火·木이 상생하는 官印相生格, 財官相生格, 食神生財格이 성립된다고 볼 수 있다.

아래 (차)-5 亥·子·丑·寅·辰·申·酉·戌月의 丙·丁火 일간은 인성인 木이 용신이고 火가 희신인 중화용신이다. 겁재 丁火와 인성 乙木이 火·木상생하여 아름다운 정인격으로 볼 수 있다.

(차)-5

乙丙丁 0
0 0 亥 0

둘째, 水·金이 중화용신인 경우는 (카)-1 巳·午·未月의 甲·乙木 일간으로 편인과 편관이 水·金상생하는, (카)-2 巳·午·未月의 戊·己土 일간으로 정재와 상관이 水·金상생하는, (카)-4 卯·巳·午·未月의 丙·丁火 일간으로 편관과 편재가 水·金상생하는 경우이다. 즉, (카)-1은 水·金관인상생격, (카)-2는 水·金식신생재격, (카)-4는 水·金재관상생격이 될 수 있다. 그리고 (카)-3은 식신과 비견이 水·金상생하여 아름다운 식신격으로 볼 수 있다.491)

(카)-1	(카)-2	(카)-3	(카)-4
癸乙辛 0	壬己庚 0	辛辛癸 0	辛丁癸 0
0 0 未 0	0 0 午 0	亥 0 巳 0	0 0 卯 0

아래 (카)-5 寅·卯·巳·午·未月의 壬·癸水 일간은 인성인 金이 용신이고 水가 희신인 중화용신이다. 겁재 壬水와 인성 庚金이 水·金상생하여 아름다운 정인격으로 볼 수 있다.

---

491) 水·金이 중화용신이면 地支에 필히 이들의 根이 되는 亥·子·丑·辰·申·酉 中, 타 오행으로부터 沖받지 않는 1개 이상의 오행이 있어야 水·金이 相生하는 官印相生格, 財官相生格, 食神生財格이 성립된다고 볼 수 있다.

(카)-5
壬癸庚 0
0 0 午 0

셋째, 火·土가 중화용신인 경우는 (타)-1 亥·子·寅·卯月의 甲·乙木 일간이다.[492]

(타)-1
丁乙己 0
0 0 亥 0

그리고 (타)-2와 같이 火·土가 중화용신인 경우는 인겁을 급히 필요로 하는 卯月이 戊·己土 일간으로 인성인 火가 용신이고 겁재인 土가 희신이다.

(타)-2
己戊丁 0
0 0 卯 0

넷째, 土·金이 중화용신인 경우는 아래 (파) 명조와 같이 태약하여 인겁을 급히 필요로 하는 경우로 卯月의 庚·辛金 일간이다. 土가 용신이고 金이 희신이다.

(파)
己辛辛 0
0 0 卯 0

---

[492] 火·土가 중화용신이면 地支에 필히 이들의 根이 되는 寅·巳·午·未·戌 中, 타 오행으로부터 沖 받지 않는 1개 이상의 오행이 있어야 火·土가 相生(有情)하는 食神生財格이 성립된다고 볼 수 있다.

이상과 같이 논자는 ①, ②, ③에서 고전문헌에 근거해서 생·조·억·설인 억부와 한·난·조·습인 조후의 적용상 오류를 밝혀 보고자 했다. 그 결과 사주의 중화를 돕는 용신과 희신의 조합은 水·金, 火·木, 火·土, 土·金 네 가지로 귀결될 수 있음을 논증하였다.

용신은 사주의 중화를 위해 필요한 오행이자, 일간을 이롭게 하는 오행이기도 하다. 그렇다고 해서 용신이 절대적인 것은 아니며 다만 사주해석의 도구이다. 따라서 위 논증을 통해 용신과 희신에 해당하는 오행을 통해 이성적 심성 또는 재능을 파악할 수 있고 또, 이들 오행에 기초한 중화된 마음을 기대할 수 있다. 즉, 사주의 중화를 돕는 희·용신은 선과 길함의 원인을 제공하는 것인 셈이다. 한편으로는 기신과 구신에 해당하는 오행을 통해 전자에 비해 보다 강한 감성적 심성 또는 재능을 파악할 수 있고, 또 이들 오행에 기초해 치우친 어떤 마음을 다스려야 중화지심을 실천할 수 있는지를 파악할 수 있다.

이러한 이성과 감성으로 이분화된 심성 분류의 이론체계는 스스로의 심성을 파악할 수 있게 해 자기성찰을 가능하게 하고, 나아가 자기주도적인 삶을 영위할 수 있다는 점에서 매우 의미가 있다.

Ⅴ.심성의 명리학적 적용사례와 비판

본 Ⅴ장은, Ⅳ장 2절에서 논증한 중화용신에 근거하여 사주의 구성이 가장 중화되어 있다고 평가할 수 있는 3가지의 유형 즉, 관인상생격·재관상생격·식신생재격을 통해 인간 개개인이 지니고 있는 심성을 판단하는 기준을 제시하고자 한다.493) 심성을 판단하는 해석의 도구는 Ⅲ장 2절과 3절에서 논증한 것처럼 심성의 양면으로 볼 수 있는 이성적 심성과 감성적 심성을 중심으로 논지를 검증하도록 하겠다. 논지는 크게 보아 水火상생 또는 木火·水金상생의 범주 안에서 전개된다. 이점은 Ⅳ장 1절 "명리학의 중화개념과 수화상생"에서 논증한 바에 근거한다. 관인상생격을 구성하는 사주가 甲·乙木·戊·己土 일간에만, 재관상생격을 구성하는 사주가 丙·丁火, 庚·辛金 일간에만, 식신생재격을 구성하는 사주가 甲·乙木, 戊·己土, 壬·癸水 일간에만 국한되어 적용될 수 있다는 논리적 이유도 여기에 있다. 이에 의하면 상생하는 모든 경우의 수는 亥·子·寅·卯月의 甲·乙木 일간이 火·土가 용신과 희신이 되어 식신(상관)생재하는 경우를 제외하고는494) 火·木이 상생하거나 水·金이 상생하는 경우에 국한된다. 따라서 논자는 온전한 상생격으로 성립되지 못하는 명리학관련 고전 등의 사례를 들어 논박하고, 그 결과를 근거로 명리학적 인간심성을 보다 객관적으로

---

493) 格: 格은 격식이나 지위 그리고 경우에 따라서는 인격과 인품을 지칭하는 뜻을, 局은 당면한 事態 또는 모여 합한다고 하는(會合) 뜻을 지니고 있다. 이들 두 글자를 組合한 格局은, 일정한 格式과 어떤 판국으로 되어가는 형세인데, 명리학에서는 사주의 形象을 지칭하는 것이 일반적인 해석이다. 전자인 格은 月支와 관련되어 해석되고, 후자인 局은 地支를 포함한 사주 전반의 상황과 관련되어 해석된다. 格은, 예를 들어 官印相生格·財官相生格·食神生財格 등과 같이 중화된 사주의 品格을 표현하기도 한다. 따라서 格局論이란, 사주의 형상을 각각의 구조적 특성에 걸맞게 분류한 이론체계라 할 수가 있다. 그리고 格局用神이란, 각각의 사주의 格局에 걸 맞는 중요한 오행을 의미한다. 月支의 오행이나 地支에서 合局을 이루고 있는 오행이 그것이다. 그러나 사례로 든 官印相生格·財官相生格·食神生財格은 사주의 중화를 위해서 필요로 하는 官星과 印星, 財星과 官星·食傷星과 財星에 해당하는 오행이 상생하면서 사주의 치우침을 견제한다는 점에서 用神格이라 할 수도 있다. 그러나 이러한 格을 부여하는 방법에 있어서 서로 다른 주장들이 혼재해 있다.

494) 食神(傷官)生財格: 이 경우, 엄밀히 말하면 戊·己土 日干에서 水·金이 상생하는 이른바 '食神(傷官)財相生格'이 되거나 壬·癸水 日干에서 火·木이 相生하는 '食神(傷官)財相生格'으로 명명되어야하겠지만 대부분의 명리학관련 문헌에서는 이를 廣義의 相生格으로 간주하고 있다. 달리 말하면 火·土는 火·木 相生 또는 水·金 상생과 달리 엄밀한 의미의 상생이 아니라는 반증이 된다.

관찰하는 해석의 도구를 정립해 보고자 한다. 논자의 상생3격에 관한 아래 도표는 Ⅳ장 2절에서 논증한 중화용신에 근거하였다.

日干 3格	甲·乙 日干	丙·丁 日干	戊·己 日干	庚·辛 日干	壬·癸 日干
官印相生格	官⇌印 (金⇌水 相生) 庚⇌壬 辛⇌癸 庚⇌癸 辛⇌壬	成立不可	官⇌印 (木⇌火 相生) 甲⇌丙 乙⇌丁 甲⇌丁 乙⇌丙	成立不可	成立不可
	巳·午·未月 (中和用神:水·金)		寅·辰·申·酉·戌 亥·子·丑月 (中和用神:火·木)		
財官相生格	成立不可	財⇌官 (金⇌水 相生) 庚⇌壬 辛⇌癸 庚⇌癸 辛⇌壬	成立不可	財⇌官 (木⇌火 相生) 甲⇌丙 乙⇌丁 甲⇌丁 乙⇌丙	成立不可
		卯·巳·午·未月 (中和用神:水·金)		寅·辰·申·酉·戌 亥·子·丑月 (中和用神:火·木)	
食(傷)神生財格	食·傷⇌財 (火⇌土 有情*) 丙⇌戊 丁⇌己 丙⇌己 丁⇌戊	成立不可	食·傷⇌財 (金⇌水 相生) 庚⇌壬 辛⇌癸 庚⇌癸 辛⇌壬	成立不可	食·傷⇌財 (木⇌火 相生) 甲⇌丙 乙⇌丁 甲⇌丁 乙⇌丙
	寅·卯·亥·子月 (中和用神:火·土)		巳·午·未月 (中和用神:水·金)		辰·申·酉·戌 亥·子·丑月 (中和用神:火·木)

<표 Ⅴ-1> 상생3격 일람표 (관인상생격 · 재관상생격 · 식신생재격) 495)

상생하는 두 오행인 용신과 희신이 천간에 공존해야 하는 이유는 다음과 같다.

서자평의 『낙록자삼명소식부주』에는 천간에 대해서 "천간은 상처를 입으면 본래의 기운이 약해지므로 영화로울 수 없다"496)고 하였는데, 그렇기 때문에 "천간으로 록을 삼아 그 향배를 보아 빈부를 결정하고, 지지를 보아 그 명을 삼는데 역과 순을 세세히 살펴서 순환시킨다"라고 하였다. 또, 王廷光(왕정광) 등의 주해에서는 "천간의 아래에 어떤 지지가 있으며 그 지지 안 즉, 지장간에는 어떤 인원이 있는지를 살핀다."497)라고 하였다. 그런가 하면 간명을 할 때는 보이는 천간과 보이지 않는 지지의 이치를 잘 살펴 신묘한 이치를 구할 것을 말하고 있다.498) 그렇기 때문에 모름지기 "팔자에는 그 뿌리가 있어야만 싹이 돋는다"499)는 말은 지당하다고 하겠다.

그러나 드러난 천간이 아무리 중요하다 하더라도 "뿌리는 싹에 앞서고 열매는 개화된 이후에 열린다"500)는 점도 또한 고려되어야 할 것이다. 이허중도 "음이 부르면 양이 응해야 하므로 천간이 정통이 되고 지지는 사도임을 구분해야 된다"501)라고 말해 같은 입장을 취했다.

이와 같은 문헌에 근거한바, 논자가 주장하는 상생3격의 사주가 성립되기 위해서는 상생하는 두 오행인 용신과 희신이 반드시 천간에 노출되어야 한다는 것을 확인 할 수 있다. 그러나 일찍이 서자평이 『옥조신응진경』을 주해하면서 "천

---

495) 이건희, 『중화용신법과 섭동이론』, 대구한의대학교 대학원, 2015 봄 학술대회, 44쪽.
496) 徐子平 著, 王廷光·李同·釋曇瑩 註, 趙子澤 解, 『珞琭子三命消息賦諸家註』, 香港 聚賢館文化有限公司, 2007, 131, 154쪽: "若'天元'被傷. 而本炁羸弱. 則亦不能爲榮.", "天元者干也.", "天元者. 十干也."
497) 徐子平 著, 王廷光·李同·釋曇瑩 註, 趙子澤 解, 『珞琭子三命消息賦諸家註』, 香港 聚賢館文化有限公司, 2007, 57쪽: "以干爲祿. 向背定其貧富. 以支爲命. 詳逆順以循環. ... 看干下有何支. 支內有何人元."
498) 徐子平 著, 王廷光·李同·釋曇瑩 註, 趙子澤 解, 『珞琭子三命消息賦諸家註』, 香港 聚賢館文化有限公司, 2007, 74쪽: "今術者看命而定吉凶. 知見與不見之理. 執法而善用之. 則爲妙矣."
499) 徐子平 著, 王廷光·李同·釋曇瑩 註, 趙子澤 解, 『珞琭子三命消息賦諸家註』, 香港 聚賢館文化有限公司, 2007, 123쪽: "八字內有根而方發苗."
500) 徐子平 著, 王廷光·李同·釋曇瑩 註, 趙子澤 解, 『珞琭子三命消息賦諸家註』, 香港 聚賢館文化有限公司, 2007, 154쪽: "賦云: 根在苗先. 實從花後."
501) 鬼谷子 撰, 李虛中 註編, 『李虛中命書』, 中華民國, 新文豊出版公司印行, 1978, 15쪽: "陽唱陰和. 須分干正支邪."

간은 가깝고 지지는 멀다"라고 하였지만 사실은 "존비(천간과 지지)를 같이 본다"502)라고 한 점도 간과해서는 안될 것이다.503) 이것은 사주를 분석함에 있어서 양적으로 드러난 천간을 중시하되 음적으로 감추어진 지지도 동시에 보아야 함을 이르는 말이다.

　이 같은 주장은 후일『삼명통회』의 "지지에는 네 군데의 지지 오행이 있는데, 반드시 필요로 하는 오행이 천간에 드러나는 것이 간절하다"(地支至切. 黨盛爲強. ... 地支乃四位支神. 至切者. 視天干爲尤切也.)"504)라든가,『명리정종』의 "일생의 부귀와 빈천은 천간에 나타난다고 해야 할 것이다"(一生富貴貧賤. 只從頭面上見得.)505)라고 언급한데서 재차 확인되며 북송의 상수학자 邵康節(소강절, 1011~1077년)의『황극경세서』에서도 세술되고 있다.506) 앞서 논자가 상생3격의 중화된 사주를 통해 심성을 판단하는 방향을 제시하고자한 이유도 바로 여기에 있다. 천간에서 상생하는 두 오행인 용신과 희신이 기·구신에 맞서 사주의 중화를 위해 오행작용을 하는 가운데 발생하는 이성적 심성과 이에 대비되는 감성적 심성이 천간에서 숨김없이 관찰될 수 있기 때문이다.

---

502) 郭璞 撰, 徐子平 註,『玉照神應眞經註』: "天干主近. 地支主遠.", "尊卑同視."
503) 郭璞 撰, 張顒 註, 김정혜 譯,『玉照定眞經』, 한국학술정보, 2016, 145쪽: "何先何後. 何吉何凶. 細視之三元下." 참조. 이와 같이『옥조신응진경』에는 "陰과 陽을 주도면밀하게 살펴보고 득실을 나눈다."(細視陰陽. 居分得失)라고 하였다.『옥조정진경』에서 장옹(張顒)은, 예문에서처럼 이 말의 의미에 대해서 무엇이 우선이고 무엇이 나중이며, 무엇이 길이며 무엇이 흉인지를 天干과 地支 그리고 支藏干을 통해 세세히 살핀다는 의미로 주해하고 있는 것을 확인할 수가 있다.
504) 萬民英 著,『三命通會』「論五行」, 中華民國 武陵出版有限公司, 2011, 787쪽: "地支至切. 黨盛爲強. ... 地支乃四位支神. 至切者. 視天干爲尤切也. 要看何者爲主干之宅舍. 何者爲用神之基業. 何者力輕. 何者力重. 宅舍即得地之方. 支神即乘貴之所." 참고. 만육오(萬育吾)는『삼명통회』「옥정오결」(玉井奧訣)편에서 안동두겸(安東杜謙)이 말한 "地支에 반드시 필요로 하는 것은 왕성한 곳이 되어 힘이 있어야 한다."(地支至切. 黨盛爲強)를 수해하면서 "地支에는 네 군데의 地支 오행이 있는데, 반드시 필요로 하는 오행이 天干에 드러나는 것이 간절하다. 어떤 오행이 주간(主干)의 터전인지, 어떤 오행이 용신으로써의 일을 주도하는지, 어떤 오행이 힘이 모자라는지 또는 어떤 오행이 힘이 있는지를 찾아야만 하고, (主干의) 터전이 되는 오행이 득지(得地)하면 기초가 되는 일(基業)이 귀함을 타는 바가 된다."고 하였다.
505) 張楠 著,『命理正宗-神峰通考』「蓋頭說」, 中華民國 進源文化事業有限公司, 2012, 22쪽: "大抵人之八字. 類如此. 八字中上四個字是頭也. 下地支四字是肚腹四肢也. 支有所藏之物. 是五臟六腑也. ... . 一生富貴貧賤. 只從頭面上見得. 如八字畏傷官. 這傷官藏在內. 尚不足畏. 如天干透出此傷官. 便是頭面上已見了. 怎能掩飾."
506) 邵康節,『皇極經世書』「觀物外篇 上」: "陽不能獨立. 必得陰而後立. 故陽以陰爲基. 陰不能自見 必待陽而後見. 故陰以陽爲唱. 陽知其始而享其成陰效其法而終其勞.", "陽能知而陰不能知. 陽能見而陰不能見也.", "故變于內者應于外. 變于外者應于內. 變于下者應于上. 變于上者應于下也."

다음 도표는 천간에서 4유형의 용신과 희신이 지지 또는 지장간에 있는 어떤 오행과 상호작용을 하고 있는지를 밝히고 있다.

4中和用神 干支關係	水·金用神 (金·水用神)	火·木用神 (木·火用神)	火·土用神	土·金用神
天干五行	壬癸·庚辛	丙丁·甲乙	丙丁·戊己	戊己·庚辛
地支五行	亥·子·丑 辰·申·酉	寅·卯·巳 午·未·戌	寅·巳·午·未·戌	申·酉 (辰·丑·戌·未)

<표 Ⅴ-2> 천간과 지지오행의 상생관계와 4 중화용신표 507)

이에 대한 문헌적 근거는 다음과 같다.

지지나 지장간의 해석에 관한 서자평의 생각은 곽박의 『옥조신응진경』에서 "丑은 12월의 끝자락이다. 그 가운데에 癸水가 있다"508)라고 주해하면서 지장간 속에 암장된 천간을 언급하고 있는데서 확인된다. 후일 중화민국의 서락오는 『자평수언』에서 "간지 강약의 이치는 천간은 가볍고 지지는 무겁다. 지지의 힘은 바탕이 되고, 천간의 기는 가벼워서 떠다니기 때문에 반드시 지지에 뿌리를 내려야 힘을 유지할 수 있고, 지지 속의 지장간은 천간에 투출되어야 그 쓰임이 분명하게 된다"509)라고 분명하게 천간의 중요성과 지지와의 관계를 규명하고 있다. 따라서 위 도표는 이에 근거하여 4유형의 용신과 희신을 기준으로 분류하고 재해석하였다. 상생하는 두 오행의 음양관계는 음 : 음 또는 양 : 양이 우선이며 그 근거는 다음과 같다.

상생 3격의 구성 중 보다 유정한 상생을 子月의 戊土 일간에서 火·木이 중화용신(火가 용신·木이 희신)일 경우를 예로 들면, 丙火 편인과 甲木 편관이 火·木 상생하거나(丙甲相生) 丁火 정인과 乙木 정관이 火·木 상생하는 경우가(丁

---

507) 이건희, 「음양오행론의 명리학적 적용에 관한 연구」, 대구한의대학교 대학원 석사학위논문, 2017, 172쪽.
508) 郭璞 撰, 徐子平 註, 『玉照神應真經註』: "丑中立癸. ... 丑爲十二月之尽. 其中立癸."
509) 徐樂吾 著, 『子平粹言』, 中華民國 武陵出版社, 1998, 90쪽: "干支强弱之理. 支重而干輕. 支之力實而干之氣浮. 故干必通根於支. 方爲有力. 而支中人元. 又以透出於干. 爲顯其用."

乙相生) 우선이며, 丁火 정인과 甲木 편관이 火·木 상생하거나(丁甲相生) 丙火 편인과 乙木 정관이 火·木 상생하는(丙乙相生) 경우가 차선이다.510) 한편 천간과 지지, 지지와 천간의 극에 관한 작용에 있어서 지지는 천간을 극할 수 없고 천간 또한 지지를 극할 수 없음을 전제하고 있다.511) 표 <표 V-2>에서 4 유형의 중화용신의 근이 되는 지지 오행에 관한 논술은 Ⅳ장 1절 3) 항에서 논하였으므로 생략한다.

1. 관인상생격사주의 중화된 심성

1) 관인상생격의 성립요건

관인상생격은 甲·乙木, 戊·己土 일간 사주에서만 성립된다. 먼저 甲·乙木 일간의 사례를 들어 주장의 타당성에 대해 논하도록 하겠다. 중화용신에 의하면 巳·午·未月의 甲·乙木 일간의 경우 예외 없이 水·金이 중화용신이다. 水와 金이 천간에서 상생한다는 것은 이들 오행의 십성인 인성과 관성이 상생하므로 水·金이 상생하는 관인상생이 된다.

이처럼 水·金이 상생하는 관인상생격이 성립되기 위한 다른 조건은 이들 오행의 뿌리가 되는 지지 水金오행512)인 亥·子·丑·辰·申·酉가 기·구신 오행 등의 방해를 받지 않고 지지에 있어야 한다.513) 다음은 亥·子·丑·寅·辰·

---

510) 徐升 編, 唐錦池 著,『淵海子平』, 中華民國 進源文化事業有限公私, 2011, 62~63쪽: "甲能生丙乙生丁. 丙産戊兮丁生己. 己産辛兮戊生庚. 庚壬辛癸偏宜嗣. 五行又壬甲. 癸乙相生最亨通." 여기서는 양간이 양간을, 음간이 음간을 생하는 경우를 강조하고 있음을 참고하였다.
511) 張楠 著,『命理正宗-神峰通考』「動靜說」, 中華民國 進源文化事業有限公司, 2012, 21쪽: "如八字天干之甲木. 但能剋運中天干之戊土也. 不能剋巳中所藏之戊土也. ... 如運上申地支中之庚金. 亦不能攻我八字中天干所透之甲木也. 是以天干之動. 只能攻得天干之動. 不能攻地支之靜也. 明矣." "如運上地支之庚金. 亦不能破我八字天干之甲木也. 是以地支之靜. 只能攻得地支之靜. 只能攻天干之動也. 亦明矣."
512) 地支 水·金五行: 地支 오행중 음기를 지닌 濕土인 辰土·丑土를 포함한 亥水·子水·申金·酉金을 지칭하는 의미로 사용하였다.

申·酉·戌月의 戊·己土 일간의 예이다. 이 경우 예외 없이 火·木이 중화용신이다. 火와 木이 상생한다는 것은 이들 오행의 십성인 인성과 관성이 천간에서 상생하므로 火·木이 상생하는 관인상생이 된다는 의미이다. 이처럼 火·木이 상생하는 관인상생격이 성립되기 위한 또 한 가지의 조건은 이들 오행의 뿌리가 되는 지지 火·木오행[514]인 寅·卯·巳·午·未·戌이 기·구신 오행 등의 방해를 받지 않고 지지에 있어 주어야 한다.[515] 그리고 이들 두 오행은, 천간은 물론 지지에서 기·구신으로부터 방해를 받지 않고 상생의 관계를 유지해야 한다. 상생하는 두 오행이 공존하므로 사주의 중화를 돕는 이들 오행을 원국에서 기·구신이 동시에 극할 수 있는 경우는 없다. 그렇기 때문에 중화된 사주로 평가할 수 있다. 이상의 두 가지 사례를 명조를 통해 살펴보면 다음과 같다.

(가)　　　　(나)

壬甲癸庚　　己戊甲丁

申辰未子　　未申辰卯

(가) 명조는 未月의 甲木 일간으로 水·金이 중화용신이다. 천간에서 이들 상생하는 두 오행인 관성과 인성 즉, 庚金과 壬·癸水를 방해하는 기·구신이 없고, 지지에서 중화용신인 水·金오행의 뿌리인 申金·辰土·子水가 있는데 기·구신으로부터 방해를 받고 있지 않아서 水·金이 상생하는 관인상생격의 요건을 갖추고 있다. (나) 명조는 辰月의 戊土 일간으로 火·木이 중화용신이다. 천간에서 이들 상생하는 두 오행인 관성과 인성 즉, 甲木과 丁火를 방해하는 기·구신이 없고, 지지에서 중화용신인 火·木 오행의 뿌리인 未土·卯木이 있는데

---

513) <표 Ⅴ-2> '천간과 지지오행의 상생관계와 4 중화용신표' 참조.
514) 地支 火·木五行: 地支 오행 중 양기를 지닌 燥土인 未土·戌土를 포함한 寅木·卯木·巳火·午火오행을 지칭하는 의미로 사용하였다.
515) <표 Ⅴ-2> '천간과 지지오행의 상생관계와 4 중화용신표' 참조.

기·구신으로부터 방해를 받고 있지 않아서 火·木이 상생하는 관인상생격의 요건을 갖추고 있다.

그러나 일간이 丙·丁火, 庚·辛金, 壬·癸水인 경우는 관인상생격이 성립되지 않는다. 관인상생격이 성립되는 위 木·土 일간에 해당하는 (가) (나) 명조와의 차이점을 살펴보도록 하자.

     (다)   (라)
    0 丙 癸 乙 0 丙 乙 癸
    0 0 未 卯 0 0 丑 酉

위 (다) 명조는 未月의 丙火 일간으로 중화용신은 水·金이다. 그런데 관성에 해당하는 癸水와 인성에 해당하는 乙木은 용신과 한신의 조합으로서 水·木은 상생하지 않는다. 이는 용신과 희신에 해당하는 두 오행이 천간에 공존하며 사주의 중화를 도와야 성립되는 관인상생격의 조건에 부합되지 않는다. (라) 명조는 丑月의 丙火 일간으로 중화용신은 木·火이다. 그런데 관성에 해당하는 癸水와 용신에 해당하는 乙木은 기신과 용신의 조합으로서 水·木은 상생하지 않는다. 이는 용신과 희신에 해당하는 두 오행이 천간에 공존하며 사주의 중화를 도와야 성립되는 관인상생격의 조건에 부합되지 않는다.

     (마)   (바)
    0 庚 丁 戊 0 庚 丁 己
    0 0 巳 申 0 0 丑 卯

위 마) 명조는 巳月의 庚金 일간으로 중화용신은 水·金이다. 그런데 관성에 해당하는 丁火와 인성에 해당하는 戊土는 구신과 기신의 조합으로서 火·土는 상생하지 않는다. 이는 용신과 희신에 해당하는 두 오행이 천간에 공존하며 사주의 중화를 도와야 성립되는 관인상생격의 조건에 부합되지 않는다. (바) 명조는 丑月의 庚金 일간으로 중화용신은 火·木이다. 그런데 관성에 해당하는 丁火와 인성에 해당하는 己土는 용신과 한신의 조합으로서 火·土는 상생하지 않는다. 이는 용신과 희신에 해당하는 두 오행이 천간에 공존하며 사주의 중화를 도와야 성립되는 관인상생격의 조건에 부합되지 않는다.

      (사)   (아)
    0 壬 庚 己 0 壬 戊 庚
    0 0 午 酉 0 0 子 寅

위 사) 명조는 午月의 壬水 일간으로 중화용신은 金·水이다. 그런데 관성에 해당하는 己土와 인성에 해당하는 庚金은 구신과 용신의 조합으로서 土·金은 상생하지 않는다. 이는 용신과 희신에 해당하는 두 오행이 천간에 공존하며 사주의 중화를 도와야 성립되는 관인상생격의 조건에 부합되지 않는다. (아) 명조는 子月의 壬水 일간으로 중화용신은 火·木이다. 그런데 관성에 해당하는 戊土와 인성에 해당하는 庚金은 한신과 구신의 조합으로서 土·金은 상생하지 않는다. 이는 용신과 희신에 해당하는 두 오행이 천간에 공존하며 사주의 중화를 도와야 성립되는 관인상생격의 조건에 부합되지 않는다.

따라서 (다) (라) (마) (바) (사) (아) 명조는 水·金이 상생하거나 火·木이 상생하는 관인상생격의 요건이 성립되지 않는다. 이처럼 상생하는 두 오행이 火·木이거나 水·金이 아닌 水·木, 火·土, 土·金은 용신과 희신의 조합이 아니므로 사주의 중화를 위해 상생할 수 없는 구조적 한계가 있음을 확인할 수 있었다. 그러므로 (가) (나)의 경우처럼 甲·乙木, 戊·己土 일간에만 관인상생격이 성립될 수 있음을 확인할 수 있다.

2) 관인상생격사주의 사례와 비판

관인상생격은 본 절 1) 항에서 논증한 바에 의하면 巳·午·未月의 甲·乙木과 亥·子·丑·寅·辰·申·酉·戌月의 戊·己土 일간에만 성립된다. 전자는 水·金이 상생하는 관인상생격이며 후자는 火·木이 상생하는 관인상생격이다. 같은 관인상생격이라 하더라도 水·金이 상생하는지 火·木이 상생하는지의 여부에 따라 그 속성은 판연히 달라진다는 것을 이를 통해 확인할 수 있다. 火(丙·丁)·木(甲·乙)이 상생하는 관인상생격은 양 오행[516]이기 때문에 그 오행의 속성이 그대로 관성과 인성의 성정으로 전이된다고 볼 수 있는데, 양의 속성은 일반적으로 음에 비해 상대적으로 밝고, 음에 비해 상대적으로 긍정적일 수 있다. 한편, 水(壬癸)·金(庚辛)이 상생하는 관인상생격은 음 오행이기 때문에 그 오행의 속성이 역시 관성과 인성의 성정으로 전이된다고 볼 수 있다. 음의 속성은 일반적으로 양에 비해 상대적으로 어두우며 양에 비해 상대적으로 부정적일 수 있다.

그런데 명리학 고전에는 관인상생격에 관한 언급이 있지만 정확하게 이를 정의하고 있지 않다. 이는 명리학적 심성의 판단에 있어서 큰 오류로 이어질 수가 있기 때문에, 논자는 이들의 사례를 들어 그 오류에 대해서 논증하고 궁극적으로 본고에서 주장하는 상생3격의 성립에 관한 주장을 뒷받침하는 한편 심성판단의 기준으로 삼고자 한다. 논증을 위한 명조는 『팔자명통부평주』, 『연해자평』, 『자평진전평주』, 『삼명통회』, 『적천수천미』, 『자평수언』 등에서 발췌되었다. 관성과 인성이 서로 만나면 좋다고 하는 주장은[517] 일찍부터 있었다. 그런데 만육오(萬育吾) 원주의 『팔자명통부평주』 주석에는 다음의 명조를 두고 '관인격'(관인상생격)으로 설명하고 있다.

---

516) 丁火나 乙木은 음 오행이지만, 水·金오행과 火·木오행으로 음양을 양분했을 때, 丁火나 乙木은 丙火, 甲木과 함께 양의 오행에 분류된다.
517) 徐子平 著, 李鐵筆 評註(萬育吾 原註), 『八字明通賦評註』, 中華民國, 益群書店股份有限公司, 107쪽: "惟官印最宜相會. 德政加封."

(가)
癸甲辛0
0 子酉0

이것은 관인격이다. 예를 들어 甲木 일간이 관성인 辛金을 얻고, 또 인성인 癸水가 있거나 지지에 酉金·子水가 있는 것과 같다. 관은 극하고 인은 생하니 음양이 한데 어울려 관과 인이 서로 생한다.518)

위 인용문을 살펴보면, 용신의 개념은 물론 관인상생격의 개념부터 서로 다르다.519) 천간의 辛金 정관과 癸水 정인이 공존하고 있는 것은 酉月의 甲木에게는 양자가 모두 부담스러운 존재라고 보는 것이 논자의 견해이다. 辛金과 癸水는 중화가 아닌 오히려 金·水가 상생해서 오행의 작용이 한쪽으로 치우치게 되기 때문이다. 논자의 문제 제기는, 그렇게 되면 명리학적 심성을 정확하게 판단할 수 없다는 데 있다. 관성과 인성이 중화용신 즉, 사주의 중화를 위해 작용하는 경우와 위 인용문의 사례와 같이 기·구신520)의 조합으로 구성되면 그 심성은 각각 이성적 심성과 감성적 심성으로 서로 다르게 작용하기 때문이다.

비록, 서자평이 『명통부』에서 말한 "관이 때를 만나고 일간이 왕할 경우, 일찍 입신출세한다"에 대하여 만육오의 주석에서는 다음의 명조를 예로 들면서 '월령정관격'으로 주장하고 있는데,521)

---

518) 徐子平 著, 李鐵筆 評註(萬育吾 原註), 『八字明通賦評註』, 中華民國, 益群書店股份有限公司, 107쪽: "此官印格也. 如甲日得辛日爲官. 又有癸爲印. 或地支有酉子字皆是. 官印於身. 一剋一生. 陰陽配合. 而又自相生焉."(萬育五 註釋)
519) 이와 같은 내용은 서자평의 『珞珠子三命消息賦註』에서도 확인이 된다. 徐子平 著, 王廷光·李同·釋曇瑩 註, 趙子澤 解, 『珞珠子三命消息賦諸家註』, 香港 聚賢館文化有限公司, 2007, 57~58쪽: "甲子以水生木. 如秋生幷十二月生. 則有官貴命. 官印無失. 甲以庚辛爲官. 印. 爲子有癸. 善制其丁. 故曰: 癸乃甲之印綬也."
520) 본고 Ⅳ장 2절에 의하면, 酉月의 甲·乙木 日干 사주는 火·木이 사주의 중화작용을 돕는 오행으로 곧 용신과 희신이 된다.
521) 徐子平 著, 李鐵筆 評註(萬育吾 原註), 『八字明通賦評註』, 中華民國, 益群書店股份有限公司, 39쪽: "此月令正官格也. 以下詳著格局. 如戊申甲寅己丑丙寅. 翁仲益進士."(萬育五 註釋) 참조.

(나)

丙己甲戊
寅丑寅申

　이는 寅月의 己土 일간 사주에서 丙火 편인과 甲木 편관이 火·木상생해서 사주의 중화를 돕는 관인상생격으로 볼 수 있다. 그러나 위 (가) 명조와는 사주의 구성이 서로 다름을 인정하지 않을 수 없다. (가) 명조는 기신과 구신의 조합이 水·金상생하여 사주의 중화에서 벗어나 감성적인 심성작용을 하고 있다는 점과 (나) 명조는 용신과 희신이 火·木 상생하여 사주의 중화를 도와 이성적인 심성작용을 하고 있다는 점을 확인 할 수 있다. 따라서 『명통부』에서 언급되는 관인상생격의 주장은 일관성이 없으며 논리에 맞지 않는 측면이 있다.

　관인상생격에 관한 이러한 오류는 『연해자평』에서 수정되지 않고 있다.

(다)

庚癸 庚戊
申酉申戌

　이 명조는 癸水 일간이 7월 중기 이후에 태어났다. 月과 時가 모두 庚申으로 金庫에 자리해서 정인이다. 년간에 戊土 정관이 투출해서 관인양전으로 매우 고귀한 명이다.522)

　위 『연해자평』에서 관인상생격에 관한 설명대로라면 정인는 관성을 만나야 관인양전이 성립되어 고귀한 명이 된다고 단언하고 있다. 그러나 土·金은 상생하지 않는다는 것이 논자의 주장이다.

　『연해자평』에는 중화라는 단어를 약 76회 반복해서 강조하고 있지만, 이러한 주장에서 중화의 개념을 읽을 수는 없다. 그것은 土·金이 상생 또는 양전해서

---

522) 徐升 編, 唐錦池 著, 『淵海子平』, 中華民國 進源文化事業有限公私, 2011, 101쪽: "如帶印綬. 須帶官星. 謂之官印兩全. 必爲貴命. … 此命癸日生於七月中氣之後. 月時皆是庚申. 自坐金庫. 所以印綬. 歲干又透出(戊)官. 謂之官印兩全. 極爲貴命."

사주의 중화를 꾀할 수 없기 때문이다. 오히려 사주의 힘을 金·水 기운으로 치우치게 할 뿐이다. 申月의 癸水 일간은 火·木이 중화용신이다. 따라서 위『연해자평』의 관인상생격에 관한 논의는 재고되어야 할 것이다.523)

관인상생격에 관한 이러한 오류는『자평진전』이나『자평진전평주』에서 다소 의미 있는 진전을 보이기도 하지만 여전히 개념 정립은 되지 못하고 있다.

『자평진전평주』「논용신」편에는 "살봉식제(칠살이 식신의 제압을 만남)하는데 인성이 투출된 것을 보고 식신을 제거하여 편관을 보호하였으니 나쁘다 하지 않고, 살인상생이라 여겨 인수봉살(印綬逢煞:印綬格에 편관이 있는 것)과 더불어 똑같이 논한다."524)라고 하였다. 그런가 하면 「논용신배기후득실」편에서는 관인상생격의 성립에 관한 일종의 '조건'을 다음과 같이 제시하고 있다.

> 인수격에 정관이 있으면 이름 하여 관인쌍전이니 귀하지 않음이 없다. 그러나 겨울철에 난 甲·乙木 일간이라면 인수 水의 월령을 받고 庚·辛金의 정관이 투출했다고 해도 꼭 귀하게 되는 것은 아니다. 무릇 金은 차가워 물을 더욱 얼어붙게 만드니 얼어붙은 물이 어떻게 나무를 생 할 수 있으랴.525)

논자는 위의 발언이 매우 의미 있는 지적이라고 본다. 관성과 인성의 조합이

---

523) 뿐만 아니라『연해자평』에는 다음과 같은 사례도 있다.
　　壬丙丁己
　　辰辰卯卯
　　徐升 編, 唐錦池 著,『淵海子平』, 中華民國 進源文化事業有限公私, 2011, 102쪽: "如己卯. 丁卯. 丙辰. 壬辰. 此命用卯爲印. 用癸爲官. 年在卯日在辰. 所以官印兩全. 少年淸要."(이 명조는 卯木이 正印이고 癸水가 正官이다. 年支에 卯木이 있고 日支(辰土中 癸水)에 癸水 正官이 있으므로 官印兩全이 되어, 일찍이 지위와 봉록이 높지 아니하지만 후일을 보장 받을 만한 자리를 맡았다.)『연해자평』의 이러한 내용은 설득력이 없을뿐더러 오히려 官印相生格에 관한 혼란을 야기 시킬 수 있는 사례라고 본다. 官星과 印星의 조합이 喜·用神인지 忌·仇神인지의 여부를 떠나 天干에 兩者가 투출되지 않는 官印相生格은 官星과 印星이 天干에서 노출되어야 한다는 관점에서 볼 때, 논리적 취약성이 분명히 있다고 하겠다. 이와 같은 사례는 앞서 살펴본『八字明通賦評註』의 (나) 명조와는 官印相生格이 구성이 전혀 다르다고 볼 수 있다.
524) 沈孝瞻 著, 徐樂吾評註,『子平眞詮評註』, 台北: 進源書局, 2006, 102쪽: "見煞逢食制而露印者. 不爲去食護煞. 而以爲煞印相生. 與印綬逢煞者同論."
525) 沈孝瞻 著, 徐樂吾評註,『子平眞詮評註』, 台北: 進源書局, 2006, 146쪽: "是以印綬遇官. 此謂官印雙全. 無人不貴. 而冬木達水. 雖透官星. 亦難必貴. 蓋金寒而水益凍. 凍水不能生木."

- 227 -

용신과 희신인지 또는 기신과 구신의 조합인지 그 여부에 따라 온전한 의미의 관인상생격이 될 수도 있고 그렇지 않을 수도 있기 때문이다.

한편 「논편관」편에도 "칠살격에 인수가 용신인 경우가 있다. 인수는 능히 칠살을 보호하니 마땅한 것이 아니다. 그러나 살인상생하여 유정하다면 귀격이 된다"526)고 하였는데 이때 '유정'의 의미는 관성과 인성의 조합이 火·木이나 水·金으로 상생되는 것이라 할 수 있다.

(라)

癸 丙 ０ 乙
０ ０ 辰 ０

> 또 丙火 일주가 辰月에 생하여 癸水가 투출하면 정관격인데 다시 乙木까지 투출하면 인수격을 겸하게 된다. 이렇게 되면 정관과 인수가 상생하는 데다가 乙木 인수가 辰土 속의 지장간 戊土를 극하여 정관을 보호하니 정관을 맑게 해 주게 된다. 527)

그럼에도 불구하고 『자평진전평주』에는 위 인용문 등528)에서 보듯이, 辰月의 丙火 일간에서 癸水 정관과 乙木 정인이 水·木상생해서 관인상생격이 성립되는 것으로 주장하고 있다.529) 논자가 논증하고 제안한 중화용신에 따르면, 辰

---

526) 沈孝瞻 著, 徐樂吾評註, 『子平眞詮評註』, 台北: 進源書局, 2006, 307쪽 : "有七煞用印者. 印能護煞. 本非所宜. 而煞印有情. 便爲貴格."
527) 沈孝瞻 著, 徐樂吾評註, 『子平眞詮評註』, 台北: 進源書局, 2006, 159쪽 : "又如丙生辰月. 透癸爲官. 而又逢乙以爲印. 官與印相生. 而印又能去辰中暗土以淸官."
528) 沈孝瞻 著, 徐樂吾評註, 『子平眞詮評註』, 台北: 進源書局, 2006, 104쪽 : "印輕逢煞. 或官印雙全. 或身印兩旺而用食傷洩氣. 或印多逢財而財透. 根輕. 印格成也." 여기에서는 (라) 명조와 같이 官印相生의 무리한 적용이 확인된다.
529) 인용문에서 乙木 正印이 支藏干의 戊土 食神을 극하기 때문에 癸水 正官을 보호하기 때문에 正官이 맑게 된다는 식의 오행 해석에 동의할 수는 없으나 논지에 벗어나므로 논증을 생략한다. 다음 문헌에서 보듯이 天干의 오행이 地支 또는 支藏干의 오행을 극할 수는 없다고 보기 때문이다. 劉伯溫 著, 任鐵樵 增注, 袁樹珊 撰輯, 『滴天髓闡微』, 中華民國 進源文化事業有限公司, 2011, 118쪽: "大凡天干作用. 生則生. 剋則剋. 合則合. 沖則沖. 易於取材. 而地支作用. 則有種種不同者. 故天干易看. 地支難推.", 張楠 著, 『命理正宗-神峰通考』「動靜說」, 中華民國 進源文化事業有限公司, 2012, 21쪽: "如八字天干之甲木. 但能剋運中天干之戊土也. 不能剋巳中所藏之戊土也. ... 如運上申地支中之庚金. 亦不能攻我八字中天干所透之甲木也. 是以天干之動. 只能攻得天干之動. 不能攻地支之靜也. 明矣.", "如運上地支之庚金. 亦不能破我八字天干之甲木也. 是以地

- 228 -

月의 丙火 일간은 木·火가 용신과 희신이다.

　이 같은 주장은 관성과 인성이 火·木 또는 水·金 상생해야한다는 논자의 본 Ⅴ장 1) 절의 논증과도 배치되지만 기신과 용신의 조합은 용신과 희신의 조합과는 전혀 다른 심성이 나타난다는 점에서 위『팔자명통부평주』의 (나) 명조처럼 전형적인 관인상생격으로 보기는 어렵다.

　심지어 만육오의『삼명통회』「논여명」편에는 寅月의 己土 명조를 다음과 같이 간명하고 있다.

(마)

丁 己 甲 戊
卯 未 寅 子

　　　정월의 甲木이 왕하다. 卯未는 회국하고, 정관·편관인 남편이 많다. 子水는
　　　왕한 財가 된다. 己土가 甲木 정관과 합해 음양의 짝이 되었다. 그렇기 때문에
　　　총명하고 수려하지만 분수에 지나침이 있다. 더군다나 卯木 도삽도화530)도 있
　　　고, 己土는 관성이 아닌 寅·未中의 戊·己土인 제매에 앉았으니 어찌 정숙한
　　　부인일 수 있겠는가?531)

　寅月의 己土 일간이 丁火 편인과 甲木 정관이 火·木상생하는 전형적인 관인상생격의 명조를 두고 "분수의 지나침이 있다"고 하거나 "어찌 정숙한 부인일 수 있겠는가?"라고 심성을 단정짓는다면 이는 지나친 심성 해석의 왜곡이라고 볼 여지가 있다. 앞서 설명된『명통부』의 (나) 명조와 위 (마) 명조를 대비시켜 보면 다음과 같다.

　　支之靜. 只能攻得地支之靜. 只能攻天干之動也. 亦明矣."
530) 도삽도화(倒插桃花): 주색과 풍류를 뜻하는 신살의 하나로 卯木이 있는데 寅午戌, 酉金이 있는데 申子辰, 子水가 있는데 亥卯未, 午火가 있는데 巳酉丑이 日또는 月또는 時에 있는 것을 말한다.
531) 萬民英 著,『三命通會』「論五行」, 中華民國 武陵出版有限公司, 2011, 502쪽: " 戊子. 甲寅. 己未. 丁卯. 正月甲木旺. 卯未會局. 偏正夫多. 子上又有旺財. 己合甲官. 陰陽匹配. 故雖聰明秀麗. 不免失之於濫. 況倒插桃花. 上坐娣妹. 不是官星. 豈爲良婦."

(나) (마)
丙己甲戊　丁己甲戊
寅丑寅申　卯未寅子

 사주를 간명하는 시각의 차이를 감안 하더라도 이렇게 유사하거나 같은 구성의 사주를 두고 (나) 명조는 전형적인 관인상생격으로, (마) 명조는 "분수의 지나침이 있다"고 하거나 "어찌 정숙한 부인일 수 있겠는가?"라고 부정적인 판단을 내리고 있다. 그러나 다행스럽게도 『적천수천미』에서는 관인상생격에 관해 충분히 공감할 만한 지적을 하였는데, 그 내용은 다음과 같다.

> 명을 감정하는데 중요한 것은 관성과 인성이 상생한다고 해서 귀한 것이 아니고(非殺印相生爲貴), 관성과 인성이 모두 청하다고 해서 좋은 것도 아니며(官印雙淸爲美也), 관성과 인성이나 재관이 뚜렷하게 나타나서 사람의 눈을 끌게 하는 것도 반드시 좋은 사주가 아니다.532)

 여기서 특히 "관성과 인성이 상생한다고 해서 귀한 것이 아니다"는 표현에 대해 논자는 관성과 인성의 조합이 火·木또는 水·金이 아닌 경우를 지칭하는 것으로 이해한다. 그리고는 다음의 명조를 통해 관인상생격 심성의 품격을 설명하고 있다.533)

---

532) 袁樹珊 撰輯, 任鐵樵增注, 『滴天髓闡微』, 台北: 進源文化事業有限公司, 2011, 414쪽 : "然看命之要. 非殺印相生爲貴. 官印雙淸爲美也. 如顯然殺印財官. 動人必目者. 必非佳造."
533) 袁樹珊 撰輯, 任鐵樵增注, 『滴天髓闡微』, 台北: 進源文化事業有限公司, 2011, 299쪽 : "己土生于仲冬. 寒溼之體. 水冷木凋. 庚金又剋木生水. 似乎混濁. 妙在年干透丙. 一陽解凍. 冬日可愛. 去庚金之濁. 不特己土喜其和暖. 而甲木亦喜其發榮. 更妙戌時燥土. 砥定泛濁之水. 培其凋枯之木. 而日主根元亦固. 況甲己爲中和之合. 故處世端方. 恒存古道. 謙恭和厚. 有古君子之風."

(바)

甲 己 庚 丙
戌 亥 子 寅

관인상생격의 위 (바) 명조에 대한 심성을 "처세함이 단정했으며 항상 옛날의 법도를 준수하고 겸손하고 공경하며 마음이 온후하여 늘 군자의 풍채를 띠고 있었다"라고 덧붙이고 있다. (바) 명조는 앞서 인용된 (나) 명조와 그리고 사실상 마) 명조와도 그 구성이 대동소이하다.

이들의 공통점은 V장 1) 절에서 논자가 논증한 바 火·木이 상생하는 관인상생격이라는 점이다. 이들 (나) (마) (바) 명조의 중화용신534)이 火·木이라는 전제하에서 더욱 그 당위성이 입증된다. 이러한 관인상생격에 관한 문헌상 논의는 『자평수언』에서 비교적 완성된 모습을 갖추게 된다.

(사)

甲 己 丙 甲
子 丑 寅 子

己土가 寅月에 나와 논밭과 동산이 아직 얼어붙어 있다. 지지가 子水와 丑土로 모여 있어 축축한 土가 차갑게 엉겨 있으니, 오로지 丙火를 용신으로 삼는다. 寅月은 丙火가 처음으로 나와 그 기운이 아직 왕성하지 않은데, 寅의 宮에서 甲과 丙이 나란히 투출되어 있다. 관성이 왕성하여 인성을 낳고 이어 己土를 낳으며 연이어 동쪽과 남쪽으로 흘러가니 태평재상이다. 이것은 전에 淸 유용의 명조이다. 이른 봄에 차가운 土가 몸체이고, 관성과 인성이 용신이다. 칠살과 인성이 서로 생하는 것도 같다.535)

---

534) 본고 Ⅳ장 2절에서 논증하였다.
535) 徐樂吾, 『子平粹言』, 台北: 武陸出版社, 2014, 300쪽 : "己土生于正月. 田園猶凍. 支聚子丑. 濕土互凝. 專取丙火爲用. 正月丙火初生. 其氣未旺. 喜得寅宮甲丙並透. 官旺生印. 轉生己土. 運行東南. 太平宰相. 此爲前淸劉埔命造. 初春寒土爲體. 官印爲用. 煞印相生同."

서락오는『자평수언』의 위 인용문에서 보듯이 매우 의미있는 주장을 하고 있다. "甲과 丙이 나란히 투출되어 있다"(甲丙並透)가 그것이다. 이는 정확하게 논자의 관인상생격에 관한 논지와 부합한다. 이미 앞서 살펴 본바와 같이 관인상생격의 품격을 갖추고 있는 명조의 공통점은 火·木이 상생하는데 있다.536)

이렇듯 서로 다른 고전의 주장이나 이를 해석하는 사람의 주장에 따라 관인상생격은 일정한 정의가 되지 않은 채로 오늘날 까지 이어져 왔지만, 앞서 살펴본 것처럼 사실상 관인상생격의 개념은『자평수언』에 와서 제한적으로 정립되었다고 보는 것이 타당한 것이다. 그렇다면 丙·丁火 일간사주에서 水·木이 상생하는, 庚·辛金 일간사주에서 火·土가 상생하는, 壬·癸水 일간사주에서 土·金이 상생하는 관인상생격은 성립되지 않는다는 논자의 주장에 대한 당위성을 입증할 수 있을 것이다. 이 이론은 명리학적 심성 판단의 기준이 될 수 있기에 매우 의미가 있을 것이다. 따라서 희·용신인 오행이 火·木 또는 水·金상생해서 관인상생격이 성립되는 경우와 용신과 희신의 조합이 아닌 水·木 또는 火·土 또는 土·金이 관성과 인성이 되어 상생하는 '관인상생격'은 반드시 구분되어야 할 것이다.

3) 관인상생격사주의 중화된 심성

관인상생격은 사주의 중화를 돕는 중화용신에 해당하는 관성오행과 인성오행이 상생하여 관성은 인성을 이롭게 하고, 인성은 관성을 이롭게 하는 가운데 그 이성적 성정의 아름다움이 천간에 드러나는 구조이다.

본 항은 Ⅲ장 "이분화된 명리학적 심성의 변용과 작용"과 "Ⅳ장 "심성의 명리학적 적용"에서 논한 논자의 주장에 근거한다. 관인상생격은 甲·乙木, 戊·己土 일간에만 적용되는 개념으로 전자는 巳·午·未月의 甲·乙木 일간이 水·

---

536) 이와 같은 논리로 본다면 水·金이 상생하는 甲·乙木 日干의 경우도 같은 원리로 볼 수가 있다. 따라서 官星과 印星이 火·木 (또는 水·金)으로 각각 용신과 喜神이 되어 火·木상생하거나 水·金상생하는 官印相生格은 甲·乙木, 戊·己土 日干에만 존재한다는 사실도 입증이 가능할 것으로 보인다.

金 상생하여 관인상생격이 되는 경우이며, 후자는 亥·子·丑·寅·辰·申·酉·戌月의 戊·己土 일간이 火·木 상생하여 관인상생격이 되는 경우이다.

甲·乙木 일간의 예를 들어 천간에 표출되어 가시적으로 드러나는 이성적 심성의 성정을 살펴보면 다음과 같다. 木 일간에서 용신이 되는 水오행은 壬·癸水이며 희신이 되는 金오행은 庚·辛金이다. 巳·午·未月의 水·金오행은 서로가 서로를 필요로 한다. 이때 중화용신으로서 水·金오행은 그 오행이 지닌 순기능을 그대로 드러내는데 이는 水·金오행이 기·구신이나 한신일 경우와는 해당 오행이 처한 환경이 서로 다를 수밖에 없다. 논자는 오행의 환경이 그대로 심성으로 이어질 수밖에 없다고 본다. 따라서 해석할 오행이 중화용신에 해당된다면 이성적 심성, 그리고 기·구신에 해당된다면 감성적 심성이라고 볼 수 있는 근거가 된다.

논자는 앞서 Ⅲ장 3절 "십간과 십성의 복합적 심성작용"에 대해 논하면서 이들 오행의 속성을 바탕으로 십성을 대입하는 보다 심층적인 심성해석의 방법을 제시한 바 있다. 위 甲木 일간의 경우를 예로 들면, 인성에 해당하는 壬·癸水은 일반적으로 편인과 정인이 되지만, 논자는 식신성(壬) 편인 또는 상관성(癸) 정인이 된다고 본다. 중화용신으로서 식신성(壬)537) 편인 또는 상관성(癸) 정인은 편인과 정인이라는 아름다운 성정의 내면에 壬水와 癸水라는 오행의 속성이 가미되어 해석되어 질 수 있기에 심성 해석의 매우 중요한 요소라 할 수 있다. 따라서 성정을 읽을 경우 甲木 일간에 庚金이 편관이면 '비견성 편관'이 되며, 壬水가 편인이면 '식신성 편인'이 된다. 이들 두 오행을 천간에 모두 갖춘 사주라면 논자는 水·金이 상생하는 '비견성 편관'과 '식신성 편인'의 아름다움을 보다 분명하고 깊이 있게 독해할 수 있다고 본다. 만약 이들 오행이 기·구신으로 판명되는 사주라면 그 성정이 기·구신의 강한 오행 작용으로 인해 치우친 면이 있으므로 그 감성적 심성을 읽을 수 있다.538) 따라서 이러한 논리에 의해 甲·乙木

---

537) 庚·申金 오행을 주체로 보았을 때, 庚·申金은 比肩 또는 劫財, 壬··癸水는 食神 또는 傷官, 甲·乙木은 正財 또는 偏財, 丙·丁火는 正官 또는 偏官, 戊·己土는 正印 또는 偏印으로 볼 수 있는 근거가 된다.
538) 그러나 주변 오행과의 복잡한 生剋 작용 등으로 인한 변화는 설명에서 고려되지 않았다.

일간과 戊·己土 일간의 관인상생격의 심성을 요약하면 다음과 같다.

첫째, 관인상생격이 성립되는 巳·午·未月의 甲木 일간의 경우.

중화용신인 庚金과 壬水가 천간에 공존하여 관인상생격이 성립되면 행운에서 기·구신인 丙火와 戊土를 동시에 만나 극을 받지 않는 한 '비견성편관'과 '식신성편인'이 상생하며 이성적 성정의 아름다움이 표출된다. 즉, '의롭고 순수한(義=比劫性=庚金) 합리적 이타심(편관)'과 '지혜롭고 용의주도한 (智=食傷性=壬水) 직관(편인)'이 마음과 말과 행동에 양적 성향으로 드러난다.539) 만약 관성과 인성에 해당하는 오행이 辛金·癸水(정관·정인), 庚金·癸水(편관·정인), 辛金·壬水(정관·편인)이면 같은 방법으로 치환하면 된다. 이때 '의롭고 순수한(義=比劫性=庚金) 합리적 이타심(편관)'과 '지혜롭고 용의주도한 (智=食傷性=壬水) 직관(편인)'이라는 표현은 지극히 제한적 표현이므로 보다 구체적인 심성해석은 Ⅲ장 2절의 십간과 십성의 해석에 준한다. 乙木 일간의 해석도 이와 같다.

둘째, 관인상생격이 성립되는 亥·子·丑·寅·辰·申·酉·戌月의 戊土 일간의 경우 중화용신인 丙火와 甲木이 천간에 공존하여 관인상생격이 성립되면 행운에서 기·구신인 壬水와 庚金을 동시에 만나 극을 받지 않는 한 '편관성편인'과 '편재성편관'이 상생하며 이성적 성정의 아름다움이 표출된다. 즉, '예의롭고 반듯한(禮=官性=丙火) 직관(편인)'과 '인자하고 꼼꼼한(仁=財性=甲木) 합리적 이타심(편관)'이 마음과 말과 행동에 양적 성향으로 드러난다. 만약 관성과 인성에 해당하는 오행이 乙木·丁火(정관·정인), 甲木·丁火(편관·정인), 乙木·丙火(정관·편인)이면 같은 방법으로 치환하면 된다. 이때 '예의롭고 반듯한(禮=官性=丙火) 직관(편인)'과 '인자하고 꼼꼼한(仁=財性=甲木) 합리적 이타심(편관)'이라는 표현은 지극히 제한적 표현이므로 구체적인 심성해석은 Ⅲ장 2절의 십간과 십성의 해석에 준한다. 己土 일간의 해석도 이와 같다.

---

539) 庚金과 壬水가 天干에서 공존하고 양간이기 때문이다. 만약 辛金과 癸水의 조합이라면 천간에 가시적으로 드러난다 하더라도 그 오행의 속성이 음이기 때문에 음적 성향의 심성이 된다고 볼 수 있다. 만약 庚金과 癸水, 辛金과 壬水의 조합이라면 음·양의 복합적 성향이 혼재되어 있다고 볼 수 있을 것이다.

2. 재관상생격사주의 중화된 심성

1) 재관상생격의 성립요건

재관상생격은 丙·丁火, 庚·辛金 일간 사주에서만 성립된다. 먼저 丙·丁火 일간의 사례를 들어 주장의 타당성에 대해 논하도록 하겠다. 중화용신에 의하면 卯·巳·午·未月의 丙·丁火 일간의 경우 예외 없이 水·金이 중화용신이다. 水와 金이 천간에서 상생한다는 것은 이들 오행의 십성인 재성과 관성이 상생하므로 水·金이 상생하는 재관상생이 된다.

이처럼 水·金이 상생하는 재관상생격이 성립되기 위한 다른 조건은 이들 오행의 뿌리가 되는 지지 水·金오행540)인 亥·子·丑·辰·申·酉가 기·구신 오행 등의 방해를 받지 않고 지지에 있어야 한다는 것이다.541) 다음은 亥·子·丑·寅·辰·申·酉·戌月의 庚·辛金 일간의 예이다. 이 경우 예외 없이 火·木이 중화용신이다. 火와 木이 상생한다는 것은 이들 오행의 십성인 재성과 관성이 천간에서 상생하므로 火·木이 상생하는 재관상생이 된다.

이처럼 火·木이 상생하는 재관상생격이 성립되기 위한 또 한 가지의 조건은 이들 오행의 뿌리가 되는 지지 火·木오행542)인 寅·卯·巳·午·未·戌이 기·구신 오행 등의 방해를 받지 않고 지지에 있어야 한다.543) 그리고 이들 두 오행은, 천간은 물론 지지에서 기·구신으로부터 방해를 받지 않고 상생의 관계를 유지해야 한다. 상생하는 두 오행이 공존하므로 사주의 중화를 돕는 이들 오행을 원국에서 기·구신이 동시에 극할 수 있는 경우는 없다. 그렇기 때문에 중화

---

540) 地支 水·金五行: 地支 오행중 음기를 지닌 濕土인 辰土·丑土를 포함한 亥水·子水·申金·酉金을 지칭하는 의미로 사용하였다.
541) <표 V-2> '천간과 지지오행의 상생관계와 4 중화용신표' 참조.
542) 地支 火·木五行: 地支 오행중 양기를 지닌 燥土인 未土·戌土를 포함한 寅木·卯木·巳火·午火오행을 지칭하는 의미로 사용하였다.
543) <표 V-2> '천간과 지지오행의 상생관계와 4 중화용신표' 참조.

된 사주로 평가할 수 있다. 이상의 두 가지 사례를 명조를 통해 살펴보면 다음과 같다.

(가)   (나)
辛 丁 癸 庚   丁 庚 丙 乙
亥 未 未 申   亥 午 戌 未

가) 명조는 未月의 丁火 일간으로 水·金이 중화용신이다. 천간에서 이들 상생하는 두 오행인 재성과 관성 즉, 庚·辛金과 癸水를 방해하는 기·구신이 없고, 지지에서 중화용신인 水·金오행의 뿌리인 亥水·申金이 있는데 기·구신으로부터 방해를 받고 있지 않아서 水·金이 상생하는 재관상생격의 요건을 갖추고 있다. (나) 명조는 戌月의 庚金 일간으로 火·木이 중화용신이다. 천간에서 이들 상생하는 두 오행인 재성과 관성 즉, 乙木과 丁·丙火를 방해하는 기·구신이 없고, 지지에서 중화용신인 火·木오행의 뿌리인 午火·戌土·未土가 있는데 기·구신으로부터 방해를 받고 있지 않아서 火·木이 상생하는 재관상생격의 요건을 갖추고 있다.

그런데 일간이 甲·乙木, 戊·己土, 壬·癸水인 경우는 재관상생격이 성립되지 않는다. 재관상생격이 성립되는 위 火·金 일간에 해당하는 (가) (나)명조와의 차이점을 살펴보도록 하자.

(다)   (라)
0 甲 庚 己   0 甲 戊 庚
0 0 午 亥   0 0 子 戌

위 (다) 명조는 午月의 甲木 일간으로 중화용신은 水·金이다. 그런데 관성에 해당하는 庚金과 재성에 해당하는 己土는 희신과 기신의 조합으로서 土·金은 상생하지 않는다. 이는 용신과 희신에 해당하는 두 오행이 천간에 공존하며 사주의 중화를 도와야 성립되는 재관상생격의 조건에 부합되지 않는다. (라) 명조는 子月의 甲木 일간으로 중화용신은 火·土이다. 그런데 관성에 해당하는 庚金과 재성에 해당하는 戊土는 한신과 희신의 조합으로서 土·金은 상생하지 않는다. 이는 용신과 희신에 해당하는 두 오행이 천간에 공존하며 사주의 중화를 도와야 성립되는 재관상생격의 조건에 부합되지 않는다.

```
      (마)              (바)
   0 戊 癸 乙         0 戊 甲 癸
   0 0 未 巳         0 0 子 丑
```

위 (마) 명조는 未月의 戊土 일간으로 중화용신은 水·金이다. 그런데 재성에 해당하는 癸水와 관성에 해당하는 乙木은 용신과 한신의 조합으로서 水·木은 상생하지 않는다. 이는 용신과 희신에 해당하는 두 오행이 천간에 공존하며 사주의 중화를 도와야 성립되는 재관상생격의 조건과 부합하지 않는다. (바) 명조는 子月의 戊土 일간으로 중화용신은 火·木이다. 그런데 재성에 해당하는 癸水와 관성에 해당하는 甲木은 기신과 희신의 조합으로서 水·木은 상생하지 않는다. 이는 용신과 희신에 해당하는 두 오행이 천간에 공존하며 사주의 중화를 도와야 성립되는 재관상생격의 조건과 부합하지 않는다.

```
      (사)              (아)
   0 壬 丁 戊         0 壬 丁 己
   0 0 巳 午         0 0 丑 未
```

위 (사) 명조는 巳月의 壬水 일간으로 중화용신은 金·水이다. 그런데 재성에 해당하는 丁火와 관성에 해당하는 戊土는 기신과 구신의 조합으로서 火·土는 상생하지 않는다. 이는 용신과 희신에 해당하는 두 오행이 천간에 공존하며 사주의 중화를 도와야 성립되는 재관상생격의 조건과 부합하지 않는다. (아) 명조는 丑月의 壬水 일간으로 중화용신은 火·木이다. 그런데 재성에 해당하는 丁火와 관성에 해당하는 己土는 용신과 한신의 조합으로서 火·土는 상생하지 않는다. 이는 용신과 희신에 해당하는 두 오행이 천간에 공존하며 사주의 중화를 도와야 성립되는 재관상생격의 조건과 부합하지 않는다.

따라서 (다) (라) (마) (바) (사) (아) 명조는 水·金이 상생하거나 火·木이 상생하는 재관상생격의 요건이 성립되지 않는다. 이처럼 상생하는 두 오행이 火·木이거나 水·金이 아닌, 水·木, 火·土, 土·金은 용신과 희신의 조합이 아니므로 사주의 중화를 위해 상생할 수 없는 구조적 한계가 있음을 확인 할 수 있다. 그러므로 丙·丁火, 庚·辛金 일간에만 재관상생격이 성립될 수 있음을 입증할 수 있다.

2) 재관상생격사주의 사례와 비판

재관상생격은 본 절 1) 항에서 논증한 바에 의하면 卯·巳·午·未月의 丙·丁火와 亥·子·丑·寅·辰·申·酉·戌月의 庚·辛金 일간에만 성립된다. 전자는 水·金이 상생하는 재관상생격이며 후자는 火·木이 상생하는 재관상생격이다. 같은 재관상생격이라 하더라도 水·金이 상생하는지 火·木이 상생하는지의 여부에 따라 그 속성은 판연히 달라진다는 것을 이를 통해 확인 할 수 있다. 火(丙·丁)·木(甲·乙)이 상생하는 재관상생격은 양 오행[544]이기 때문에 그 오행의 속성이 그대로 재성과 관성의 성정으로 전이된다고 보는 입장이다. 양의 속성은 일반적으로 음에 비해 상대적으로 밝고, 음에 비해 상대적으로 긍정적일

---

[544] 丁火나 乙木은 음 오행이지만, 水·金오행과 火·木오행으로 음양을 兩分했을 때, 丁火나 乙木은 丙火, 甲木과 함께 양의 오행에 분류된다.

수 있다. 한편, 水(壬·癸)·金(庚·辛)이 상생하는 재관상생격은 음 오행이기 때문에 그 오행의 속성이 역시 재성과 관성의 성정으로 전이된다. 음의 속성은 일반적으로 양에 비해 상대적으로 어두우며 양에 비해 상대적으로 부정적일 수 있다. 그런데 명리학 고전에는 재관상생격에 관한 언급이 있지만 정확하게 이를 정의하고 있지 않다. 이는 명리학적 심성의 판단에 있어서 큰 오류로 이어질 수 있기 때문에 논자는 이들의 사례를 들어 그 오류를 논증하고 궁극적으로 본고에서 주장하는 상생3격의 성립에 관한 주장을 뒷받침하는 한편 심성판단의 기준으로 삼고자 한다.

논증을 위한 명조는 『낙록자삼명소식부주』, 『연해자평』, 『삼명통회』, 『자평진전평주』, 『명리정종』, 『적천수천미』 등에서 발췌하였다. 일찍이 서자평은 『낙록자삼명소식부주』에서 재관상생을 다음과 같이 해석하고 있다.

> 甲戌 일간이 8월에 태어나면 酉金을 세우니 酉中 辛金은 甲木에게는 왕성한 관록이다. 만약 태어난 歲時에 寅·午·戌 火局이 있는데다 다시 다른 곳에 丙·丁火가 있다하더라도 甲木의 관성인 金을 손상시키지 못하는데, 8월은 火가 死地이기 때문이다. 또, 甲戌이 태어날 때 亥卯未 木局이 있는데다 다시 歲時에 비겁인 甲·乙이 있다하더라도 甲木의 재성인 戊·己土를 빼앗을 수 없는 것은, 8월의 木은 절지이기 때문이다. 火가 있다 하더라도 관성을 손상시키지 못하고, 木이 있다 하더라도 재성을 빼앗을 수 없다함은 재·관 양자가 모두 좋은 것으로 혁혁함과 귀함을 얻기 때문이다.545)

위 인용문에 나타난 재관상생격에 관한 서자평의 주장에 의하면 酉月의 甲木일간 사주는 원국에 火氣가 있어도 酉月은 火의 사지이기 때문에 '용신'인 辛金 정관을 손상시키지 못하고, 비겁인 甲·乙木이 많아도 木은 절지이기 때문에 戊

---

545) 徐子平 著, 王廷光·李同·釋曇瑩 註, 趙子澤 解, 『珞琭子三命消息賦諸家註』, 香港 聚賢館文化有限公司, 2007, 176~177쪽: "如甲戌人八月生建酉. 酉中建辛. 辛爲甲之旺官祿. 若當生歲時居寅午戌火局. 更別位有丙丁火. 亦不能損甲之官祿. 以八月火死故也. 或當生歲時居亥卯未木局. 更或別位有甲乙木. 亦不能奪甲之財帛. 以八月木絶故也. 有火不能損官祿. 有木不能劫財帛. 是財官兩喜(善) 爲赫奕之尊. 固其宜也."

·己土 재성을 극할 수 없어서 土·金 즉, 재성과 관성인 양자가 모두 좋다(兩喜)는 재관상생격으로 풀이하고 있다. 논자가 본 장 2절 1)항에서 甲·乙木 일간 사주에서 土·金이 상생하는, 戊·己土 일간 사주에서 水·木이 상생하는, 壬·癸水 일간 사주에서 火·土가 상생하는 재관상생격이 성립하지 않음을 논증하였다. 재관상생격은 오로지 丙·丁火 일간과 庚·辛金 일간 사주에서만 성립된다. 따라서 위 인용문에서 서자평이 주장한 土·金 상생의 재관상생격이 중화용신의 관점에서 어떠한 이유로 재관상생격으로 성립되지 않는지에 대해 논증하도록 하겠다.

『연해자평』에서는 "癸日生이 巳月에 태어나면 재관쌍미이다. ... 癸日生에게 있어서 戊土는 관성이고, 丙火는 재성이다. 丙火와 戊土의 록(祿)은 巳火에 있기 때문에 재성와 관성이 모두 아름답다고 하는 것이다"[546] 라고 하였는데 여기서도 癸水 일간 사주에서 丙火 정재와 戊土 정관이 火·土 상생함을 두고 재관상생이라고 주장하고 있다. 『연해자평』의 재관쌍미라는 표현은 "재성와 관성이 모두 아름답다"(財官雙美)고 한 것으로 보아 그 뜻이 재관상생과 대동소이한 것으로 보인다. 이를 명조로 재구성해 보면 다음과 같다.

(가)

戊 癸 0 丙
0 0 巳 0

巳月의 癸水 일간 사주에서 戊土 정관과 丙火 정재는 매우 강한 힘을 얻고 있다. 인용문에서 "丙火와 戊土의 록은 巳火에 있기 때문에 재성와 관성이 모두 아름답다고 하는 것"은 적절하지 못한 표현이라고 보아야한다. 왜냐하면 巳月

---

[546] 徐升 編, 唐錦池 著, 『淵海子平』, 中華民國 進源文化事業有限公私, 2011, 82쪽: "癸日生向巳宮. 乃是財官雙美. ... 癸日以戊爲官. 丙爲財. 乃丙戊祿在巳也. 故曰財官雙美."

의 癸水 일간 입장에서는 戊土 정관과 丙火 정재의 작용으로 인해 사주의 중화가 크게 흐트러지기 때문이다. 사주가 어느 특정 오행으로 인해 치우치는 것을 아름답다고 하는 표현이 가능한 것인가? 한 가지 사례를 더 살펴보도록 하겠다.

(나)
丙庚丙甲
子子寅午

이 명조는 庚金 일간이 신약한데 寅午火局에다 월령에서 丙寅 편관을 본다. 時 또한 丙子로, 丙火가 庚金을 극하고, 金은 子水 死地이다. 庚金이 신약하고 丙火 편관이 旺한데 이를 다스릴 수도 없으니 병과 가난으로 인해 박복할 따름이다.547)

위 명조의 해설은 다음 두 가지의 이유로, 격국론적 사주해석의 모순을 적나라하게 보여준다.

첫째, 庚金 일간은 약하지 않다. 비록 사주 원국에 일간을 제외한 비겁오행은 없지만, 아직 추운 계절의 寅月 庚金은 두 子水가 있으므로 냉하다. 지지 모두가 火·木의 기운으로 채워지지 않는 한, 庚金 일간은 강하다. 왜냐 하면, 중화용신의 관점에서 보았을 때, 寅月의 庚金은 희·용신인 火·木오행에 의해 중화를 기대 할 수가 있는 바, 그렇다면 金·水오행이 기·구신이며, 모든 경우에 있어서 기·구신에 해당하는 오행은 강하기 때문이다.

둘째, 위 사주는 전형적인 재관상생의 격을 갖춘 좋은 명조이다. 주에는 "편관이 중첩(重)되고 일간은 약(輕)하다"(此言殺重身輕)라고 풀이하고 있지만, 오히려 寅月의 庚金이 火·木오행 즉, 丙火 편관과 甲木 편재를 얻어 火·木이 상생

---

547) 徐升 編, 唐錦池 著, 『淵海子平』, 中華民國 進源文化事業有限公私, 2011, 99쪽: "此命身弱. 見火局. 又見月令丙寅七殺. 時又見丙子. 火剋庚金. 金死於子. 身弱殺旺. 又無制伏. 宜乎帶病貧薄."

하는 재관상생의 격을 갖춘 아름다운 명조로 보는 것이 옳다고 보아야 한다. 이와 같이 『연해자평』에서 주장하는 재관상생격은 그 개념과 정의가 모호하고 나) 명조에서 보듯이 전형적인 재관상생격의 중화된 사주로 평가할 수 있는 명조를 거의 반대로 해석하고 있다는 것을 확인할 수 있다.

이 같은 사례는 『삼명통회』에서도 예외가 아니다.

다)
癸 壬 丁 己
卯 午 卯 丑

「계선」편에 이르기를 "육임이 午의 자리에 임해서 生하는 것을 '록마동향'548)이라 하고, 癸日에 巳宮을 향해 있으면 곧 재관쌍미이다."라고 하였다. 祿은 곧 官이고 재는 곧 馬이니 두 구는 똑 같이 한 뜻이다. 壬은 丁火로써 財馬를 삼고 己土로써 관록을 삼으니 모두 午에서 녹을 받는다. 癸는 丙火로써 정재를 삼고 戊土로 정관을 삼으니 모두 巳에서 녹을 받는다. 인명이 녹마와 재관을 겸하여 온전히 얻기를 어려우니 하물며 自坐(앉은자리) 支下가 귀함이 됨에 있어서랴. 549)

이는 위 『연해자평』의 (가) 명조와 논리의 전개가 대동소이하다. 그러나 壬·癸水 일간 사주에서 火·土가 상생해서 재관상생격이 성립하지 않는다. 사주의 중화를 돕는 상생의 구조가 아니기 때문이다. 따라서 인성이 미미한 卯月의 허약한 壬水 일간 사주가 丁火 성재와 己土 성관으로 인해 더욱 중화에서 멀어지

---

548) 祿馬同鄉: 사주 내에서 正官과 財星이 있는 것이다. 녹마동향이 되는 것은 壬午, 癸巳日이고 日支의 오행이 財官이 되는 것은 대체로 人命의 至福을 상징하는 것이 된다. 壬午日은 녹마동향일의 하나로 이것은 午의 藏干에 己와 丁이 있는데 壬의 日干에서 보아 각각 正官과 正財에 해당한다. 남자 사주에서는 正妻가 그 지위를 얻는 것이 되고 여자 사주에서는 正夫가 지위를 얻는다고 본다. 『역학사전』, 백산출판사, 2006, 305쪽.

549) 萬民英 著, 『三命通會』, 台北: 武陸出版有限公司, 2011, 410쪽: "繼善篇云. 六壬生臨午位,. 號曰祿馬同鄉. 癸日坐向巳宮. 乃是財官雙美. 祿即官. 財即馬. 二句同一義也. 壬以丁火爲財馬. 己土爲官祿. 俱祿於午. 癸以丙火爲正財. 戊土爲正官. 俱祿於巳. 人命祿馬財官. 難得兼全. 況自坐支下. 所以爲貴"

고 있는데 재관쌍미라고 한 것은 무리한 주장으로 볼 수 있다. 또,『삼명통회』,「부론묘운」에서는 다음과 같이 재관상생격을 설명하고 있다.

(라)

癸 丙 丙 丙
巳 申 申 申

"丙申, 丙申, 丙申, 癸巳는 丙火는 癸水를 정관으로 삼는데 癸水 정관이 巳火에 임했다. 용신(=容身)이 귀인을 깔고 앉아서 재관쌍미를 얻었다. 고로 소년 급제하고 중년에 재상이 되었다."550)

申月의 丙火 일간 사주가 일점 인성이 없는 태약한 사주이다. 인성이 없는 천간의 두 비겁과 시지의 巳火는 큰 힘이 없다. 이렇게 태약하여 중화에서 멀어진 사주를『삼명통회』에서는 '용신'인 癸水 정관이 申金을 깔고 앉아 있다는 이유로 재관쌍미라고 평가한 것으로 해석된다.

이상 두 가지 사례에서 보여 지는『삼명통회』에서의 재관쌍미 즉, 재관상생격은 서로 의미가 다르거나 그 개념이 일치되어 있다고 보기 어렵다.

그런데『자평진전평주』에서는 "예컨대 辛金 일간이 寅月에 출생하였는데 甲木 정재와 丙火 정관이 모두 천간에 투출하면 정재와 정관이 모두 상생하여 상득이 된다"551)라고 주장하는데 천간에서 상생하는 두 오행인 甲木 정재와 丙火 정관을 두고 서로 득이 되어 재성과 관성이 상생한다고 한 점으로 보아 논자가 주장하고 논증한 재관상생격에 근접한 표현으로 보이며 또한 火·木이 상생하는 재관상생격이라는 점에서 더욱 그러하다. 이는 위『연해자평』의 나) 명조의 주장과 거의 일치한다. 그러나『연해자평』에서는 위 관인상생격에 관한『자평진전평주』의 개념과는 전혀 다르게 풀이하고 있다. 다시 말해 같거나 거의 비슷

---

550)『三命通會』, 附論墓運 : "丙申. 丙申. 丙申. 癸巳. 丙以癸正官. 癸官臨巳. 用神坐貴. 得財官雙美. 故少年及第. 中年拜相."
551) 沈孝瞻 著, 徐樂吾評註,『子平眞詮評註』, 台北: 進源書局, 2006, 129쪽 : "如辛生寅月. 甲丙竝透. 財與官相生."

한 사례를 두고 『연해자평』에서는 부정적인, 그러나 『자평진전평주』에서는 매우 이상적인 재관상생격으로 높이 평가하고 있다. 한편, 張楠(장남)의 『명리정종』에서의 재관쌍전격으로 예시된 명조는 다음과 같다.

      (마)   (바)
    庚 壬 乙 己 丁 癸 乙 甲
    子 午 亥 卯 巳 巳 亥 午

  옛날 賦에 이르기를, 재관쌍미격은 壬午日과 癸巳日生을 말하는데 金水의 기가 강한 가을과 겨울에는 길하지만 木·火의 기가 강한 봄과 여름은 이를 꺼린다. … 이를 두고 볼 때, 壬午日과 癸巳日生이 亥子月에 태어나 水氣가 강한 월령과 통하면 녹왕지에 들기 때문에 재성과 관성을 만나면 기뻐하며 부귀를 얻는다.552)

『명리정종』에서 주장하는 위 인용문에서, 비록 재관쌍미격을 壬午日과 癸巳日生에 국한하고 있는데 "金·水의 기가 강한 가을과 겨울에는 길하지만"이라고 한 점과 "木·火의 기가 강한 봄과 여름은 이를 꺼린다"라고 한 점을 고려하면 예로 든 亥月의 壬水 일간인 (마) 명조와 亥月의 癸水 일간인 (바) 명조는 공히 전자에 부합된다. 그런가 하면, 인용문 말미의 "재성과 관성을 만나면 기뻐하며 부귀를 얻는다"(喜見財官. 主富貴)는 구절은 재관쌍미격으로 본 것이라 판단된다.

  그런데 논자가 논증한 중화용신에 의하면 (마) (바) 명조는 일간이 壬·癸水 오행이므로 재성과 관성은 각각 火·土오행이며 용신과 희신의 조합은 亥月의 壬·癸水 일간은 火·木이 사주의 중화를 돕는 중화용신이다. 『명리정종』의 주장

---

552) 張楠 著, 『命理正宗-神峰通考』 「財官雙美格」, 中華民國 進源文化事業有限公司, 2012, 189~191쪽: "蓋古賦云: 壬午·癸巳二日. 同一財官雙全美也. 喜生秋冬. 通金水月氣. 忌生春夏通木火月氣. … 由此觀之. 如此二日生亥子月正通水月氣. 根源見水通之謂也. 身臨祿旺. 喜見財官. 主富貴."

에 의하면 (마) 명조는 년간 己土와 일지 午火가 이에 해당한다. 또, (바) 명조는 시간 丁火와 戊·己土가 이에 해당한다.

그러나 이는 앞서 『자평진전평주』의 "예컨대 辛金 일간이 寅月에 출생하였는데 甲木 정재와 丙火 정관이 모두 천간에 투출하면 정재와 정관이 모두 상생하여 상득이 된다"553)는 점을 상기한다면 『명리정종』에서의 재관상생격의 주장은 어느 한 쪽도 이에 부합하지 않는다. 심지어 (바) 명조는 亥月의 癸水 일간이 중화용신인 甲·乙木인 식신과 상관을 얻고 다시 丁火 편재를 얻어 양자가 아름다운 온전한 식신생재격이 된다. 따라서 『명리정종』에서 주장하는 재관쌍미격은 여타 재관상생격과 그 개념이 다르거나 일치하지 않는다고 볼 충분한 이유가 있다.

그런데 『적천수천미』에서는 서락오가 주장하는 『자평진전평주』의 재관상생격의 개념554)과 유사한 사례를 찾아 볼 수가 있으나 용신의 개념이 서로 달라 단순 비교는 어렵지만 살펴보면 다음과 같다.

(사)

丙 庚 甲 壬
戌 午 辰 辰

논자의 견해로 이 명조는 전형적인 재관상생격으로 보기 어렵다. 辰月의 庚金이 火·木 중화용신으로 마침 천간에 甲木 편재가 丙火 편관과 火·木 상생을 하고 있고 또, 지지에 이들 중화용신의 근이 되는 午火와 戌土가 있다는 점만 보면 재관상생격의 조건에 부합된다.555) 그러나 용신인 丙火 편관을 극할 수 있는

---

553) 沈孝瞻 著, 徐樂吾評註, 『子平眞詮評註』, 台北: 進源書局, 2006, 129쪽 : "如辛生寅月. 甲丙竝透. 財與官相生."
554) 沈孝瞻 著, 徐樂吾評註, 『子平眞詮評註』, 台北: 進源書局, 2006, 129쪽 : "如辛生寅月. 甲丙竝透. 財與官相生."
555) 본고 Ⅴ장 2절의 주장에 論據한다.

壬水 식신이 있어서, 만약 행운으로부터 甲木 편재를 극하는 庚金을 만나면 천간의 희·용신인 재성과 관성이 동시에 극을 당할 수 있으므로 온전한 구성을 갖춘 재관상생격이 될 수 없을 것이다. 이에 대한 『적천수천미』의 해설556)은 甲木 편재를 객신으로 보고 있고 사주 원국의 중화를 간과하고 있는 것으로 보인다. 또, 무리하게 행운의 해석에 매달려 길흉을 판단 한 것으로 논자는 보고 있다. 壬水가 甲木을 생하기 때문에 丙火가 극을 받지 않는다는 논리는 동의하기가 어렵다. 만약 丙火가 없다고 가정할 경우 壬水는 甲木을 水生木 또는 水·木 상생할 수 있는가? 辰月의 甲木은 더 이상 水氣를 필요로 하지 않는다. 따라서 壬水는 丙火를 극할 수 있으며, 단지 丙火는 甲木과 火·木 상생해서 壬水의 극으로부터 사주의 중화를 돕는 오행 작용을 한다고 보는 것이 타당할 것이다. 따라서 水·木상생 즉, 壬水와 甲木이 水·木 상생하는 것은 불가하다. 만약, 『적천수천미』의 위 인용문의 명조에서 년간에 壬水 대신 용신과 희신 오행인 丙火·丁火·甲木·乙木이나 한신인 戊·己土라고 가정하면 전형적인 재관상생격의 성립 조건을 갖춘 것으로 볼 수 있을 것이다.

이와 유사한 사례는 「소아」편에도 다음과 같이 확인된다.

(아)

辛 丙 己 癸
卯 寅 未 丑

未月의 丙火 일간 사주에서 癸水 정관과 辛金 정재가 水·金상생해서 사주의 중화를 돕는 재관상생격으로 보이는 듯하지만, 이 명조 역시 위 (바) 명조의 구성처럼, 기신인 己土 상관이 용신인 癸水 정관을 극하고 있고 이들 중화용신의

---

556) 袁樹珊 撰輯, 任鐵樵增注, 『滴天髓闡微』, 台北: 進源文化事業有限公司, 2011, 402쪽: "庚午日元. 生于辰月戊時. 春金殺旺. 用神在土. 月干甲木. 本是客神. 得兩辰蓄水藏木. 不但遊六經. 而且入五臟. 且年干壬甲相生. 不剋丙火. 初運南方生土. 所以脾胃無病. 然熬水煉金. 而患弱症. 至戊申運. 土金並旺. 局中以木爲病. 木主風. 金能剋木. 按運己酉庚戌三十載. 發財十餘萬. 辛亥運. 金不通根. 水得長生. 忽患風疾而卒."

근이 되는 년지의 丑土가 未土로부터 일방적인 충을 받고 있어서 뿌리가 되어 주기는 어렵다. 사주 통변에 있어서 길흉이나 심성의 해석은 논리적 일관성이 있어야한다. 그러나 위 (아) 명조에 대한『적천수천미』의 해설557)에서 癸水 정관과 辛金 정재를 용신으로 보아 재성과 관성을 쓴다는 것 까지는 동의 할 수 있으나 己土 상관을 희신으로 쓴다는 점은(財官爲用. 傷官爲喜) 용신과 희신의 개념의 여부를 떠나 그 논리성을 찾기 어렵다고 볼 수 있다. 己土 상관이 辛金 정재를 생해 土生金하고, 辛金 정재는 癸水 정관을 생해 金生水 한다는 것은 위 (사) 명조의 사례와 같은 이유로 전형적인 도식화된 생의 논리라고 볼 수 있기 때문이다. 이러한 식의 생극의 논리가 성립하려면 "천간에 己土가 癸水를 극하고"(然己土當頭. 傷癸.)라는 표현은 쓰지 말았어야 할 것이다. 따라서 "己土 상관이 辛金 정재를 생해 土生金한다"는 식의 기신과 희신과의 土生金 또는 土·金 상생은 火·木과 水·金이 상생하는 바와 구분되어 이해되어야 할 필요가 있다.

지금까지 살펴본 바에 의하면『연해자평』의 "재성과 관성이 공히 아름답다"고 하는 재관쌍미"558)나『자평진전평주』의 "정재와 정관이 모두 상생하여 상득이 된다"559) 등에서 재관상생격의 개념에 대한 보다 진전된 내용이 확인되지만 이들 상생하는 재성과 관성 오행이 火·木 또는 水·金이 상생해야만 온전한 의미의 재관상생격이 될 수 있다는 논자의 논지를 충족시켜주지는 못한다. 이렇듯 서로 다른 고전의 주장이나 이를 해석하는 사람의 주장에 따라 재관상생격은 일정하게 정의 되지 않은 채 오늘날 까지 이어져 왔지만 사실상 재관상생격의 개념만 두고 본다면 서락오의『자평진전평주』에 와서 제한적으로나마 정립되었다

---

557) 袁樹珊 撰輯, 任鐵樵增注,『滴天髓闡微』, 台北: 進源文化事業有限公司, 2011, 293쪽 : "此則日坐長生. 又生夏令. 財官爲用. 傷官爲喜. 傷生財. 財又生官. 似乎生化有情. (中略) 此則財絶官休. 恐難厚享. 癸水官星生未月. 火土熯乾. 餘氣在丑. 蓄水藏金. 然己土當頭. 傷癸. 丑未沖去金水根源. 時上辛又臨絶. 雖有若無. 焉能生遠隔之水. 則己土亦不能生隔絶之金."
558) 徐升 編, 唐錦池 著,『淵海子平』, 中華民國 進源文化事業有限公私, 2011, 82쪽: "故曰:財官雙美."
559) 沈孝瞻 著, 徐樂吾評註,『子平眞詮評註』, 台北: 進源書局, 2006, 129쪽 : "財與官相生."

고 보는 것이 타당할 것이다. 그렇다면 甲·乙木 일간사주에서 土·金이 상생하는, 戊·己土 일간사주에서 水·木이 상생하는, 壬·癸水 일간사주에서 火·土가 상생하는 재관상생격은 성립되지 않는다는 논자의 주장을 입증할 수 있을 것이다.

이 같은 이론은 명리학적 심성 판단의 기준이 될 수 있으므로 매우 의미 있다. 희·용신인 오행이 火·木 또는 水·金상생해서 재관상생격이 성립되는 경우와 용신과 희신의 조합이 아닌 水·木 또는 火·土 또는 土·金이 재성과 관성이 되어 상생하는 '재관상생격'은 반드시 구분되어야 하는 이유가 여기에 있다.

3) 재관상생격사주의 중화된 심성

재관상생격은 사주의 중화를 돕는 중화용신에 해당하는 재성오행과 관성오행이 상생하여 재성은 관성을 이롭게 하고, 관성은 재성을 이롭게 하는 가운데 그 이성적 성정의 아름다움이 천간에 드러나는 구조이다.

본 항은 Ⅲ장 "심성의 명리학적 작용"과 "Ⅳ장 "심성의 명리학적 적용"에서 제기한 논자의 주장에 근거한다. 재관상생격은 丙·丁火, 庚·辛金 일간에만 적용되는 개념으로 전자는 卯·巳·午·未月의 丙·丁火 일간이 水·金 상생하여 재관상생격이 되는 경우이며, 후자는 亥·子·丑·寅·辰·申·酉·戌月의 庚·辛金 일간이 火·木 상생하여 재관상생격이 되는 경우이다.

丙·丁火 일간의 예를 들어 천간에 표출되어 가시적으로 드러나는 이성적 심성의 성정을 살펴보면 다음과 같다. 火 일간에서 용신이 되는 水오행은 壬·癸水이며 희신이 되는 金오행은 庚·辛金이다. 卯·巳·午·未月의 水·金오행은 서로가 서로를 필요로 한다. 이때 중화용신으로서 水·金오행은 그 오행이 지닌 순기능을 그대로 드러내는데, 이는 水·金오행이 기·구신이나 한신일 경우와는 해당 오행이 처한 환경이 서로 다를 수밖에 없다. 그렇다면 이러한 오행의 환경이 그대로 심성으로 이어질 수밖에 없다는 것이 논자의 견해이다. 따라서 해석할 오행이 중화용신에 해당된다면 이성적 심성, 그리고 기·구신에 해당된다면 감성적 심성이라고 볼 수 있다.

논자는 앞서 Ⅲ장 3절 "십간과 십성의 복합적 심성작용"에 대해 논하면서 이들 오행의 속성을 바탕으로 십성을 대입하는 보다 심층적인 심성해석의 방법을 제시한 바 있다. 그렇다면 위 丙火 일간의 경우를 예로 들면, 관성에 해당하는 壬·癸水는 일반적으로 편관과 정관이 되지만 논자가 주장하는 바에 의하면 식신성(壬) 편관 또는 상관성(癸) 정관이 된다. 중화용신으로서 식신성(壬)560) 편관 또는 상관성(癸) 정관은 편관과 정관이라는 아름다운 성정의 내면에 壬水와 癸水라는 오행의 속성이 가미되어 있다는 것으로 심성 해석의 매우 중요한 요소라 할 수 있다. 따라서 성정을 읽을 경우 丙火 일간에 壬水가 편관이면 '식신성 편관'이 되며, 庚金이 편재면 '비견성 편재'가 된다.

이들 두 오행을 천간에 모두 갖춘 사주라면 水·金이 상생하는 '식신성 편관'과 '비겁성 편재'의 아름다움을 깊이 있게 독해할 수 있다. 만약 이들 오행이 기·구신으로 판명되는 사주라면 그 성정이 기·구신의 오행 작용으로 인해 강하고 치우친 면이 있으므로 그 감성적 심성을 읽을 수 있다.561) 따라서 이러한 논리에 의해 丙·丁火 일간과 庚·辛金 일간의 재관상생격의 심성을 요약하면 다음과 같다.

첫째, 재관상생격이 성립되는 卯·巳·午·未月의 丙火 일간의 경우, 중화용신인 庚金과 壬水가 천간에 공존하여 재관상생격이 성립되면 행운에서 기·구신인 戊土와 丙火를 동시에 만나 극을 받지 않는 한 '비견성편재'와 '식신성편관'이 상생하며 이성적 성정의 아름다움이 표출된다. 즉, '의롭고 순수한(義=比劫性=庚金) 정확한 판단(편재)'와 '지혜롭고 용의주도한 (智=食傷性=壬水) 합리

---

560) 庚·申金 오행을 주체로 보았을 때, 庚·申金은 比肩 또는 劫財, 壬··癸水는 食神 또는 傷官, 甲·乙木은 正財 또는 偏財, 丙·丁火는 正官 또는 偏官, 戊·己土는 正印 또는 偏印으로 볼 수 있는 근거가 된다.
561) 그러나 주변 오행과의 복잡한 生剋 작용 등으로 인한 변화는 설명에서 고려되지 않았다.

적 이타심(편관)'이 마음과 말과 행동에 양적 성향으로 드러난다.562) 만약 재성과 관성에 해당하는 오행이 辛金·癸水(정재·정관), 庚金· 癸水(편재·정관), 辛金·壬水(정재·편관)이면 같은 방법으로 치환하면 된다. 이때 '의롭고 순수한(義=比劫性=庚金) 정확한 판단(편재)'과 '지혜롭고 용의주도한 (智=食傷性=壬水) 합리적 이타심(편관)'이라는 표현은 지극히 제한적 표현이므로 보다 구체적인 심성해석은 Ⅲ장 2절의 십간과 십성의 해석에 준한다. 丁火 일간의 해석도 이와 같다.

둘째, 재관상생격이 성립되는 亥·子·丑·寅·辰·申·酉·戌月의 庚金 일간의 경우, 중화용신인 丙火과 甲木이 천간에 공존하여 재관상생격이 성립되면 행운에서 기·구신인 壬水와 庚金을 동시에 만나 극을 받지 않는 한 '편관성편재'과 '편재성편재'가 상생하며 이성적 성정의 아름다움이 표출된다. 즉, '예의롭고 반듯한(禮=官性=丙火) 정확한 판단(편재)'과 '인자하고 꼼꼼한(仁=財性=甲木) 합리적 이타심(편관)'이 마음과 말과 행동에 양적 성향으로 드러난다.563) 만약 재성과 관성에 해당하는 오행이 丁火·乙木(정관·정재), 丙火·乙木(편관·정재), 丁火·乙木(정관·정재)이면 같은 방법으로 치환하면 된다. 이때 '예의롭고 반듯한(禮=官性=丙火) 정확한 판단(편재)'과 '인자하고 꼼꼼한(仁=財性=甲木) 합리적 이타심(편관)'이라는 표현은 지극히 제한적 표현이다. 따라서 보다 구체적인 심성해석은 Ⅲ장 2절의 십간과 십성의 해석에 준한다. 辛金 일간의 해석도 이와 같다.

---

562) 庚金과 壬水가 天干에서 공존하고 양간이기 때문이다. 만약 辛金과 癸水의 조합이라면 天干에 가시적으로 드러난다 하더라도 그 오행의 속성이 陰이기 때문에 음적 성향의 심성이 된다고 볼 수 있다. 만약 庚金과 癸水, 辛金과 壬水의 조합이라면 음·양의 복합적 성향이 혼재되어 있다고 볼 수 있을 것이다.
563) 庚金과 壬水가 天干에서 공존하고 양간이기 때문이다. 만약 辛金과 癸水의 조합이라면 天干에 가시적으로 드러난다 하더라도 그 오행의 속성이 음이기 때문에 음적 성향의 심성이 된다고 볼 수 있다. 만약 庚金과 癸水, 辛金과 壬水의 조합이라면 음·양의 복합적 성향이 혼재되어 있다고 볼 수 있을 것이다.

3. 식신생재격사주의 중화된 심성

   1) 식신생재격의 성립요건

식신생재격564)은 甲·乙木, 戊·己土, 壬·癸水 일간 사주에서만 성립된다. 먼저 甲·乙木 일간의 사례를 들어 주장의 타당성에 대해 논하도록 하겠다. 중화용신에 의하면 亥·子·寅·卯月의 甲·乙木 일간의 경우 예외 없이 火·土가 중화용신이다. 火와 土가 상생한다는 것은 이들 오행의 십성인 식신 또는 상관과 재성이 상생한다는 의미이다.

이처럼 火·土가 상생하는 식신생재격이 성립되기 위한 다른 조건은 이들 오행의 뿌리가 되는 지지 火·土오행565)인 寅·巳·午·未·戌이 기·구신 오행 등의 방해를 받지 않고 지지에 있어 주어야 한다.566)

다음은 巳·午·未月의 戊 己土 일간의 예이다 이 경우 예외 없이 水·金이 중화용신이다. 水와 金이 천간에서 상생한다는 것은 이들 오행의 십성인 식신 또는 상관이 재성과 상생하므로 水·金이 상생하는 식신생재격이 된다. 이처럼 水·金이 상생하는 식신생재격이 성립되기 위한 또 한 가지의 조건은 이들 오행의 뿌리가 되는 지지 水·金오행567)인 亥·子·丑·辰·申·酉가 기·구신 오행 등의 방해를 받지 않고 지지에 있어 주어야 한다.568) 그리고 두 오행은, 천간은

---

564) 食神生財格: 食神星과 財星이 상생관계를 이루어 서로 도와 사주의 중화를 꾀한다는 食神生財格은 전통적인 명칭이다. "食神(傷官)財相生格"이 정확한 표현이라 하겠으나 관례상 "食神生財格"으로 통일한다. 亥·子·寅·卯月의 甲·乙木 일간이 火·土가 용신과 喜神이 되는 경우를 제외하고는 食神生財格 뿐만 아니라 官印相生格·財官相生格은 모두 火·木과 水·金이 상생하는 구조이다. 고인들은 예외적으로 위 食神生財格의 火·土를 '상생'의 범주에 포함하였던 것으로 본다. 그러므로 엄밀한 의미에서는 亥·子·寅·卯월의 甲·乙木 일간이 火·土가 용신과 喜神이 되어 食神生財格이 되는 경우는 巳·午·未월의 戊·己土 일간이 水·金이 용신과 喜神이되어 食神生財格이 되는 경우, 또는 여타 官印相生格·財官相生格에서 火·木과 水·金이 용신과 喜神이 되어 相生格이 성립되는 경우와 구분할 필요는 있다.
565) 地支 火·土五行: 地支 오행중 양기를 지닌 燥土인 戌土·未土를 포함한 寅木·巳火·午火를 지칭하는 의미로 사용하였다. 火·土가 중화용신일 경우, 卯木은 구신이 되므로 이에 포함되지 않는다.
566) <표 V-2> '천간과 지지오행의 상생관계와 4 중화용신표' 참조.
567) 地支 水·金五行: 地支 오행중 음기를 지닌 濕土인 辰土·丑土를 포함한 亥水·子水·申金·酉金을 지칭하는 의미로 사용하였다.
568) <표 V-2> '천간과 지지오행의 상생관계와 4 중화용신표' 참조.

물론 지지에서 기·구신으로부터 방해를 받지 않고 상생의 관계를 유지해야 한다.

다음은 亥·子·丑·辰·申·酉·戌月의 壬·癸水 일간의 예이다. 이 경우 예외 없이 火·木이 중화용신이다. 火와 木이 천간에서 상생한다는 것은 이들 오행의 십성인 식신 또는 상관이 재성과 상생하므로 火·木이 상생하는 식신생재격이 된다는 의미이다. 이처럼 火·木이 상생하는 식신생재격이 성립되기 위한 또 하나의 조건은 이들 오행의 뿌리가 되는 지지 火·木오행569)인 寅·卯·巳·午·未·戌이 기·구신 오행 등의 방해를 받지 않고 지지에 있어 주어야 한다.570) 그리고 이들 두 오행은 천간은 물론 지지에서 기·구신으로부터 방해를 받지 않고 상생의 관계를 유지해야한다. 상생하는 두 오행이 공존하므로 사주의 중화를 돕는 이들 오행을 원국에서 기·구신이 동시에 극할 수 있는 경우는 없다. 그렇기 때문에 중화된 사주로 평가할 수 있다.

이상의 세 가지 사례를 명조를 통해 살펴보면 다음과 같다.

```
   (가)              (나)              (다)
 丙 甲 戊 庚        辛 戊 癸 辛        丁 癸 丁 乙
 寅 戌 子 戌        酉 申 巳 亥        巳 未 亥 卯
```

(가) 명조는 子月의 甲木 일간으로 火·土가 중화용신이다. 천간에서 이들 상생하는 두 오행인 식신과 편재 즉, 丙火와 戊土를 방해하는 기·구신이 없고, 지지에서 중화용신인 火·土오행의 뿌리인 寅木·戌土가 있는데 기·구신으로부터 방해를 받고 있지 않아서 火·土가 상생하는 식신생재격의 요건을 갖추고 있다.

(나) 명조는 巳月의 戊土 일간으로 水·金이 중화용신이다. 천간에서 이들 상생하는 두 오행인 상관과 정재 즉, 辛金과 癸水를 방해하는 기·구신이 없고, 지

---

569) 地支 火·木五行: 地支 오행중 양기를 지닌 燥土인 未土·戌土를 포함한 寅木·卯木·巳火·午火를 지칭하는 의미로 사용하였다.
570) <표 V-2> '천간과 지지오행의 상생관계와 4 중화용신표' 참조.

지에서 중화용신인 水·金오행의 뿌리인 酉金·申金·亥水가 있는데 기·구신으로부터 방해를 받고 있지 않아서571) 水·金이 상생하는 식신생재격의 요건을 갖추고 있다.

(다) 명조는 亥月의 癸水 일간으로 火·木이 중화용신이다. 천간에서 이들 상생하는 두 오행인 식신과 편재 즉, 乙木과 丁火를 방해하는 기·구신이 없고, 지지에서 중화용신인 火·木오행의 뿌리인 巳火·未土·卯木이 있는데 기·구신으로부터 방해를 받고 있지 않아서572) 火·木이 상생하는 식신생재격의 요건을 갖추고 있다.

그런데 일간이 丙·丁火, 庚·辛金인 경우는 식신생재격이 성립되지 않는다. 식신생재격이 성립되는 위 木·土·水 일간에 해당하는 (가) (나) (다)명조와의 차이점을 살펴보도록 하겠다.

(라)   (마)

０ 丙 辛 己   ０ 丙 戊 庚

０ ０ 未 亥   ０ ０ 子 申

위 (라) 명조는 未月의 丙火 일간으로 중화용신은 水·金이다. 그런데 상관에 해당하는 己土와 정재에 해당하는 辛金은 기신과 희신의 조합으로서 土·金은 상생하지 않는다. 이는 용신과 희신에 해당하는 두 오행이 천간에 공존하며 사주의 중화를 도와야 성립되는 식신생재격의 조건에 부합하지 않는다.

(마) 명조는 子月의 丙火 일간으로 중화용신은 木·火이다. 그런데 식신에 해당하는 戊土와 편재에 해당하는 庚金은 한신과 기신의 조합으로서 土·金은 상생하지 않는다. 이는 용신과 희신에 해당하는 두 오행이 천간에 공존하며 사주의 중화를 도와야 성립되는 식신생재격의 조건에 부합하지 않는다.

---

571) 年支 亥水가 月支 巳火와 마주하고 있지만 日·時支의 申金·酉金으로 인해 일방적인 巳亥沖을 받고 있는 것으로 보기는 어렵다.
572) 地支의 忌神인 亥水가 중화용신에 해당하는 卯木과 未土를 합하고 있는 모습이지만 사주전체의 중화를 일방적으로 방해할 수는 없다고 본다.

```
        (바)           (사)
  0 庚 癸 乙      0 庚 乙 癸
  0 0 未 卯      0 0 丑 丑
```

위 (바) 명조는 未月의 庚金 일간으로 중화용신은 水·金이다. 그런데 상관에 해당하는 癸水와 정재에 해당하는 乙木은 용신과 한신의 조합으로서 水·木은 상생하지 않는다. 이는 용신과 희신에 해당하는 두 오행이 천간에 공존하며 사주의 중화를 도와야 성립되는 식신생재격의 조건에 부합하지 않는다.

(사) 명조는 丑月의 庚金 일간으로 중화용신은 火·木이다. 그런데 상관에 해당하는 癸水와 정재에 해당하는 乙木은 기신과 희신의 조합으로서 水·木은 상생하지 않는다. 이는 용신과 희신에 해당하는 두 오행이 천간에 공존하며 사주의 중화를 도와야 성립되는 식신생재격의 조건에 부합하지 않는다.

따라서 (라) (마) (바) (사) 명조는 水·金이 상생하거나 火·木이 상생하는 또는 火·土가 상생하는 식신생재격의 요건이 성립되지 않는다. 이처럼 상생하는 두 오행이 火·木이거나 水·金 또는 火·土가 아닌 水·木, 土·金은 용신과 희신의 조합이 아니므로 사주의 중화를 위해 상생할 수 없는 구조적 한계가 있음을 확인 할 수 있다. 그러므로 甲·乙木, 戊·己土, 壬·癸水 일간에만 식신생재격이 성립될 수 있음을 입증할 수 있다.

2) 식신생재격사주의 사례와 비판

식신생재격은 본 절 1) 항에서 논증한 바에 의하면 亥·子·寅·卯月의 甲·乙木과 巳·午·未月의 戊·己土 그리고 亥·子·丑·辰·申·酉·戌月의 壬·癸水 일간에만 성립된다. 甲·乙木 일간의 경우 火·土가 상생하는 식신생재격이며, 戊·己土 일간의 경우 水·金이 상생하는 식신생재격이며, 壬·癸水 일간의 경우 火·木이 상생하는 식신생재격이다. 같은 식신생재격이라 하더라도 水·金이 상생하는지 火·木이 상생하는지 또는 火·土가 상생하는지의 여부에 따라 그 속성은 판연히 달라진다는 것을 이를 통해 확인 할 수 있다. 火(丙丁)·木(甲乙)이 상생하는 식신생재격은 양 오행573)이기 때문에 그 오행의 속성이 그대로 식신 또는 상관과 재성의 성정으로 전이된다고 보는 입장이다. 양의 속성은 일반적으로 음에 비해 상대적으로 밝고, 음에 비해 상대적으로 긍정적일 수 있다. 한편, 水(壬癸)·金(庚辛)이 상생하는 식신생재격은 음 오행이기 때문에 그 오행의 속성이 역시 식신 또는 상관과 재성의 성정으로 전이된다. 火·土가 상생하는 식신생재격은 양 오행인 火(丙丁)가 土(戊己)를 생하고 있지만 크게 보아 양적인 오행의 조합으로 보아도 될 것이다. 그러나 엄밀하게 본다면 이를 제외한 여타 상생3격 모두가 火·木이나 水·金상생이므로 이를 구분해 볼 필요가 있다. 음의 속성은 일반적으로 양에 비해 상대적으로 어두우며 양에 비해 상대적으로 부정적일 수 있다. 그런데 명리학 고전에는 식신생재격에 관한 언급이 있지만 정확하게 이를 정의하고 있지 않다. 이는 명리학적 심성의 판단에 있어서 큰 오류로 이어질 수 있기 때문에 논자는 이들의 사례를 들어 그 오류를 논증하고 궁극적으로 본고에서 주장하는 상생3격의 성립에 관한 주장을 뒷받침하는 한편 심성판단의 기준으로 삼고자 한다.

논증을 위한 명조는 『팔자명통부평주』, 『연해자평』, 『자평진전평주』등에서 발췌되었다. 李鐵筆(이철필)이 평주한 萬育吾(만육오) 원주의 『팔자명통부평주』에는 "식신이 효(梟: 편인)를 만나면 젊어서 죽음을 면치 못할 것이며 재성이 따르면 구제받을 수 있다"574)고 하였다. 만육오는 주석에서 "이것은 식신이 편인을 두려워하는 것이다. 만약 재성(財)이 있어 편인을 구제하면 용신인 식신을 구할 수 있다. 반드시 재성과 편인은 구별해서 그 경중을 따져보아야 한다. 인성(印)은 재성(財)를 꺼려하지만 식신은 재성(財)를 필요로 하는 것은 각자의 맡은 바가 있기 때문이다"575)라고 하였다. 그러나 이러한 주장에는 적지 않은 모순이

---

573) 丁火나 乙木은 음 오행이지만, 水·金오행과 火·木오행으로 음양을 양분했을 때, 丁火나 乙木은 丙火, 甲木과 함께 양의 오행에 분류된다.
574) 徐子平 著, 李鐵筆 評註(萬育吾 原註), 『八字明通賦評註』, 中華民國, 益群書店股份有限公司, 145쪽: "食神逢梟則夭. 喜財星而生救."
575) 徐子平 著, 李鐵筆 評註(萬育吾 原註), 『八字明通賦評註』, 中華民國, 益群書店股份有限公司, 145쪽: "此食神怕梟. 要財制梟爲用神有救. 須分財梟輕重言之. 印則忌財. 食則要財. 義各有所當也."

있다고 할 수 있을 것이다. 식신(상관)과 인성 그리고 재성과의 관계가 사주의 희기 즉, 용신·희신·기신·구신·한신의 오행작용에 대한 특성이 전제되지 않은 채 일률적인 오행의 생극이 언급되고 있기 때문이다. 이것은 체의 논리에 불과 한 것이라고 본다. 즉, 희·용신 : 기·구신, 기·구신 : 희·용신 또는 한신 : 희·용신, 기·구신 : 한신과의 관계가 배제된 채 생극을 논하고 있기 때문이다.

그러나 다행히 이러한 문제는 『연해자평』 「논십간식록」편에 의하면 식신이 休·囚·死·絕이 아니면서, 식신과 인성, 식신과 재성의 우열 등을 구별해야 하는 전제로(食印食財別優劣), "만약 식신을 만나고 록마(祿馬:財)를 만나면, 반드시 부호가 되고 공을 세워 이름을 얻는다"[576] 라는 문구를 이해해야 할 것이다. 이와 같은 『연해자평』의 식신과 재성에 관한 논의는 식신 또는 상관이 재성을 생하는 데는 일정한 '조건'이 있어야함을 시사한다. "식신과 인성, 식신과 재성의 우열을 구분한다"는 것이다. 그런데 이러한 식신생재격의 개념이 실제 사주 설명으로 이어지지 않는다는 데 문제가 있다. 한편, 『연해자평』에는 상관생재격에 대해서 "가령 乙日生이 지지에서 寅午戌 火局을 온전하게 보면 이 격에 해당하며 戊·己土는 재성이 된다. 火鄕 財運 身旺運으로 행해야 하고 관향을 두려워한다. 형충과 도식을 꺼리고 이를 만나면 길하지 않다"[577]라고 하고 있다. 다시 요약하면, 乙木 일간의 사주가 지지에서 화기가 강하면(地支見寅午戌局) 식신격이 성립되며 戊·己土를 만나면 식신생재격이 된다. 여기서 "寅午戌火局을 온전하게 본다"는 의미를 월지가 巳·午·未月로서 강한 火氣를 얻고 있다는 전제로 본다면 여름의 乙木 일간 사주는 水·金이 사주의 중화를 돕는 오행으로 볼 수 있다. 그렇다면 水·金이 중화용신이고 火·土는 기·구신이다.

그런데 庚·辛金을 보기를 두려워한나는 "관향을 두려워한다"(怕官鄕)나 인성이 식신이나 상관을 극한다는 "도식을 꺼리고"(忌刑冲倒食不吉)라는 말은 무엇인가? 이것이 巳·午·未月에 金이나 水를 만나기를 두려워 함을 의미하는 이상, 강한 火·土가 약한 水·金을 두려워하는 즉, 기·구신이 희·용신을 두려

---

[576] 徐升 編, 唐錦池 著, 『淵海子平』, 中華民國 進源文化事業有限公私, 2011, 40쪽: "若遇食神騎祿馬. 必拘(居)豪富立功名."
[577] 徐升 編, 唐錦池 著, 『淵海子平』, 台北: 進源文化事業有限公私, 2011, 141쪽 : "且如乙日生. 地支見寅午戌局全. 則自以戊己爲財. 要行火鄕財運. 身旺運怕官鄕. 忌刑冲倒. 則不吉."

워한다는 것과 다름 아닌 모순이라 할 수 있다. 물론 이러한 분석은 巳·午·未月의 乙木 일간 사주에서, 강한 火氣인 丙火 상관 또는 丁火 식신이 강한 土氣인 戊·己土를 만나 식신생재격이 성립될 수 있다는『연해자평』의 주장과는 별개의 문제이다. 이것은 식신생재격 개념 성립에 문제가 있음을 내포하고 있기 때문에 간과할 수만은 없다. 이를 입증하기 위한 좀 더 구체적인 사례를 살펴보면 다음과 같다.

(가)

丙甲丁戊
寅辰巳子

이 명조는 甲木 일간이 巳月 하순에 태어나고 丙火가 시간에 투출해 月의 巳中 戊土를 생한다. ... 壬戌運에 壬水가 상관과 식신인 丙·丁火를 극해서 관직과 재물을 잃었다. ... 초년운은 상관생재격이 되어 戊午·己未 대운에는 재물이 크게 발하였는데, 戊土인 재성을 취하여 土를 생하였기 때문이다.578)

위 (가) 명조의『연해자평』인용문을 재구성하면 다음과 같다. 巳月의 甲木 일간 사주에서 시간에 투출된 丙火 식신이 월지의 巳中 戊土를 생하는데 행운에서 편인인 壬水운이 丙火 식신과 丁火 상관을 극해서 재물과 관직을 모두 잃어버렸다는 것이다. 문제의 핵심은 "편인인 壬水운이 丙火 식신과 丁火 상관을 극해서"인데 이것은 앞서 설명된 편인이 식신을 극한다는 '도식'의 무분별한 적용이 불러온 오류이다. 비교해보면 위『팔자명통부평주』에서 말하는579) 식신봉효도 이와 같은 오류가 있음을 알 수 있다.

본고 Ⅳ장 2절에서 논자가 주장하고 논증한 중화용신에 의하면, 위 巳月의 甲木 일간 사주는 사주의 중화를 위해서 水·金을 필요로 한다. 그런데 水氣는 년지 子水와 습토인 일지 辰土로, 사주 전체는 기·구신인 巳月의 丙火 식신과

---

578) 徐升 編, 唐錦池 著,『淵海子平』, 中華民國 進源文化事業有限公私, 2011, 104쪽: "此命甲日生於四月下旬. 並透出內丁火. 生其月中之戊土. ... 壬戌運有壬剋丙. 傷官食神之中. 失官去財. ... 初運傷官見財格. 取戊土爲財. 所以戊午己未二運大旺生土. 故財厚矣."
579) 徐子平 著, 李鐵筆 評註(萬育吾 原註),『八字明通賦評註』, 中華民國, 益群書店股份有限公司, 145쪽: "食神逢梟則夭. 喜財星而生救."

丁火 상관 그리고 戊土 편재인 火·土 기운이 지배하고 있는 치우친 사주이다. 이러한 사주에서 '도식' 또는 '식신봉효'가 가능한 것인가 되묻지 않을 수 없다. 따라서 오행 작용의 모순을 설득력 있게 증명할 수 없는 한 사실상 『연해자평』류의 식신생재격의 개념은 정립되기 어렵다. 여기서도 亥·子·寅·卯月의 甲·乙木 일간 사주에 있어서 火·土가 용신과 희신의 조합이 되어 사주의 중화를 돕지 않는 한, 온전한 의미의 식신생재격은 성립될 수 없음을 간접적으로 입증할 수 있다. 즉, 위 인용문에서처럼 木 일간의 사주가 식신 또는 상관인 丙·丁火가 戊·己土를 만난다고 해서 식신생재격이 성립될 수는 없다.

이 같이 기·구신의 조합으로 볼 수 있는 오행이 식신 또는 상관이 재성을 만나 식신생재격이라고 주장하는 사례는 아래의 『자평진전평주』에서도 예외 없이 등장하고 있다.

(나)

庚 戊 壬 己
申 子 申 未

> 식신생재격이다. 그런데도 월령을 버리고 戊日의 庚申時만을 보고 合祿格으로 논하는 잘못을 범하고 있다. 팔자에 식신과 재가 있으니 이 어찌 아름답지 않은가? 그런데 또 다시 乙庚合으로 사주 밖의 정관을 구하려고 할 필요가 어디에 있는가? 이 모두 억지로 외격에 맞추려고 하여 생긴 오류이다. 580)

앞서 논자가 논증한 바에 의하면 『자평진전평주』위 (나) 명조 역시 식신생재격으로 보기가 어렵다. 申月의 戊土 일간 사주가 사주의 중화를 위해서는 인성인 火氣를 얻고 이를 돕는 木氣가 있어서 火·木 상생을 해주면 좋겠으나 온기를 지닌 오행은 년지 未土 외에는 없다. 그렇다 하더라도 火·木이 중화용신이고 水·金이 기·구신이며 土 오행은 한신이다.581) 그런데 사주 원국은 申月의

---

580) 沈孝瞻 著, 徐樂吾評註,『子平眞詮評註』, 台北: 進源書局, 2006, 237쪽: "本食神生財也. 而棄却月令. 以爲戊日庚申合祿之格. 豈知本身自有財食. 豈不甚美. 又何勞以庚合乙. 求局外之官乎. 此類甚多. 皆硬入外格也."
581) 본고 Ⅳ장 2절에서 주장하고 논증한 바에 의한다.

강한 庚金 식신과 壬水 편재가 지지의 든든한 뿌리인 두 申金과 子水를 두고 있으므로 기·구신인 水·金 오행으로 치우친 사주 명조라 할 수 있다. 사주의 구성으로 본다면 기·구신인 火·土로 치우쳤거나 水·金으로 치우쳤다는 차이만 있을 뿐, 위 (가) 명조와 대동소이하다. 심지어 다음 사례를 보면 『자평진전평주』에서도 식신생재격의 개념이 정립되지 않았음을 확인 할 수가 있다.

(다)
壬 癸 丙 甲
辰 丑 子 子

祿劫用財(건록격과 월겁격에 재를 씀)의 경우는 반드시 식·상이 있어야 한다. 월령이 건록이거나 겁재이면서 재성을 쓰는 경우에는 재성과 비·겁이 상극하므로 식신이나 상관으로 통관해야 비로소 비겁이 식·상을 생하고 식상이 재를 생하여 좋게 된다. 582)

위 (다) 인용문에서 식신생재격을 바라보는 시각은, 앞서 살펴 본 재관상생격의 (사) (아) 명조의 구성과 다르지 않다. 즉, 강한 壬水 겁재가 甲木 상관을 생하고, 甲木 상관이 丙火 정재를 생해주기 때문에 오행이 통관되어 식신생재격이 될 수 있다.

(다) 명조는 子月의 癸水 일간 사주로 사주의 중화를 돕기 위해서는 火·木을 필요로 한다. 원국에서 甲木 상관과 丙火 정재가 이에 해당한다. 즉, 火·木인 재성과 상관이 상생해서 식신생재격이 될 여지가 있다. 그러나 위 (다) 명조는 중화용신이 되는 丙火 정재와 甲木 상관의 근이 되는 지지 火·木오행(寅·卯·巳·午·未·戌)이 전혀 없고 시간의 壬水 겁재가 용신인 丙火 정재를 극할 수 있는 구성인데, 희신인 甲木의 생을 받고 있는 용신인 丙火 입장에서는 편하지가 않다. 만약 행운에서 甲木 정재를 극하는 庚金 운을 동시에 만나면 사주 원국의 중화 용신인 丙火와 甲木 양자는 원국의 壬水와 행운의 庚金으로부터 극을 받아 사

---

582) 沈孝瞻 著, 徐樂吾評註, 『子平眞詮評註』, 台北: 進源書局, 2006, 348쪽 : "祿劫用財. 須帶傷食. 蓋月令爲劫而以財作用. 二者相剋. 必以傷食化之. 始可轉劫生財."

주의 중화가 흐트러지기 때문이다. 위 (다) 인용문에서도 水生木 · 木生火…라는 '통관'을 통해 생극을 설명하는 것으로 보아, 앞선 사례와 같이 오행해석이 체의 논리에 의한 설명임을 알 수 있다. 따라서 위 (다) 명조는 온전한 의미의 식신생재격으로 보기는 어렵다. 이렇듯 서로 다른 고전의 주장이나 이를 해석하는 사람의 주장에 따라 관인상생격이나 재관상생격은 물론 식신생재격 역시 일정한 정의가 되지 않은 채로 오늘날 까지 이어져 온 것으로 보인다. 그러나 앞서 살펴본 바와 같이 식신생재격은 관인상생격이나 재관상생격에 비해서 모호할 뿐더러 와전되어 적용되어 오고 있음을 명조의 비교를 통해 확인할 수 있다.

논자는 앞서 관인상생격과 재관상생격에 대한 같은 방식의 논증으로 식신생재격의 개념을 정립하고 그 성립여부를 논증하였다. 그렇다면 丙 · 丁火 일간사주에서 土 · 金이 상생하는, 庚 · 辛金 일간사주에서 水 · 木이 상생하는 식신생재격은 성립되지 않는다는 논자의 주장에 대한 당위성을 입증할 수 있다고 본다. 이 같은 이론은 명리학적 심성 판단의 기준이 될 수 있으므로 매우 의미가 있다. 희 · 용신인 오행이 火 · 木, 水 · 金이 상생하거나 또는 火 · 土가 상생해서 식신생재격이 성립되는 경우와 용신과 희신의 조합이 아닌 土 · 金 또는 水 · 木이 식신 또는 상관과 재성이 되어 상생하는 '식신생재격'은 반드시 구분되어야 하는 이유가 여기에 있다.

지금까지 Ⅴ장에서 상생하는 세 가지 유형의 중화된 사주를 일컫는 관인상생격 · 재관상생격 · 식신생재격[583]에 대해 논자의 주장을 논증하고 그 성립요건과 심성을 특징지은 다음 개념을 정립하였다. 여기서 논자는 이들 세 가지 유형의

---

[583] 萬育吾는 『三命通會』 「玉井奧訣」편의 지지의 작용에 관한 내용의 주해에서 충기(衝起) · 공기(拱起) 형기(刑起) 합기(合起) 통섭(統攝)의 예를 들어 다음과 같이 말했다. (萬民英 著, 『三命通會』, 「論五行」, 中華民國 武陵出版有限公司, 2011, 787쪽: "地支乃四位支神. 至切者. 視天干爲尤切也. 要看何者爲主干之宅舍. 何者爲用神之基業. 何者力輕. 何者力重. 宅舍即得地之方. 基業即乘貴之所. 一看其力勢沖起. 是何支神. 二看其力勢拱起. 是何支神. 三看其力勢刑起. 是何支神. 四看其力勢合起. 是何支神. 五看地支統攝." 『三命通會』를 역해한 김정안은 여기서의 용신은 抑扶 또는 格局에서 와는 다른 개념이라고 주장하고 있다. 김정안의 "사주의 體象에 나타나는 것은 財官 · 官印 · 食財일 뿐이다."(萬民英 著, 김정안 譯解, 『삼명통회벼리 7권, 10권』, 227쪽 참고.)는 주장은 매우 합당한 것으로, 이것은 사주의 중화와도 매우 밀접한 관련이 있다. 財星과 官星, 官星과 印星, 食傷과 財星이 각각 상생하는 바는 官印相生 · 財官相生 · 食神生財가 되는데 두 가지의 오행이 서로 만나 火 · 木, 水 · 金 또는 火 · 土 상생해서 사주의 중화를 돕는 경우는 상생3격외에는 존재하지 않기 때문이다.

중화된 사주 유형의 논증에서 다음과 같은 결과를 도출해 낼 수 있다.

첫째, 모든 일간에서 위 세 가지의 상생격이 존재하지 않으며, 관인상생격은 水·金이 상생하는 甲·乙木 일간 사주와 火·木이 상생하는 戊·己土 일간사주에서만 성립될 수 있다. 재관상생격은 水·金이 상생하는 丙·丁火 일간 사주와 火·木이 상생하는 庚·辛金 일간 사주에서만 성립될 수 있다. 식신생재격은 火·土가 상생하는 甲·乙木 일간 사주와 水·金이 상생하는 戊·己土 일간 사주 그리고 火·木이 상생하는 壬·癸水 일간 사주에서만 성립될 수 있다는 사실이다. 이들 사례는 상생하는 두 오행이 용신과 희신의 조합이었을 경우를 전제한다.

둘째, 용신과 희신으로서 상생하는 두 오행은 반드시 火·木의 조합 또는 水·金의 조합일 경우에만 성립되지만, 火·土가 상생하는 甲·乙木 일간 사주는 원칙적으로 火·木과 水·金과 같은 상생의 구조는 아니지만 광의의 상생격으로 간주되어 왔음을 알 수 있다.

셋째, 용신과 희신의 조합이 火·木, 水·金 또는 火·土가 아닌 경우, 즉 水·木이 상생하는 丙·丁火 일간 사주, 火·土가 상생하는 庚·辛金 일간의 사주는 용신과 한신의 조합이므로 관인상생격이 성립되지 않는다. 또한, 水·金이 상생하는 甲·乙木 일간 사주는 기신과 한신, 火·木이 상생하는 戊·己土 일간 사주는 구신과 한신의 조합이므로 재관상생격이 성립되지 않는다. 또, 土·金이 상생하는 丙·丁火 일간 사주와 水·木이 상생하는 庚·辛金 일간 사주는 기신과 희신의 조합이므로 식신생재격이 성립되지 않는다. 용신과 희신의 조합이 아닌 이들 水·木, 火·土, 水·金, 火·木, 土·金 오행은 상생해서 사주의 중화를 돕지 못한다. 그 이유는 기·구신의 조합일 경우 사주가 어느 특정으로 치우치기 때문에, 용신 또는 희신이 한신과 기·구신과의 조합으로 상생하면 이는 용신 또는 희신의 중화 작용에 문제가 발생되기 때문이다.

이와 같은 결론이 중요한 것은 전술된 예시 명조에서 논증 하였듯이 이들 양자가 전혀 다른 심성으로 확인할 수 있기 때문이다. 따라서 용신과 희신인 두 오행이 상생하는 경우와 기·구신 또는 한신이 용신과 희신 어느 한 쪽과 상생의 조합이 되어 나타나는 심성은 전혀 다름을 입증할 수 있다.

3) 식신생재격사주의 중화된 심성

식신생재격은 사주의 중화를 돕는 중화용신에 해당하는 식신·상관오행과 재성오행이 상생하여 식신·상관오행은 재성을 이롭게 하고, 재성은 식신·상관오행을 이롭게 하는 가운데 그 이성적 성정의 아름다움이 천간에 드러나는 구조이다.

본 항은 Ⅲ장 "심성의 명리학적 작용"과 "Ⅳ장 "심성의 명리학적 적용"에서 논한 논자의 주장에 근거한다. 식신생재격은 甲·乙木, 戊·己土, 壬·癸水 일간에만 적용되는 개념으로 각각 亥·子·寅·卯月의 甲·乙木 일간 사주에서 火·土가 상생하고, 巳·午·未月의 戊·己土 일간 사주에서 水·金이 상생하고, 亥·子·丑·辰·申·酉·戌月의 壬·癸水 일간 사주에서 火·木이 상생하여 식신생재격이 되는 경우이다.

壬·癸水 일간의 예를 들어, 천간에 표출되어 가시적으로 드러나는 이성적 심성의 성정을 살펴보면 다음과 같다. 水 일간에서 용신이 되는 火오행은 丙·丁火이며 희신이 되는 木오행은 甲·乙木이다. 亥·子·丑·辰·申·酉·戌月의 火·木오행은 서로를 필요로 한다. 이때 중화용신으로서 火·木오행은 그 오행이 지닌 순기능을 그대로 드러내는데 이는 火·木오행이 기·구신이나 한신일 경우와는 해당 오행이 처한 환경이 다를 수밖에 없다. 그렇다면 이러한 오행의 환경이 그대로 심성으로 이어질 수밖에 없다. 따라서 해석할 오행이 중화용신에 해당된다면 이성적 심성, 그리고 기·구신에 해당된다면 감성적 심성이라고 볼 수 있는 근거가 된다.

논자는 앞서 Ⅲ장 3절 "십간과 십성의 복합적 심성작용"에 대해 논하면서 이들 오행의 속성을 바탕으로 십성을 내입하는 보다 심층적인 심성해석의 방법을 제시한 바 있다. 그렇다면 위 壬水 일간의 경우를 예로 들면, 식신 또는 상관에 해당하는 甲·乙木은 일반적으로 식신과 상관이 되지만 논자가 주장하는 바에 의하면 편재성(甲) 식신 또는 정재성(乙) 상관이 된다. 중화용신으로서 편재성(甲)[584] 식신 또는 정재성(乙) 상관은 식신과 상관이라는 아름다운 성정의 내면

---

584) 庚·申金 오행을 주체로 보았을 때, 庚·申金은 比肩 또는 劫財, 壬·癸水는 食神 또는 傷官, 甲·乙木은 正財 또는 偏財, 丙·丁火는 正官 또는 偏官, 戊·己土는 正印 또는 偏印으로 볼 수 있는 근거

에 甲木와 乙木라는 오행의 속성이 가미되어 해석되어 질 수 있다. 이는 심성 해석의 매우 중요한 요소라 할 수 있을 것이다. 따라서 논자는 성정을 읽을 경우 壬水 일간에 甲木이 식신이면 '편재성 식신'이 되며, 丙火가 편재면 '편관성 편재'가 된다. 이들 두 오행을 천간에 모두 갖춘 사주라면 火·木이 상생하는 '편재성 식신'과 '편관성 편재'의 아름다움을 보다 분명하고 깊이 있게 독해할 수 있다고 본다. 만약 이들 오행이 기·구신으로 판명되는 사주라면 그 성정이 기·구신의 오행 작용으로 인해 강하고 치우친 면이 있으므로 그 감성적 심성을 읽을 수 있다.[585] 따라서 이러한 논리에 의해 甲·乙木, 戊·己土, 壬·癸水 일간의 식신생재격의 심성을 요약하면 다음과 같다.

첫째, 식신생재격이 성립되는 亥·子·寅·卯月의 甲木 일간의 경우이다.

중화용신인 丙火와 戊土가 천간에 공존하여 식신생재격이 성립되면 행운에서 기·구신인 壬水와 甲木을 동시에 만나 극을 받지 않는 한 '편관성식신'과 '편인성편재'가 상생하며 이성적 성정의 아름다움이 표출된다. 즉, '예의롭고 반듯한(禮-官性=丙火) 일처리 능력(식신)'과 '믿음이 있고 정성을 다하는(信=印性=戊土) 정확한 판단(편재)'이 마음과 말과 행동에 양적 성향으로 드러난다. 만약 식신 또는 상관과 재성에 해당하는 오행이 丁火·己土(상관·정재), 丙火·己土(식신·정재), 丁火·戊土(상관·편재)이면 같은 방법으로 치환하면 된다. 이때 '예의롭고 반듯한(禮=官性=丙火) 일처리 능력(식신)'과 '믿음이 있고 정성을 다하는(信=印性=戊土) 정확한 판단(편재)'이라는 표현은 지극히 제한적 표현이므로 보다 구체적인 심성해석은 Ⅲ장 2절의 십간과 십성의 해석에 준한다. 乙木 일간의 해석도 이와 같다.

둘째, 식신생재격이 성립되는 巳·午·未月의 戊土 일간의 경우이다.

중화용신인 庚金과 壬水가 천간에 공존하여 식신생재격이 성립되면 행운에서 기·구신인 丙火와 戊土를 동시에 만나 극을 받지 않는 한 '비견성식신'과 '식신성편재'가 상생하며 이성적 성정의 아름다움이 표출된다. 즉, '의롭고 순수한(義=比劫性=庚金) 일처리 능력(식신)'과 '지혜롭고 용의주도한 (智=食傷性=壬水)

가 된다.
[585] 그러나 주변 오행과의 복잡한 生剋 작용 등으로 인한 변화는 설명에서 고려되지 않았다.

정확한 판단 (편재)'가 내재 되어 마음과 말과 행동에 양적 성향으로 드러난다.586) 만약 식신 또는 상관과 재성에 해당하는 오행이 辛金·癸水(상관·정재), 庚金·癸水(식신·정재), 辛金·壬水(상관·편재)이면 같은 방법으로 치환하면 된다. 이때 '의롭고 순수한(義=比劫性=庚金) 일처리 능력(식신)'과 '지혜롭고 용의주도한 (智=食傷性=壬水) 정확한 판단 (편재)'라는 표현은 지극히 제한적 표현이므로 구체적인 심성해석은 Ⅲ장 2절의 십간과 십성의 해석에 준한다. 己土 일간의 해석도 이와 같다.

셋째, 식신생재격이 성립되는 亥·子·丑·辰·申·酉·戌月의 壬水 일간의 경우이다.

중화용신인 丙火와 甲木이 천간에 공존하여 식신생재격이 성립되면 행운에서 기·구신인 壬水와 庚金을 동시에 만나 극을 받지 않는 한 '편관성편재'와 '편재성식신'이 상생하며 이성적 성정의 아름다움이 표출된다. 즉, '예의롭고 반듯한 (禮=官性=丙火) 정확한 판단(편재)'과 '인자하고 꼼꼼한(仁=財性=甲木) 일처리 능력(식신)'이 내재 되어 마음과 말과 행동에 양적 성향으로 드러난다.587) 만약 재성과 식신 또는 상관에 해당하는 오행이 丁火·乙木(정재·상관), 丙火·乙木(편재·상관), 丁火·甲木(정재·식신)이면 같은 방법으로 치환하면 된다. 이때 '예의롭고 반듯한(禮=官性=丙火) 정확한 판단(편재)'과 '인자하고 꼼꼼한(仁=財性=甲木) 일처리 능력(식신)'이라는 표현은 지극히 제한적 표현이므로 보다 구체적인 심성해석은 Ⅲ장 2절의 십간과 십성의 해석에 준한다. 癸水 일간의 해석도 이와 같다.

지금까지 Ⅴ장 1·2·3절의 각 2) 항을 통해서 관인상생격·재관상생격·식신생새격을 중심으로 이들이 지닌 이성적 심성의 특징에 대해 살펴보았다. 그러나 이와 같은 심성해석은 반드시 해당 오행의 음양을 구분하고 오행의 해석 도

---

586) 庚金과 壬水가 天干에서 공존하고 양간이기 때문이다. 만약 辛金과 癸水의 조합이라면 天干에 가시적으로 드러난다 하더라도 그 오행의 속성이 음이기 때문에 음적 성향의 심성이 된다고 볼 수 있다. 만약 庚金과 癸水, 辛金과 壬水의 조합이라면 음·양의 복합적 성향이 혼재되어 있다고 볼 수 있을 것이다.

587) 庚金과 壬水가 天干에서 공존하고 양간이기 때문이다. 만약 辛金과 癸水의 조합이라면 天干에 가시적으로 드러난다 하더라도 그 오행의 속성이 음이기 때문에 음적 성향의 심성이 된다고 볼 수 있다. 만약 庚金과 癸水, 辛金과 壬水의 조합이라면 음·양의 복합적 성향이 혼재되어 있다고 볼 수 있을 것이다.

구중 하나인 오덕(木=仁=財性·金=義=比劫性·火=禮=官性·水=智=食傷性·土=信=印性)을 접목해야 하며, 이들 오행이 희·용신에 의한 이성적 심성작용을 하는지, 기·구신에 의한 감성적 심성작용을 하는지, 또는 한신인지를 참고해야 할 것이다. 나아가 이들 오행이 희·용신인데 기·구신으로부터 극·충·합거를 받는지, 기·구신임에도 희·용신으로부터 극을 받지만 사실상 생을 받고 있는지[588] 등의 여부를 면밀히 살펴야 할 것이다. 희·용신이 기·구신으로부터 원하지 않는 극·충·합거(合去)[589]를 받으면 희·용신에 해당하는 오행의 이성적 심성 작용이 훼손되어 일종의 심성작용의 왜곡현상이 일어날 수 있기 때문이다. 일반적으로 심성의 왜곡 현상이 일어나는 경우는 재성이 인성을, 관성이 비겁을, 비겁이 재성을, 식상이 관성을, 인성이 식상을 극·충하거나 합거하는 경우가 대부분이다. 이는 희·용신이 기·구신으로부터 극·충을 받아 중화가 흐트러지는 데서 기인하는 것으로 판단된다. 희·용신이 기·구신으로부터 원하지 않는 생을 받는 경우도 이와 같다고 하겠다. 관인상생격·재관상생격·식신생재격을 달리 표현하면 사주의 중화가 구조적으로 잘 갖추어진 것임에 다름 아니다. 중화가 잘 된 사주라함은 마음작용이 어느 한쪽으로 치우치지 않을 만큼의 이성적 마음을 유지할 수 있으므로 기·구신으로 인한 감성적 마음을 스스로 다스리기에 유리하다는 의미이다. 그러나 논자는 아무리 중화가 잘된 사주라 하더라도 이성적 이기심은 유의할 필요가 있다고 생각한다.

따라서 이러한 심성해석은 절대성은 없으며 다만 인간의 심성을 객관화시켜 자기성찰 또는 스스로의 이성적 마음에 의지해서 기·구신이나 또는 기·구신이 희·용신을 극·충·합거함으로 인해 비롯되는 심성작용의 덫에 빠지지 않을 방법을 모색하는데 더 큰 가치가 있다고 할 것이다. 따라서 본 Ⅴ장의 각절 2) 항의 심성해석을 통해 마음의 偏全 또는, 중화의 중요성을 재차 확인할 수 있었다.

---

[588] 예를 들어, 子月에 기·구신에 해당하는 庚金이 丙火로부터 훼을 받지만 실제로는 생이 되는 경우와 같다.
[589] 합거(合去): 희·용신에 해당하는 오행이 기·구신 오행에 의해 일방적인 끌려가 희·용신으로 인해 비롯된 이성적 심성을 드러내지 못하고 왜곡되어 버리는 경우에 해당한다.

Ⅵ. 결론

　19세기 영국 시인 Thomas Hardy(토마스 하디, 1840~ 1928년)는 성격이 운명을 결정짓는다고 하였다. 이에 앞서 전한 시기의 『회남자』에는 감정을 드러내는 사람은 그 마음을 쉽게 헤아릴 수 있다고도 하였다. 그런가 하면, 후기 스토아파의 철학자 Marcus Aurelius(마르쿠스 아우렐리우스, 121 ~ 180년)는 수많은 물체가 모여 우주가 되듯이 무수한 원인이 모여 운명을 구성한다고 하였다. 논자는 마르쿠스 아우렐리우스의 숙명론적인 주장에도 불구하고 현대의 명리학자는 운명을 뛰어 넘는 운명 개척론자가 되어야 한다고 생각한다. 그런데 운명을 개척하거나 개선하기 위해서는 심성의 중화가 필요하다. 논자는 이성과 감성적 심성에 바탕한 말과 행동이 선악과 길흉의 원인이 된다고 본다. 고법사주학의 시원인 귀곡자의 유문을 주석한 이허중도 오행에 앞서서 나아간다면 살거나 죽거나, 숨거나 나타나는 것이 모두 스스로의 마음에 달려 있다고 하였다. 이것은 중화된 마음이 운의 좋고 나쁨에 우선함을 의미한다.
　논자는 인류의 철학적 의문 중 하나인 운명의 존재 여부를 동아시아 철학의 천인합일 사상과 동기감응 사상에 의거하여 규명해 보고자 하였다. 그리고 보이지 않는 어떤 힘이 인간의 몸과 마음을 지배하고 인간의 감성과 이성을 지배한 결과, 피할 수 없는 '신의 힘'이 운명으로 발현될 가능성이 있다고 전제하였다. 그 결과, 인간은 자연과 서로 분리된 별개의 존재가 아니라, 자연의 일부로서 유기적인 관계에 있으며 상호 감응할 수 있다는 심증을 얻을 수 있었다. 이는 천에 비유되는 마음이 지에 비유되는 몸과 상호 감응한, 즉 마음과 몸이 상호 유기적인 관계에 있음을 의미한다. 본론에서 논술하였던 것처럼 인간의 본성인 '감성적 마음'과 또 다른 본성인 '이성적 마음'은 진화 과정에서 필연적으로 생겨난 것이며, 현대과학으로는 알 수 없는 어떤 기계론적 메커니즘에 의해서 작동 되는 것으로 이해할 수 있을 것이다.
　명리학에서 운명을 지배하는 실체는 '마음작용'이다. 인간이라는 생명체는 태어남과 동시에 운명을 부여 받는다. 이렇게 운명을 부여 받은 인간은 마음의 부림을 당하는데, 이때의 부림은 오행의 작용과 십성의 해석으로 치환된다. 다시 말해 오행의 기인 마음이 어떤 보이지 않는 힘에 의해 지배당할 수도 있다. 이것은 자연과 인간이 어떤 유기적 관계에 있다는 것을 암시한다.

자연과 인간은 서로 분리된 것 같지만 사실은 하나의 메커니즘에 의해 기계적으로 피동되어 움직이고 있다. 이 같은 사실은 사람의 생년·월·일·시를 사시의 변화에 따라 분석해 자연을 구성하는 물질인 나무·불·물·쇠·흙 등 5가지 기운이 생극하는 관계를 통해 운명을 해석하는 사주명리학이, 천인합일 또는 동기감응의 이론에도 근거한다는 단초가 될 수 있다.

논자는 운명 즉, 길·흉·화·복이라는 변화의 시작점에 바로 '심성'이 있다는 점을 본 연구를 통해 확인하였다. 이것은 인간이 지닌 심성을 바로 알고 다스릴 수 있어야 능동적으로 운명을 지배할 수 있음을 의미한다.

인간의 심성을 구성하는 이성적 심성은 인간 개인은 물론 인간이 속한 사회와 국가의 균형을 위해 필요한 마음이기에, 감성적 심성에 비해 우선하는 가치가 있다. 그러나 이성적 심성 또한 일종의 이기심일 수 있기 때문에 절대적 가치는 아니다. 이를 명리학에 빗대어 말하면, 중화된 사주형식을 갖춘 관인상생격·재관상생격·식신생재격 등 상생3격의 사주라 하더라도 이성적 마음작용에만 매달리면 자칫 이성적 이기심에 갇혀 이성적 이기심만을 쫓는 계산적이고 현실적인 인간으로 비춰질 수도 있다.

본 연구는 이와 같이 이성과 감성으로 이분된 심성을 잣대로 명리학적 심성의 분석과, 이에 근거한 자기성찰의 방법을 모색하는데 일관하였다.

이러한 논지를 뒷받침하기 위해 Ⅱ장 "심성의 명리학적 개념"에서는 마음으로 통칭되는 심성을 정의하고 나아가 명리학적 심성을 정의하였다. 명리학적 심성연구는 인간의 심성에 대한 허실을 밝혀, 자기성찰은 물론, 숙명론이 아닌 자기주도적인 운명개척을 가능하게 할 수 있다는 점에서 그 가치가 있다고 할 것이다. 심성을 이분하여 이성과 감성적 심성으로 양분한 연구의 결과는 명리학적 심성 분석의 좌표가 될 수 있을 것이다.

Ⅲ장 1절 "체용론에 의한 심성의 변용"에 관한 논술은 논자의 독창적인 견해를 논증한 것이며, 중화용신 개념과 함께 심성을 판단하는 핵심 이론이라 할 수 있다. 2절 "십간과 십성의 이분화된 심성작용"은 중화용신에 의해 구분이 가능하며, 따라서 체에서 용의 개념으로 변용되어 적용되는 생극이론과 상호보완 관계에 있다. 3절 "십간과 십성의 복합적 심성작용"은 십간과 십성 오행이 희·용신인지, 기·구신인지 또는 한신인지 여부에 따라 그 심성을 보다 효과적으로 해석한 점에서, 복잡한 인간의 심성을 심도있게 분석하는 일종의 분석 모델을 제시한 것이다. 3절의 '복합적 심성'이란 십성에 의한 심성을 분석하기 위해서는 십간 오행의 속성과 함께 관찰해야 한다. 이것은 2절 '이성·감성적 심성' 개념과 함께 논자의 독창적 연구의 결과이다.

Ⅳ장 "심성의 명리학적 적용"에서는 Ⅲ장 1절 2) 항의 논술인 "체에서 용으로 변용된 오행의 생·극·제·화"와 함께 심성을 이분하는 이론적 근거인 중화·수화상생·음양이기 등에 대하여 논하였다.

특히, 2절 2) 항에서 제안한 "계절별 30유형의 중화용신"은, 3) 항 "계절별 30유형의 중화용신에 대한 논증"을 통해 이론적 논증 과정을 거쳤다. 즉, Ⅲ장과 Ⅳ장은, 결론인 Ⅴ장에서, 중화된 사주의 표본이라 할 수 있는 관인상생격·재관상생격·식신생재격의 사주를 통해 심성을 판단하는 준거로 볼 수 있다.

Ⅴ장 "심성의 명리학적 적용사례와 비판"에서는 중화된 사주의 전형인 관인상생격·재관상생격·식신생재격의 성립요건을 논증하고 기존의 문헌과 비교 논증을 통해 비판함으로써 이론적 타당성을 확보할 수 있었다. 이러한 연구의 성과는 명리학적 심성해석의 표준화에 부합할 수 있다는 측면에서 적지 않은 의미가 있다고 본다.

본 연구의 성과를 요약하면 다음과 같다.

1. 체에서 용으로 변용된 명리학적 생극작용의 정립.
2. 생조억설의 억부와 한난조습의 조후 이론을 취합한 중화용신의 논증.
3. 중화용신과 함께 한신의 도출을 표준화할 수 있었다는 점.
4. 명리학적 심성을 이성·감성으로 관찰할 수 있는 이분법적 이론체계 확립.
5. 십간과 십성을 복합적으로 대입해 심성을 해석하는 방법 제시.
6. 중화된 사주의 전형인 관인상생격 · 재관상생격 · 식신생재격의 재정립.
7. 천간의 희 · 용신을 돕는 '용신의 근'에 대한 근거 제시.
8. 술수중심의 사주 명리학을 심성분석 중심의 명리학으로 발전할 수 있는 이론적 토대를 제시한 점.

본 연구 과정의 목표는 장구한 세월동안 고착화되어 버린 오행 생극의 도식에 관한 고정관념을 바꾸는데 있다. 고전에 출전되어 있다는 이유만으로 합리적이거나 과학적인 비판을 외면하고 맹목적인 서지적 연구에만 치중했던 결과, 음양오행론이라는 프레임에 갇혀 이렇다 할 학문적 진적을 이루어내지 못하였다. 음양오행론을 기초로 하는 사주명리학이 이 같은 문제를 극복하기 위해서는 보다 창의적인 사고방식으로 전환된 논리전개와 함께 바뀐 시대적 환경을 감안한 발상의 전환이 필요하다. 본고에서 논자는 시종일관 '심성분석'이라는 논지를 지향하였다. 인간의 심성분석에 있어서 스스로를 객관화하여 반추해 볼 수 있는 이론적 도구가 사주명리학을 통해 가능하다는 것은 매우 고무적인 사실이다. 이러한 연구는 계속 응용되어야 할 것이다. 왜냐하면, 사주명리학의 심성분석을 모태로 자기성찰, 인생 미래설계, 명상과 치유, 선천적 재능과 적성 · 진로분석, 부부 및 가족문제, 예방의학, 정신과 또는 한방정신과 관련한 의명학, 경영 · 인사 컨설팅 및 사업의 성패판단, 학생 인성지도, 교화상담, 프로파일러, 위험회피, 서양 심리학과의 비교연구 등과 관련된 많은 분야에서 활용할 가치가 있기 때문이다. 본 연구의 결과가 이러한 응용연구에 작은 밑거름이 되기를 바란다.

참고문헌

1. 原典(書名 가나다 順)

『國語』
『管子』
『近思錄』
『老子』
『論語』
『論衡』
『大學』
『孟子』
『墨子』
『文子』
『書經』
『孫子』
『荀子』
『心經』
『呂氏春秋』
『陸九淵集』
『莊子』
『傳習彔』
『朱子語類』
『周易』
『朱熹集』
『中庸』
『春秋繁露』
『通書』
『黃帝內經』
『淮南子』

2. 原書

作者未詳, 徐樂吾註,『窮通寶鑑(欄江網)』, 中華民國 武陸出版社, 1996.

王充 著,『論衡』, 上海 古籍出版社, 1992.

珞琭子 著,『珞琭子三命消息賦註』, 中華民國 聚賢館文化有限公司, 2007.

徐子平 撰, 王廷光·李同·釋曇瑩 註, 趙子澤 解,『珞琭子三命消息賦諸家註』, 香港 聚賢館文化有限公司, 2007.

釋曇瑩 撰,『珞琭子賦註』, 中華民國, 新文豊出版公司, 1978.

王充 著, 山田勝美 解,『論衡』, 日本 明治書院, 2005.

崔漢綺 著,『明南樓全集 1』, 麗江, 1986.

徐樂吾 著,『命理秘本造化元鑰評註』, 中華民國 進源文化事業有限公司, 2011.

陳素菴 著, 韋千里 編著,『命理約言』中華民國 瑞成書局, 2000.

張楠 著,『命理正宗-神峰通考』, 中華民國 進源文化事業有限公司, 2012.

吳俊民 著,『命理新論實例』, 中華民國 三民書局, 2011.

段建業 著,『命理珍寶』, 香港, 中國哲學文化協進會, 2013.

徐子平著, 李鐵筆 評註,『明通賦評註』中華民國 益群書店股份有限公司, 1979.

段建業 著,『盲派命理』, 香港, 時輪造化有限公司, 2013.

班固 著,『白虎通 一·二』, 中國(北京) 中華書局, 1985.

萬民英 著 ,『三命通會』, 中華民國 武陸出版有限公司, 2011.

藍傳盛 著,『玉井奧訣評註』, 中華民國, 武陵出版有限公司, 2005.

蘇衛國 評註,『玉照神應眞經』, 中國 中國哲學文化協進會, 2005.

蕭吉 著, 李崇仰 編著,『五行大義』, 中華民國 集文書局有限公司, 1964.

徐升 編, 唐錦池 著,『淵海子平』, 中華民國 進源文化事業有限公私, 2011.

鬼谷子 撰, 李虛中 註編,『李虛中命書』, 中華民國, 新文豊出版公司, 1978.

韋千里 著,『韋千里命學講義』, 中華民國 瑞成書局, 2012.

沈孝瞻 著, 徐樂吾 評註,『子平眞詮評註』, 中華民國 進源書局, 2006.

徐樂吾 著,『子平粹言』, 中華民國 武陵出版社, 1998.

袁樹珊 撰輯, 任鐵樵增注,『滴天髓闡微』, 中華民國 進源文化事業有限公司, 2011

劉伯溫 著, 任鐵樵 增注, 袁樹珊 撰輯,『滴天髓闡微』, 中華民國 進源文化事業有限公司, 2011.

陳素庵 輯, 徐樂吾 補註,『滴天髓補註』, 中華民國 武陵出版社, 1999.

李宜哲 著,『朱子語類考文解義』, 大韓民國 成均館大學校出版部, 2013.

陸致極,『中國命理學史論』, 上海人民, 2008.

韋千里 著,『八字提要』, 中華民國 瑞成書局, 2012.

卓宏 著,『八字用神提要』, 中華民國 新陳永泰書局, 1999.

陳椿益 著,『八字命理新解』, 中華民國 武陵出版有限公司, 2007.

何建忠 著,『八字心理推命學』, 中華民國 龍吟文化事業股份有限公司, 1994.

李鐵筆 著,『八字心理學』, 中華民國 益群書店股份有限公司, 2013.

靑烏子(推定) 著,『靑烏經』, 上海 千項堂書局, 1925.

蘇興 撰,『春秋繁露義證』, 北京 中華書局, 1992.

董仲舒 著, 日原利国 解,『春秋繁露』, 日本 明德出版社, 1977.

班固 著, 富谷 至·吉川忠夫 譯注,『漢書五行志』, 日本 平凡社, 1986.

邵康節(邵雍) 著,『皇極經世書』, 中華民國 中華書局, 1982.

3. 飜譯書

馮友蘭 著, 정인재 譯, 『간명한 중국철학사』, 형설출판사, 2007.
石川幹人(이시카와 마사토) 著, 박진열 譯, 『감정은 어떻게 진화했나』, 라르고, 2016.
管仲 著, 김필수 共譯, 『관자』, 소나무, 2015.
H.G. Creel 著, 이성규 譯, 『공자-인간과 신화』, 지식산업사, 2015.
左丘明 著, 신동준 譯, 『국어』, 인간사랑, 2017.
朱子·呂祖謙 編, 이범학 譯, 『근사록』, 서울대학교출판문화원, 2004.
朱子·呂祖謙 著, 성백효 譯註, 『근사록집해』, 傳統文化硏究會, 2013.
張立文 編, 김교빈 譯, 『기의 철학』, 예문서원, 1992.
崔漢綺 著, 손병욱 譯, 『기학』, 통나무, 2013.
老子 著, 최재목 譯註, 『노자』, 을유문화사, 2016.
朱子 編, 성백효 譯註, 『논어집주』, 전통문화연구회, 2016.
王充 著, 성기옥 譯, 『논형』, 동아일보사, 2016.
王充 著, 이주행 譯, 『논형』, 소나무, 1996.
生田哲, 著, 김세원 譯, 『뇌와 마음을 지배하는 물질』(腦と心を支配する物質), 하서출판사, 2012.
冷成金 著, 김태성 譯, 『도가 인간학』, 21세기북스, 2008.
馮禹(풍우) 著, 김갑수 譯, 『동양의 자연과 인간이해』, 논형, 2008.
許浚 著, 조헌영 共譯, 『동의보감』, 여강출판사, 1994.
李濟馬 著, 최희석 譯解, 『동의수세보원해설』, 지성계, 2015.
元曉 著, 은정희 譯註, 『대승기신론 소·별기』, 일지사, 1991.
朱子 編, 성백효 譯註, 『대학·중용집주』, 전통문화연구회, 2017.
河合俊雄(가와이 도시오)외 4人 共著, 강수현 譯, 『마음은 어디에서 와서 어디로 가는가』, 청어람미디어, 2018.
水繞花堤館主 著, 나명기 譯, 『명학신의』, 서울: Dream & Vision, 2013.
朱子 編, 성백효 譯註, 『맹자집주』, 전통문화연구회, 2015.
墨子 著, 기세춘 譯, 『묵자』, 바이북스, 2009.
未詳, 이석명 譯, 『문자』, 홍익출판사, 2002.

方立天 著, 이기훈·황지원 譯, 『문제로 보는 중국철학-우주·본체의 문제』(『中國古代哲學問題發展史』), 예문서원, 1997.

班固 著, 신정근 譯, 『백호통의』, 소명출판, 2005.

萬民英 著, 김정안 譯解, 『삼명통화벼리 7권, 10권』, 문원북, 2018.

이와다끼 다께오 著, 허재윤 譯, 『서양철학의 흐름』, 이문출판사, 1986.

이기동 譯解, 『서경강설』, 성균관대학교 출판부, 2007.

이기동 譯解, 『시경강설』, 성균관대학교 출판부, 2004.

荀子 著, 김학주 譯, 『순자』, 을유문화사, 2017.

眞德秀 著, 성백효 譯註, 『심경 부주』, 傳統文化硏究會, 2002.

毛以亨 著, 송항룡 譯, 『양계초』, 명문당, 1990.

殷南根 著, 이동철 譯, 『오행신론』, 법인문화사, 2000.

瀟吉 著, 『오행대의 상·하』, 김수길, 윤상철 공역, 대유학당, 2015.

殷南根 著, 이동철 譯, 『오행의 새로운 이해』, 법인문화사, 2000.

劉筱紅 著, 송인창, 안유경 共譯, 『오행 그 신비를 벗긴다』, 국학자료원, 2008.

郭璞 撰, 張顒 註, 김정혜 譯, 『옥조정진경』, 한국학술정보, 2016.

呂不韋 著, 김근 譯, 『여씨춘추』, 글항아리, 2012.

列子 著, 김학주 譯, 『열자』, 연암서가, 2017.

重澤俊郎 著, 이혜경 譯, 『역사 속에 살아 있는 중국 사상』(中國歷史に生きる思想), 예문서원, 2003.

重澤俊郎(시게자와 도시로) 著, 이혜경 譯, 『역사속에 살아 있는 중국사상』, 예문서원, 2003.

蘇興 著, 허호구 共譯, 『역주 춘추번로의증』, 소명출판, 2016.

曾任强 著, 박찬철 譯, 『운이 스스로 돕게 하라』, 경기 고양:(주) 위즈덤 하우스, 2016.

梁啓超, 馮友蘭외 共著, 김홍경 譯, 『음양오행설의 연구』, 신지서원, 1993

謝松齡 著, 김홍경, 신하령 共譯, 『음양오행이란 무엇인가?』, 연암, 1995.

成以心 著, 심의용 譯, 『人易』, 지식을 만드는 지식, 2013.

劉邵 撰, 임동석 譯註, 『인물지』, 동서문화사, 2011.

郭璞 撰, 허찬구 譯註, 『장서역주』, 비봉출판사, 2005.

莊子 著, 김창환 譯, 『장자-내편·외편·잡편-』, 을유문화사, 2014·2016·2012.

성백효 譯註, 『주역전의 상·하』, 傳統文化硏究會, 1998.

이기동 譯解, 『주역강설』, 성균관대학교 출판부, 1997.

南懷瑾 著, 신원봉 譯, 『주역계사 강의』, 부키, 2011.

山田慶兒(야마다 케이지), 김석근 譯, 『주자의 자연학』, 통나무, 1991.

黎靖德 著, 이주행 共譯, 『주자어류』, 소나무, 2001.

黎靖德 著, 허탁.이요성 共譯, 『주자어류1.2, 3, 4』, 청계, 1998.

王陽明 著, 김동휘 譯, 『전습록』, 신원문화사, 2014.

류훼이화 먀오룬티엔 共著, 곽신환 譯, 『직하학사』, 철학과현실사, 1995.

張岱年 著, 김용섭 譯, 『중국의 지혜』, 청계, 1999.

蜂屋邦夫 著, 한예원 譯, 『중국 사상이란 무엇인가』, 학고재, 1999.

蒙培元 著, 李尙鮮 譯, 『중국 심성론』, 법인문화사, 1995.

馮友蘭 著, 박성규 譯, 『중국철학사 上·下』, 까치글방, 1999.

馮友蘭 著, 문정복 譯, 『중국철학소사』, 이문출판사, 1994.

李澤厚 著, 정병석 譯, 『중국고대사상사론』, 한길사, 2005.

赤塚忠·金谷治 外 共著, 조성을 譯, 『중국사상개론』, 이론과 실천, 1987.

松島隆裕 共著, 조성을 譯, 『중국 사상의 성립과 전개』, 한울, 1991.

河合準雄(가와이 히야오) 著, 김지윤 譯, 『카틀 융 인간의 이해』, 바다출판사, 2018.

靑烏子(推定) 著, 한중수 譯, 『청오경』, 명문당, 1996.

易中天 著, 김택규 譯, 『춘추에서 전국까지』, 글항아리, 2015.

董仲舒 著, 남기현 譯解, 『춘추번로』, 자유문고, 2005.

左丘明 著, 문선규 譯, 『춘추좌씨전-상·중·하』, 명문당, 2014.

公羊子 著(推定), 남기현 譯解, 『춘추공양전』, 자유문고, 2005.

穀梁子 著(推定), 남기현 譯解, 『춘추곡량전』, 자유문고, 2005.

董仲舒 著, 신정근 譯, 『춘추- 역사해석학』, 태학사, 2006.

何建忠 著, 정대균 編著, 『최신 팔자명리학 비결』, 오산 팔자심리학 연구소, 2003.

周敦頤 著, 朱熹 註釋, 권정안 共譯, 『통서해』, 청계출판사, 2000.

葛洪 著, 이준영 譯解, 『포박자』, 자유문고, 2014.

韓非 著, 신동준 譯, 『한비자』, 인간사랑, 2012.

黃帝軒轅氏 著(推定), 최형주 譯解, 『황제내경 소문-상·중·하』, 자유문고, 2015.

黃帝軒轅氏 著(推定), 최형주 譯解, 『황제내경 영추-상·하』, 자유문고, 2004.

劉安 著, 이석명 譯, 『회남자1·2』, 소명출판, 2010.

Peter Russell 著, 김유미 譯, 『과학에서 신으로』, 해나무, 2007.
Adam Smith 著, 김수행 譯, 『국부론』(An Inquiry Into The Nathre and Causes of The Wealth of Nations:국부의 성격과 요인들에 관한 연구), 비봉출판사, 2007.
Rob Knight · Buhler Brendan 著, 강병철 譯, 『내 몸속의 우주 -질병부터 성격까지 좌우하는 미생물의 힘-』(Follow Your Gut : The Enormous impact of Tiny Microbes), 문학동네, 2016.
Adam Smith 著, 박세일 譯, 『도덕감정론』(The Theory Moral Sentiments), 비봉출판, 2009.
A.C.Graham 著, 나성 譯, 『도의 논쟁자들』, 새물결, 2015.
Peter Singer 著, 최정규 譯, 『다윈의 대답-변하지 않는 인간의 본성』, 이음, 2007.
Bertrand Russell 著, 『러셀 서양철학사』, 을유문화사, 2009.
Dennett, Daniel(다니얼 데닛) 著, 이희재 譯, 『마음의 진화』, 사이언스 북스, 2016.
Thorwald Dethlefsen(토르발트 데트레프센) 著, 염정용 譯, 『마음과 질병의 관계는 무엇인가』, 한언, 2015.
Wozniak, Robert H. 著, 진영선·한일조 共譯, 『마음·뇌·심리』, 학지사, 2011.
Jackie Pigeaud(자키 피죠) 著, 김선미 譯, 『몸의 시학』, 동문선, 2005.
Johnson, Mark 著, 김동환·최영호 共譯, 『몸의 의미』, 동문선, 2012.
Matt Ridley 著, 김한영 譯, 『본성과 양육』, 김영사, 2004.
Marcus Aurelius Antoninus 著, 강분석 譯, 『아우렐리우스 명상록 마음의 철학』, (Tōn eis heauton diblia): 5장 8절) 사람과 책, 2001.
Karl Theodor Jaspers, 『역사의 기원과 목표』(Vom ursprumg und ziel der geschichte), 이화여대출판부, 1986.
Greene, Brian R. 著, 박병철 譯, 『우주의 구조』, 승산, 2006.
Steen, Grant R. 著, 한국유전학회 譯, 『유전자와 인간의 운명』, 전파과학사, 2017.
Mercier, Hugo(위고 메르시에) 共著, 최호영 譯, 『이성의 진화』, 생각연구소, 2018.
Edward O. Wilson 著, 이한음 譯, 『인간존재의 의미』, 사이언스 북스, 2016.
Erich Fromm 著, 최혁순 譯, 『인간을 위한 인간』, 서음출판사, 1981.
Friedrich Dessauer 著, 『인간이란 무엇인가- 칸트의 네 가지 물음』(Was ist Der Mensch-Die vier Fragen des Immanuel Kant), 황원영 譯, 분도출판사, 2005.

Henning Engeln 著, 이정모 譯,『인간, 우리는 누구인가?』, 을유문화사, 2010.
Loger Trigg 著, 최용철 譯,『인간본성에 대한 철학적 논쟁』, 간디서원, 2003.
Stephen William Hawking · Leonard Mlodinow 共著, 전대호 譯,『위대한 설계』(The Grand Design), 까치글방, 2010.
Whitehead, Alfred North 著, 김용옥 譯,『이성의 기능』, 통나무, 1998.
Whitehead, Alfred North 著, 정연홍 譯,『이성의 기능』, 이문출판사, 1988.
William F. Ruddiman 著, 김홍옥 譯,『인류는 어떻게 기후에 영향을 미치게 되었는가』, 에코리브르, 2007.
Wuketits, F. M 著, 염정용 譯,『왜 우리는 악에 끌리는가』, 21세기 북스, 2009.
Michael Drieschner(미하엘 드리슈너) 著, 채창기 譯,『자연철학개론』, 전파과학사, 1992.
Chardin, Pierre Teilhard de(삐에르 떼이야르 드 샤르댕) 著, 이병호 譯,『자연 안에서 인간의 위치』, 분도출판사, 2015.
Aristoteles 著, 김진성 譯,『자연학 소론집』, 이제이북스, 2015.
Alfred Forke 著, 양재혁 共譯,『중국고대철학사』, 2004.
Alfred Forke 著, 최해숙 譯,『중국중세철학사』, 2012.
Alfred Forke 著, 최해숙 譯,『중국근대철학사』, 2013.
Benjamin I. Schwartz 著, 나 성 譯,『중국 고대사상의 세계』(The World of Thought in Ancient China), 살림, 1996.
Joseph Needham 著, 이석호 共譯,『중국의 과학과 문명 Ⅱ』, 을유문화사, 1986.
John B. Henderson 著, 문중양 譯,『중국의 우주론과 청대의 과학혁명』(The Development and Decline of Chinese Casmology), 소명, 2004.
H. G. 크릴 著, 이동준 共譯,『중국사상의 이해』, 경문사, 1981.
Magee. Bryan 著, 박은미 譯,『철학의 역사』(The Story of philosophy), 시공사, 2002.
Bertrand Russell 著, 김영수 譯,『철학이란 무엇인가?』, 일신서적, 1992.
Talbot, Michael 著, 이균형 譯,『홀로그램 우주』, 정신세계사, 1999.
Davies, Paul 著, 류시화 譯,『현대물리학이 발견한 창조주』, 정신세계사, 1988.
Capra, Fritjof(프리초프 카프라) 著, 김용정 · 이성범 共譯,『현대물리학과 동양사상』, 범양사, 2015.

4. 單行本

정우진, 『감응의 철학』, 소나무, 2015.
김영식, 『과학사』, 전파과학사, 2013.
김일권, 『고려사의 자연학과 오행지 역주』, 한국학중앙연구원출판부, 2011.
김동석, 『고전 천문역법 정해』, 한국학술정보, 2009.
이경숙, 『기의 여행』, 구름, 2009.
이현수, 『기철학 연구』, 한국학술정보, 2012.
전병철, 『남명의 심학』, 경상대학교 출판부, 2016.
김부찬, 『동양의 몸철학Ⅰ한국편』, 전남대학교출판부, 2016.
김부찬, 『동양의 몸철학Ⅱ중국편』, 전남대학교출판부, 2016.
안병주 공저, 『동양철학의 자연과 인간』, 아세아문화사, 1998.
김일권, 『동양천문사상 하늘의 역사』, 예문서원, 2007.
정용하, 『동양인은 왜 몸을 닦는가』, 한국학술정보, 2011.
김경호, 『동양적 사유는 어떻게 탄생했는가』, 글항아리, 2012.
문석윤, 『동양적 마음의 탄생』, 글항아리, 2013.
원광대학교 마음인문학연구소, 『동서양의 마음 이해』, 공동체, 2013.
안종수, 『동양의 자연관』, 한국학술정보, 2006.
박이문, 『동양과 서양의 만남』, 미다스북스, 2017.
이경숙, 『마음의 여행』, 정신세계사, 1999.
이영돈, 『마음』, 예담, 2006.
차경남, 『몸공부』, 글라이더, 2016.
조수동 외, 『마음학』, 백산서당, 2010.
서울대학교 철학사상 연구소, 『마음과 철학 -유학편-』, 서울대학교출판문화원, 2013.
원광대학교 마음인문학연구소, 『마음과 마음 -동서 마음 비교』, 공동체, 2013.
강미라, 『몸 주체 권력』, 이학사, 2011.
김민재, 『명리학과 한의학의 만남』, 밥북, 2015.
장회익, 『물질, 생명, 인간』, 돌베개, 2009.
이시우, 『별과 인간의 일생 -변화의 섭리-』, 신구문화사, 2010.

장익, 『불교유식학강의』, 정우서적, 2012.
김원열, 『송대 신유학의 자연 개념 연구』, 한국학술정보, 2008.
김혜숙, 『신음양론-동아시아 문화논리의 해체와 재건-』, 이화여자대학교출판부, 2014.
한자경, 『심층 마음의 연구』, 서광사, 2016.
박삼열, 『스피노자의 윤리학 연구』, 선학사, 2002.
한동석, 『우주변화의 원리』, 대원출판, 2004.
민병삼, 『유가의 풍수원리』, 명산출판, 2016.
최영찬, 『유가철학속의 자연』, 경인문화사, 2012.
홍일립, 『인간 본성의 역사』, 한언, 2017.
안현수, 『인간적 유물론』, 서광사, 1991.
박창범, 『인간과 우주』, 가람, 1995.
김 기, 『음양오행설의 이해』, 문사철, 2016.
송영배 공저, 『인간과 자연』, 철학과 현실사, 1998.
정경대, 『음양오행 의명학』, 성보사, 2004.
정경대, 『의명학』, 이너북, 2011.
윤창렬, 『의명학』, 주민, 2011.
강진원, 『역으로 보는 동양천문 이야기』, 정신세계사, 2006.
박호성, 『자연과 인간, 인간과 자연』, 후마니타스, 2012.
윤태현, 『주역과 오행연구』, 식물추장, 2002.
이건희, 『중화용신법과 섭동이론』, 대구한의대학교 대학원, 2015 봄 학술대회, 2015.
이택용, 『중국 고대의 운명론』, 문사철, 2014.
이시우, 『천문학자, 우주에서 붓다를 찾다』, 도피안사, 2007.
이시우, 『천문학자와 붓다의 대화-천문학자가 본 우주의 진리, 인간의 진리-』, 종이거울, 2004.
이광률, 『천인합일사상』, 중문출판사, 1996.
강진석, 『체용철학』, 문사철, 2012.
이시우, 『태양계 천문학』, 서울대학교출판부, 1997.
김용섭, 『회남자 철학의 세계』, 대구한의대학교 출판부, 1997.
천인석, 『한국사상의 이해』, 대구한의대학교출판부, 2014.
구중회, 『한국 명리학의 역사적 연구』, 국학자료원, 2016.

5. 論文類

원종철, 「감성과 이성」, 『인간연구』, 제1집, 가톨릭대학교 인간학연구소, 2000.

이기선, 「『낙록자삼명소식부주』 번역 연구」, 원광대학교 동양학대학원, 석사학위논문, 2011.

김만태, 「『낙록자삼명소식부주』 고찰」, 『동양문화연구』 24집, 영산대학교 동양문화연구원, 2016.

김용섭, 「도가의 인간관」, 『경산대학교 논문집』, 제15집, 1997.

전형일, 「동중서의 음양론 연구」, 원광대학교 대학원, 박사학위논문, 2013.

췌이펑훼이, 「'마음(心)'의 의미 구조에 관한 한중 대조 연구」, 경북대학교 대학원 박사학위논문, 2015.

김현선, 「맹자에서 감정의 문제」, 『철학논집』, 제20집, 서강대학교 철학연구소, 2010.

류근성, 「맹자 도덕철학에서 이성과 감성의 문제」, 『동양철학연구』, 제52집, 동양철학연구회, 2007.

송지성, 「『명리정종』 연구」, 공주대학교 대학원, 박사학위논문, 2014.

최왕규, 「명리학의 심리학적 위상에 관한 연구」, 공주대학교 대학원, 박사학위논문, 2014.

박상언, 「명리학에 적용된 '중' 사상에 관한 연구」, 대구한의대학교 대학원, 박사학위논문, 2014.

서준원, 「명리학의 중화론 연구」, 공주대학교 대학원, 박사학위논문, 2013.

천인석, 「삼국시대에서의 음양오행설의 전개」, 『유교사상문화연구』 4-5집, 한국 유교학회, 1992.

김만태, 「사시·월령의 명리학적 수용에 관한 고찰」, 정신문화연구 제 37권 3호, 2014.

송유성, 「사주명리학의 조후론 적용에 관한 연구」, 대구한의대학교 대학원, 박사학위논문, 2012.

이용준, 「사주학의 역사와 격국용신론의 변천과정 연구」, 경기대학교 대학원, 석사학위논문, 2004.

김영주, 「서양 이분법과 동양 음양법의 극복」, 『동양 사회사상학회』 제4집, 2001.

이혜진,「心部 한자의 분류 및 분석 연구」, 성균관 대학교 대학원, 석사학위논문, 2017.

최한주,「십신 개념의 연원과 성격」, 원광대학교 대학원, 박사학위논문, 2014.

신철우,「음양오행설의 현대적 해석」,『철학연구』제32집, 한국철학 연구회, 1981.

윤창렬,「음양의 어원과 음양론의 기원에 관한 고찰」,『논문집』제6권 1호, 대전대학교 한의학 연구소, 1997.

장종원,「연길의『오행대의』에 나타난 오행설 연구」, 원광대학교 대학원, 박사학위논문, 2014.

윤정리,「옥조신응진경주에 대한 연구」, 경기대학교 대학원 석사학위논문, 2005.

이건희,「음양오행론의 명리학적 적용에 관한 연구」, 대구한의대학교 대학원 석사학위논문, 2017.

송광한,「인간의 마음은 어디에서 어디로 변해가는가? 두뇌 인지 메카니즘을 통해 본 인간 마음의 처음과 끝」, 원광대학교 중등특수교육과, 2013.

조수동,「집단 따돌림 행동에 대한 하나의 치료적 대안- 불교상담치료」,『철학논총』42호, 새한철학회, 2005.

임채우,「장자의 마음(心)과 잊음(忘)」, 한국동양철학회, 1990.

김충렬,「주역과 음양오행」,『주역철학과 문화』제2집, 한국 역경문화학회, 2004.

신철순,『주역』의 음양사상 연구」, 원광대학교 대학원, 박사학위논문, 2013.

강진석,「중국 체용론의 유형 연구」,『중국철학』제9집, 중국철학회, 2002.

김원열,「중국 철학의 인간 개념 연구」, 한국학술정보, 2008.

위호선,「중국고대 음양오행설의 전개와 그 사상적 특징」, 영남대학교 대학원, 석사학위논문, 1994.

박동인,「추연의 오행상승설과 상생설의 구조와 함의」,『철학연구』제84집, 철학연구회, 2009.

김용섭,「회남자 철학체계의 연구」, 경북대학교 대학원 박사학위논문, 1996.

김용섭,『회남자』에서의 '무위' 개념」,『대한철학회 논문집』제53집, 철학연구, 1994.

강성인,『회남자』의 음양오행 사상과 명리학의 연관성 고찰」,『도교 문화연구』제40집, 한국 도교문화학회, 2014.

명리학의 중화용신 개념에 근거한 인간심성 연구

이 건 희

대구한의대학교 대학원 동양철학과 동양철학 전공
(지도교수 김 용 섭)

음양오행론에 기초한 명리학은 자연의 규칙적 변화에 따른 오행 생·극·제·화의 변화를 의인화 해서 주로 천간의 환경을 살펴 길·흉·화·복 등을 예단한다. 인간의 모든 행위는 오행의 기인 '마음'에서 비롯된다. 그렇기 때문에, 인간이 지니고 있는 심성의 변화를 통해 길·흉·화·복을 유추하는 것은 과학적이고 명징한 방법이라고 할 것이다. 그러나 오행의 생과 극(상생과 상극)은 우리가 알고 있는 목생화 → 화생토 → 토생금 → 금생수 → 수생목 또는 목극토 → 토극수 → 수극화 → 화극금 → 금극목과 같은 도식화된 생극의 논리로는 해석상 한계가 있다는 문제를 직시할 필요가 있다. 신법 명리학의 이론이 정립된 『연해자평』을 기준으로 850여년이 지났지만 오행 생극의 문제는 여전히 난제로 남아 있다는 것이 학계의 중론이다. 따라서 이를 극복하지 못한다면 생·극·제·화의 변화를 통한 인간의 심성관찰과 길·흉·화·복의 판단은 부분적인 모순을 피할 수가 없을 것이다. 본 연구는 사주의 중화를 판단할 수 있는 중화용신의 개념과 함께, 체에서 용으로 변용된 개념에 근거해서 생극의 변화를 읽을 수 있는 이론을 창안하고자 한다. 왜냐하면 중화용신에 의한 오행 생극의 변화를 관찰하는 것은, 인간의 심성변화 관찰의 또 다른 표현이기 때문이다.

 본 연구에서 중화용신은 사주의 중화를 판단하는 두 가지 즉, 생·조·억·설의 억부중화와 한·난·조·습의 조후중화가 접목된 용신의 개념이다. 논자는, 사주가 특정한 오행의 작용으로 말미암아 치우친 작용을 하는 바와, 이들의 치우친 오행 작용에 맞서 사주의 중화를 지향하는 오행을 이분해서, 전자를 감성적 심성작용을 하는 기·구신으로, 후자를 이성적 심성작용을 하는 희·용신으로, 남는 한 가지의 오행을 한신으로 분류하는 형식 논리를 통해 그 주장의 타당성에 대해 논증하고 심성해석의 이론적 근거로 확보하고자 하였다. 이에 의하면, 용신과 희신에 해당하는 모든 오행은 타 오행을 극 하거나 충 할 수 없다는 점과 기·구신에 해당하는 모든 오행은 용신과 희신의 중화작용을 방해한다는 점이다. 뿐만 아니라 모든 한신 오행의 생극작용은 일정하지 않다. 이러한 연구의 결과는 기존의 생극 논리와는 상충한다. 그렇기 때문에 명리학적인 체용 개념과 함께 희·용신이나 기·구신을 포함한 한신을 명징하게 도출해 내는 중화용신의 정립이 불가결하다.

중화용신은 사주의 중화를 위해서 필요로 하는 유용지신으로 용의 개념에 해당한다. 중화용신에 의하면 사주의 중화를 돕는 용신과 희신의 조합은 화 : 목(목 : 화), 수 : 금(금 : 수), 화 : 토, 토 : 금 네 가지로 국한된다. 이를 극하는 오행은 각각 기신과 구신이 되며, 남는 한 가지 오행은 한신이 된다. 이러한 주장은 오행을 희·용신과 기·구신으로 이분하는 음양 이기론, 수화상생론에 근거한다.

인간의 심성은 대·세운에서 만나는 생·극·제·화의 다양한 작용으로 인해 고정불변한 것은 아니지만 사주원국에서 암시하는 바는 분명하게 규명되어 질 수 있다. 따라서 본 연구는 인간이 가지고 있는 심성의 특징을 객관화해서 관찰할 수 있는 '심성해석의 이론적 도구'를 모색하는데 집중하였다. 이에 의하면 중화된 사주는 관인상생격·재관상생격·식신생재격으로 축약된다. 중화된 사주는 곧 중화된 심성을 일컫는다. 그러나 이들에 대한 고전 저 마다의 개념과 주장이 서로 다르고 모순과 오류가 있었으므로, 논증을 통해 분명하게 이론적 정립을 할 필요가 있다. 만약 그러한 연구가 병행 되지 않으면 심성을 판단하는 객관적 준거를 확보하기 어렵기 때문이다. 본 연구에서 심성을 이성과 감성으로 양분해서 관찰하고 상생 3격의 사주를 통해 개개인의 심성을 비교하고 판단하는 기준을 제시할 수 있는 것은, 명리학적인 체용의 개념을 통한 생·극·제·화의 작용과 중화용신을 통한 정확한 희·용·기·구·한신의 도출이 가능하기 때문이다. 뿐만 아니라 명리학만이 가지고 있는 고유한 심성해석 도구인 십성의 개념과 십간의 개념을 복합적으로 관찰하는 방법을 제안함으로서 현대 명리학의 심성해석 분야에 기여 할 수 있을 것으로 본다. 현대 명리학이 길흉판단이라는 술수 중심에서 심성연구로 나아가기 위해서 반드시 극복 되어야 할 연구라는 점에서 학술적 의미가 있다고 본다.

A Study on Human Mind Based on the Junghwayongsin Concept of
Myeongrihak

Lee Geon hee

Deparment of Oriental Philosophy
Graduate School of Daegu Haany University
Supervised by Prof. Kim Yong seop

Based on the theory of Eumyang-ohaeng (陰陽五行), Myeongrihak infers Gil (吉), Hyung (凶), Hwa (禍), and Bok (福), by personifying the change in Saeng (生)·Geuk (剋)·Je (制)·Hwa (化), in accordance with the changing principles of nature, and by mainly examining the environment of Cheongan. All human behaviors come from the human mind that is the energy of Ohaeng (五行). For this reason, it is very scientific and definite to infer Gil, Hyung, Hwa, and Bok, on the basis of the change in human mind. However, it is necessary to understand that there are some limit and problem in interpreting the Saeng and Geuk of Ohaeng (Sangsaeng and Sanggeuk), by using such diagrammed formula of the Saeng and Geuk as Moksaenghwa (木生火) → Hwasaengto (火生土) → Tosaenggeum (土生金) → Geumsaengsu (金生水) → Susaengmok (水生木) or Mokgeuksaeng (木剋土) → Togeuksu (土剋水) → Sugeukhwa (水剋火) → Hwageukgeum (火剋金) → Geumgeukmok (金剋木). The academic world believes that although 850 years have passed since 『Yeonhaejapyeong (淵海子平)』 established the theory of Sinbeob Myeongrihak, the problem with Ohaeng Saenggeuk sill remains to be solved. If the problem is not solved, therefore, a partial contraction will inevitably occur in observing human mind on the basis of the change in Saeng (生)·Geuk (剋)·Je (制)·Hwa (化), and inferring Gil (吉), Hyung (凶), Hwa (禍), and Bok (福). This study was conducted to develop a theory that makes it possible to guess the change in Saenggeuk, based on not only concepts of Junghwayongsin (中和用神)

for inferring the Junghwa (中和) of Saju, but also concepts modified to Yong (用) from Che (體). The reason is that observing the change in Ohaeng Saenggeuk using the Junghwayongsin is another expression to observe the change in human mind.

In this study, the Junghwayongsin (中和用神) is the concept of Yongsin, that combines the Eokbujunghwa (抑扶中和) of Saeng (生) · Jo (助) · Eok (抑) · Seol (洩) and the Johujunghwa (調候中和) of Han (寒) · Nan (暖) · Jo (燥) · Seub (濕), which are used to determine the Junghwa of Saju. This study took into consideration two facts that Saju makes a biased action happen, due to the certain action of Ohaeng, and that there is the Junghwa of Saju, against the biased action of Ohaeng. The former was divided into Gi · Gusin, that perform an emotional action of human mind, and the latter was categorized into Huisin (喜神) · Yongsin (用神), that conduct a rational action of human mind, while the remaining factor of Ohaeng was categorized into Hansin (閑神), in order to prove the validity of the facts and to provide a theoretical foundation for the interpretation of human mind. The findings of the study showed that all of the Ohaeng, equivalent to the Huisin (喜神) · Yongsin (用神), can not overcome or send others of the Ohaeng out, and that all of the Ohaeng, equivalent to Gi (忌) · Gusin (仇神), impede the counteraction of the Yongsin (用神) and Huisin (喜神). In addition, it was shown that the Saenggeuk actions of all the Hansin Ohaeng are not regular. The results of this study conflict with the existing theories of Saenggeuk and thus it is essentially required to develop the Junghwayongsin (中和用神), that can precisely draw the Hansin, including Huisin · Yongsin or Gi · Gusin, as well as the concept of Cheyong (體用) based on Myeongrihak. In fact, the Junghwayongsin is Yuyongjisin (有用之神), needed for the Junghwa of Saju, which is involved in the concept of Yong (用). According to the Junghwayongsin, the combination of Yongsin and Huisin, helping the Junghwa of Saju, is limited to four categories, such as Hwa (火) : Mok (木) (Mok (木) : Hwa (火)), Su (水) : Geum (金) (Geum (金) : Su (水)), Hwa (火) : To (土), and To (土) : Geum (金). The Ohaeng, ovecoming them, become Gisin, Gusin, and Hansn, respectively. This insistence in based on the theory of Suhwa (水火) Sangsaeng and the theory of Eumyang Igi (二氣), which divide the Ohaeng into Huisin · Yongsin and Gi · Gusin.

Even though the human mind is not a fixed, unchanging existence, due to its various actions resulting from Saeng · Geuk · Je · Hwa, associated with Haengun (行運), the human mind shown in Sajuwonguk can be clearly defined and, hence, this study focused on exploring a 'theoretical instrument for the interpretation of human mind' that can objectify and observe the characteristics of human mind. Based on the results, the Junghwa Saju is summarized: Gwaninsangsaenggyeok (官印相生格) · Jaegwansangsaenggyeok (財官相生格) · Siksinsaengjaegyeok (食神生財格). The Junghwa Saju just indicates the Junghwa human mind. Nevertheless, many existing concepts and insistences relating to them differ from each other and have errors and conflicts. For this reason, it is necessary to develop their clear theories, on the basis of demonstration because if further studies on them are not carried out in the future, the objective basis can never be provided to infer human mind. In this study, the human mind was divided into a rational and emotional mind for observation, and the standards for comparing and inferring individual human minds could be suggested using the Saju of Sangsaeng 3 Gyeok (相生 3 格) because it was possible to draw not only the action of Saeng · Geuk · Je · Hwa, through the concept of Cheyong in Myeongrihak, but also the Hansin of precise Hui · Yong · Gi · Gu. It seems, moreover, that this study can contribute to interpreting the human mind of the modern Myeongrihak, by suggesting the method for comprehensively observing concepts of human mind as Myengrihak's own unique instrument for interpreting human mind. The academic importance of this study is that it plays a role in the modern Myeongriha's movement toward focusing on human mind centered study, rather than the Sulsu oriented decision on Gil and Hyung.

섭동명리학 10대 이론서 안내

① 「명리학의 중화용신 개념에 근거한 인간심성 연구」

이건희 저/ 190x260cm(박사학위논문)/ 현대명리학의 용신의 개념과 도출법을 표준화하고, 체에서 용으로 치환된 오행의 생극제화를 통해 인간심리와 길흉판단을 명징하게 분석할 수 있는 학계 유일의 명리학 이론논문이다.

② 사주명리학 용신비결

이건희 저/ 130x190cm/ 사주명리학의 핵심이론인 용신도출법과 활용에 관한 이론서. 억부와 조후론의 합치에 의한 계절별 30유형의 중화용신. 용신과 희신의 조합은 火木/ 水金/ 火土/ 土金 4유형만 성립.

③ 상생3격 중화사주론

이건희 저/ 130x190cm/ 중화된 사주를 대표하는 상생하는 3유형의 중화된 사주. 관인상생격, 재관상생격, 식신생재격의 완벽한 이론정립. 상생3격 사주의 정의와 성립조건을 사례를 들어 설명한 이론서.

④ 십간·십성론

이건희 저/ 130x190cm/ 십간과 십성은 불가분의 관계에 있다. 특히, 가족관계·직업적성·심리를 분석하는데 있어서 이들 두 가지 요소를 복합적으로 관찰함으로 인해, 대단히 정밀한 사주분석을 가능하게 한다.

⑤ 생극제화 체용론

이건희 저/ 130x190cm/ 정확한 희용기구한신의 도출은, 정확한 생극제화의 판단을 가능하게 한다. 사주명리학은 오행의 도식화된 체에 의한 생극제화가 아닌 용의 개념에 의한 작용을 따른다는 명리이론서.

⑥ 용신충극론

이건희 저/ 130x190cm/ 천간의 용신이나 희신이 기구신으로 부터 극을 받거나, 합거될 때 통변의 비결을 찾는데 큰 도움이 된다. 용신이 극받는 모든 경우의 수를 제시하고 사례명조를 통해 분석한다.

⑦ 간지합충론

이건희 저/ 130x190cm/ 사주명리학의 가장 중요한 통변이론은 간합이다. 간합의 응용과 삼합, 육충의 작용을 심도있게 다룬 이론서. 사례명조를 들어 쉽게 이해할 수 있다.

⑧ 명리학 직업·적성론

이건희 저/ 130x190cm/ 사주명리학을 통해 선천적 재능인 적성을 찾아 학과와 직업을 판단하는 것은 명리학의 절대 가치 중 하나이다. ④『십간·십성론』과 함께 공부하면 도움이 된다.

⑨ 이건희박사의 사주실관

이건희 저/ 148x210cm/ 초·중·고급 난이도를 한권에 담았다. 초급은 원국분석, 중급은 대,세운의 해석, 고급은 오행의 생극제화와 육친해석, 심리분석, 길흉화복의 연관성을 입체적으로 분석하는 통변서이다.

⑩ 이건희박사의 섭동명리학 강론

이건희 저/ 148x210cm/ 섭동명리학은 이건희 박사에 의해 창안되고, 제도권에서 학술적으로 논증된 정통 명리이론서로, 고전격국론류 또는자평명리이론의 한계를 뛰어넘었다는 평가를 받고 있다. 중화용신과 특히, 생극제화 체용론은 오랜기간 미완의 과제였던 생극의 문제를 완벽하게 해결했다고 평가할 수 있다. 생극제화=육친해석=심리분석=길흉판단의 공식을 완성했다는 점에서 현대명리학의 필독서로 추천한다.

논문
명리학의 중화용신 개념에 근거한 인간심성 연구

지은이 · 이건희
펴낸이 · 이건희
펴낸곳 · 도선재 道宣齋
2021년 11월 11일 초판 1쇄 발행
인쇄/제본 · 케이비팩토리
표지디자인 · 문효정
등록 · 2021년 9월 10일 (제 2021-000018호)
주소 · 대구광역시 북구 중앙대로 118길 14
(경북 영천시 신녕면 치산리 1400 국립공원 팔공산 치산계곡)
전화 · 053-254-4984
메일 · bssaju@korea.com
ISBN 979-11-976038-1-5-03180

ⓒ 2021, 이건희. Printed in Deagu, Korea.

●이 책의 내용은 학술적 연구논문 외에는
저작권자의 서면동의 없이 무단으로 사용할 수 없습니다.

All rights reserved. This book is copyright material and must be used for academic research only. Any unauthorized use of this content without any consent of author may be a direct infringement of author's rights, and those responsible may be liable in law accordingly.

논문 원문의 내용을 아래와 같이 바로잡아서 출판하였습니다.

(논문 쪽수 기준)

1) 논문 88쪽 위에서 열째 줄: '寅·卯·巳·午·未月'로 바로잡았음.
2) 논문 91쪽 아래에서 셋째 줄~ 92쪽 위에서 둘째 줄: '巳·午·未月의 戊·己土 일간 사주에서 재성인 壬·癸水가 식상인 庚·辛金과 水·金 상생하는 경우, 亥·子·丑·寅·辰·申·酉·戌月의 庚·辛金 일간 사주에서 재성인 甲·乙木이 관성인 丙·丁火와 火·木 상생하는 경우'를 삭제하였음.
3) 논문 92쪽 아래에서 여덟째 줄: '(라)-4: ①火(禮)+ ②丙火(陽)+ ③편관성+ ④편관+ ⑤ 편관의 이성적 심성'으로 바로잡았음.
4) 논문 103쪽 위에서 첫째 줄: '亥·子·丑 ·寅·卯·辰·申·酉·戌月'로 바로잡았음.
5) 논문 115쪽 아래에서 두 번째 줄: '십성 상관의 이성적'으로 바로잡았음.
6) 논문 119쪽 위에서 여섯째 줄: '십성 편관의 감성적 심성'으로 바로잡았음.
7) 논문 119쪽 위에서 열여섯째 줄: '십성 편재의 감성적 심성'으로 바로잡았음.
8) 논문 120쪽 열다섯째 줄: '①구신인 丙火는'으로 바로잡았음.
9) 논문 121쪽 여덟째 줄: '구신인 丙火'로 바로잡았음.
10) 논문 141쪽 다섯재 줄: '水가 강한데 火가 약하면'으로 바로잡았음.
11) 논문 184쪽 아홉째 줄: ' 억부가 급한 ⑧,⑨,⑩을 제외하면 '으로 바로잡았음/ '火·土가 중화용신인 ⑨를 포함해서'를 삭제하였음.
12) 논문 185쪽 열 두번째 줄: '조후중화의 개념을 우선적으로 관찰한 결과이다.'로 바로잡았음.
13) 논문 186쪽 아래에서 다섯번째 줄: '火·土氣가 강한 巳·午·未月의 壬·癸水 일간은 구신 관성, 기신 재성, 한신 식신과 상관으로 각각 억설되고 있어서 '로 바로잡았음.
14) 논문 187쪽 두 번째 줄: '억부중화의 개념을 우선적으로 적용해'로 바로잡았음.
15) 논문 188쪽 첫째 줄: '겨울인 亥·子·丑月, 습한 계절인 辰月, 아직 추운 계절인 寅月 '로 바로잡았음.
16) 논문 190쪽 열넷째 줄: '⑨ 亥·子·寅 月'로 바로잡았음.
17) 논문 190쪽 아래에서 일곱째 줄: '억부가 급한 卯月 외에는 조후중화와 억부중화의 개념을 동시적으로 적용해 관찰한 결과이다.'로 바로잡았음.
18) 논문 191쪽 열넷째 줄: '戌·未土는 용신임에도'로 바로잡았음.
19) 논문 237쪽 첫째 줄: '희신과 기신의 조합'으로 바로잡았음.
20) 논문 238쪽 아래에서 여덟째 줄: '卯·巳·午·未月의 丙·丁火'로 바로잡았음.
21) 논문 248쪽 아래에서 여섯째 줄: '卯·巳·午·未月의 水·金오행'으로 바로잡았음.
22) 논문 249쪽 여섯째 줄: ' 편관과 정관이 되지만 '으로 바로잡았음.
23) 논문 249쪽 아래에서 다섯째 줄: ' 卯·巳·午·未月의 丙火 일간'으로 바로잡았음.
24) 논문 250쪽 열째 줄~ 영일곱째 줄: ''편관성편관'과 '편재성편재'가 상생하며 이성적 성정의 아름다움이 표출된다. 즉, '예의롭고 반듯한(禮=官性=丙火) 합리적 이타심(편관)'과 '인자하고 꼼꼼한(仁=財性=甲木) 정확한 판단(편재)'이 마음과 말과 행동에 양적 성향으로 드러난다. 만약 재성과 관성에 해당하는 오행이 丁火·乙木(정관·정재), 丙火·乙木(편관·정재), 丁火·甲木(정관·편재)이면 같은 방법으로 치환하면 된다. 이때 '예의롭고 반듯한(禮=官性=丙火) 합리적 이타심(편관)'과 '인자하고 꼼꼼한(仁=財性=甲木) 정확한 판단(편재) '이라는 표현은 지극히 제한적 표현이다.'로 바로잡았음.

본 출판용 논서 교정에 도움을 주신 신용식 선생에게 감사의 마음을 글로 남깁니다.